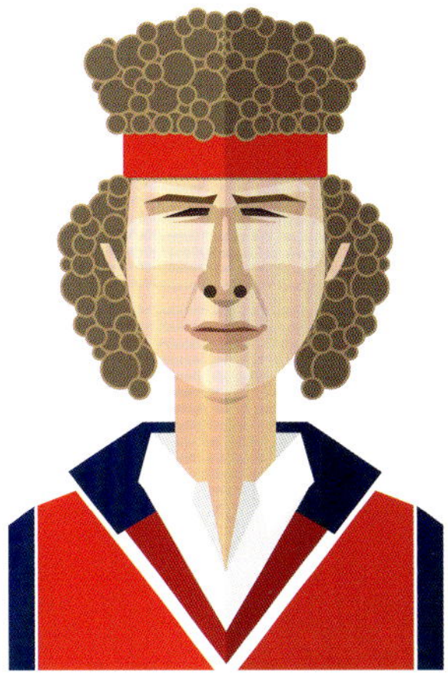

SPIEL, SATZ UND SIEG

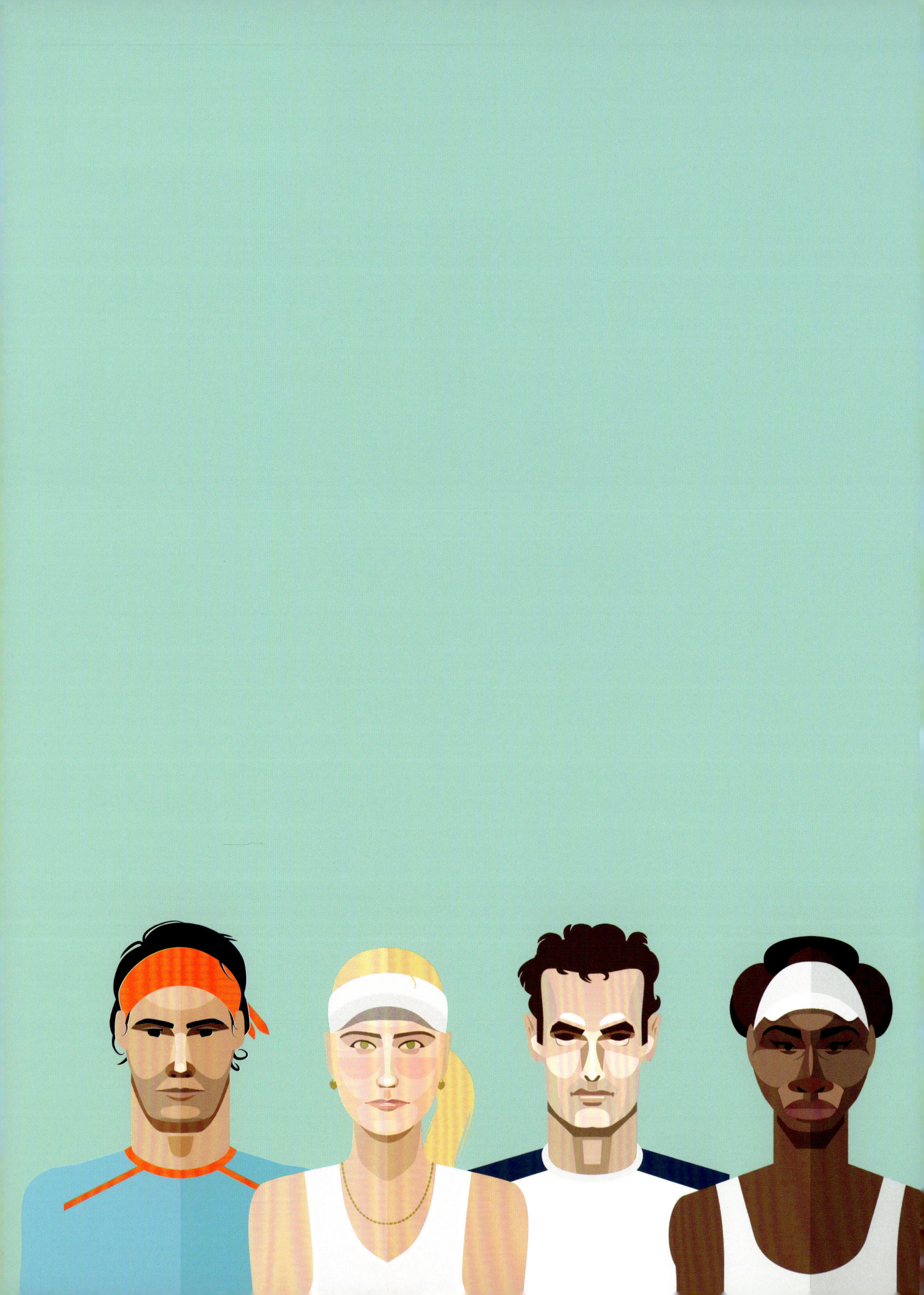

SPIEL, SATZ UND SIEG

WAS SIE SCHON IMMER ÜBER DIE TENNISWELT WISSEN WOLLTEN

MARK HODGKINSON

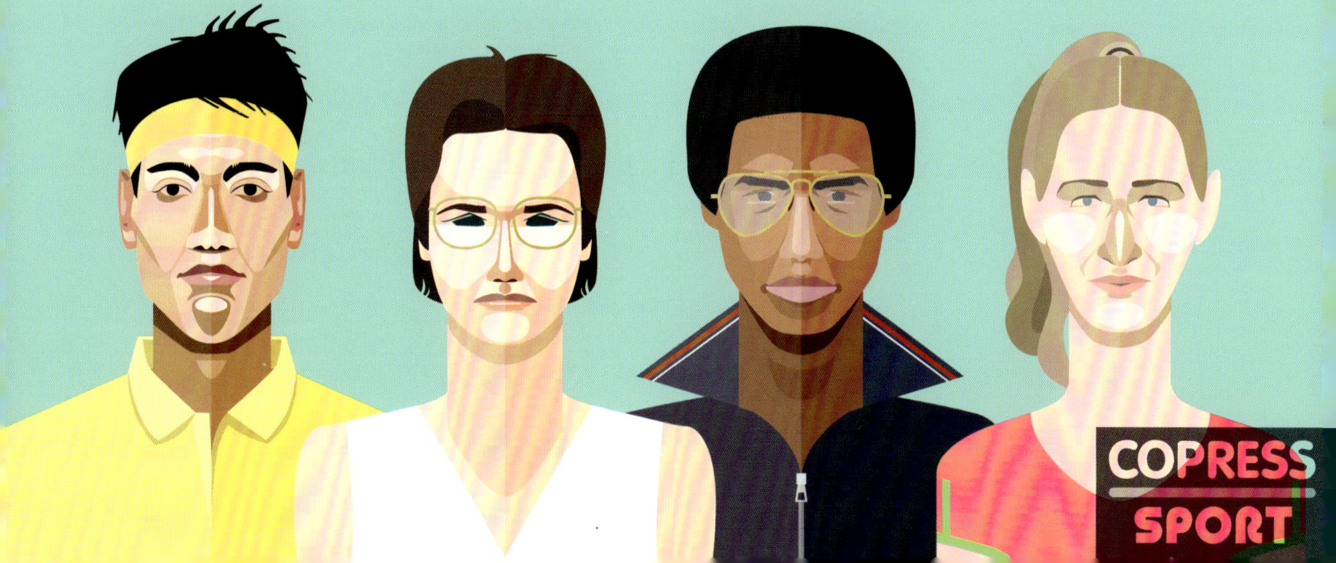

COPRESS SPORT

INHALT

DIE SPIELREGELN

Kennen Sie die genauen Maße und Bezeichnungen der Felder und Linien im Tennis? Die Grundregeln des Spiels? Oder einige der ausgefalleneren Regeln? Wie geht man beispielsweise vor, wenn der Ball während des Spiels einen Vogel trifft? Oder wenn er in der Luft einfach kaputtgeht?

Die Grundregeln

● Wer den – vor dem Spiel per Los ermittelten – ersten Aufschlag hat, schlägt den Ball in das schräg gegenüberliegende Aufschlagfeld des Gegners. Der Aufschläger hat je zwei Versuche für den Aufschlag ins gegnerische Aufschlagfeld. Berührt der Ball das Netz, fällt aber auf die gegnerische Seite, kann dem Aufschläger eine weitere Chance eingeräumt werden.

● Werden zwei Bälle in Folge verschlagen oder berührt der Ball zweimal nacheinander den Boden, bevor einer der Spieler ihn auf die gegnerische Seite zurückschlagen kann, ist der Punkt für den Aufschläger verloren.

Punkte zählen

● Eine Tennis-Partie wird wie folgt gezählt: »0, 15, 30, 40, Spiel«. Haben beide Spieler je 3 von 6 Spielen gewonnen, steht es unentschieden. Wer den nächsten Punkt gewinnt, hat einen Vorteil (»Advantage«). Holt er sich auch noch den nächsten Punkt, hat er die ganze Partie gewonnen. Geht der Punkt an den Gegner, steht es wieder unentschieden. Um eine Partie zu gewinnen, muss man immer zwei Punkte Vorsprung haben.

● Bei Gleichstand spielt man eine Tie-Break-Partie: Hier zählt jeder Ballwechsel genau einen Punkt, und es gewinnt derjenige Spieler, der zuerst mindestens sieben Punkte und gleichzeitig zwei Punkte Vorsprung erreicht.

● Ein Advantage- bzw. Vorteils-Set dauert nur so lange, bis einer der Spieler mit zwei Punkten führt.

● Im Profi-Tennis werden die Matches meistens in drei oder fünf Partien ausgetragen.

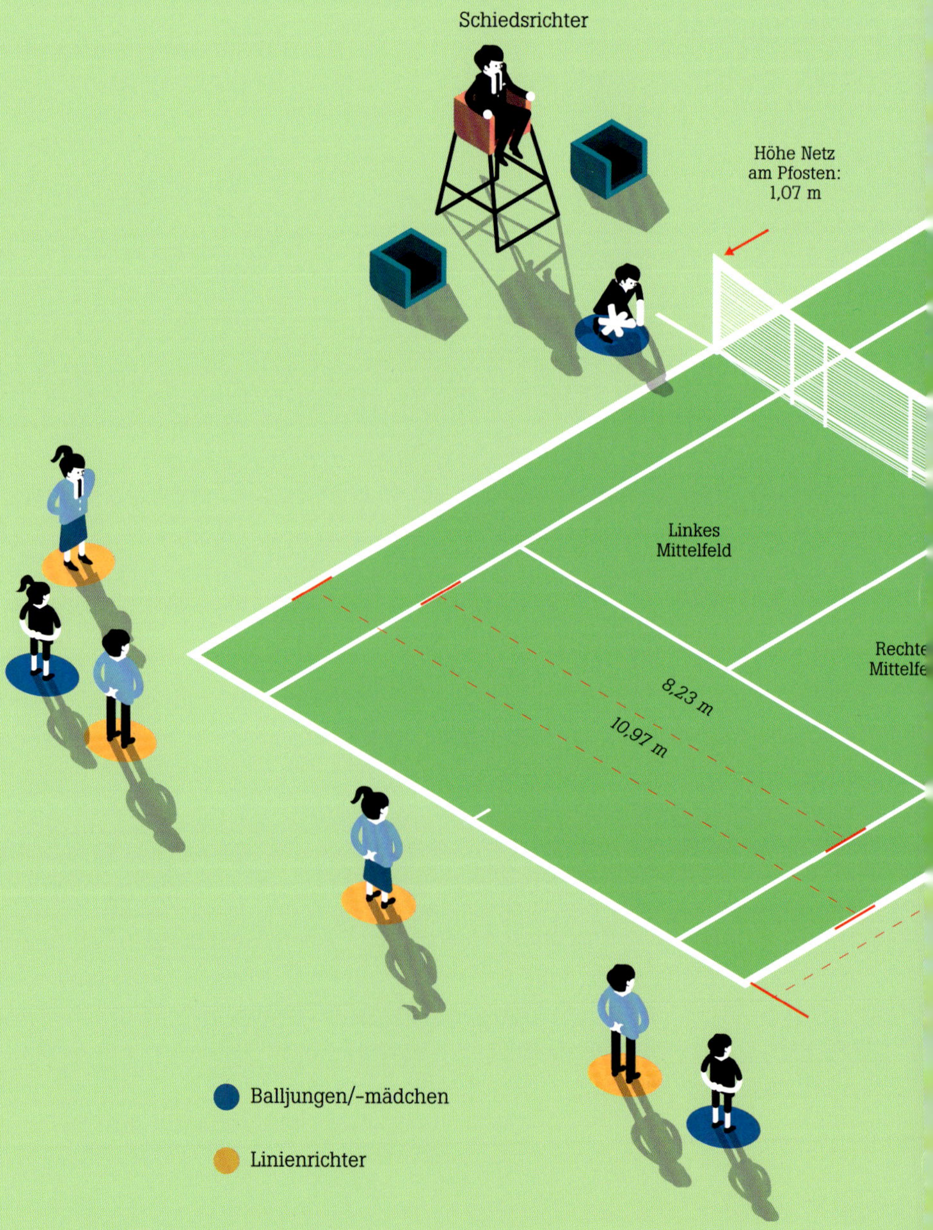

UNGEWÖHNLICHE TENNISPLÄTZE

● Die indische Tennisspielerin Sania Mirza wurde in ihrer Heimat auf Plätzen trainiert, die aus getrocknetem Kuhdung bestanden. »Die Tennisplätze bei uns waren im wahrsten Sinne des Wortes aus Sch … gemacht«, erinnerte sie sich einmal.

● »Das ist ja wohl eher was für Schlümpfe«, war die Reaktion eines Spielers, nachdem die Madrid Open 2012 ihre Plätze statt des traditionellen gebrannten Orange mit leuchtend blauem Sand ausgestattet hatten. Die Idee stammte von dem rumänischen Milliardär Ion Tiriac. Der Besitzer des Wettkampfgeländes nahm zurecht an, dass Fernsehzuschauer den Ball vor dem blauen Hintergrund besser sehen würden. Die Spieler allerdings mochten das Experiment nicht – einige fanden den Boden auch zu rutschig –, und im Jahr darauf kehrte man für dieses Turnier wieder zu Orangerot zurück.

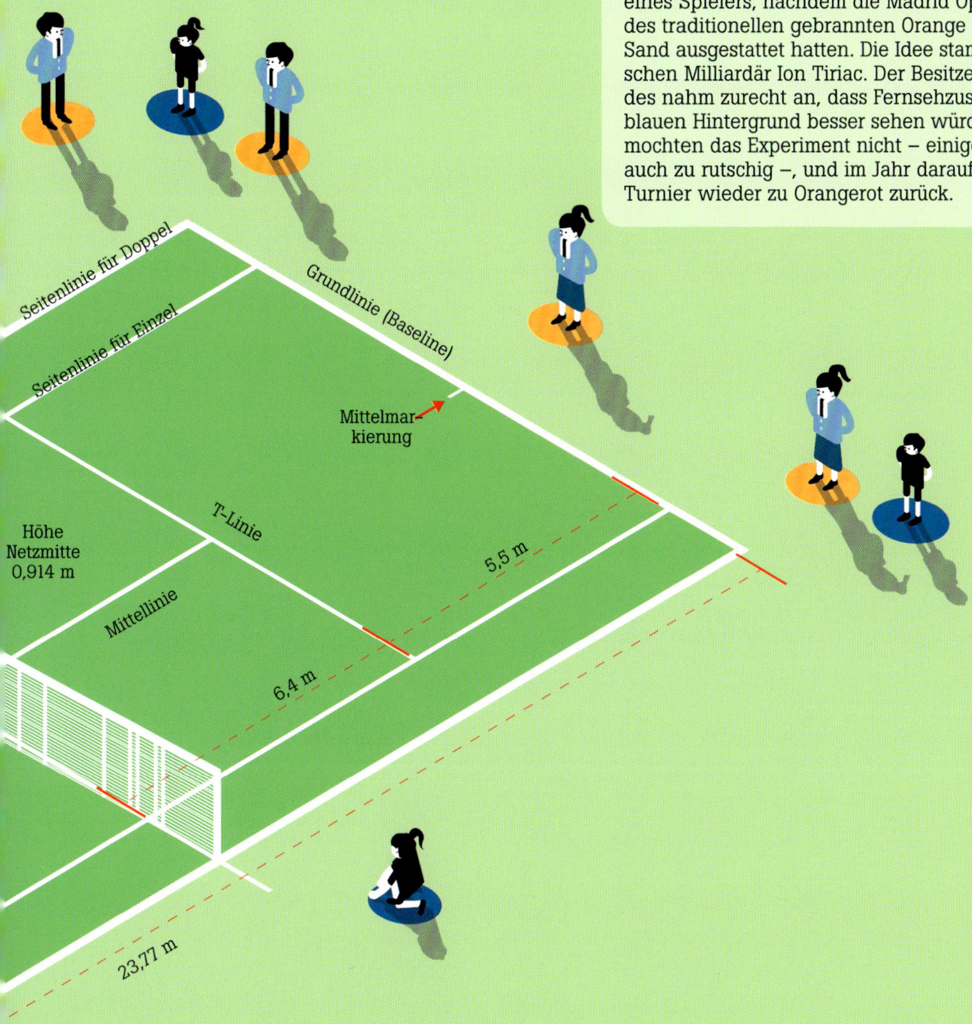

Die Maße des Tennisplatzes

● Das Rechteck eines Tennisplatzes ist 23,77 m lang. Für Einzel gilt eine Breite von 8,23, für Doppel von 10,97 m. Die Linien an den schmalen Enden des Rechtecks bilden die Grundlinien, die Längen werden von den Seitenlinien begrenzt. Zwischen den Seitenlinien von Einzel und Doppel liegen die Doppelfelder.

● Das Netz sollte an den Pfosten auf einer Höhe von 1,07 m befestigt werden und in der Mitte nicht tiefer als 0,914 m hängen.

● In einem Abstand von je 6,4 m liegt auf beiden Seiten des Platzes parallel zum Netz die T-Linie.

● Die Schenkel der T-Linien teilen die so rechts und links des Netzes entstandenen Mittelfelder außerdem mittig in zwei gleich große Teile und bilden eine durchgängige Mittellinie.

UNGEWÖHNLICHE TENNISREGELN

● Trifft der Ball im Spiel einen Vogel über dem Spielfeld, muss um den Punkt noch einmal gespielt werden.

● Zerbricht der Ball im Spiel, muss nachgespielt werden – nicht aber, wenn der Ball nur weich wird.

● In Tennisturnieren, die auf einer Höhe von 1,219 m über dem Meeresspiegel oder höher ausgetragen werden, mass man die Bälle vor dem Turnier mindestens 60 Tage lang auf dieser Höhe akklimatisieren.

DIE URSPRÜNGE DES SPORTS

Es gibt viele Theorien zu den möglichen Ursprüngen des Tennissports. Geht er auf die alten Ägypter zurück? Oder auf französische Mönche des 11. Jahrhunderts? Und wer war der »Welsh Renaissance Man«?

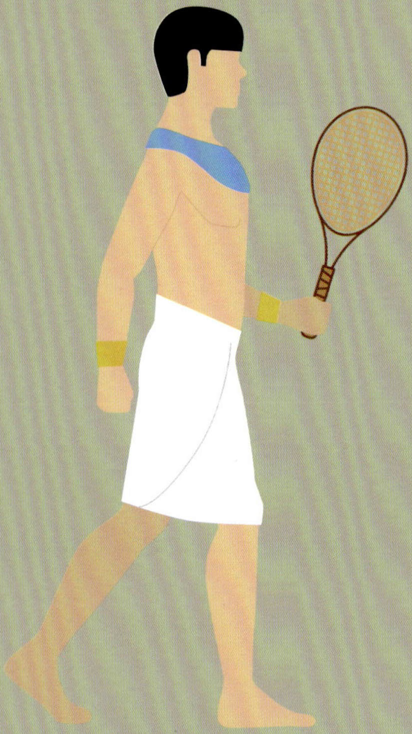

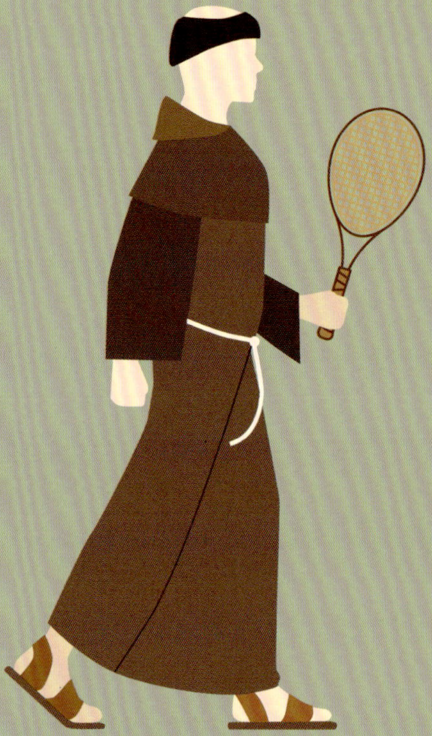

3500 v. Chr.

Einige Sporthistoriker nehmen an, dass Tennis aus dem alten Ägypten stammt. Sie begründen diese These damit, dass das Wort »Schläger« (engl. »racket«) vom arabischen Wort »rahat« abgeleitet wurde, das so viel bedeutet wie »Fläche der Hand«.

1100

Die meisten Historiker glauben allerdings, dass französische Mönche im 11. oder 12. Jahrhundert die ersten waren, die eine Art von Tennis spielten – ihr Spiel nannte sich »Jeu de Paume«, was so viel hieß wie »Spiel (mit) der Hand-Innenfläche«. Der französische Einfluss ist bis heute spürbar. Zum Beispiel stammt der Name »Tennis« vom französischen Ausruf »Tenez!« (»Nimm dies!«) – ein Ausruf der Mönche, den man weit über die Klosterhöfe hören konnte, wenn sie im Spiel den Ball hin und her schlugen. »Deuce« kommt von »à deux le jeu«, was »Punkt beide« oder »Gleichstand« bedeutet, während »Love« für Null vermutlich von »L'Oeuf« herrührt, denn Eier haben die Form einer Null.

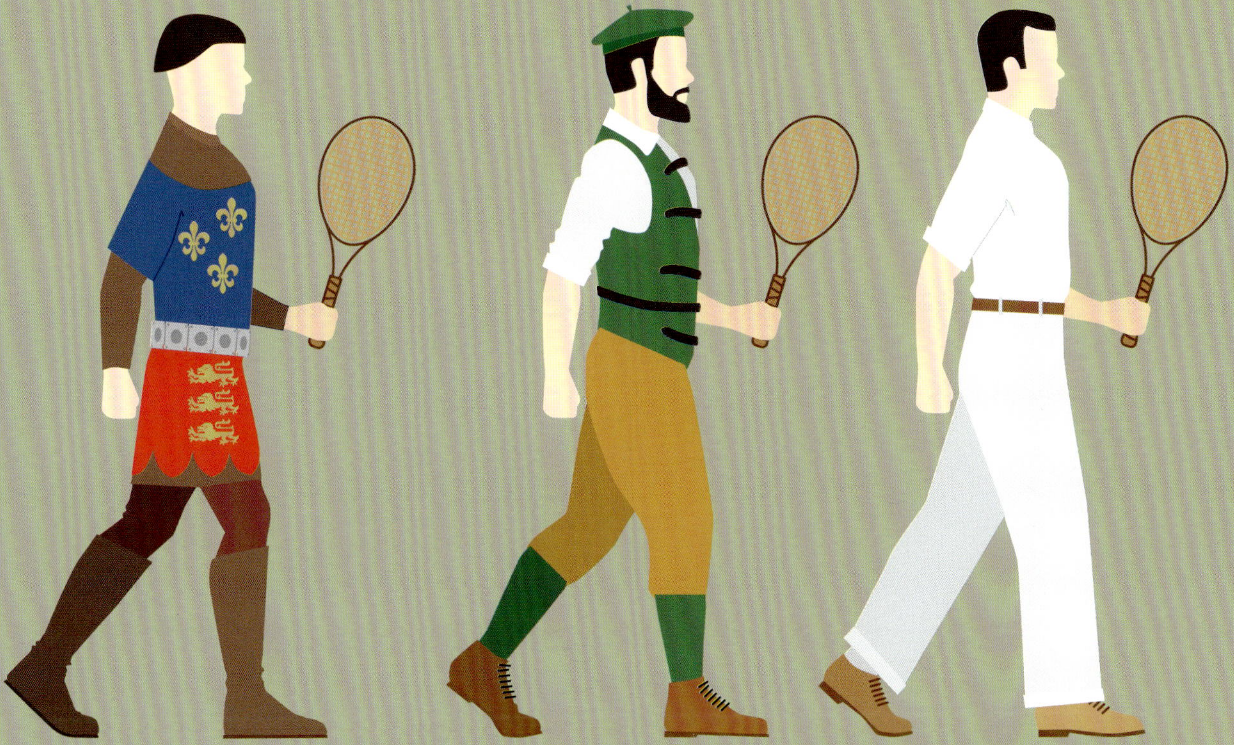

1599

»Jeu de Paume« wanderte von den Klosterhöfen in die Ballspielhäuser und wurde zu einem königlichen Sport, der auch in Shakespeares um 1599 entstandenem Bühnenstück »Heinrich V.« erwähnt wird. Der junge König bekommt Tennisbälle vom französischen Kronprinzen – ein Geschenk, mit dem er sich wohl über die Jugend seines Empfängers lustig machen will. Heinrich VIII. war ein begeisterter Tennisspieler. Er ließ sich im Hampton Court Palace einen eigenen Platz anlegen (und soll gerade Tennis gespielt haben, als er die Nachricht von der Hinrichtung seiner Frau Anne Boleyn erhielt).

1874

Als »Welsh Renaissance Man« wurde einst der Major Walter Clopton Wingfield beschrieben – man könnte ihn auch den Erfinder des modernen Tennis nennen. Er ließ sich das Spiel 1874 patentieren (mit einem von Queen Victoria unterzeichneten Patent), allerdings unter dem griechischen Namen »Sphairistike« (»Ballfertigkeit«), der sich nie wirklich durchsetzte. Stattdessen sprach man schlicht von »Rasen-Tennis« – was eine damals erscheinende Zeitung zu der Feststellung brachte: »Croquet hat nun endgültig sein Monopol auf dem Rasen verloren.«

1877

Das Tennisturnier in Wimbledon, das zum ersten Mal 1877 stattfand, ist das älteste der Welt. 1881 folgten die US Open, 1891 die French Open und 1905 die Australian Open.

IKONE ROGER FEDERER

Federer ist nicht nur der am meisten weltgewandte und eleganteste Tennisspieler in der Geschichte des Sports, er ist wohl auch – da sind sich alle Experten einig – der größte Spieler aller Zeiten.

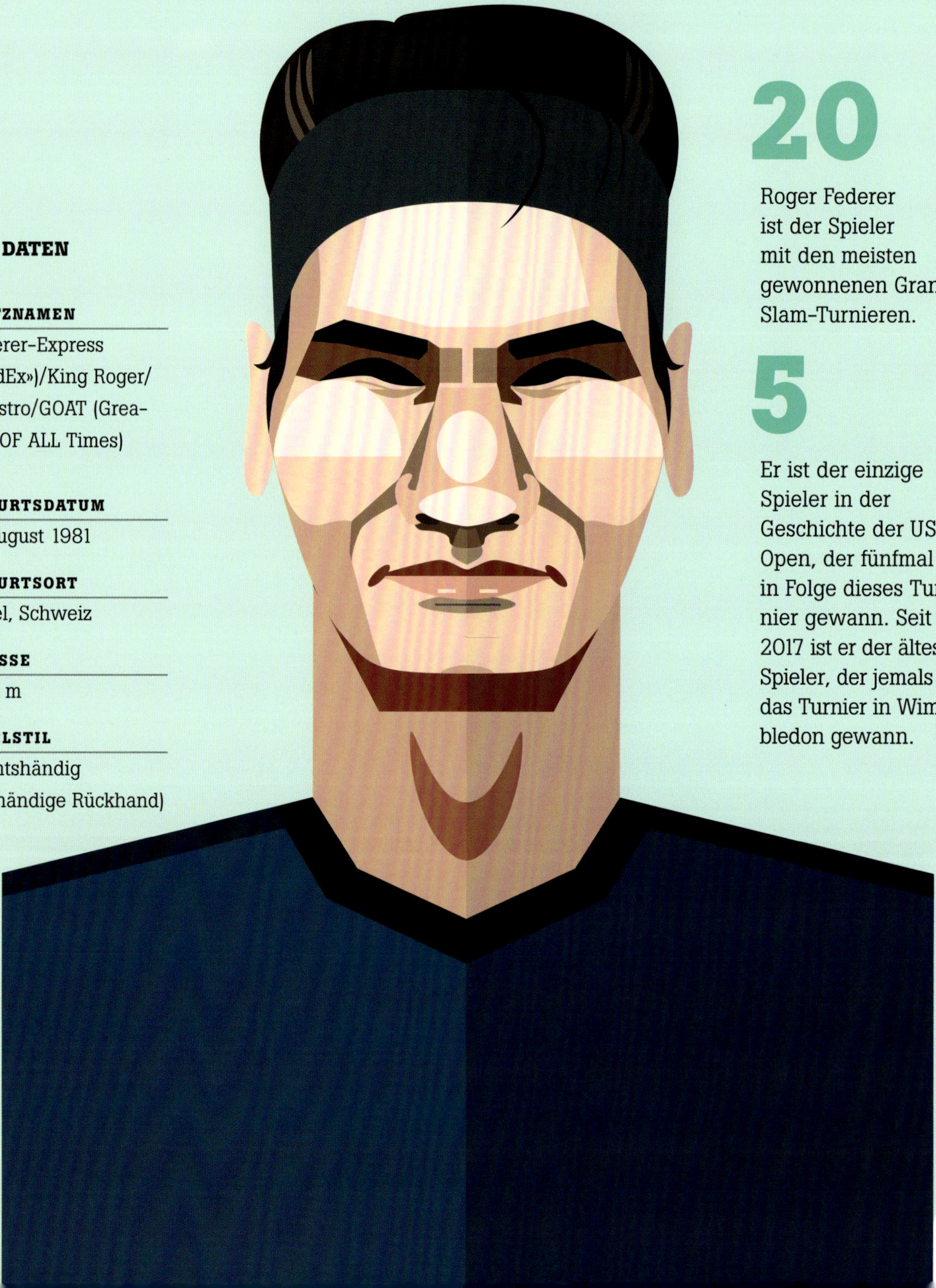

DIE DATEN

SPITZNAMEN

Federer-Express («FedEx»)/King Roger/ Maestro/GOAT (Greatest OF ALL Times)

GEBURTSDATUM

8. August 1981

GEBURTSORT

Basel, Schweiz

GRÖSSE

1,85 m

SPIELSTIL

Rechtshändig (einhändige Rückhand)

20

Roger Federer ist der Spieler mit den meisten gewonnenen Grand-Slam-Turnieren.

5

Er ist der einzige Spieler in der Geschichte der US Open, der fünfmal in Folge dieses Turnier gewann. Seit 2017 ist er der älteste Spieler, der jemals das Turnier in Wimbledon gewann.

FEDERER IN ZAHLEN

302
ist die Rekordzahl an Wochen, die Federer Tennis-Weltranglisten-erster war.

237
ist die Rekordzahl an aufeinanderfolgenden Wochen, in denen Federer ganz oben in den Rankings stand.

1000
2015 wurde Federer der dritte Player in der seines Sports, der über 1000 Spiele für sich entscheiden konnte. Vor ihm schafften das nur Jimmy Connors und Ivan Lendl.

2008
gewann Federer eine olympische Goldmedaille – mit Stan Wawrinka im Doppel.

2014
gewann das Schweizer Team – mit Federer, der den Sieg über Frankreich im Finale vollendete – erstmals den Davis Cup.

6
Federer holte sich als Erster bei den ATP Finals zum Saisonende sechs Titel.

64 Millionen US-Dollar
verdiente Federer allein im Jahr 2017 nach einer Schätzung des Magazins »Forbes«, 58 Millionen davon durch Werbeverträge und Auftrittsgagen.

95,3 %
seiner Matches gewann Federer 2005, seinem stärksten Jahr als Tennisprofi. Von 85 Spielen siegte er damals in 81 und verlor nur in den übrigen vier.

REKORDE

2009
Als sechstem Spieler der Welt wurde Federer (bei den French Open) der »Career Grand Slam« verliehen – für den Gewinn sämtlicher Open-Turniere in seiner Klasse. Das schafften nach ihm nur noch Rafael Nadal und Novak Djokovic

8
Einzelitel machen Federer zum Rekordsieger in Wimbledon.

65
große Turniere in Folge. Die French Open 2016 waren das erste Grand-Slam-Turnier des Jahrhunderts, zu dem er nicht angetreten ist.

23
Grand-Slam-Halbfinalspiele in Folge.

10
Grand-Slam-Finalspiele in Folge.

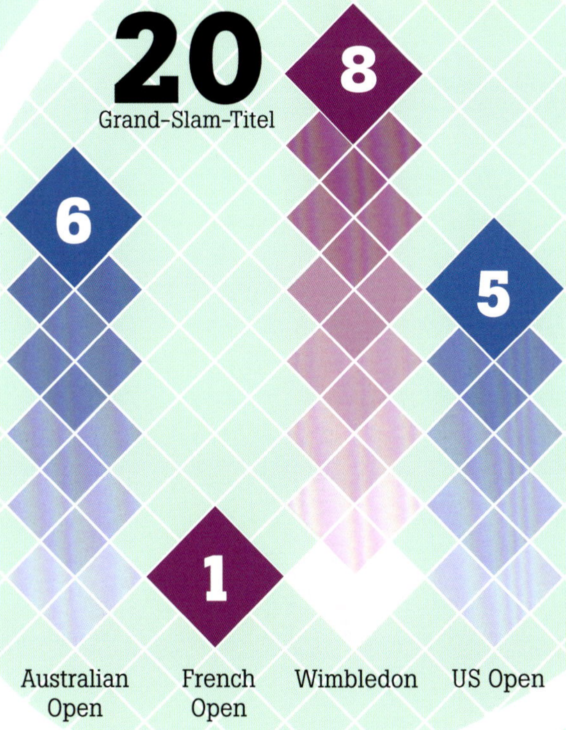

WUNDERKINDER

Heute scheint Tennis nicht mehr ganz so viele Wunderkinder hervorzubringen wie früher – doch die Geschichtsbücher sind voll von extrem talentierten Teenagern.

Tracy Austin ist die jüngste Gewinnerin aller Zeiten in der Geschichte der US Open – sie war 16 Jahre und 8 Monate alt, als sie sich 1979 den Titel unter den Nagel riss. Austin hält außerdem auch den Rekord als jüngste Gewinnerin eines Titels auf Tour-Level – sie war erst 14, als sie sich 1977 in Portland den Titel holte.

Monica Seles war 16 Jahre und 6 Monate alt, als sie 1990 die French Open gewann – und sie bleibt auch die jüngste Gewinnerin des Grand Slams auf dem Sandplatz (bis Hingis 1997 die Australian Open gewann, war Seles auch jüngste Gewinnerin jedes der großen Turniere).

Aaron Krickstein ist bis heute mit 16 Jahren der jüngste Mann, der je im Hauptdurchlauf den Titel im Einzel gewonnen hat: 1983 in Tel Aviv.

Martina Hingis war erst 16 Jahre und 3 Monate alt, als sie 1997 die Australian Open gewann. Das machte sie zum jüngsten weiblichen Grand-Slam-Champion des Profi-Tennis, ein Titel, den sie bis heute hält. Die Schweizer Spielerin wurde in dieser Saison außerdem zur jüngsten weiblichen Nummer eins der Geschichte sowie zum jüngsten weiblichen Champion der Wimbledon-Damen-Einzel der Moderne.

Jennifer Capriati war erst 13 Jahre alt – ein Rekord! –, als sie zu ihrem ersten Tour-Level-Finale antrat. Sie war 14 – ebenfalls ein Rekord –, als sie das erste Mal zur Top-Ten-Weltrangliste aufstieg. Bedauerlicherweise sollte die Amerikanerin, wie ein Kommentator es formulierte, »zum Paradebeispiel für ausgebrannte Tenniswunderkinder« werden, nachdem man sie wegen Ladendiebstahl und dem Besitz von Marihuana verhaftet hatte.

»Die Leute sahen mich an, als wäre ich nicht von dieser Welt«, fand Boris Becker 1985 nach seinem spektakulären Sieg in Wimbledon. Er war erst 17 Jahre und 7 Monate alt und im Turnier noch ungesetzt. Wie um zu beweisen, dass es sich bei seinem Triumph nicht um einen Zufallstreffer handelte, gewann er im nächsten Jahr »einfach noch einmal« – und dann zum dritten Mal 1989.

Nur einige Tage nach seinem 19. Geburtstag gewann Pete Sampras 1990 die US Open und wurde damit zum jüngsten männlichen Gewinner ihrer Geschichte. Diesen Titel hat ihm bis heute niemand streitig machen können.

Llewton Hewitt ist die jüngste männliche Nummer eins der Weltrangliste der Geschichte. Er war erst 20 Jahre alt, als er 2001 diesen Rang erreichte.

Michael Chang war 17 Jahre und 3 Monate alt, als er 1989 die French Open gewann – als jüngster männlichen Grand-Slam-Champion in der Geschichte dieses Sports. Diesen Rekord hält er bis heute – zusammen mit der Erinnerung an seinen legendären, dreist von unten angetäuschten Matchball in der vierten Runde gegen Ivan Lendl (manchmal vergisst man darüber sogar, dass er im Finale dann ja auch Stefan Edberg geschlagen hat).

Sowohl in den Zeiten des Amateur- wie des Profi-Tennis war Ken Rosewall der jüngste Gewinner der Australian Open – mit nur 18 Jahren hielt er 1953 schon den Pokal in den Händen. Was bemerkenswert ist: 1972 war Rosewall mit 37 Jahren zugleich auch der älteste Champion, der mit den Australian Open jemals ein Grand-Slam-Turnier gewonnen hat.

Mats Wilander ist der jüngste Australian-Open-Sieger der gesamten Ära dieses Turniers – er war erst 19 Jahre alt, als er 1983 den Titel gewann.

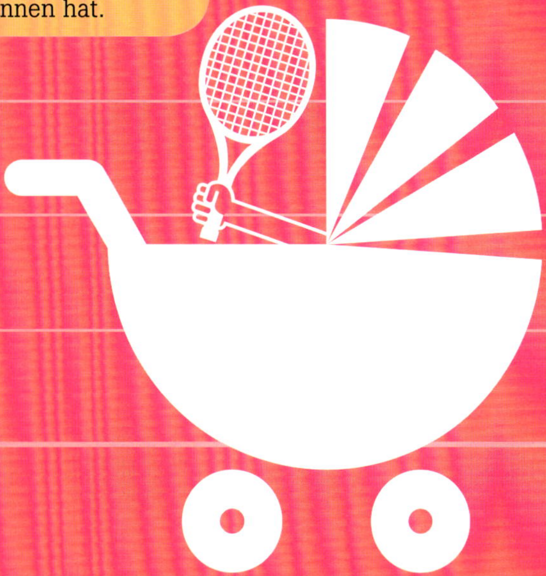

VERSCHIEDENE SPIELSTILE

Man könnte den Eindruck haben, Tennis sei ein Sport, den alle mehr oder weniger gleich spielen – doch das wäre völlig falsch. Es gibt eine große Bandbreite verschiedener Spielstile.

Grundlinienspieler

So spielen die meisten (aber natürlich nicht alle) modernen Tennisprofis: indem sie den Ball extrem hart vom hintersten Ende des Courts über das Spielfeld jagen. Dass die Grundlinienspieler (engl. »Baseline-Basher«) überhaupt nur zum Handschlag und dem Münzwurf zur Auslosung der Seitenwahl in die Nähe des Netzes kommen, wäre übertrieben. Wahr ist aber, dass sie die Aufschlagsfelder nur sehr selten betreten.

Anforderungen: Kraft in der Vor- und möglichst auch in der Rückhand. Ein Plan B wäre ebenfalls hilfreich – denn was macht man, wenn der Gegner den Ball vielleicht noch härter und treffsicherer von der Baseline abschlägt als man selbst?

Typische Vertreter: Serena Williams, Rafael Nadal, Maria Sharapova.

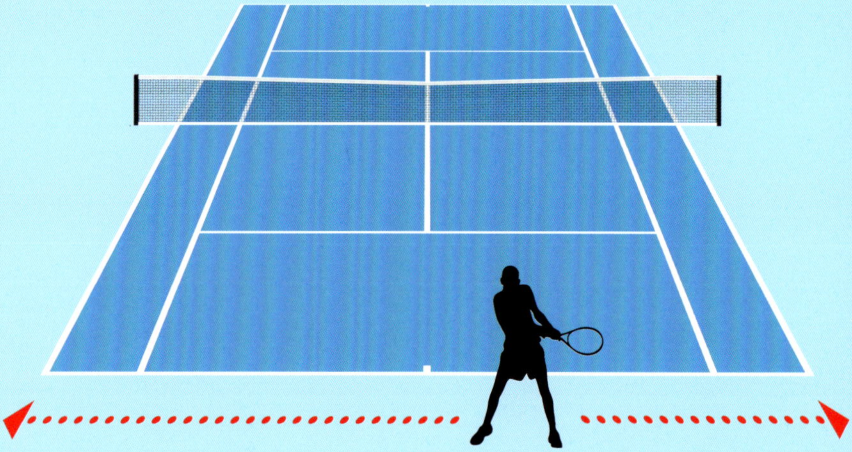

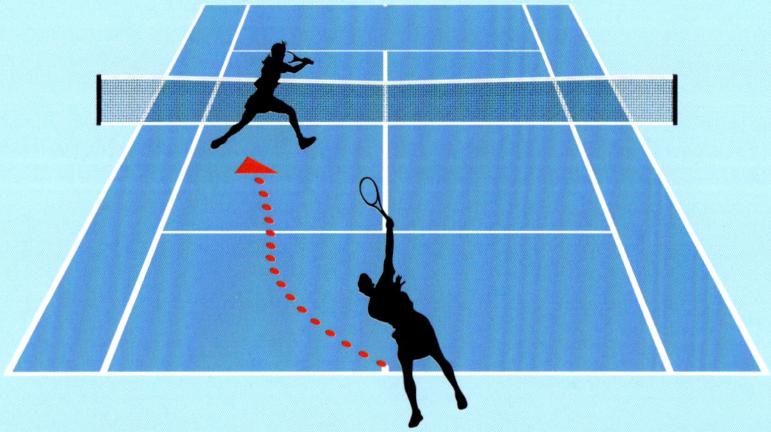

Serve- und Volley-Spezialisten

Samtkord, beige Farben und Hosen mit Schlag waren in den Siebzigerjahren mal so berühmt wie das Serve-und-Volley-Spiel – all das ist inzwischen jedoch völlig aus der Mode gekommen! Mit der Weiterentwicklung der Schlägertechnologie können die Returns den Ball auch mit explosionsartiger Kraft zurückdreschen – mit ein Grund dafür, dass die meisten Aufschläger inzwischen an der Baseline stehen bleiben. Für diejenigen jedoch, die kess genug sind, schnell ans Netz zu huschen, kann der Stil erfolgreich sein – schlicht, weil die Gegner nicht damit rechnen. Und das ist sicher: Langweilig wird es einem dabei nicht.

Anforderungen: Einen ordentlichen Aufschlag, einen noch besseren Volley und einen Hang zum Risiko.

Typische Vertreter: Pete Sampras, John McEnroe, Martina Navratilova, Boris Becker.

Counter-Puncher

Bloß nicht hektisch werden. Counter-Puncher finden wir stets an der Baseline oder sogar ein paar Schritte dahinter, von wo aus sie das Spiel ihres Gegners analysieren, um sich angemessen verteidigen und bei der richtigen Gelegenheit zurückschlagen zu können: In einem solchen Moment schalten sie von passiv auf aggressiv und setzen auf Sieg!

Anforderungen: Einen gezielten Schlag, Geduld und mindestens eine gute »Waffe« (z. B. eine Mega-Vorhand).

Typische Vertreter: Lleyton Hewitt, Andy Murray.

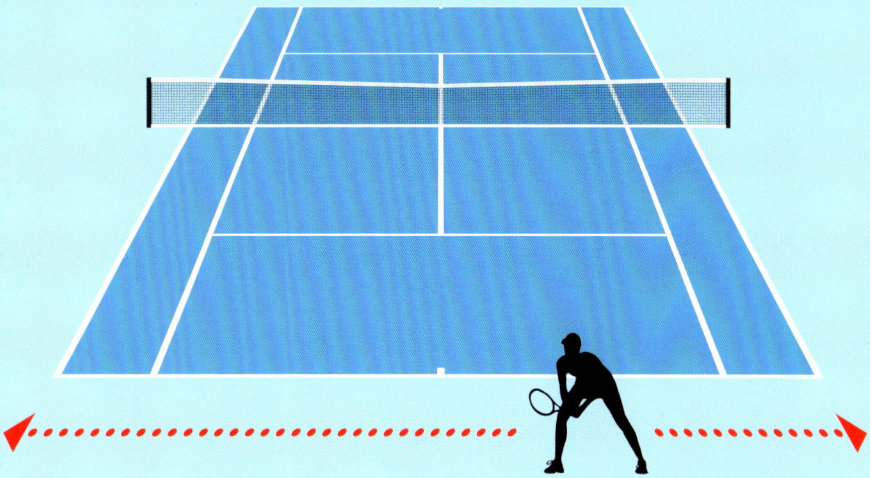

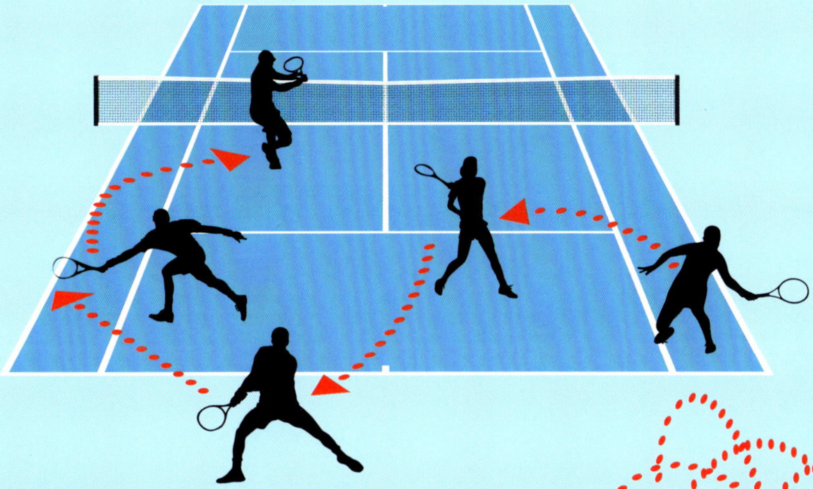

Allrounder

Einige Spieler sind in allen Spieltechniken so gut und fühlen sich auf dem ganzen Spielfeld so sicher, dass sie ihre Strategien optimal mischen können, je nach Boden, Bedingungen und Art des Gegners.

Anforderungen: Viel Talent.

Typische Vertreter: Roger Federer, Agnieszka Radwanska.

Mondsüchtige

Der wahrscheinlich frustrierendste aller Gegner auf dem Court ist der Spieler, der die Bälle immer wieder extrem hoch und weit bis an die Baseline des anderen schlägt, Topspin-Vorhand für Topspin-Vorhand. Dieser Stil entbehrt jeder Kunst oder Raffinesse. Eigentlich ist es überhaupt kein Stil. Und trotzdem muss man zugeben, dass diese Art zu spielen sehr erfolgreich sein kann.

Anforderungen: Solide Grundschläge, eine hohe Langeweile-Schwelle und ein dickes Fell.

Typische Vertreter: Conchita Martínez.

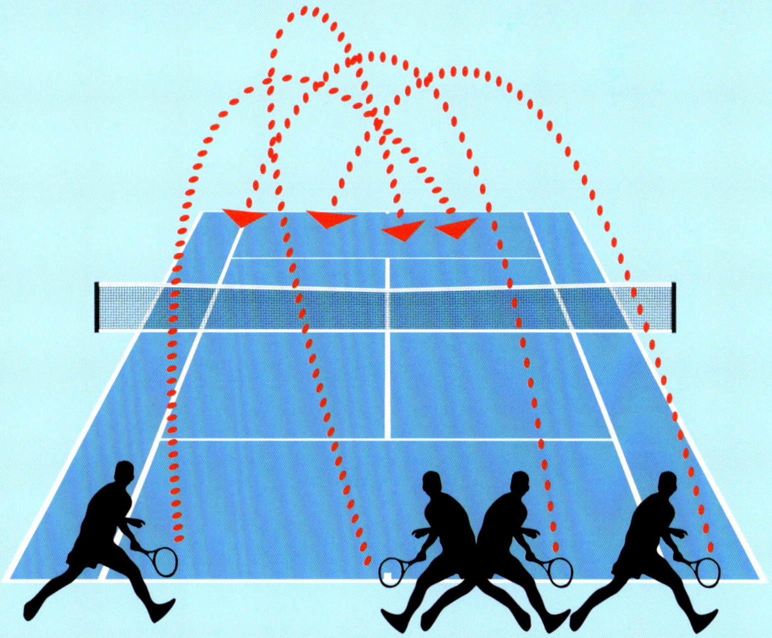

TENNIS-JARGON

Irritieren Sie bestimmte Ausdrücke im Tennis? Das legt sich: Bald lassen Sie selbst hin und wieder mal einen der hier stehenden Begriffe fallen und klingen dadurch selbst wie ein ausgekochter Profi.

ALLEY – Platzerweiterung für das Doppel

BREADSTICK – ein 6-1-Set (das ist ein Sport mit vielen Kohlehydraten – ein 6-0-Set wird auch »Bagel« genannt)

PULP – Punktestand 30 : 30

GOAT – the Greatest Of All Time, der Größte aller Zeiten

MOONBALL – hohe, langsame Grundschläge, mit einer Menge Topspin geschlagen

DIRT-RAT – Andre Agassis Name für Sandplatzspieler, auch (als »Dreckspieler« bekannt)

WHIFF – den Ball komplett verfehlen

TAG – einen Gegner mit einem extrem schnell geschlagenen Ball treffen (üblicherweise unabsichtlich – ein Schlag, an dem Ivan Lendl immer sehr seinen Spaß hatte)

GOLDEN SET

einen Satz (Set) ohne einen einzigen Punktverlust gewinnen

HOT-DOG

auch als »Tweener« bekannt: Man spielt den Ball mit dem Rücken zum Spielfeld direkt zwischen seinen Beinen hindurch

HAIL MARY

ein defensiver Lob (d.h. ein hoch über den Gegner gespielter Ball)

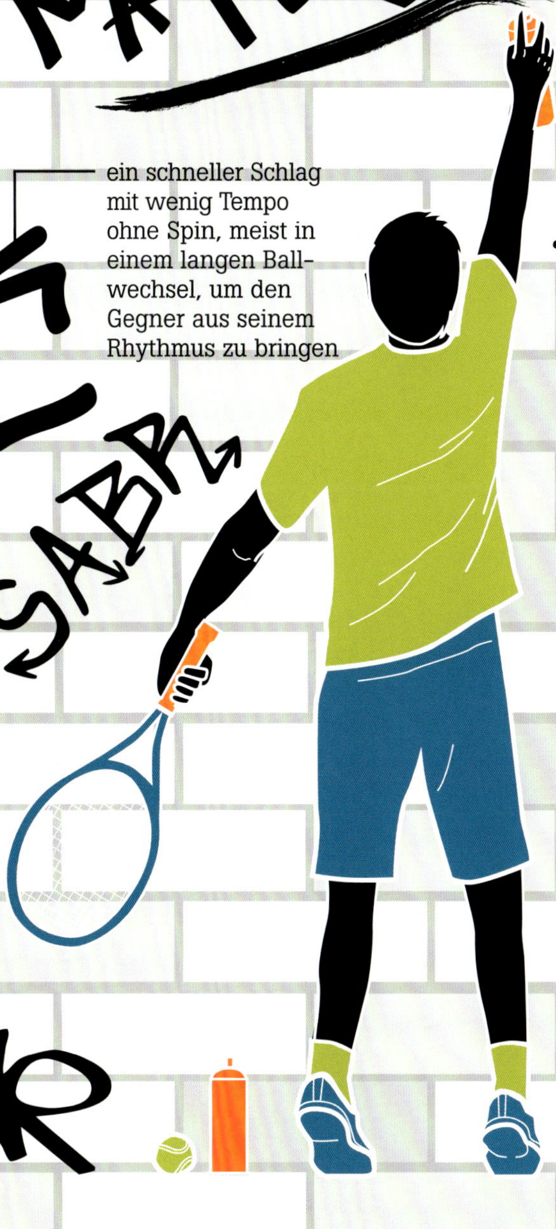

JUNK BALL

ein schneller Schlag mit wenig Tempo ohne Spin, meist in einem langen Ballwechsel, um den Gegner aus seinem Rhythmus zu bringen

SABR

Abkürzung für »Sneak Attack by Roger« – ein typischer Schlag von Roger Federer, der für einen Return nach vorn zur Service-Line rennt, dann weiter ins Netz

TANK

ein bewusst verlorenes Match oder Set

DIE ENTWICKLUNG DES TENNISSCHLÄGERS

Um einen Tennisschläger herzustellen, musste man früher einen ganzen Baum fällen. Heute werden die Rahmen aus innovativen Materialien gemacht, die man auch auf einer NASA-Mission finden kann. In Kombination mit modernen synthetischen Bespannungen ermöglichen diese den Spielern, den Ball mit noch größerer Kraft und noch mehr Drehung (engl. »Spin«) schlagen zu können. Allerdings hat auch der Einsatz von Technik seine Grenzen.

Material für den Rahmen
Esche und Ahorn waren früher die am häufigsten verwendeten Hölzer.

Gewicht
Ca. 400 g

Kopfgröße
Ca. 420 cm^2

Besaitung
Naturdarm

Lagerung
Wenn man den Schläger mit dem Kopf nicht in einen Rahmen spannte, konnte er sich verziehen.

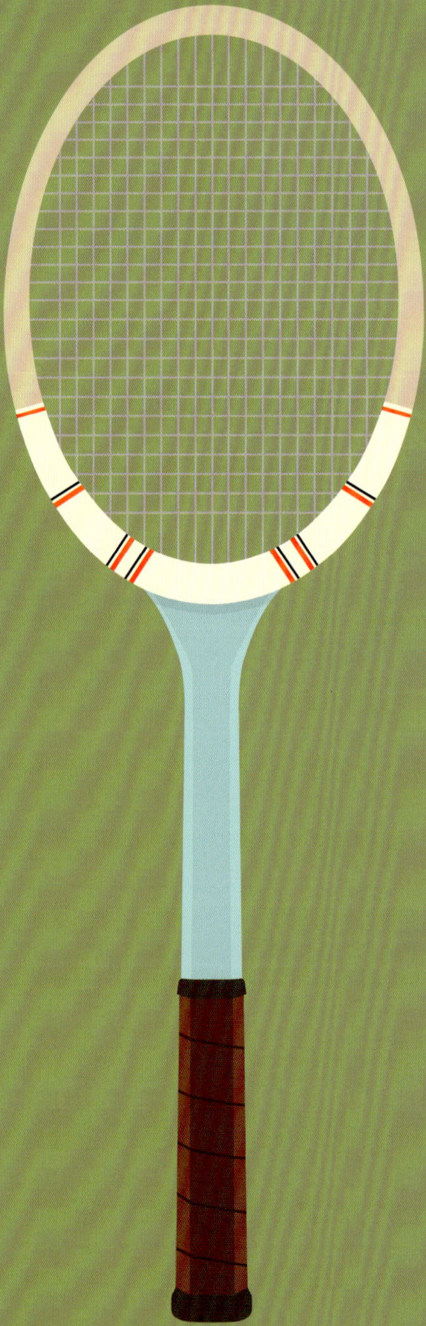

HOLZSCHLÄGER

SCHLAGKRAFT ODER BALLKONTROLLE?

- Je straffer die Bespannung, umso besser ist die Ballkontrolle des Spielers. Niedrige Spannung sorgt dagegen für mehr Schlagkraft.
- Hat der Schläger einen großen Kopf, bekommt der Spieler mehr Schlagkraft und einen größeren Schlagpunkt. Ein kleinerer Schlägerkopf bedeutet dafür wieder mehr Ballkontrolle.
- Ein schwererer Schläger verstärkt den Schlag des Spielers, kann aber auch ermüden und unhandlich sein.

Material für den Rahmen
Graphit, manchmal kombiniert mit Kevlar, Fiberglas und Titan.

Kopfgröße
Ca. 548–871 cm²

Lagerung
Kein Rahmen zum Spannen erforderlich.

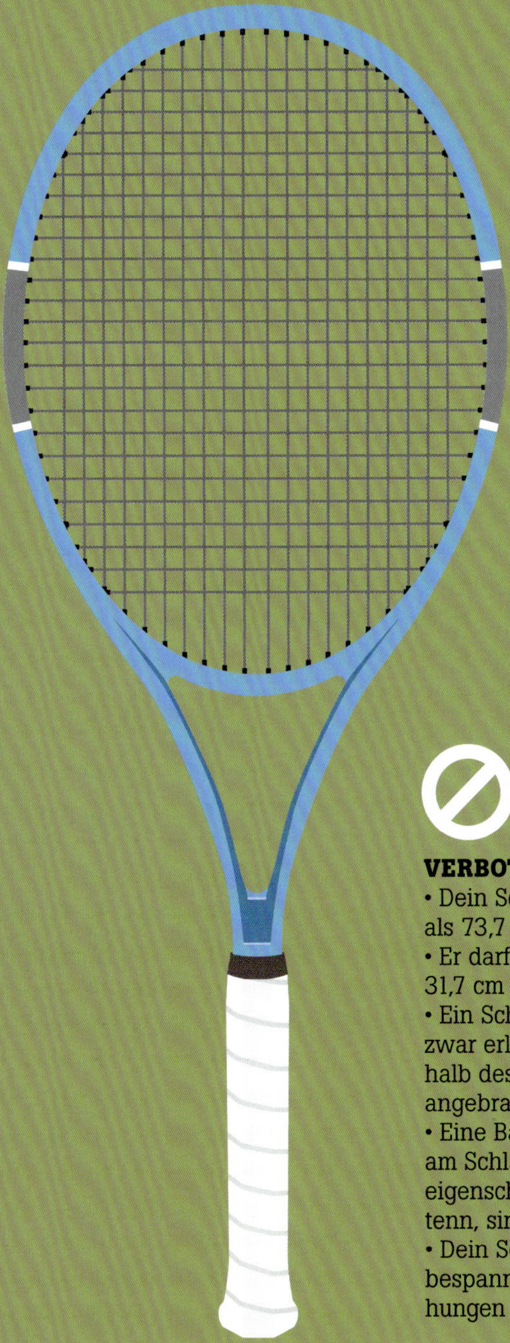

MODERNER SCHLÄGER

Gewicht
Ca. 300 g

Besaitung
Nylon; einige Profis schwören aber auch auf ein Mischgewebe aus Synthetik und Tierdärmen.

VERBOTEN

- Dein Schläger darf nicht länger als 73,7 cm sein.
- Er darf auch nicht breiter als 31,7 cm sein.
- Ein Schwingungsdämpfer ist zwar erlaubt – er muss aber außerhalb des Bespannungsbereichs angebracht sein.
- Eine Batterie oder eine Solarzelle am Schläger, die seine Schlageigenschaften verändern könntenn, sind verboten.
- Dein Schläger darf nicht doppelt bespannt sein (was die Balldrehungen extrem verstärken würde).

DIE AUSTRALIAN OPEN IN ZAHLEN

Roger Federer nannte die im australischen Sommer stattfindenden Australian Open einmal den »Happy Slam«. Definitiv ist es das heißeste Turnier von allen. Die Spieler können sich dabei auf dem Platz so überhitzen, dass sie anfangen zu halluzinieren …

Bei 40 Grad Celsius greift die Hitzeregelung des Turniers, nach der Spiele ausfallen oder verschoben werden. Allerdings muss, damit die Regelung in Kraft tritt, das Feuchtkugelthermometer, das eine Kombination aus Luftfeuchtigkeit, Wind und Temperatur misst, mindestens 32,5 Grad Celsius anzeigen.

6

Spiele gewann Marcel Rios 1998 im Finale gegen Petr Korda. Daraufhin beschuldigte man ihn, er habe nicht alles gegeben.

Im Jahr 2007 wurden auf dem Court Temperaturen von bis zu 50 Grad Celsius gemessen.

212

Als Mark Edmondson 1976 das Einzel der Männer gewann, belegte er Platz 212 in der Rangliste. Einige Wochen zuvor hatte er noch als Reinigungskraft in einem Krankenhaus Fenster und Böden geputzt. Nie wieder hat jemand mit einem so niedrigen Rang ein Grand-Slam-Finale für sich entschieden. Und Edmondson blieb bislang auch der letzte Australier, der sich diesen Titel holte.

4

Während der Jahrhunderthitzewelle 2014 in Melbourne lagen die Temperaturen bei den Australian Open vier Tage in Folge über 40 Grad Celsius. Tennisschuhe und Wasserflaschen fingen schon an zu schmelzen. Die größte Gefahr bestand aber natürlich für die Spieler selbst, obwohl der Turnierarzt nicht sonderlich besorgt zu sein schien: »Der Mensch hat sich schließlich bei solchen Temperaturen entwickelt – acht Stunden am Stück Antilopen jagend auf afrikanischen Hochplateaus.«

1

Ein Spieler überhitzte bei den Australian Open 2014 so sehr, dass er Visionen hatte. Der Kanadier Frank Dancevic erzählte später: »Von der Mitte des ersten Sets an war ich völlig benommen – und dann sah ich Snoopy [von den Peanuts]. Und ich dachte noch: Wow, Snoopy, das ist ja seltsam.«

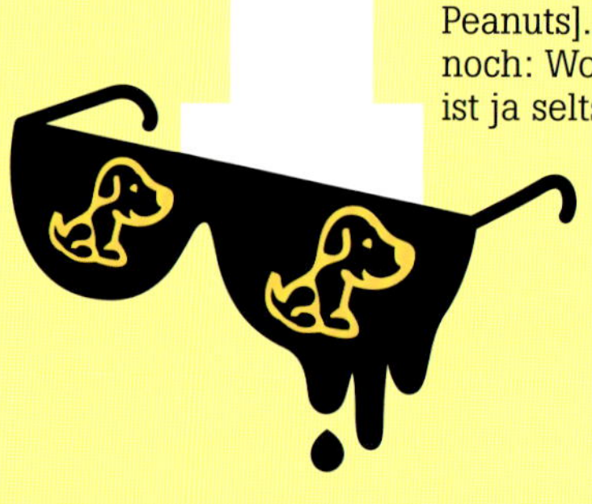

728 763

Mit 728 763 Zuschauern zählte das Turnier im Jahr 2017 mehr Zuschauer als jedes andere Grand-Slam-Turnier der Welt.

Das Jahr, in dem der Wettbewerb das erste Mal stattfand, macht ihn zum jüngsten unter den vier Grand Slams.

1905
1986
2008

Einmal wurde das Turnier von Dezember (1986) auf Januar (1987) umterminiert, deshalb gibt es für das Jahr 1986 keinen Eintrag in der Turnierliste.

Zum letzten Mal wurden die Beläge der Plätze im Jahr 2008 gewechselt. Seitdem wird auf Plexicushion gespielt, einem Bodenbelag für Tennis-Hartplätze. Ursprünglich spielte man auf Gras, dann auf harten Plätzen und dann auf dem Kunstbelag Rebound Ace.

150

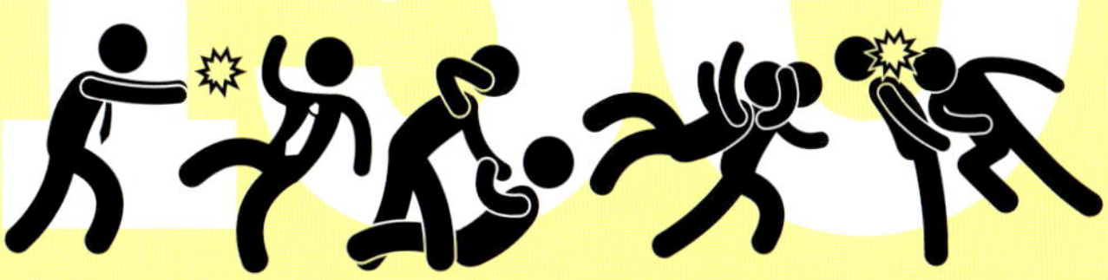

Im Jahr 2007 mussten 150 Zuschauer den Wettkampf verlassen, weil sie sich geprügelt hatten. Nur wenige Tage, nachdem Federer den Begriff des »Happy Slam« geprägt hatte, gab es bei den Australian Open den ersten Tumult in der Geschichte großer Turniere.

40

Vor der Erfindung des Düsentriebwerks waren Spieler aus Europa ungefähr 40 Tage lang mit dem Schiff und über Land zu den Australian Open unterwegs. Verständlich, dass daher nur sehr wenige europäische Spieler an dem Turnier »down under« teilnahmen.

7

Die Australian Open fanden bisher in sieben Städten statt. Nur fünf davon liegen in Australien: Melbourne, Sydney, Adelaide, Perth und Brisbane. Die anderen beiden Austragungsorte, Christchurch (1906) und Hastings (1912), befinden sich in Neuseeland, das 1904 mit Australien die Australasian Lawn Tennis Association gegründet hatte.

IKONE SERENA WILLIAMS

Ist sie die größte Tennisspielerin aller Zeiten? Mit ziemlicher Sicherheit. Es gibt sogar eine Diskussion darüber, ob Serena Williams nicht das größte Tennis-As unter allen Weltklassespielern überhaupt ist.

DIE DATEN

SPITZNAME
Meka

GEBURTSDATUM
26. September 1981

GEBURTSORT
Saginaw, Vereinigte Staaten

GRÖSSE
1,75 m

SPIELSTIL
Rechtshändig (Rückhand beidhändig)

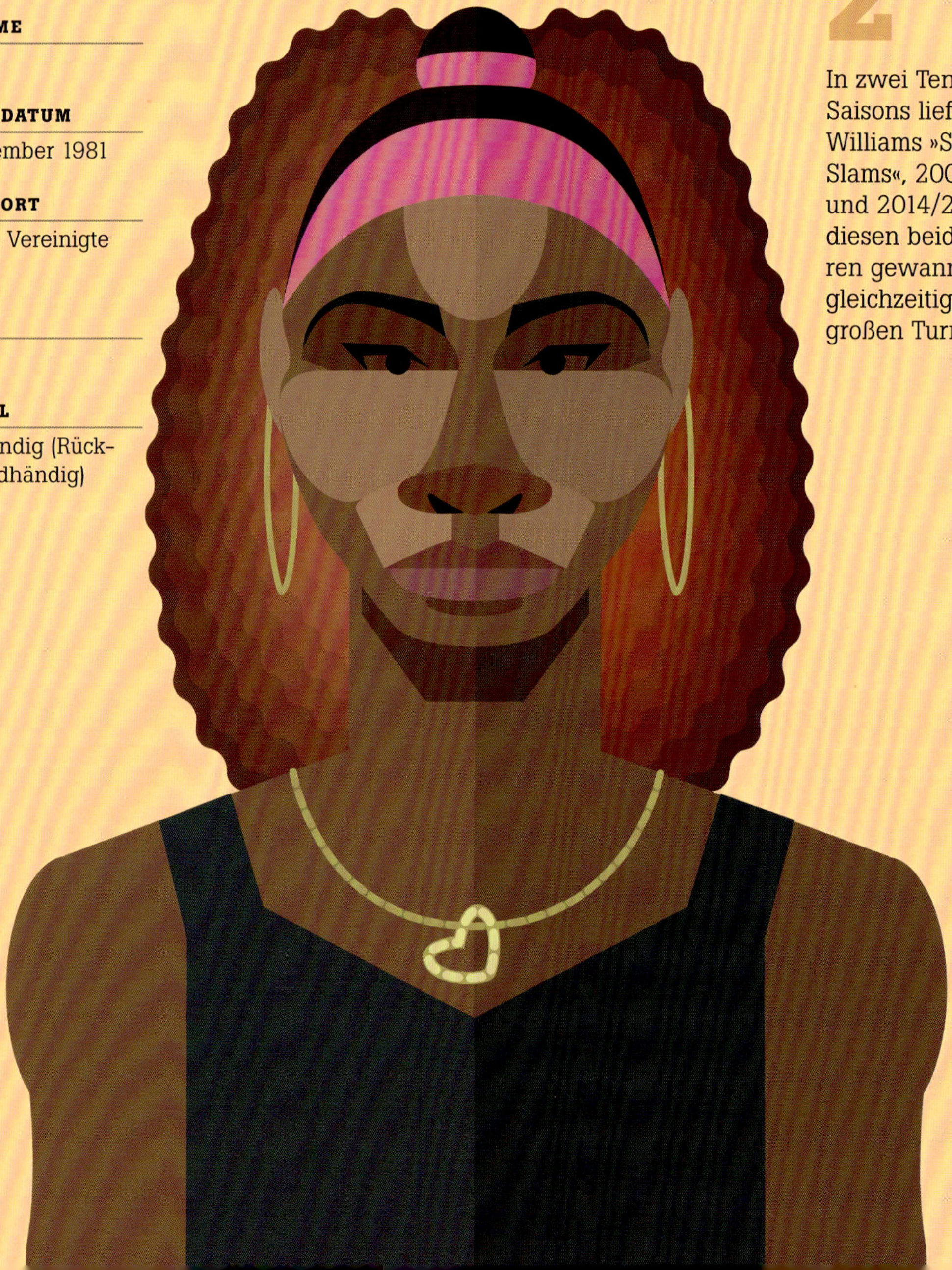

2

In zwei Tennis-Saisons lieferte Williams »Serena Slams«, 2002/2003 und 2014/2015. In diesen beiden Jahren gewann sie gleichzeitig alle vier großen Turniere.

REKORDE

23

Serena Williams gewann mehr Grand-Slam-Turniere als alle anderen Spielerinnen der Welt – auch mehr als jeder andere Spieler.

35

Mit 35 Jahren wurde sie die älteste Weltranglisten-Nummer eins aller Zeiten.

7

Die Australian Open gewann Serena Williams siebenmal: mehr als jede andere Spielerin auf der Welt.

84

Auch bei den Preisgeldern – 84 Mio. US-Dollar (Stand: Ende 2017) – übertrifft sie alle anderen weiblichen Legenden der Tennisgeschichte.

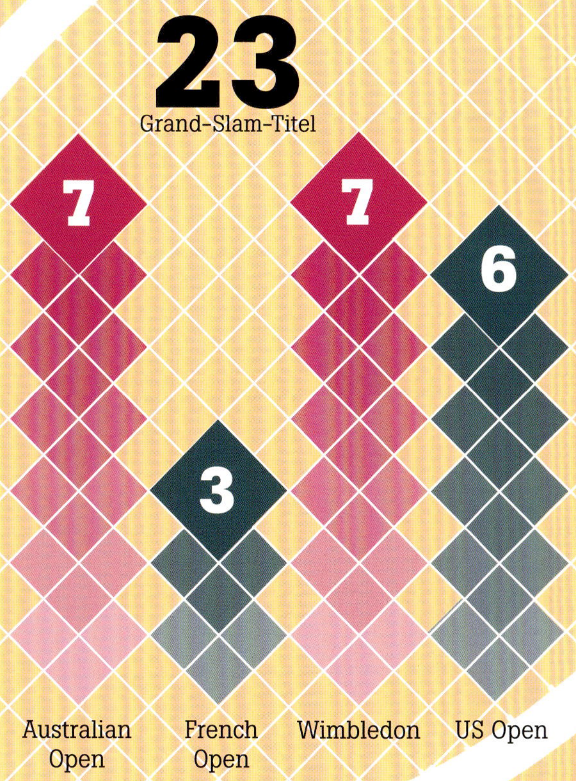

WILLIAMS IN ZAHLEN

2

Als Serena Williams 2017 die Australian Open gewann, war sie im zweiten Monat schwanger.

4

Sie gewann Grand-Slam-Titel unter vier Präsidenten der Vereinigten Staaten – Bill Clinton, George W. Bush, Barack Obama und Donald Trump.

2014

präsentierte Serena Williams zum ersten Mal ihre Modelinie auf der New York Fashion Week.

14

Jahre lang hielt Williams sich vom Indian Wells Tennis Garden Turnier fern, nachdem sie dort im Jahr 2001 »mit einem quälenden rassistischen Hass überschüttet« worden war. In ihrer Autobiografie spricht sie in dem Kapitel »Die glühenden Pfeile von Indian Wells« von einem »durch Eleganz getarnten Lynch-Mob«. 2015 entschloss sie sich dann, doch wieder an dem Turnier teilzunehmen.

2

Vor jedem Spiel pflegt sie zwei Rituale: Sie wäscht sich die Hände, sodass sie schön sauber und trocken sind – »dann kann ich den Schläger richtig fest halten« –, und sie hört den Flashdance-Song »What a Feeling« von Irena Cara.

VERSCHIEDENE TRAININGSMETHODEN

Eiförmige Kammern, Pole Dancing, magische Berge oder mittelalterliche Folterinstrumente – Tennisspieler haben die verschiedensten Mittel und Wege gefunden, um fit zu bleiben.

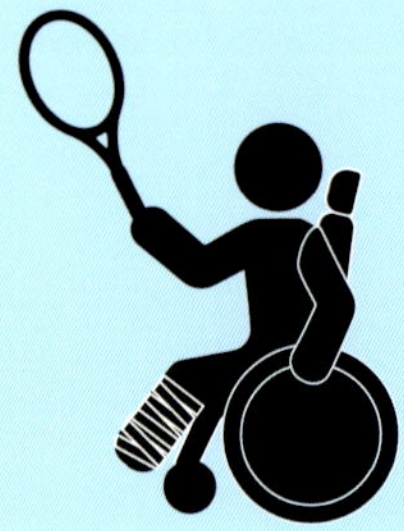

Thomas Muster war unter den erfolgreichen Spielern vermutlich der einzige, der noch mit Gipsbein seine Vorhand trainierte. Ein betrunkener Autofahrer hatte ihn in Key Biscane angefahren, aber der Spieler konnte es nicht erwarten, wieder auf den Platz zu kommen. Er ließ sich einen speziellen Stuhl anfertigen, auf dem er sich festschnallen und aus der Sitzposition zum Schlag herausschwingen konnte.

Jedem, der 2016 in den Schweizer Alpen herumkraxelte, konnte es passieren, dass er auf **Roger Federer** traf. Der hatte die halbe Saison verpasst, weil er sich von einer Knieoperation erholen musste. Anschließend baute er seine Fitness wieder auf, indem er in den Bergen herumwanderte. Diese Art des Trainings verlief wahrscheinlich sehr viel leiser als all die anderen Work-Outs von Federer, der dafür bekannt ist, dass er gern laut Heavy Metal hört, wenn er im Kraftraum Gewichte stemmt.

»Zauberberg« nannte **Andre Agassi** einen Berg in Nevada, den er immer hinaufsprintete. »Andres Lungen schrien geradezu«, erzählte sein Fitness-Trainer Gil Reynes.

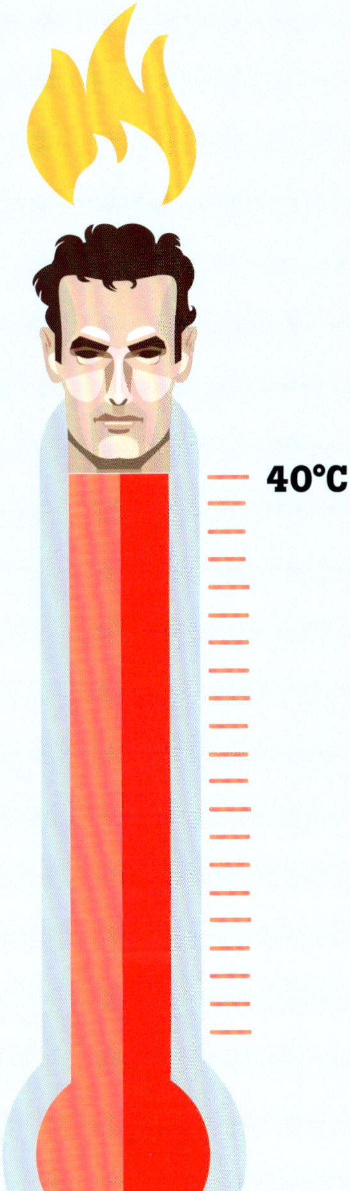

Andy Murray setzte sich häufig extremen Temperaturen aus – intensiver Hitze und eisiger Kälte. Im Bikram-Yoga-Studio herrschten Temperaturen von 40 Grad Celsius und mehr. »Man kann eigentlich erst beurteilen, wie schwer das auszuhalten ist, wenn man es selbst erlebt hat. Das ist echt hart, richtig ekelhaft«, sagte Murray. Nach einem langen Spiel oder ausgedehntem Training saß Murray in einem Eisbad. Das kalte Wasser half ihm dabei, die Milchsäure aus seinen Muskeln zu spülen. Außerdem trainierte er gern auf einer Gyrotonic-Maschine, an der sich Züge, Hebel und Gewichte befanden. Dieses Training wird als ein »Mix aus Yoga und Ballett, ausgeführt auf einer mittelalterlichen Foltermaschine« beschrieben.

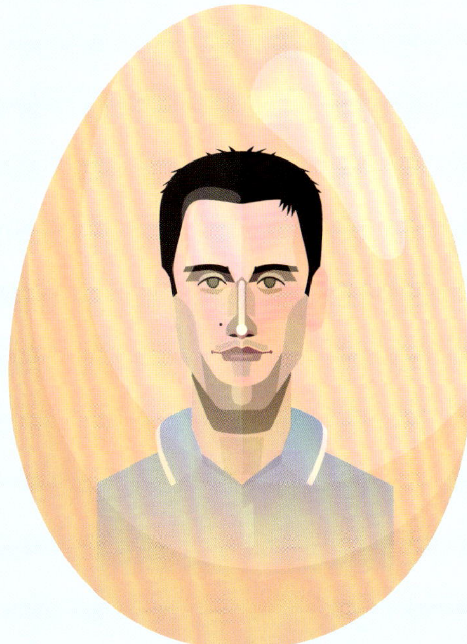

Novak Djokovics Fähigkeiten können zum Teil einem »Ei« zugeschrieben werden. Oder, präziser: dem Sitzen in einer eiförmigen Höhendruckkammer. »Wie ein Raumschiff«, sei es darin, meinte er. »Eine hochinteressante Technologie.«.

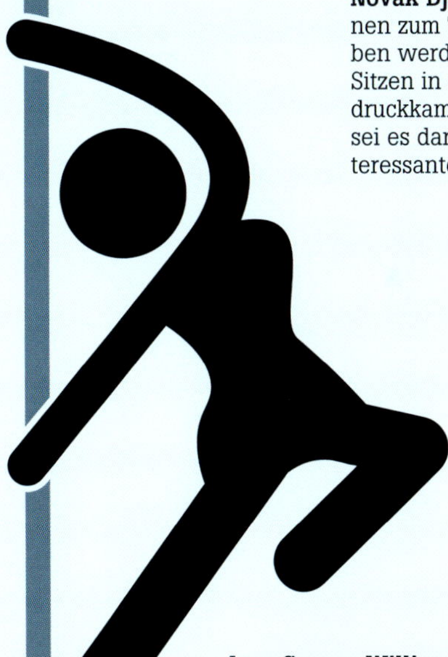

Laut **Serena Williams** ist »Pole Dancing« ein »enorm gutes Work-Out«. Die Spielerin absolviert viel Fitnesstraining in Form von zeitgenössischem Tanz. Als Kinder warfen Serena und ihre Schwester Venus Williams sich Footballs zu. Ihr Vater – und Trainer – Richard war davon überzeugt, dass es die Muskeln stärken würde, die sie für ihre Aufschläge brauchten.

MIT FALKENAUGEN

Als das computergestützte Hawk-Eye-System zur Überwachung der Tenniscourt-Linien eingeführt wurde, befürchtete man, dem Sport könnte dadurch der lebendige »menschliche Faktor« verloren gehen. Von den Erben McEnroes seien keine Ausbrüche à la »You can not be serious!« mehr zu erwarten, wenn sie von einer »Falkenaugen-Maschine« zur Ordnung gerufen würden. Tatsächlich stellte sich aber heraus, dass dieses System dem Tennisspektakel sogar noch eine zusätzliche Qualität verlieh – insbesondere, was die Entscheidungen für Breakpoints, Set Points und Match Points betrifft.

2005

Die Internationale Tennis Federation lässt Hawk-Eye zur professionellen Verwendung zu.

2006

Bei seiner Einführung wird das Hawk-Eye-System noch von Roger Federer als zu ungenau kritisiert – 2017 gewinnt er selbst die Australian Open durch eine Hawk-Eye-Entscheidung.

2007

Nach den US Open vertraut man nun auch bei den Australian Open und in Wimbledon auf das Falkenauge.

80

Hawk-Eye Innovations berichtet, dass weltweit über 80 Events erfolgreich die Technologie ihres »elektronischen Linienrichters« einsetzen.

3,66

Millimeter ist der mittlere statistische Fehlerquotient in der Analyse durch Hawk-Eye – gerade mal so »ungenau«, wie der Flaum auf dem Tennisball lang ist.

SPIELENTSCHEIDUNGEN MITHILFE VON HAWK-EYE IN PROZENT

AUSTRALIAN OPEN

Männer **30,4 %**
Frauen **26,8 %**

INSGESAMT BEI DEN GRAND SLAMS

Männer **28 %**
Frauen **27 %**

WIMBLEDON

Männer **29,8 %**
Frauen **29,5 %**

French Open
Die French Open arbeiten weiterhin ohne Hawk-Eye; hier steigt der Schiedsrichter von seinem Stuhl, um den im Sand noch gut sichtbaren Ballabdruck zu inspizieren.

US OPEN

Männer **24 %**
Frauen **24,7 %**

DAS MATCH, DAS VERMUTLICH DEN TENNISSPORT ZUM ELEKTRONISCHEN LINIENRICHTER BEKEHRTE

Serena Williams Viertelfinalsieg über ihre US-amerikanische Kollegin Jennifer Capriati bei den US Open 2004 war geprägt durch eine Menge strittiger Linienrichterurteile. Natürlich konnte Williams die Entscheidungen nicht anfechten; das Hawk-Eye-System war noch nicht installiert. John McEnroe, der das Spiel damals im Fernsehen kommentierte, stöhnte: »Hawk-Eye bitte – langsam wird es absurd.«

EINIGE SPIELER SIND BIS HEUTE NICHT DAMIT GLÜCKLICH

Roger Federer betrachtet das Falkenauge mit Skepsis. »Ich bezweifle, dass das System hundertprozentig genau ist. 99 Prozent, okay, das mag sein. Aber eben nicht 100 Prozent. Ich erlebe immer noch Entscheidungen, die ich nicht nachvollziehen kann. Aber klar, es ist schon sehr gut, dass es das System gibt.« Das zeigte sich auch für ihn selbst, als er im Jahr 2017 die Australian Open mithilfe einer Hawk-Eye-Entscheidung gewann. Andere Spieler plädieren dafür, Hawk-Eye auf allen großen Turnierplätzen einzusetzen. Das würde allerdings eine große Investition erforderlich machen, denn Technologie und Unterhalt des Systems sind sehr kostenintensiv.

DIE ERFOLGREICHSTEN TENNISSPIELERINNEN

Hier zeigen wir die Entwicklung der erfolgreichsten Tennisspielerinnen aller Zeiten – Serena Williams, Steffi Graf, Chris Evert und Martina Navratilova – in chronologischer Folge ab ihrem ersten Sieg bei einem Grand-Slam-Turnier.

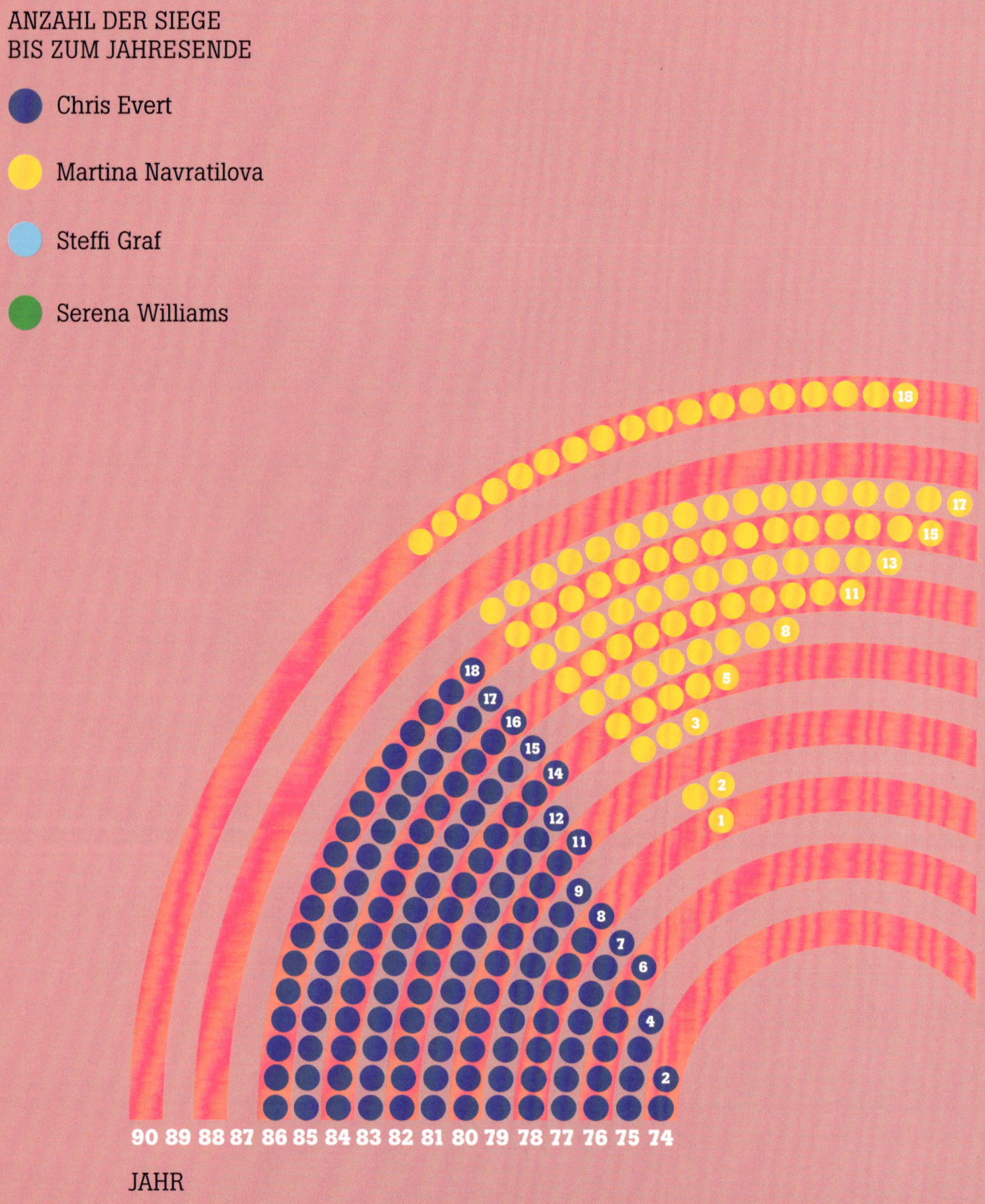

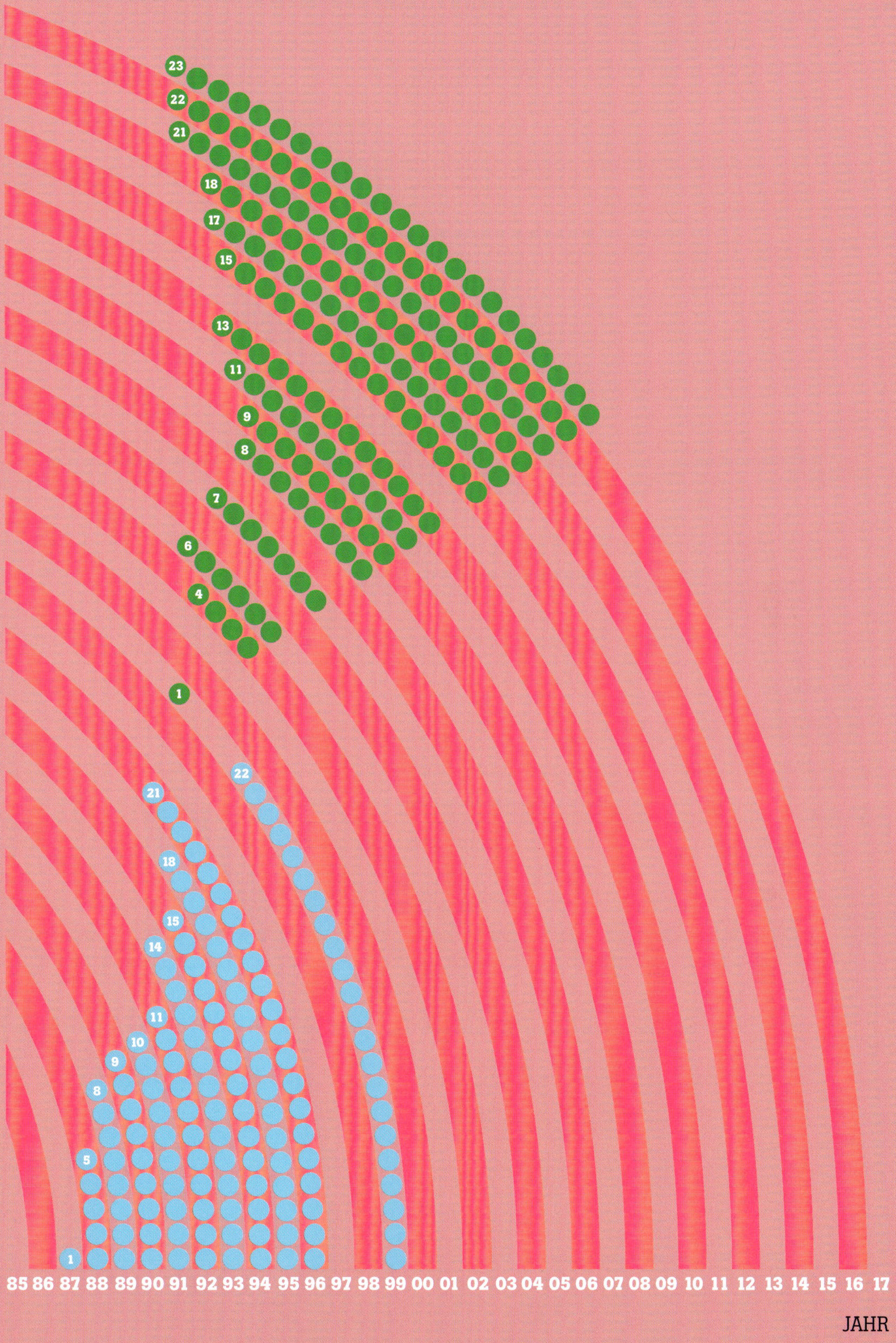

23
22
21
18
17
15
13
11
9
8
7
6
4
1
22
21
18
15
14
11
10
9
8
5
1
85 86 87 88 89 90 91 92 93 94 95 96 97 98 99 00 01 02 03 04 05 06 07 08 09 10 11 12 13 14 15 16 17
JAHR

JUNIOR- UND SENIOR-GRAND-SLAM-CHAMPIONS

Einige wenige Spielerinnen und Spieler gewannen zu Beginn ihrer Karriere Grand-Slam-Junior-Titel und schafften es später auch als Erwachsene noch einmal, das gleiche Turnier für sich zu entscheiden.

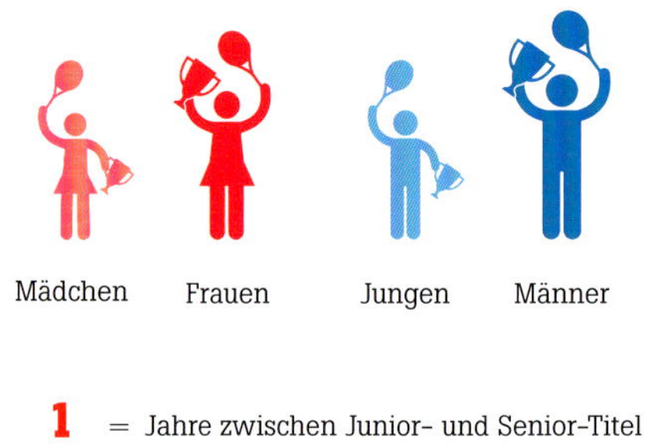

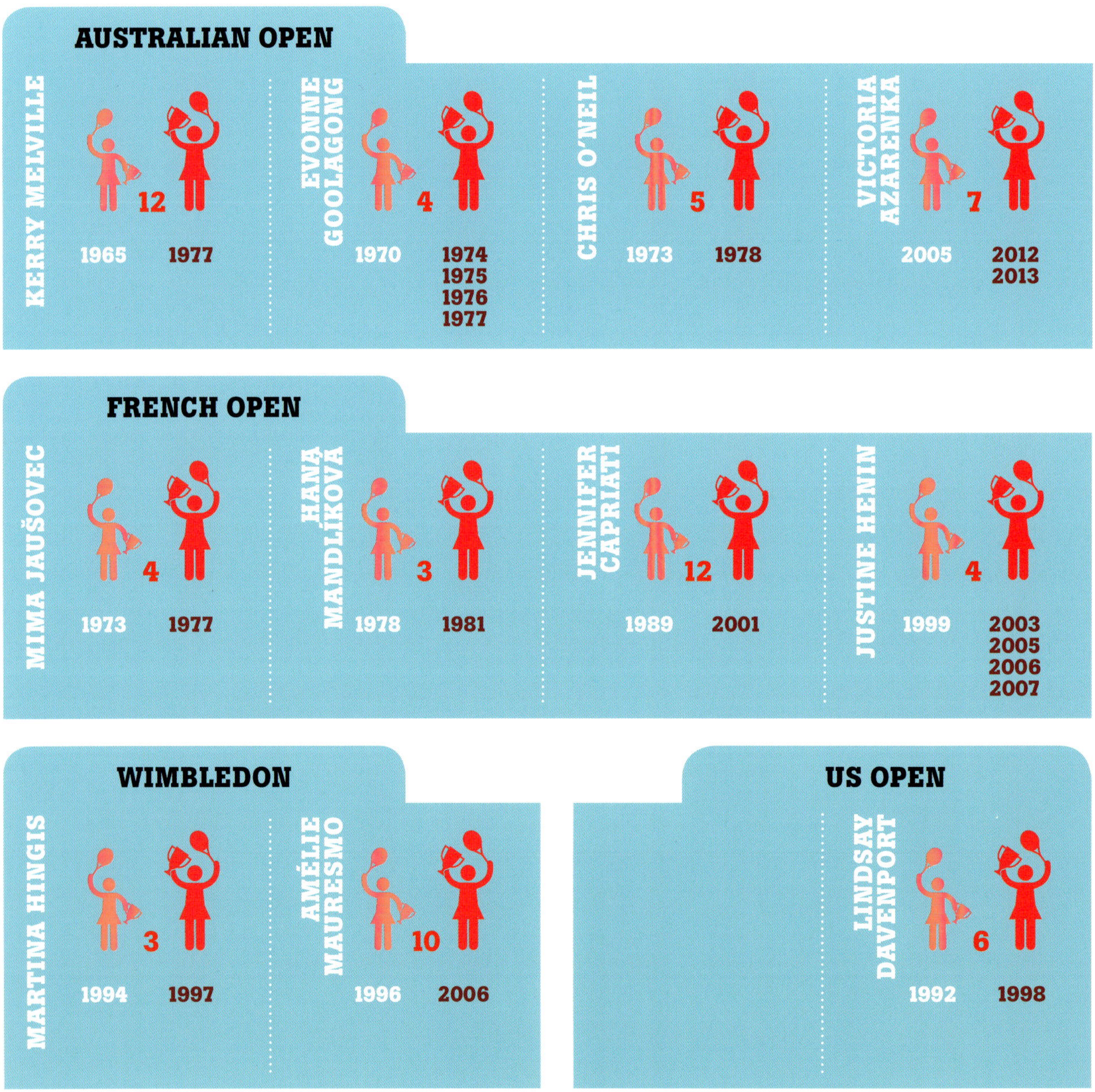

AUSTRALIAN OPEN

KEN ROSEWALL	1950	3	1953 1955 1971 1972
ROD LAVER	1957	3	1960 1962 1969
JOHN NEWCOMBE	1961 1962 1963	12	1973 1975
STEFAN EDBERG	1983	2	1985 1975

FRENCH OPEN

KEN ROSEWALL	1952	1	1953 1968
IVAN LENDL	1978	6	1984 1986 1987
MATS WILANDER	1981	1	1982 1985 1988
STAN WAWRINKA	2003	12	2015

WIMBLEDON

BJÖRN BORG	1972	4	1976–80
PAT CASH	1982	5	1987
STEFAN EDBERG	1983	5	1988 1990
ROGER FEDERER	1998	5	2003–7 2009 2012 2017

US OPEN

STEFAN EDBERG	1983	8	1991 1992
ANDY RODDICK	2000	3	2003
ANDY MURRAY	2004	8	2012

JETZT WIRD GEFEIERT!

Einen Wettkampf zu gewinnen, oder auch nur einen Punkt zu holen, versetzt ein Tennis-As regelrecht in Euphorie – je nach Temperament erkennt man dabei auch einiges von der Persönlichkeit des Spielers oder der Spielerin.

Radek Štěpánek
Typisch für den Tschechen war sein »Wurm« – eine Breakdance-Einlage, die er in einem Alpen-Ski-Ressort beim Schnapstrinken aufgeschnappt hatte.

Andrew Ilie
Auch der Tennissport hatte seinen eigenen Hulk – Andrew Ilie, einen verrückten Australier, der zu seinen wichtigsten Siegen jedes Mal sein Hemd in kleine Fetzen riss.

Novak Djokovic
Der Serbe feierte seinen Wimbledon-Sieg, indem er auf dem Centre Court weidete – im Wortsinn: Das Gras sei »sehr, sehr lecker«, meinte er.

Michaël Llodra
Nach ihrem Doppelsieg im Jahr 2004 bei den Australian Open zogen sich Llodra und sein Partner Arnaud Clément bis auf die Unterwäsche aus und warfen ihre gesamten Kleider in die Menge. Llodra machte das Gleiche dann auch noch mit den Sachen aus seiner Tasche.

Gustavo Kuerten
Er liebte das Roland Garros und malte darum immer ein Herz in den Sand, in das er sich dann hineinlegte.

Mikhail Youzhny
Der Sohn eines sowjetischen Armeeobristen war bekannt für seine militärischen Grüße. Er salutierte mit der rechten Hand und legte sich mit der linken den Schläger auf den Kopf.

Jim Courier
Nur Stunden, nachdem eine Zeitung aus Melbourne berichtet hatte, dass der durch die Stadt fließende Yarrafluss stark verseucht sei, sprang Courier in das schmutzige Wasser, um seinen Sieg bei den Australian Open im Jahr 1992 zu feiern. Im nächsten Jahr machte er das Gleiche noch einmal.

Andy Murray
Um 2008 seinen Comeback-Sieg in Wimbledon zu feiern, der auch ein Test für seine neugewonnene Ausdauer war, rollte Murray die Ärmel hoch und spannte seinen Bizeps an wie Popeye. Ein anderes seiner jahrelangen Rituale war da schon etwas geheimnisvoller – er legte den Kopf in den Nacken und sah in den Himmel. Warum er das tat, wollte er nicht verraten.

Andy Murray
Als er 2006 in San José seinen ersten ATP-Titel gewann, kletterte der 19-jährige Andy Murray hinauf in den Rang, um seine Freundin und spätere Frau Kim Sears zu küssen. Ärgerlich für Kim war allerdings, dass dieser denkwürdige Augenblick vielfach fotografiert und später in allen britischen Zeitungen veröffentlicht wurde – gut sichtbar auch für ihre Lehrer, die sie an diesem Tag in der Schule vermisst hatten.

Maria Sharapova
Als der Russin bei der Preisverleihung zu ihrem US-Open-Sieg 2006 der Deckel ihres Pokals herunterfiel, fing ihr Telefon sofort an zu vibrieren. »Alle meine Freunde schrieben mir eine SMS nach dem Motto: ›Typisch Maria!‹. Solche Sachen passieren mir andauernd. Ich bin ein Esel, der Vollblödi im Team.«

Rafael Nadal (Teil 1)
Nadals Zahnarzt ist sicher nicht gerade begeistert darüber, dass Nadal in jeden Pokal, den er gewinnt, hineinbeißt.

Bob und Mike Bryan
Die freudigen Luftsprünge und Zusammenstöße der Brüder sind schwieriger nachzuahmen, als man denkt. »Ich spielte im gemischten Doppel zusammen mit Venus Williams. Einmal, als wir einen Punkt geholt hatten, flog sie mir entgegen und wollte auch einen unserer ›Chest Bumps‹ mit mir machen«, erinnert sich Bob. »Ich bekam richtig Angst.«

Lleyton Hewitt
Wenn der Australier nicht mit der Faust pumpte oder »C'mon« schrie, machte er den »The Vicht«-Gruß: Dafür beugte er die Handfläche um 90 Grad und ließ die Finger in Richtung Stirn zeigen, wie eine Ente im Schattenspiel, die ihn direkt ansah. Obwohl diese Geste zuerst von den schwedischen Spielern eingeführt worden war, allen voran von Mats Wilander, wurde sie zum typischen Ausdruck für Hewitts Freude.

Rafael Nadal (Teil 2)
Im Jahr 2008 kletterte Nadal hinauf in den Rang um den Centre Court und dann über das Dach der Fernsehmoderatorenkabinen zur königlichen Loge, um dort den spanischen Kronprinzen zu begrüßen. Rafa griff damit eine Tradition wieder auf, die Pat Cash 1987 begründet hatte, der als erster aus Freude über einen Sieg im Wimbledon-Stadion herumkletterte.

Roger Federer und Stan Wawrinka
Die beiden Schweizer spielten nach ihrem doppelten Goldmedaillensieg bei der Olympiade 2008 vor Freude ihren »Lagerfeuer-Witz«. Wawrinka streckte sich dafür auf dem Boden aus, und Federer tat so, als würde er sich an ihm wie über einem heißen Feuer die Hände wärmen.

Petr Korda
Der Tscheche schlug Räder und machte seine typischen Scherensprünge, nachdem er 1998 die Australian Open gewonnen hatte.

IKONE **RAFAEL NADAL**

Mit French-Open-Titeln im zweistelligen Bereich ist Rafael Nadal der König des Roland-Garros-Stadions und der größte Sandplatz-Spieler aller Zeiten. Aber auch auf harten Böden und Grasplätzen ist Nadal nur sehr schwer zu besiegen.

DIE DATEN

SPITZNAME
Der König des Sandplatzes

GEBURTSDATUM
3. Juni 1986

GEBURTSORT
Manacor, Mallorca, Spanien

GRÖSSE
1,85 m

SPIELSTIL
Linkshändig (Rückhand beidhändig)

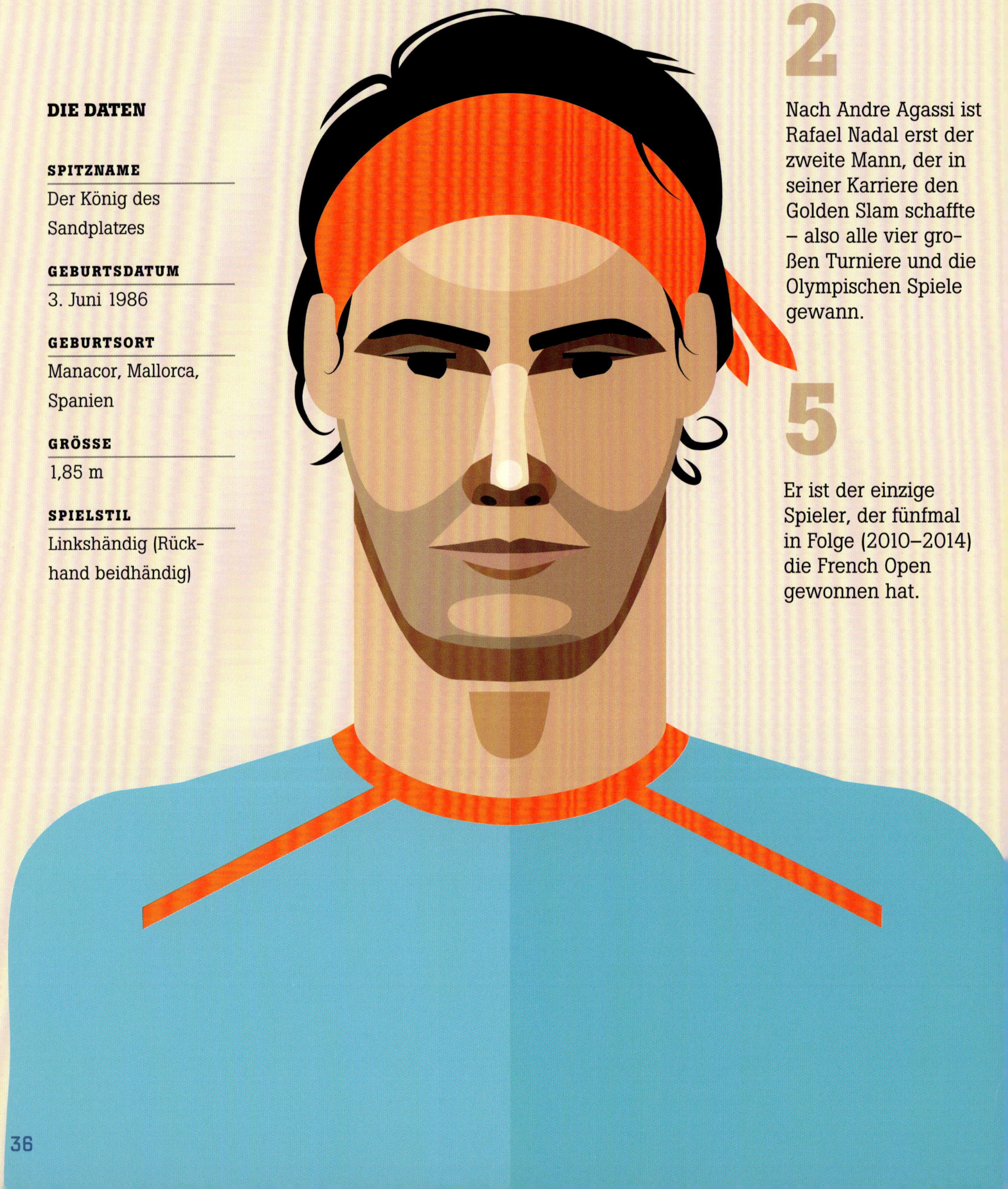

2

Nach Andre Agassi ist Rafael Nadal erst der zweite Mann, der in seiner Karriere den Golden Slam schaffte – also alle vier großen Turniere und die Olympischen Spiele gewann.

5

Er ist der einzige Spieler, der fünfmal in Folge (2010–2014) die French Open gewonnen hat.

NADAL
IN ZAHLEN

REKORDE

10

Mit »La Decima« bei den French Open 2017 wurde Nadal der Erste unter allen Spielerinnen und Spielern, der das gleiche Grand-Slam-Turnier zehnmal für sich entscheiden konnte.

10

Als erster Spieler gewann er bei drei verschiedenen Turnieren jeweils zehnmal: Monte Carlo, Barcelona, French Open

81

Zwischen April 2005 und Mai 2007 gewann er 81 ausschließlich auf Sandplätzen gespielte Matches. Damit hält er den Rekord für die längste Siegesserie auf gleichem Untergrund in der Geschichte seines Sports.

31

Er war 31 Jahre alt, als er 2017 als bis dahin ältester Tennis-Profi aller Zeiten das Jahr als Nummer eins der Weltrangliste beendete.

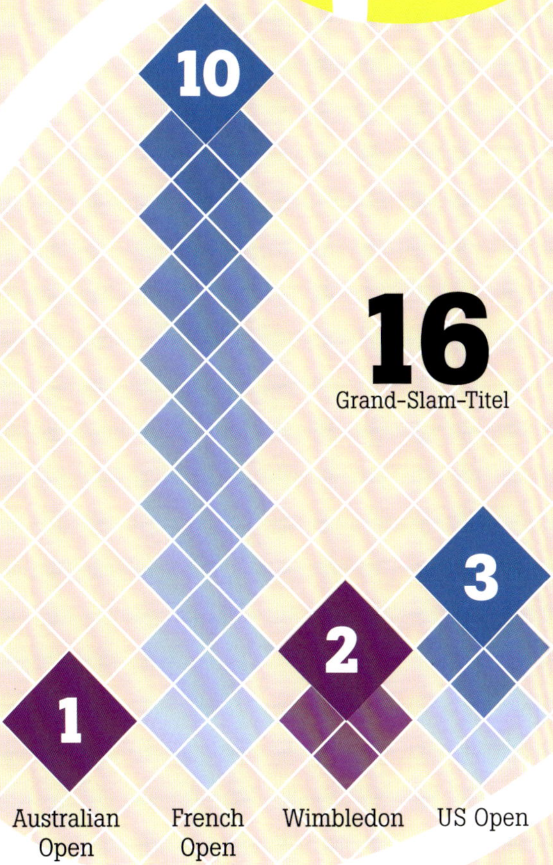

0

In seiner ganzen Karriere hat Nadal keinen einzigen Schläger zerbrochen oder herumgeworfen.

6

Nadal hat sechs große Ängste: vor Dunkelheit, Gewitter, Hunden, dem Meer, Spinnen und dem Fliegen. »Ich hasse es, wenn es dunkel wird. Ich fürchte mich vor der Dunkelheit. Manchmal muss ich zum Schlafen sogar den Fernseher anlassen.«

10

In zehn aufeinanderfolgenden Jahren, von 2005 bis 2014, gewann Nadal jeweils mindestens einen Grand-Slam-Titel.

31

aufeinanderfolgende Spiele hat Nadal bei den French Open gewonnen, ehe er 2009 gegen Robin Söderling das erste Mal in seiner Karriere in der vierten Runde im Roland Garros verlor.

775 000

US-Dollar kostet die Armbanduhr, die Nadal immer trägt, auch auf dem Court. Er hat einen Werbevertrag mit Richard Mille, dem Hersteller der Uhr, und zwei von ihnen wurden ihm schon gestohlen. Eine verschwand aus seiner Umkleide, die andere wurde aus seinem Pariser Hotelzimmer gestohlen. Die erste fand sich nie wieder, die zweite konnte vom Sicherheitsteam des Hotels sichergestellt werden.

»MONEY, MONEY, MONEY«

Roger Federer ist nicht der einzige Profispieler, den der Tennissport reich gemacht hat – er war noch nicht einmal der Erste, der mehr als 100 Millionen US-Dollar an Preisgeldern gewann.

Währung (US-Dollar in Mio.)
- Preisgeld
- Werbeeinnahmen und Gagen

• Quelle: Forbes Magazine 2017, Die Tennisstars mit dem höchsten Einkommen

2 NOVAK DJOKOVIC
$ 37,6
- $9,6
- $28

Novak Djokovic war der erste Mann, der über 100 Mio. $ an Preisgeldern gewann. Das gelang ihm bei den French Open des Jahres 2016.

7 STAN WAWRINKA
$ 19,2
- $7,2
- $12

8 ANGELIQUE KERBER
$ 12,6
- $7,6
- $5

9 MILOS RAONIC
$ 11,8
- $4,8
- $7

10 VENUS WILLIAMS
$ 10,5
- $3,5
- $7

1 ROGER FEDERER
$ 64
- $ 6
- $ 58

3 KEI NISHIKORI
$ 33,9
- $ 3,9
- $ 30

4 RAFAEL NADAL
$ 31,5
- $ 5,5
- $ 26

5 ANDY MURRAY
$ 28,8
- $ 14,8
- $ 14

6 SERENA WILLIAMS
$ 27
- $ 8
- $ 19

Serena Williams liegt mit zweistelligen Millionenbeträgen an der Spitze der All-Time-Preisgelder-Liste der Frauen – mit über 80 Mio. US-Dollar hat sie schon doppelt so viel verdient wie die zweitplatzierte, Maria Sharapova.

DIE LUKRATIVSTEN WERBEVERTRÄGE UND HONORARE

Roger Federers 10-Jahres-Vertrag mit Nike wurde mit 120 Mio. US-Dollar beziffert, also 12 Mio. US-Dollar pro Jahr.

Maria Sharapovas 8-Jahres-Vertrag mit Nike war 70 Mio. US-Dollar schwer, also 8,5 Mio. US-Dollar pro Jahr.

Rafael Nadals 5-Jahres-Vertrag mit Nike sicherte ihm 50 Mio. US-Dollar, 10 Mio. US-Dollar jährlich.

Kei Nishikoris 5-Jahres-Vertrag mit Uniqlo bezifferte sich auf 50 Mio. US-Dollar , 10 Mio. jährlich.

SCHAUKÄMPFE

Roger Federer bekommt für den Auftritt in einem Schaukampf geschätzte 2 Mio. US-Dollar.

ANSTIEG DER WIMBLEDON-PREISGELDER

1968 Beim ersten Wimbledon-Turnier gewann der Sieger im Herren-Einzel 2000 englische Pfund (£), während die Siegerin im Frauen-Einzel nur 750 £ erhielt.

2017 erhielten der Sieger und die Siegerin der Einzel-Finalspiele jeweils 2,2 Mio. £.

ANSTIEG DER US OPEN-PREISGELDER

1968 erhielt der Gewinner des Herren-Einzels 14 000 US-Dollar, die Siegerin des Frauen-Einzels nur 6000 US-Dollar.

2017 Der Sieger und die Siegerin der Einzel-Finalspiele erhielten jeweils 3,7 Mio. US-Dollar.

SPINBALL-CHAMPIONS

Welche Spieler und Spielerinnen produzieren mit ihren Vorhand- oder Rückhand-Grundschlägen die meisten Spin-Bälle? Die folgenden Zahlen basieren auf einer Analyse von John Yandell, einem Tenniswissenschaftler und Videofilmer.

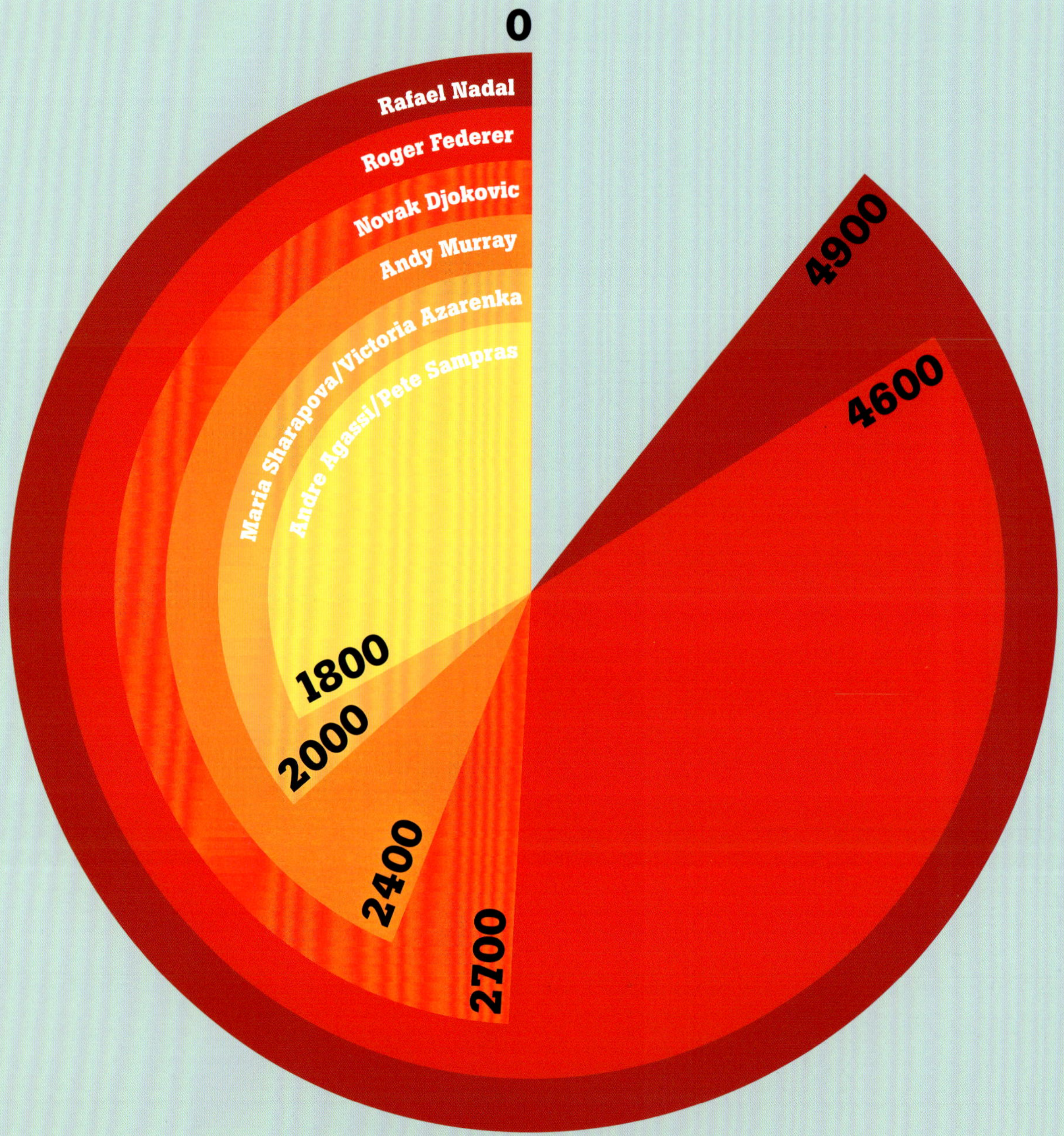

Vorhand – Maximale Drehzahl pro Minute

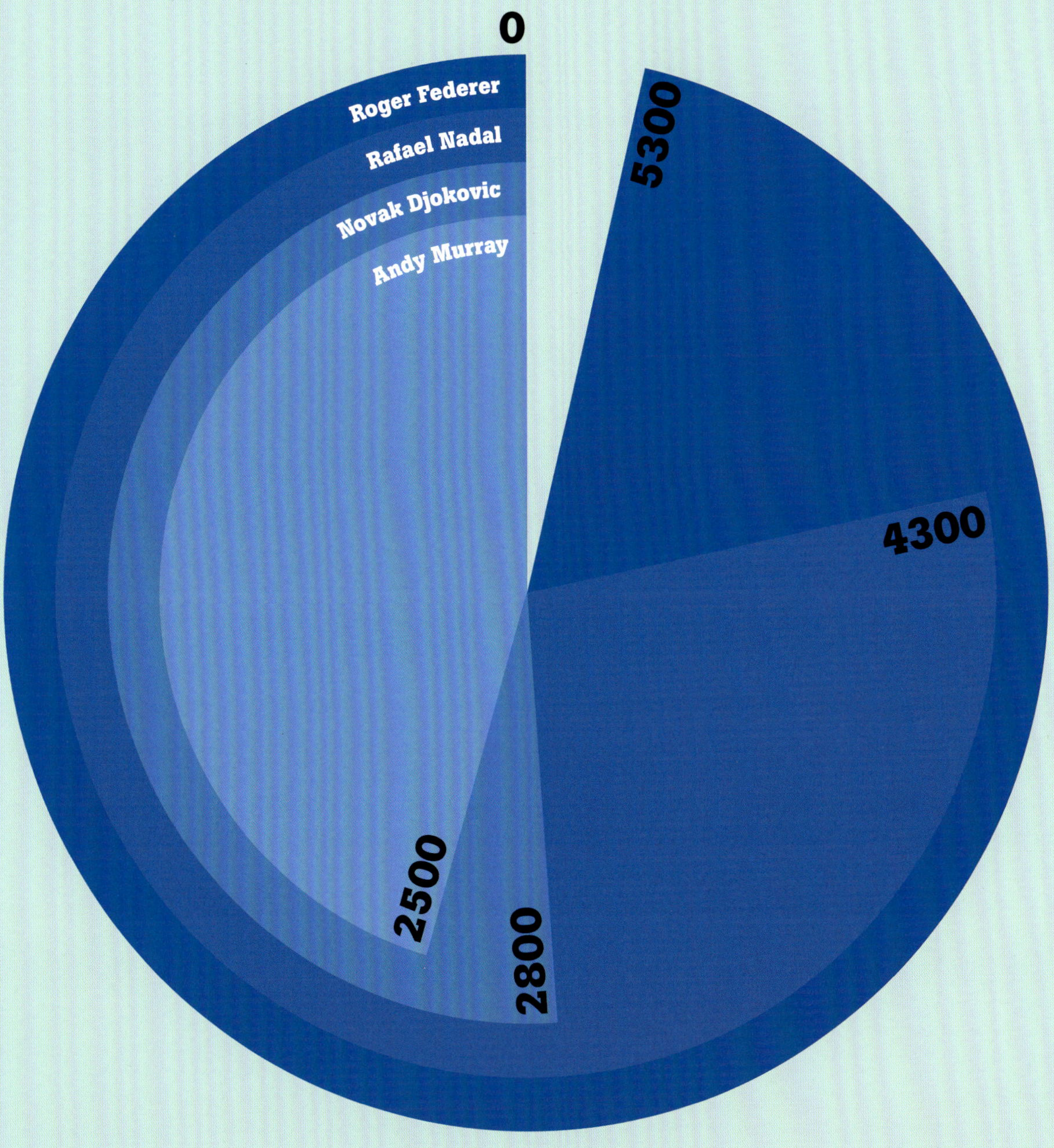

Rückhand – Maximale Drehzahl pro Minute

DIE KÜRZESTEN SHORTS

In den 1970er- und 1980er-Jahren waren die Tennisshorts der Männer fast schon unanständig winzig. Um sich ein Bild davon machen zu können, hier die Längen der Hosen, die die Spieler dieser Zeit in Wimbledon trugen, im Vergleich zu den heutigen Maßen der Tennisshorts, basierend auf Angaben des Wimbledon-Lawn-Tennis-Museums.

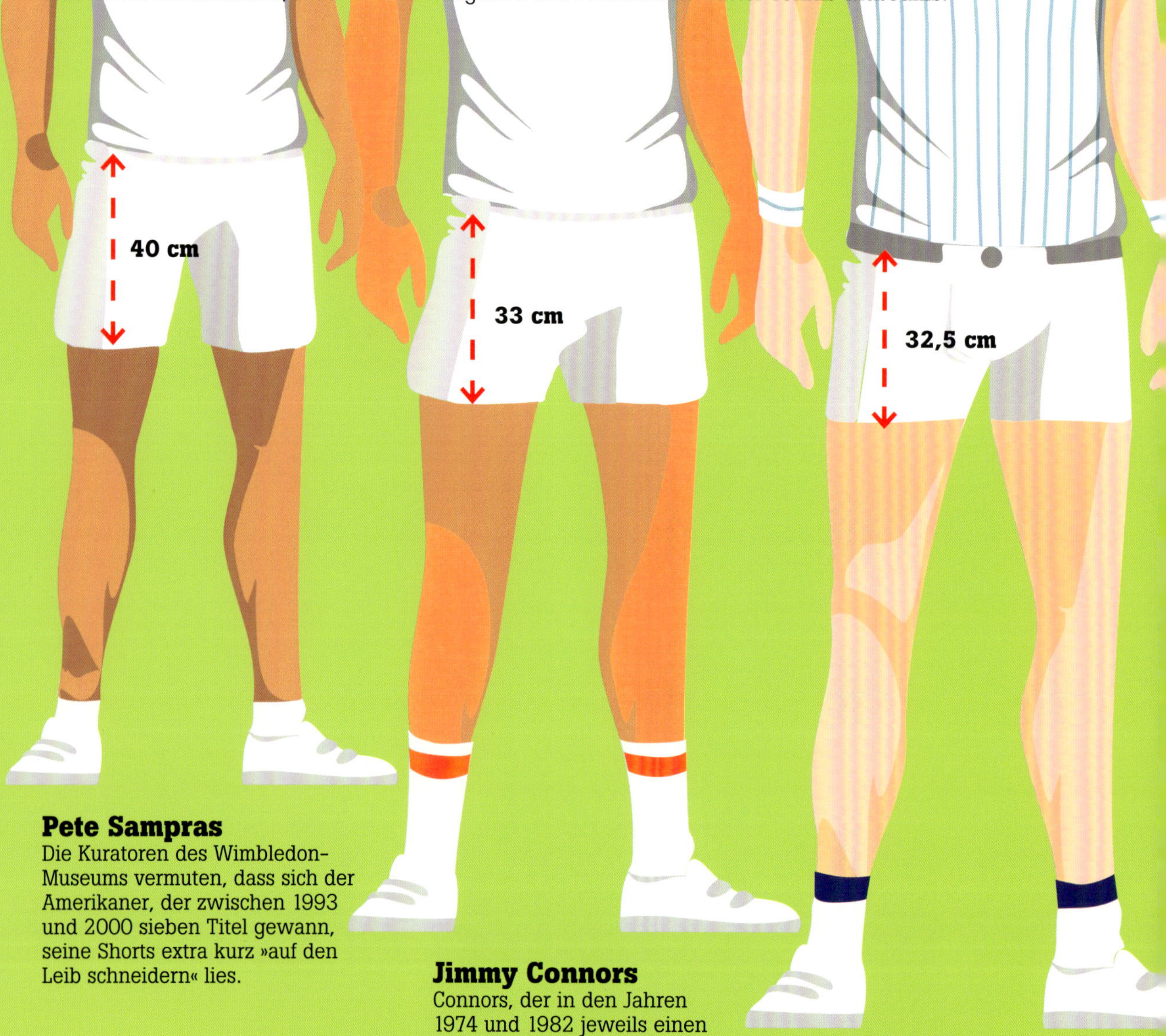

Pete Sampras
Die Kuratoren des Wimbledon-Museums vermuten, dass sich der Amerikaner, der zwischen 1993 und 2000 sieben Titel gewann, seine Shorts extra kurz »auf den Leib schneidern« lies.

Jimmy Connors
Connors, der in den Jahren 1974 und 1982 jeweils einen Pokal holte, trug die zweitknappsten Shorts in der Sammlung des Wimbledon-Museums.

Björn Borg
Man kann sich kaum vorstellen, wie Borg sich in derart engen Hosen überhaupt bewegen konnte. Doch trotz seiner modisch-knappen Wahl gewann Borg zwischen 1976 und 1980 fünf Wimbledon-Titel.

1933

Bunny Austin war der erste Spieler, der in Wimbledon Shorts trug (»Ich fühlte mich in den schweißgetränkten Flanellhosen einfach zu behäbig, also ließ ich mir vom Schneider den Prototyp der späteren Shorts anfertigen.«)

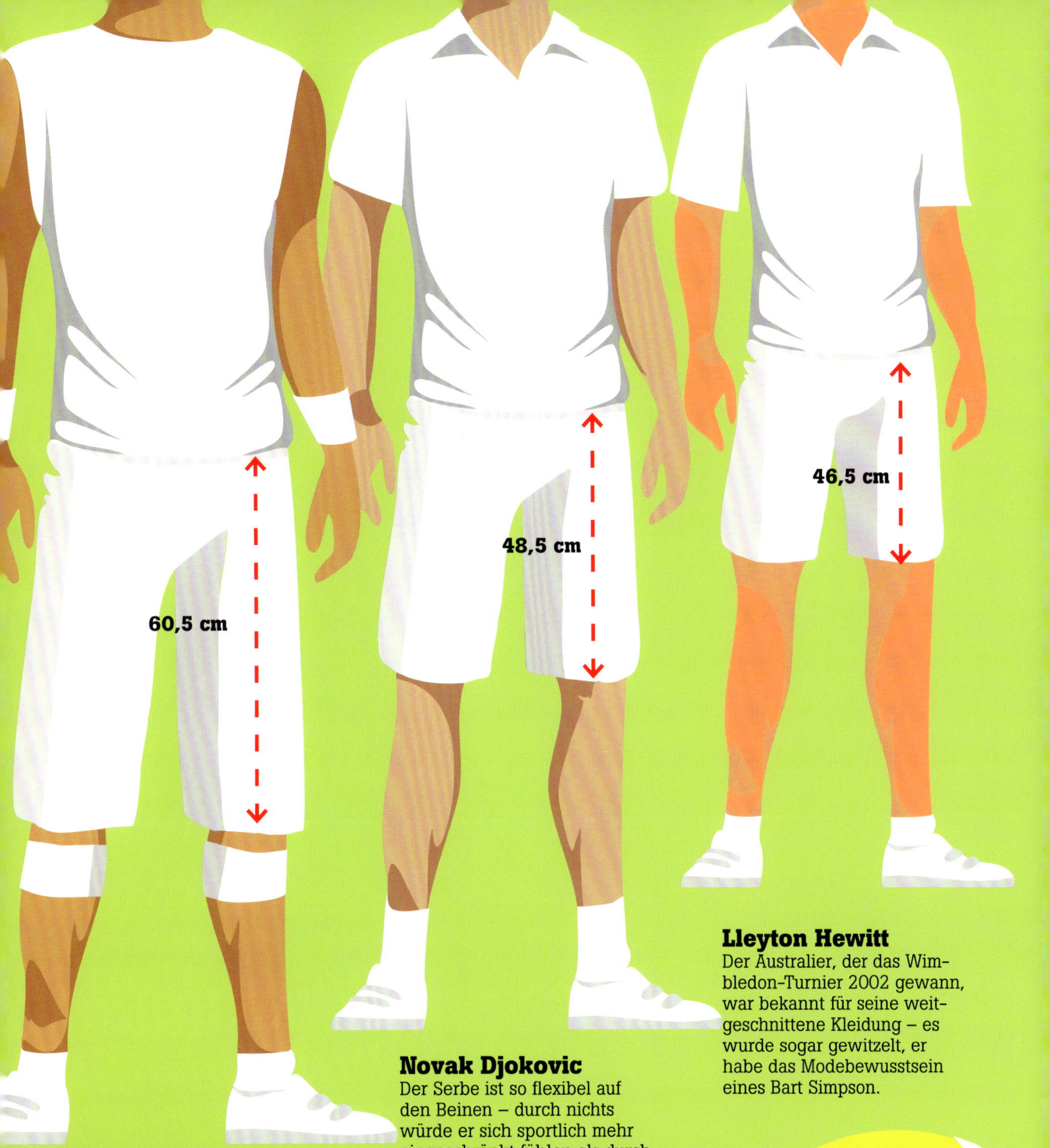

Lleyton Hewitt
Der Australier, der das Wimbledon-Turnier 2002 gewann, war bekannt für seine weitgeschnittene Kleidung – es wurde sogar gewitzelt, er habe das Modebewusstsein eines Bart Simpson.

Novak Djokovic
Der Serbe ist so flexibel auf den Beinen – durch nichts würde er sich sportlich mehr eingeschränkt fühlen als durch zu enge Shorts.

Rafael Nadal
Als der Spanier 2008 in einem unglaublichen Finale gegen Roger Federer seinen ersten Titel in Wimbledon gewann, trug er dreiviertellange Caprihosen – als käme er direkt vom Strand in Mallorca.

1947

Der US-Amerikaner Jack Kramer war der erste Spieler, der Wimbledon in Shorts gewann. Die Briten sahen das sehr viel konservativer: Erst im Jahr 2013, als Andy Murray erstmals gewann, trug ein Engländer bei seinem Sieg Shorts!

TENNIS ALS OLYMPISCHE DISZIPLIN … IN ZAHLEN

Tennis als olympische Disziplin aufzunehmen, wurde sehr kontrovers diskutiert. Einige fanden problematisch, dass eine olympische Medaille im Kontrast zu einem Grand-Slam-Titel als dem absoluten Highlight für jedes Tennis-As weniger Wert habe. Und doch hat sie für die Elite eine besondere Bedeutung.

0

Weder Tennisschuhe noch -hosen oder Tennisschläger brachte der irische Student John Boland 1896 mit nach Athen. Eigentlich machte er Urlaub. Er hatte gar nicht geplant, bei den Olympischen Spielen im Tennis anzutreten. Doch als man ihn dazu überredete, fand er ein Paar Hosen, »so etwas Ähnliches wie einen Tennisschläger« und ein Paar Schuhe mit Ledersohlen und Absätzen. Damit gewann er sowohl das Doppel- als auch das Einzel-Finale und wurde der erste Tennis-Olympiasieger der Sportgeschichte!

5

Venus Williams gewann ihre fünfte olympische Medaille (in Silber) im gemischten Doppel mit Rajeev Ram 2016 in Rio de Janeiro. Die anderen vier Olympiamedaillen sind aus Gold – eine im Einzel und drei im Doppel der Frauen, zusammen mit ihrer Schwester Serena. Venus' Schwester gewann vier olympische Goldmedaillen, eine davon im Damen-Einzel.

64

Jahre lang war der Tennissport keine olympische Disziplin. 1896 eine der Eröffnungsdisziplinen bei den ersten Olympischen Spielen der Neuzeit, blieb er bis 1924 eine olympische Sportart, wurde dann aber von den Spielen ausgeschlossen und erst 1988 wieder ins Programm aufgenommen. Seitdem ist Tennis ein fester Bestandteil der Sommerspiele.

1500

Bei der Olympiade im Jahr 1900 gewann der Champion der Männer 1500 Französische Franc und einen Couchtisch.

2

Im Jahr 1908 fanden in London gleich zwei olympische Tennisturniere statt: das erste in der Halle des Queen's Club und das zweite unter freiem Himmel auf dem Grasplatz in Wimbledon.

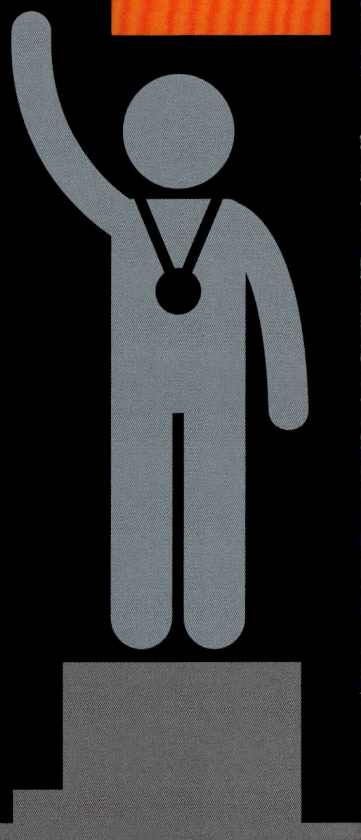

1

Andy Murray ist der einzige Spieler, der bei zwei olympischen Tennisturnieren Gold gewann: 2012 in London und 2016 in Rio de Janeiro.

12

Jahre liegen zwischen dem Untergang der Titanic, den Richard Williams wie durch ein Wunder überlebte, und seinem Sieg im gemischten Doppel in Paris.

1

Monica Puig gewann 2016 in Rio de Janeiro das Damen-Einzel und wurde damit zur ersten Olympionikin Puerto Ricos, die für ihr Land Gold nach Hause brachte.

2012

ist das Jahr, in dem Roger Federer bei der Olympiade in London im Einzelfinale der Männer »nur« die Silbermedaille gewann. Das ist der einzige große Olympiatitel für Federer im Einzel, der nur im Doppel (2008 in Peking mit Stan Wawrinka) olympisches Gold gewann.

2

Bis zu den Olympischen Spielen in Athen gewann Chile nie zuvor eine Goldmedaille – und dann kurz nacheinander gleich zwei: Nicolas Massu und Fernando Gonzalez holten sich erst den Titel im Herren-Doppel, Massu dann noch den im Herren-Einzel.

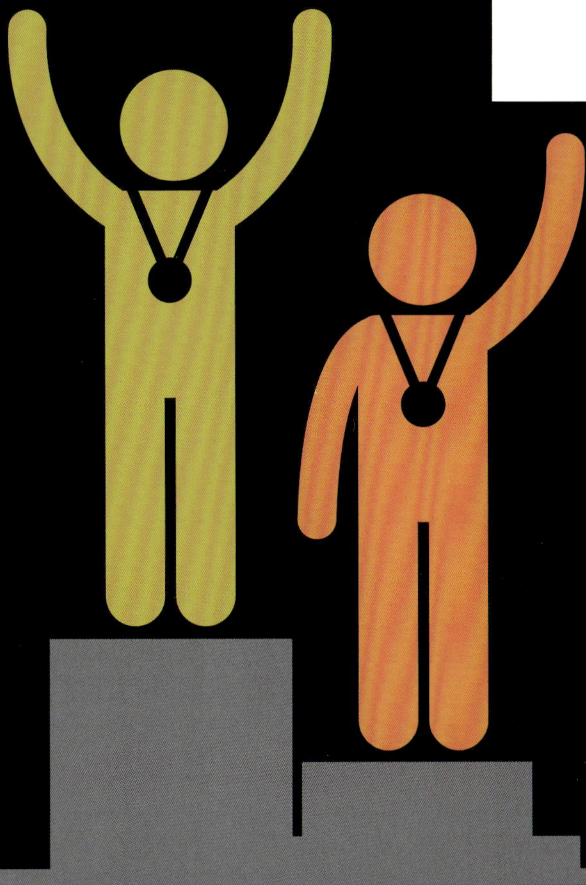

IN TRÄNEN AUFGELÖST

Ob man gewinnt oder verliert, Tennis zu spielen kann eine sehr emotionale Erfahrung sein. Manchmal lassen sich dabei die Tränen einfach nicht zurückhalten.

»Heulen kann ich wie Roger – nur schade, dass ich nicht auch so spielen kann wie er«,

meinte Andy Murray 2010 nach dem Finale der Australian Open, das er gegen Federer verlor.

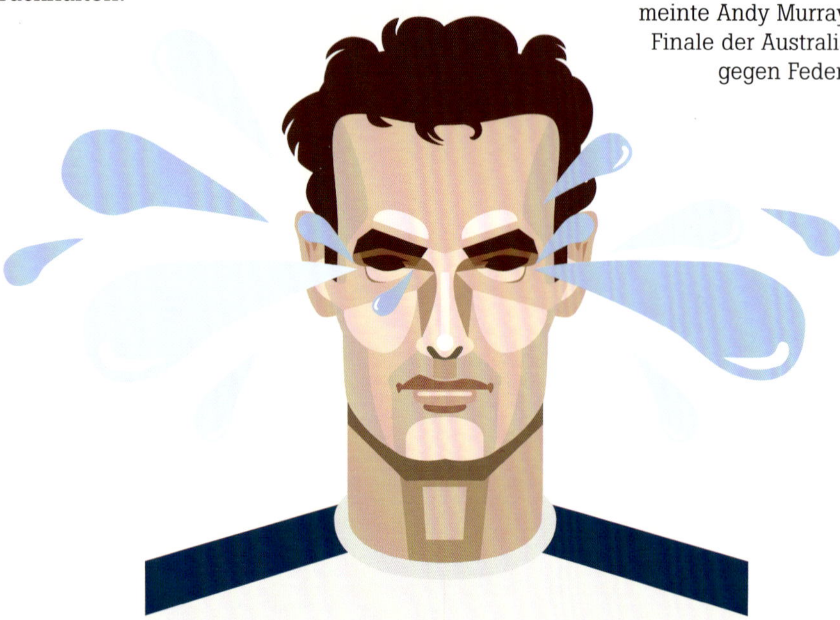

ANDY MURRAY

Murray glaubt, dass seine Tränen nach dem Wimbledon-Finale 2012, in dem er ebenfalls Federer unterlag, die Einstellung des Publikums ihm gegenüber veränderten. »Einige Leute sahen mich nun in einem völlig anderen Licht. Nicht, dass sie über mich lachten oder mich irgendwie verachteten, im Gegenteil. Ich hatte eher den Eindruck, dass sie mich nun viel mehr respektierten. Dafür, dass ich den emotionalen Druck abgelassen hatte, aber auch dafür, dass ich die Maske hatte fallen lassen.«

ROGER FEDERER

»Roger Flennerer« lautete eine Überschrift in der Presse des Jahres 2003, nachdem ein sehr emotionaler Federer in Wimbledon sein erstes Grand-Slam-Turnier gewann.

»God, this is killing me«

Auch 2009 weinte er wieder, nachdem er das Finale der Australian Open gegen Rafael Nadal verloren hatte. »Gott, das bringt mich echt um«, meinte er unter Tränen, als er seine Rede vortrug.

NOVAK DJOKOVIC

Paris kann ein sehr erbarmungsloses Tennispublikum sein. Djokovic war darum ganz besonders bewegt, als das Publikum ihm 2015 nach seiner Niederlage gegen Stan Wawrinka bei den French Open zwei Minuten lang mit Standing Ovations die Ehre erwies.

»It's not easy to handle«

»Es ist sehr schwer, mit Niederlagen umzugehen«, kommentierte Djokovic, als er 2016 bei den Olympischen Spielen in Rio schon in der ersten Runde verlor und den Platz weinend verließ.

MARIN CILIC

Schuld an Cilics Tränen in Wimbledon 2017 war eine schlimme Blase an seinem Fuß – doch er weinte nicht wegen des körperlichen Schmerzes, sondern vor Enttäuschung, dass er nicht in der Lage war, im Spiel gegen Federer sein absolut Bestes zu geben.

RAFAEL NADAL

Als sein größter Rivale, Roger Federer, 2009 im Finale der French Open Robin Söderling besiegte und damit den Grand Slam holte, reagierte Nadal sehr emotional. »Ich fand, dass Roger es absolut verdient hatte, alle vier Grand Slams zu gewinnen. Ich musste weinen, so bewegt war ich von seinem Sieg im Roland Garros.«

IVAN LENDL

In seiner eigenen Tenniskarriere zeigte Lendl kaum Gefühle – daher auch sein Spitzname »Old Stoneface«. Doch nachdem er Murray als Trainer zum Wimbledon-Titel 2016 geführt hatte, konnte selbst er seine Gefühle nicht mehr verbergen. Zuerst tat er noch so, als tränten seine Augen wegen einer Allergie, aber dann gab er es doch zu, dass es sich um Freudentränen handelte: »Natürlich sind wir emotional! Wir haben uns alle ein Bein dafür ausgerissen, damit Andy sich gut schlägt und gewinnt. Wenn das dann tatsächlich passiert, ist das einfach ein tolles Gefühl.«

JANA NOVOTNÁ

Nachdem die Tschechin 1993 im Wimbledon-Finale gegen Steffi Graf verloren hatte, schluchzte sie bitterlich an der Schulter der Herzogin von Kent.

STAN WAWRINKA

Tränen erwartet man eigentlich eher nach einem Grand-Slam-Finale. Aber der Schweizer Wawrinka weinte bei den US Open 2016 schon vor dem Titelkampf gegen Novak Djokovic, noch bevor er überhaupt den Court betreten hatte. »Ich war vor dem Finale so nervös wie nie zuvor. Ich fing schon in der Umkleidekabine an zu zittern. Ich sprach mit meinem Coach, fing an zu weinen und zitterte und zitterte«, erzählte Wawrinka, der Djokovic dann aber in diesem Match besiegen konnte.

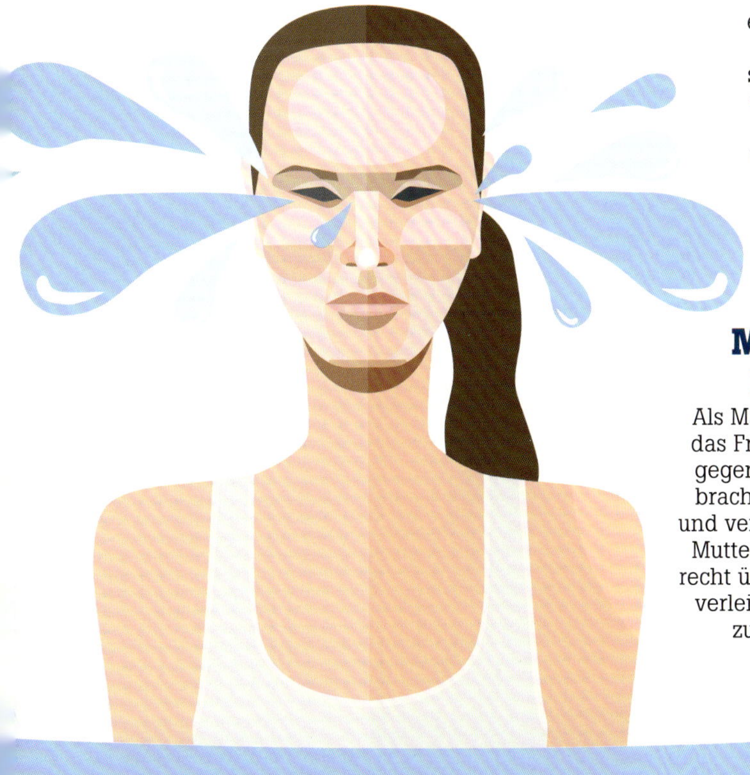

MARTINA HINGIS

Als Martina Hingis 1999 das French-Open-Finale gegen Steffi Graf verlor, brach sie in Tränen aus und verließ den Court. Ihre Mutter musste sie regelrecht überreden, zur Preisverleihung noch einmal zurückzukehren.

SCHLÄGER, SAITEN UND BÄLLE

Von Kuhdärmen über »Spaghetti«-Schläger bis zum letzten Spieler, der noch einen Grand Slam mit dem Holzschläger gewann …

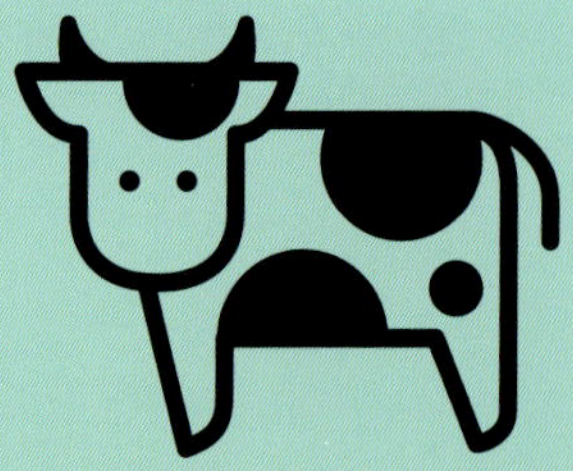

3

Um einen Tennisschläger mit Naturdarm zu besaiten, braucht man die Därme von drei Kühen.

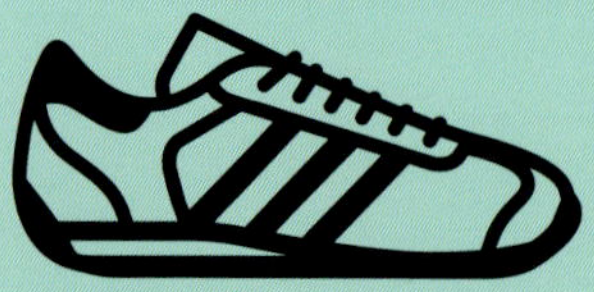

40

Von dem Adidas-Modell Stan Smith wurden 40 Mio. Paare verkauft. Damit wurde es nach Angaben des Herstellers zum bestverkauften Sportschuh aller Zeiten. Benannt ist das Modell nach einem ehemaligen US-amerikanischen Profi, der u.a. 1971 die US Open und 1972 in Wimbledon gewann.

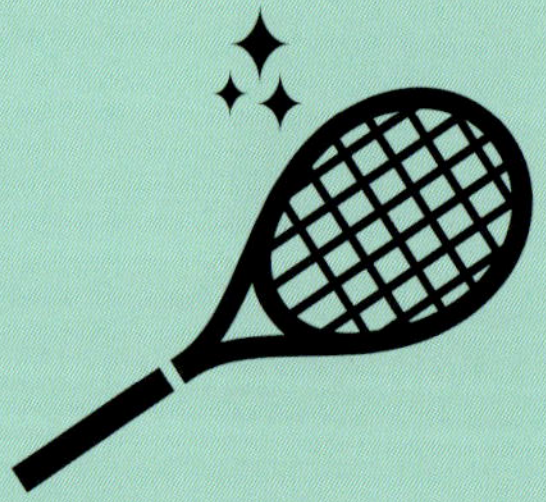

1967

Billie Joan King war die erste Spielerin, die mit einem Schläger aus Edelstahl bei den US Open 1967 ein Grand-Slam-Turnier mit einem nicht aus Holz gefertigten Racket gewann.

1983

In diesem Jahr gewann Yannick Noah die French Open. Das war das letzte Mal, dass ein Spieler ein Grand-Slam-Turnier mit einem Holzschläger für sich entschied.

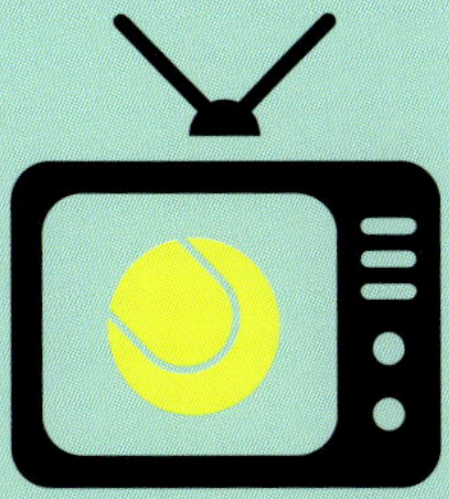

1986

Erst 14 Jahre, nachdem die International Tennis Federation (ITF) gelbe Bälle anstelle von weißen Bällen in den Sport eingeführt hatte, weil Untersuchungen ergeben hatten, dass sie sich an den Fernsehbildschirmen besser verfolgen ließen, stieg man auch in Wimbledon auf die moderneren Bälle um.

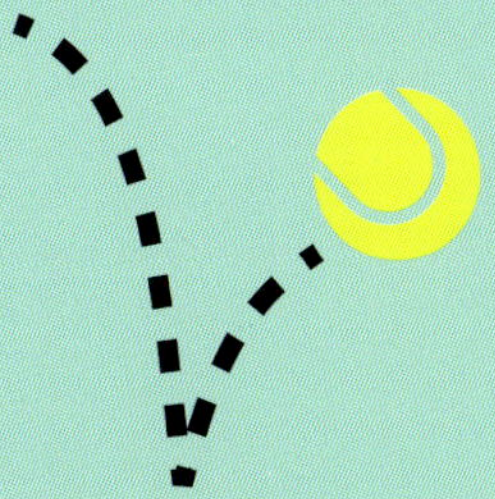

135–147

Der ITF-Standard bezieht sich auf drei spezifische Balltypen (schnell, mittel, langsam). Balltyp 2 (mittel) springt 135 bis 147 cm hoch, wenn man ihn aus 254 cm Höhe auf einen ebenen, harten Boden fallen lässt. Gewicht: 56–59,4 g. Durchmesser: von 6,54–6,86 cm. Bei hohen Temperaturen und in Höhenlagen fliegt er schneller, bei hoher Luftfeuchtigkeit ist er langsamer und schwerer.

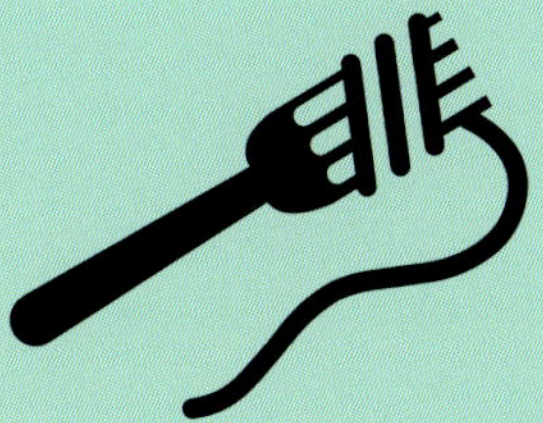

2

Doppelt besaitete »Spaghetti«-Schläger, eine Erfindung aus den 1970er-Jahren, die einen extremen Drall erzeugen können, wurden von der ITF inzwischen verboten.

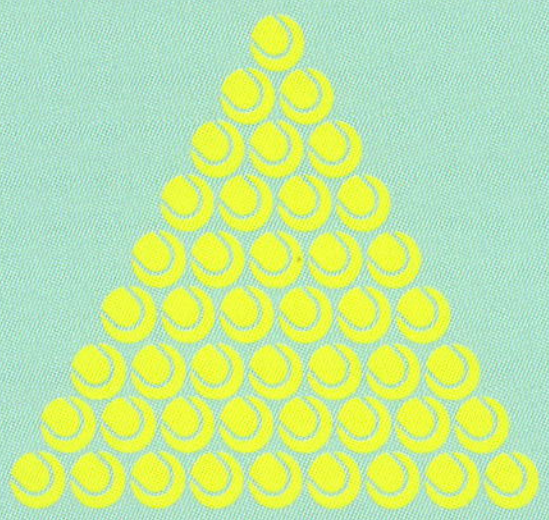

300

Jedes Jahr werden weltweit etwa 300 Mio. Tennisbälle produziert.

IKONE STEFFI GRAF

Gäbe es Serena Williams nicht, wäre Steffi Graf wohl die erfolgreichste weibliche Spielerin geblieben. Die deutsche Spitzensportlerin rannte, um Bälle mit ihrem stärkeren Grundschlag parieren zu können, einfach um ihre Rückhand herum, was ihr den Spitznamen »Fräulein Vorhand« eintrug.

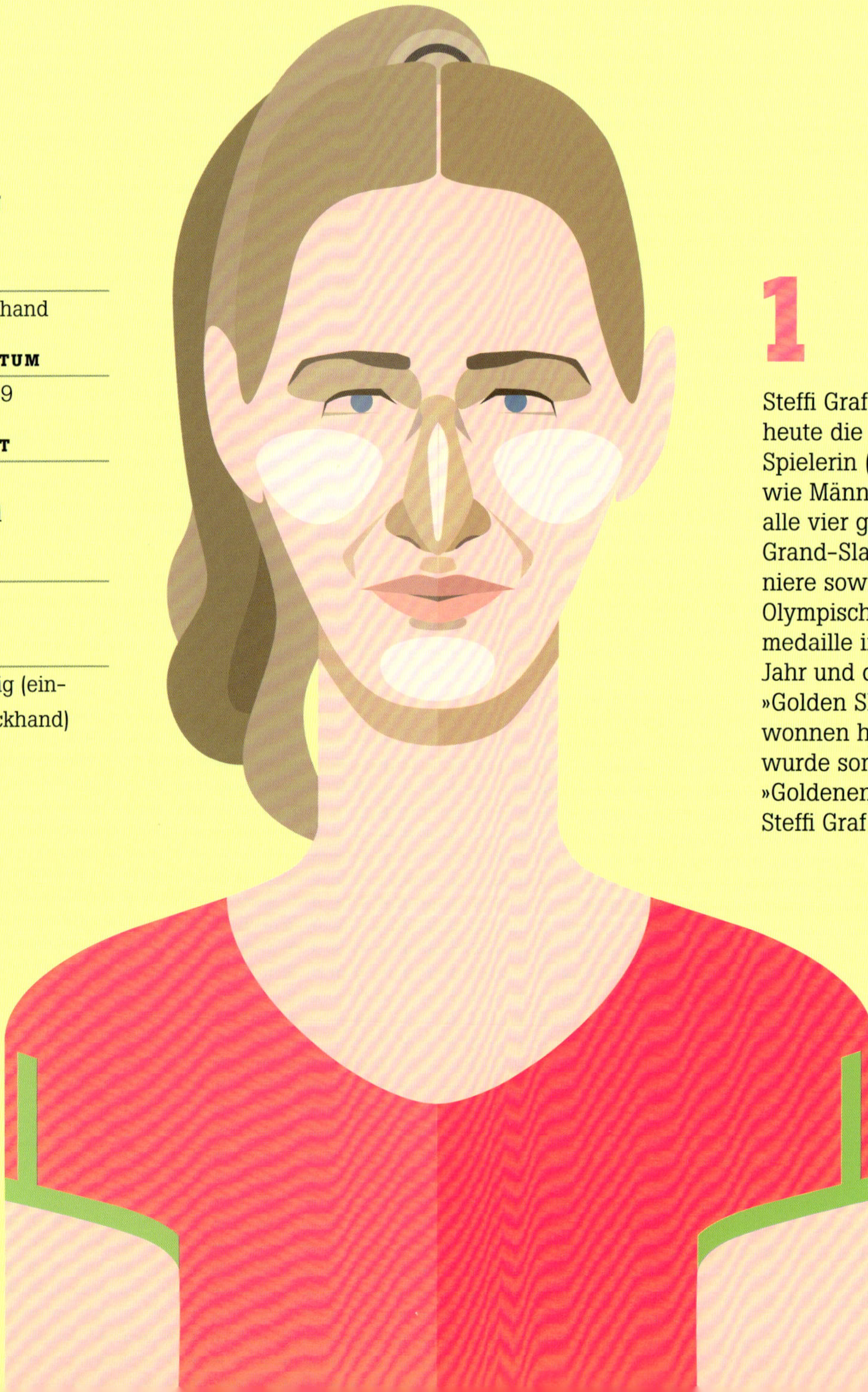

DIE DATEN

SPITZNAME

Fräulein Vorhand

GEBURTSDATUM

14. Juni 1969

GEBURTSORT

Mannheim, Deutschland

GRÖSSE

1,76 m

SPIELSTIL

Rechtshändig (einhändige Rückhand)

1

Steffi Graf ist bis heute die einzige Spielerin (Frauen wie Männer), die alle vier großen Grand-Slam-Turniere sowie die Olympische Goldmedaille in einem Jahr und damit den »Golden Slam« gewonnen hat: 1988 wurde somit zum »Goldenen Jahr« der Steffi Graf!

REKORDE

22

Als Steffi Graf zurücktrat, hatte sie mit 22 Grand-Slam-Titeln mehr Titel gewonnen als alle anderen Tennis-Champions. Erst 2016 holte Serena Williams sie ein und überrundete Steffi Graf dann sogar noch durch ihren Sieg bei den Australian Open 2017.

4

Sie war das erste Tennis-As (Frauen wie Männer), das den Grand Slam viermal oder öfter gewann.

377

Wochen lang war Steffi Graf auf Platz eins der Weltrangliste – auch das ist ein Rekord für beide Geschlechter.

186

Mit Serena Williams hält sie den Rekord für die längste Zeit als Nummer eins: 186 Wochen.

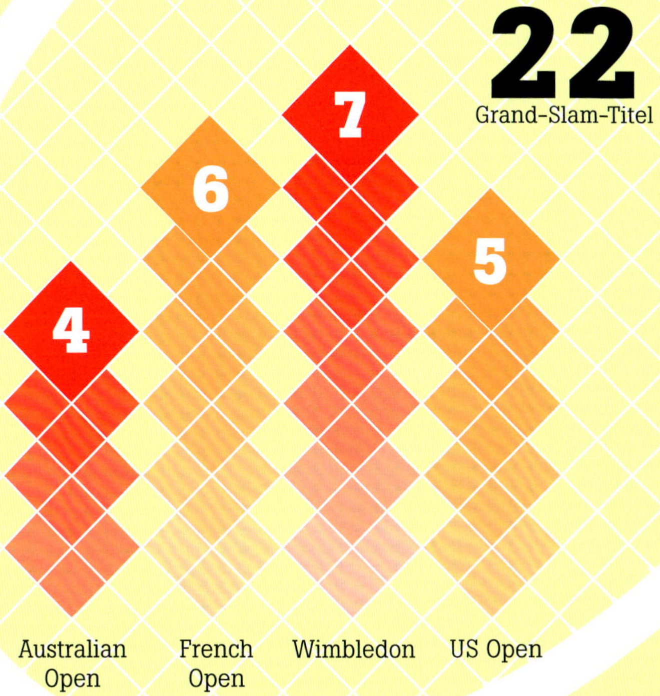

GRAF
IN ZAHLEN

0

ist die Anzahl der ihr nahestehenden Personen, die sie »Steffi« nennen dürfen; sie mag »Stefanie« einfach lieber.

3

Jahre war sie alt, als sie mit dem Tennis begann – mit einem Holzschläger, von dem der Griff abgesägt war. Trainiert wurde sie von ihrem Vater Peter. Hin und wieder schlugen sie im Wohnzimmer Bälle an die Wand über dem Sofa – wenn die kleine Stefanie den Ball 25-mal nacheinander traf, bekam sie zur Belohnung Erdbeeren mit Eis.

31

So oft stand Graf im Finale eines Grand-Slam-Turniers.

1

Ein einziges Mal rief ein Fan in Wimbledon ihr zu: »Steffi, willst du mich heiraten?« Worauf sie erwiderte: »Wieviel Geld hast du?«

DIE SCHNELLSTEN VORHANDSCHLÄGE

Welche Spieler und Spielerinnen haben die schnellste Vorhand? Wir richten uns hier nach den Durchschnittswerten der Tennis Australia's Game Insight Group.

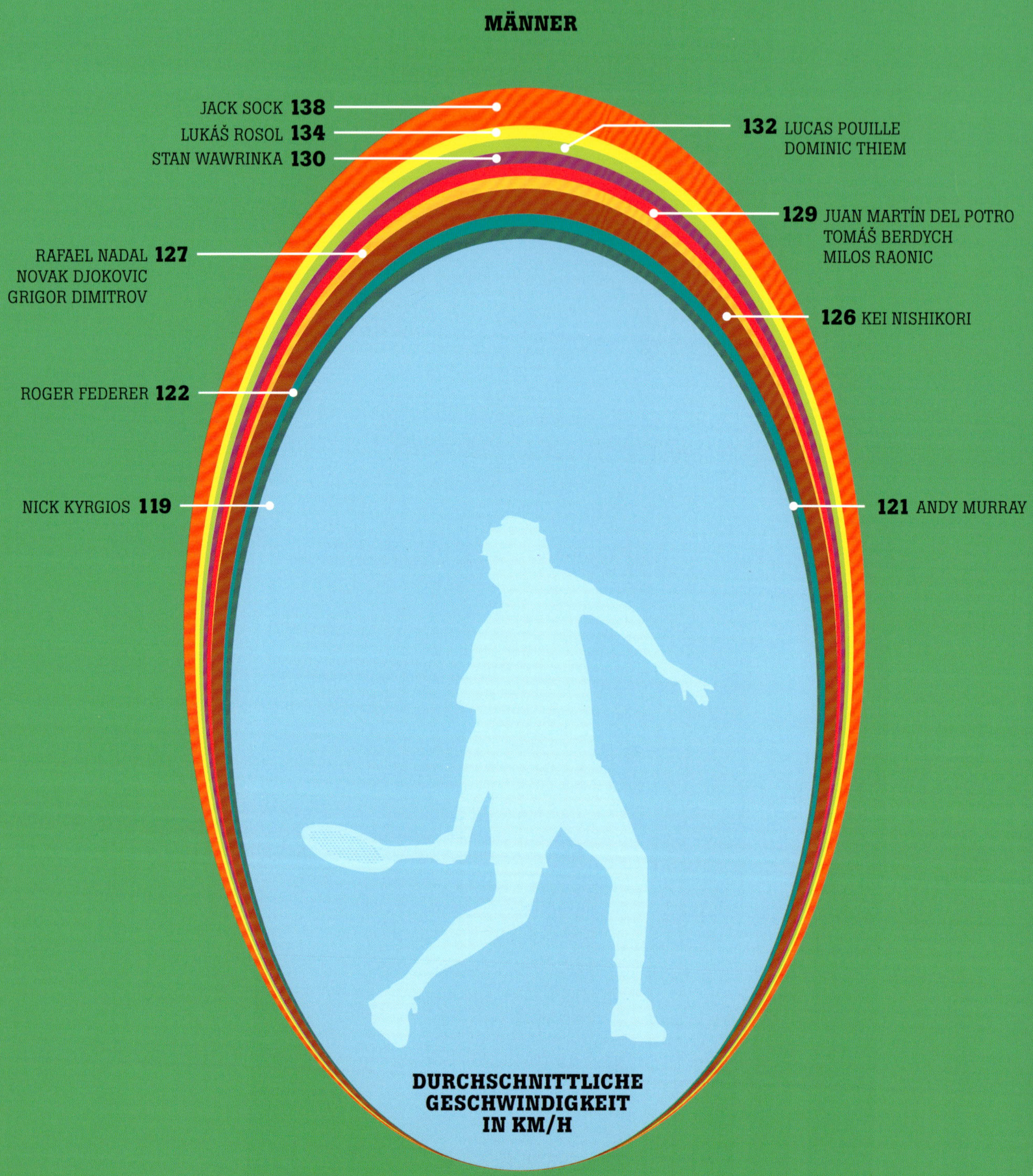

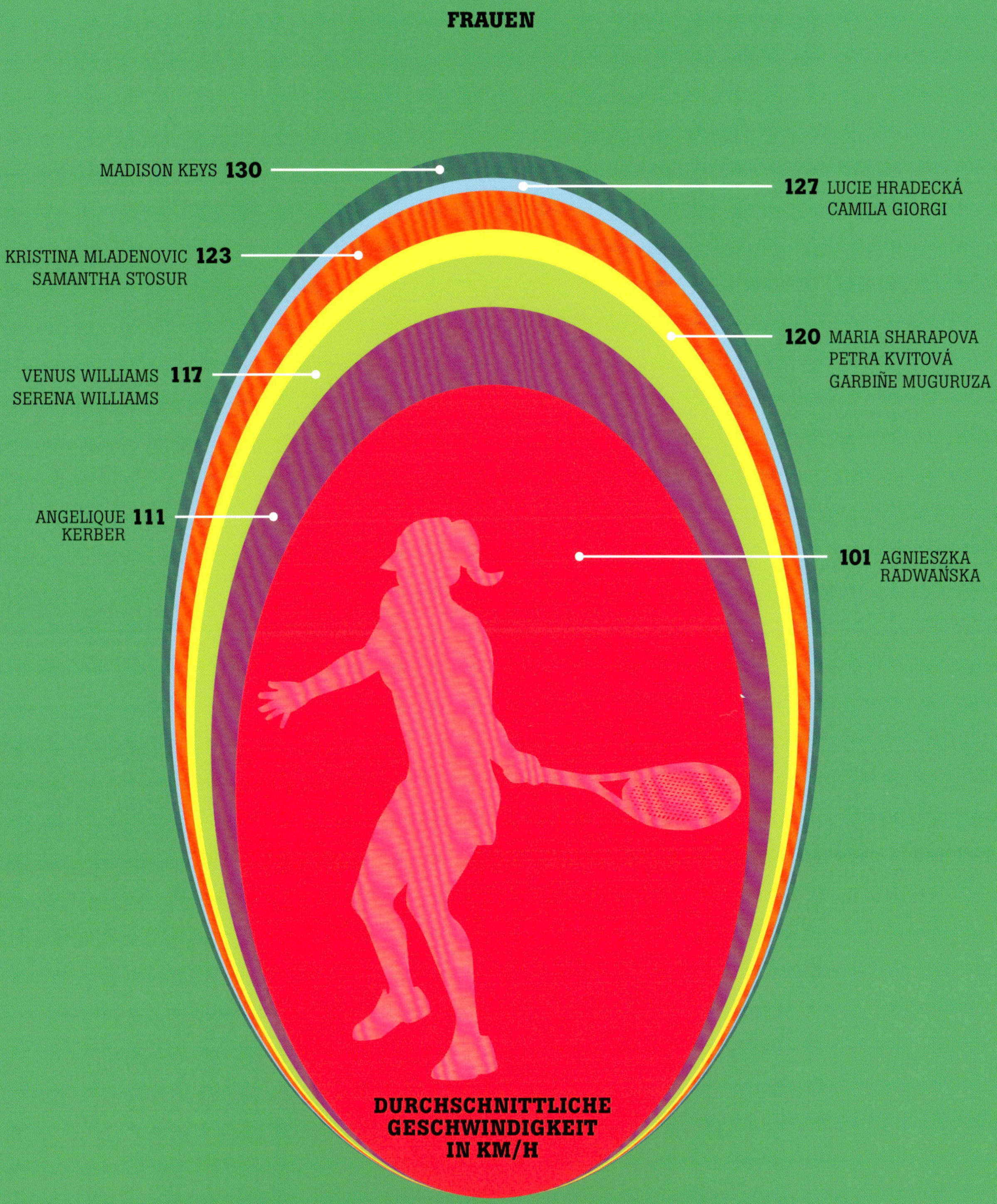
FRAUEN
MADISON KEYS 130
127 LUCIE HRADECKÁ
CAMILA GIORGI
KRISTINA MLADENOVIC 123
SAMANTHA STOSUR
120 MARIA SHARAPOVA
PETRA KVITOVÁ
GARBIÑE MUGURUZA
VENUS WILLIAMS 117
SERENA WILLIAMS
ANGELIQUE 111
KERBER
101 AGNIESZKA
RADWAŃSKA
DURCHSCHNITTLICHE
GESCHWINDIGKEIT
IN KM/H

VOR DEM SEITENWECHSEL

Neunzig Sekunden lang haben die Spieler Pause vor dem Seitenwechsel – eine ideale Möglichkeit, um kurz zu verschnaufen und nachzudenken: erstaunlich, was man in anderthalb Minuten so alles erledigen kann!

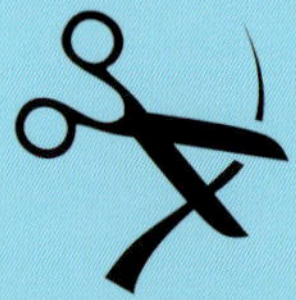

Andy Murray zum Beispiel schnitt sich selbst den Pony, und **Svetlana Kuznetsova** tat das Gleiche mit ihrem Pferdeschwanz.

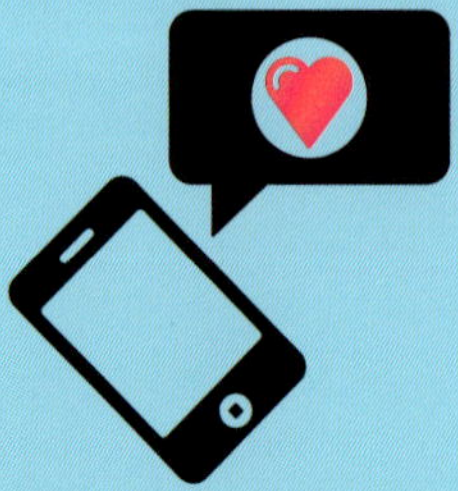

Marcos Baghdatis wurde bei den US Open dabei erwischt, wie er in der kleinen Pause seiner Frau eine SMS schrieb, und bekam eine Verwarnung wegen »unsportlichen Verhaltens«, da Mobiltelefone während des Matches verboten sind.

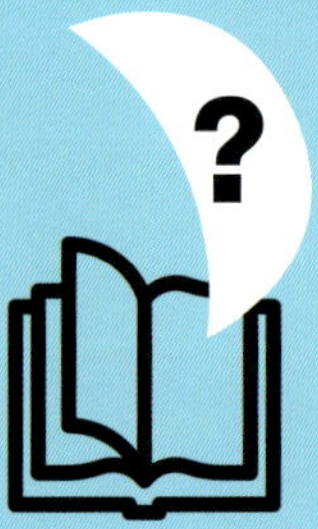

Literatur kann selbst den müdesten Geist wiederbeleben – im Saisonfinale 1993 in Frankfurt las **Jim Courier** in der Pause vor dem Seitenwechsel ein Buch, und zwar »aus purer Verzweiflung«, sagte der US-Amerikaner später. »Ich war müde und suchte nach Lösungen. Viele Leute waren allerdings richtig verblüfft, dass ich Literatur las und nicht etwa John Grisham oder so etwas.« Und was fesselte ihn nun so? »Maybe the Moon« (deutsch: »Die Kleine«) des US-amerikanischen Schriftstellers Armistead Maupin, die im Jahr 1992 erschienene Geschichte der kleinwüchsigen Schauspielerin Cadence Roth über ihre teils kuriosen und absurden Erlebnisse als Zwergin in Hollywood. Für diese Figur gibt es auch ein reales Vorbild: Tamara De Treaux (1959–1990), eine Freundin Maupins, die 1982 in Steven Spielbergs gleichnamigem Film den Außerirdischen E.T. verkörperte. Damit spielte sie zwar die Hauptrolle – ihr Äußeres blieb aber im Inneren der E.T.-Puppe verborgen, die von den Filmemachern für die Dreharbeiten verwendet worden war.

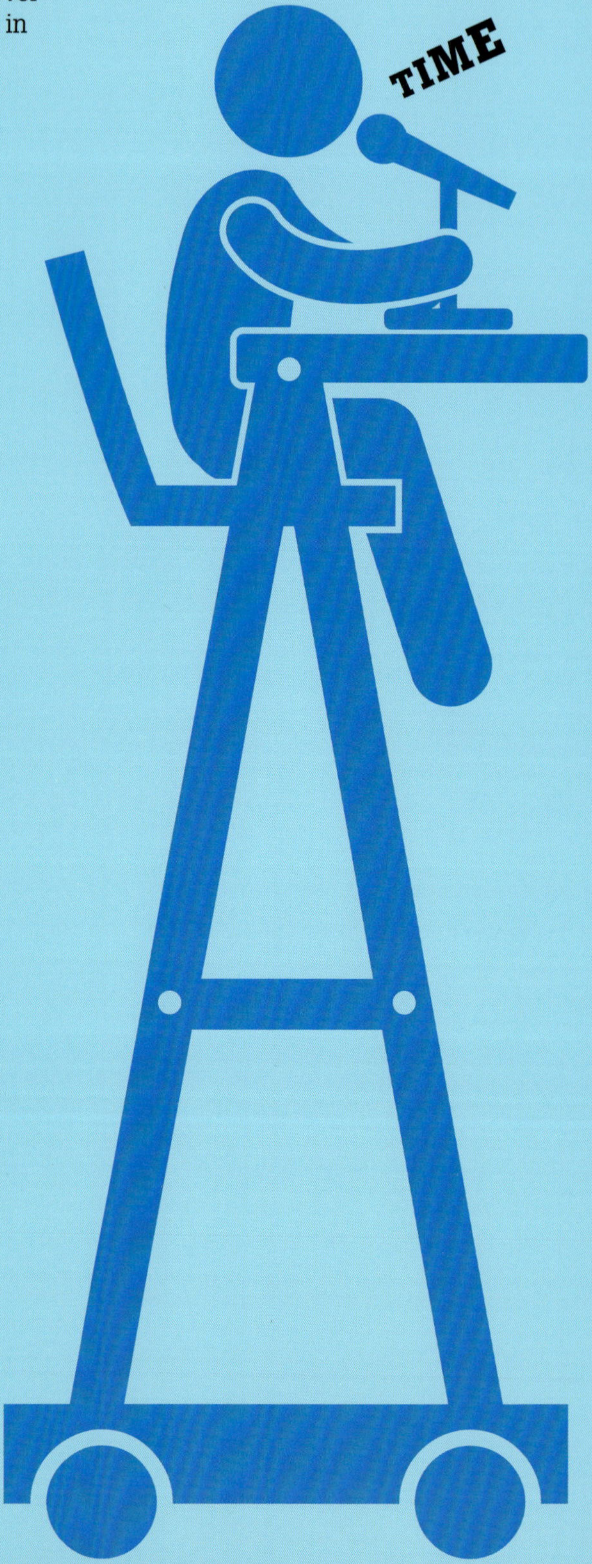

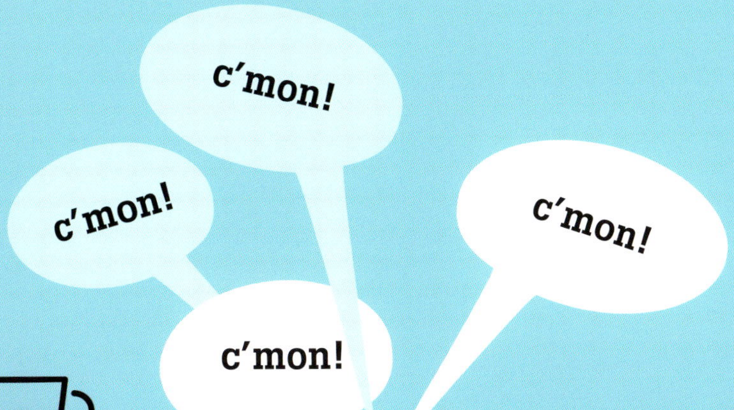

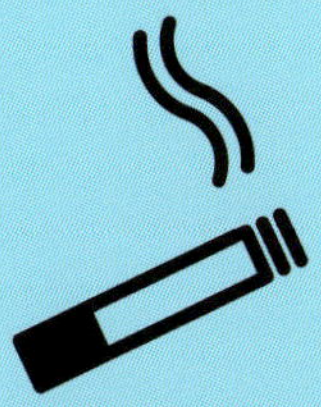

Karsten Braasch nutzte die Pause zum Rauchen. Man sagt, dass er letztlich der Grund dafür war, dass der ATP für den Court ein Rauchverbot aussprach.

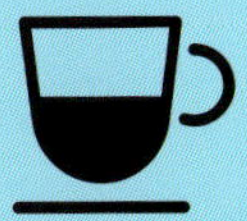

Serena Williams bestellte einmal in einer Seitenwechselpause einen Espresso – als er ihr dann gebracht wurde, stürzte sie ihn herunter und fing gleich danach wieder an zu spielen.

Bei einer gut besuchten Abendpartie der Australian Open im Jahr 2005 spuckte der argentische Spieler **Juan Ignacio Chela** in Lleyton Hewitts Richtung. Hewitt vermutete, dass Chela sauer auf ihn war, weil er mit seinen stetigen »c'mon«!-(»Komm schon!«)-Rufen die Menge angeheizt hatte. Für sein grob unsportliches Verhalten musste Chela dann später eine Strafe zahlen.

Andy Murray tobte, als er erfuhr, dass die Fernsehkameras in der Seitenwechselpause auf seine handschriftlichen Notizen gezoomt hatten. Maximen wie »Bleib ruhig und atme« waren deutlich zu lesen. Seine Mutter Judy fand das Verhalten der Fernsehanstalten »respektlos« und nannte es ein »Überschreiten seiner Privatsphäre«.

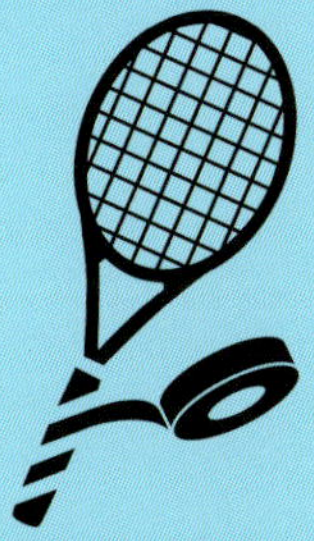

Richard Gasquet verbringt die Pausen meistens damit, den Griff seines Schlägers neu zu wickeln. Der Franzose ist sicher, dass dabei niemand schneller ist als er, und er wickelt tatsächlich den Griff bei jedem Seitenwechsel.

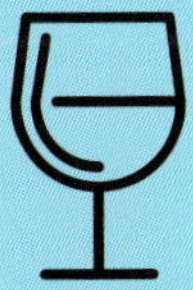

Suzanne Lenglen, eine Primadonna der Tennisszene in den 1920er-Jahren, schlürfte zwischen den Matches häufig etwas Brandy, um ihre Nerven zu beruhigen.

Auch die Lektüre eines Liebesbriefes seiner Frau konnte **Pete Sampras'** Desaster in Wimbledon 2002 nicht verhindern. »Pete, mein Ehemann und siebenfacher Wimbledonsieger, vergiss niemals …«, so der Brief seiner Frau, der Schauspielerin Bridgette Wilson, »… dass niemand seinen Schläger so gut beherrscht wie du, und du der größte Tennisspieler aller Zeiten bist!« Trotzdem verlor Sampras das Match gegen den Schweizer George Bastl, damals die Nummer 145 der Weltranglinste, der nur als »lucky loser« ins Hauptfeld gerutscht war.

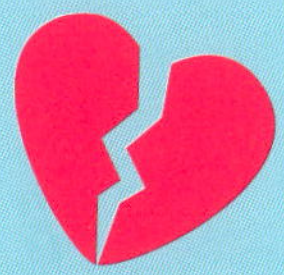

Coaching direkt auf dem Court ist im Damentennis eher ungewöhnlich – noch ungewöhnlicher aber war das, was man zu hören bekam, als die US-Amerikanerin **Alison Riske** ihren Freund bat, sie beim Seitenwechsel kurz zu beraten. Denn dabei fingen die Mikrofone versehentlich ein, wie er sie höchst ungalant angiftete mit den Worten, sie solle doch »verdammt nochmal die Fre… halten«.

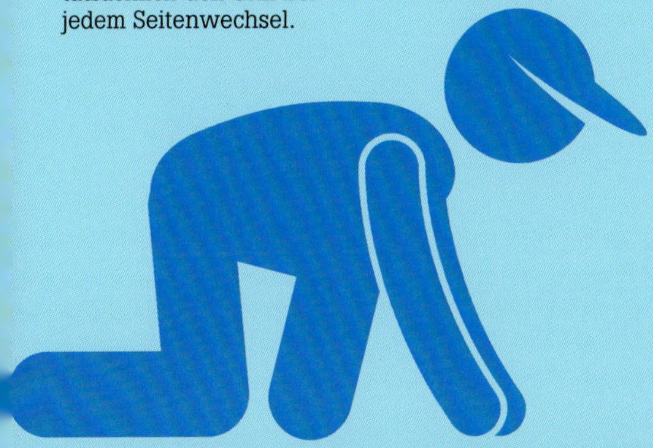

WIE MAN IM TENNIS ÄLTER WIRD

Früher galt man mit 30 auf dem Tennisplatz als »alt« – man nannte das auch »Dirty Thirty«. Das ist längst Geschichte. Heute entwickeln sich Männer wie Frauen bis Mitte Dreißig und bleiben länger aktiv als je zuvor.

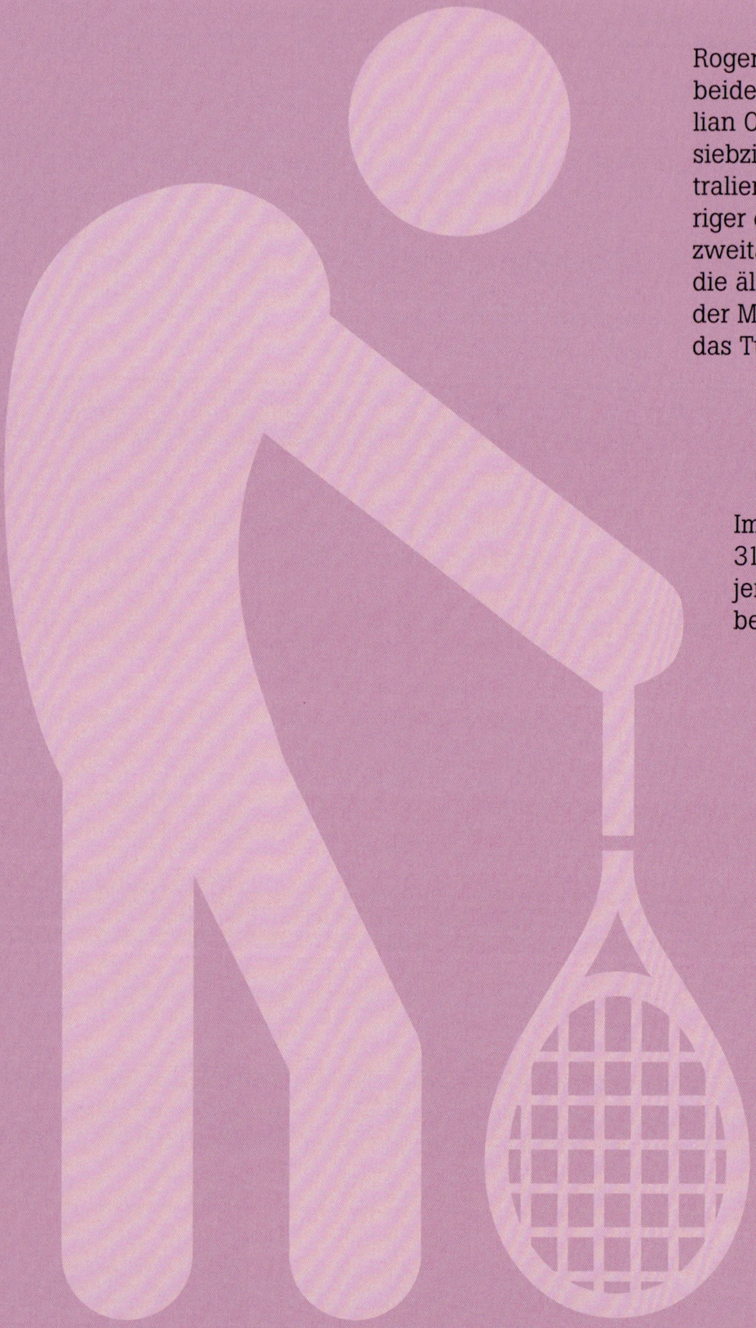

70

Roger Federer und Serena Williams waren beide 35 Jahre alt, als sie 2017 die Australian Open gewannen – zusammen also siebzig. Federer ist damit nach dem Australier Ken Rosewell, der 1972 als 37-Jähriger die Australian Open gewann, der zweitälteste Grand-Slam-Sieger, Williams die älteste weibliche Grand-Slam-Siegerin der Moderne. 2018 gewann Federer erneut das Turnier in Melbourne – mit 36!

31

Im Jahr 2017 war Rafael Nadal mit 31 Jahren der älteste Spieler, der jemals eine Saison als Nummer eins beendete.

43

2017 erreichte eine Rekordzahl von 43 Spielern im Alter von 30 oder älter die ATP Top 100.

35

Im Alter von 35 Jahren gewann Roger Federer 2017 auch noch einmal in Wimbledon – dort ist er nun der älteste Champion dieses Turniers.

ATP Durchschnittsalter der Top 10

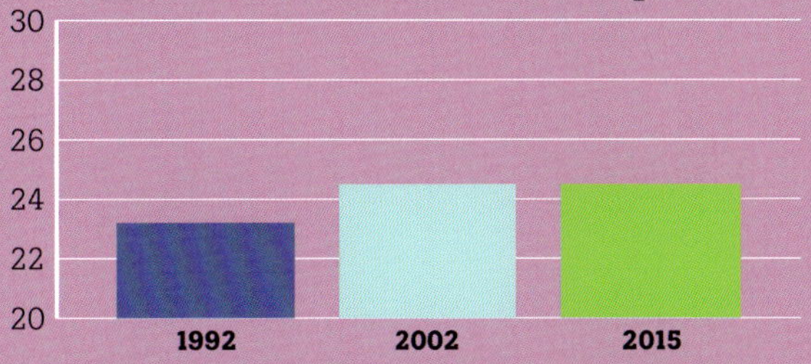

WTA Durchschnittsalter der Top 10

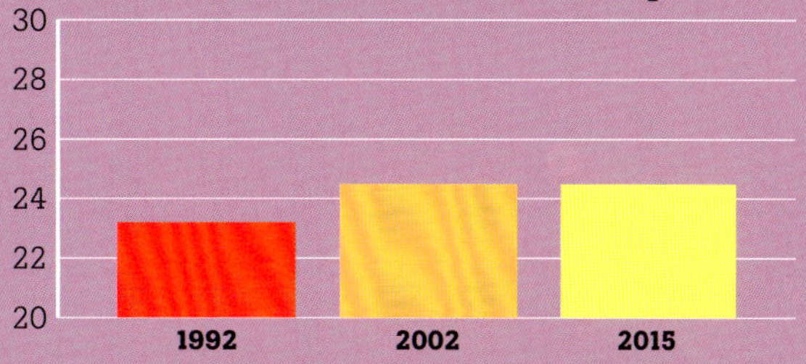

Durchschnittsalter der ATP-Spieler 2015

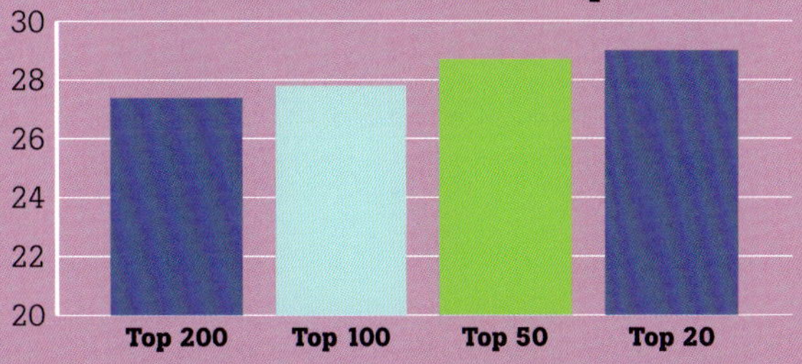

Durchschnittsalter der WTA-Spieler 2015

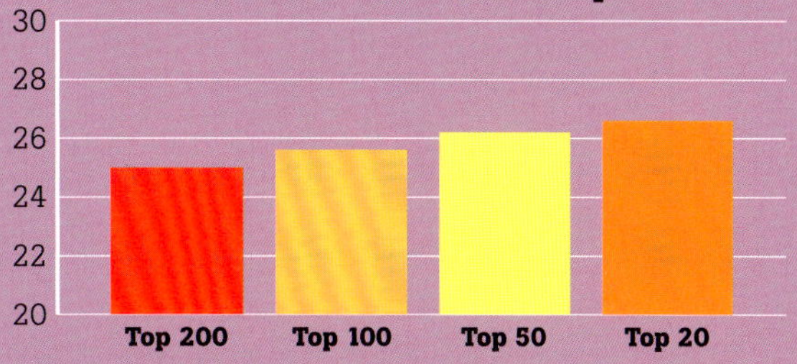

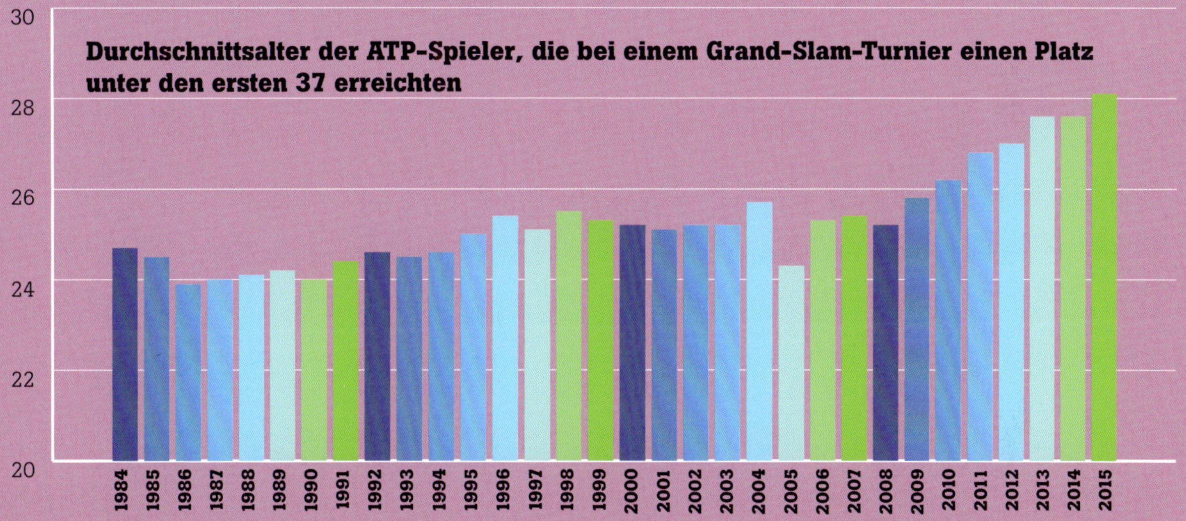

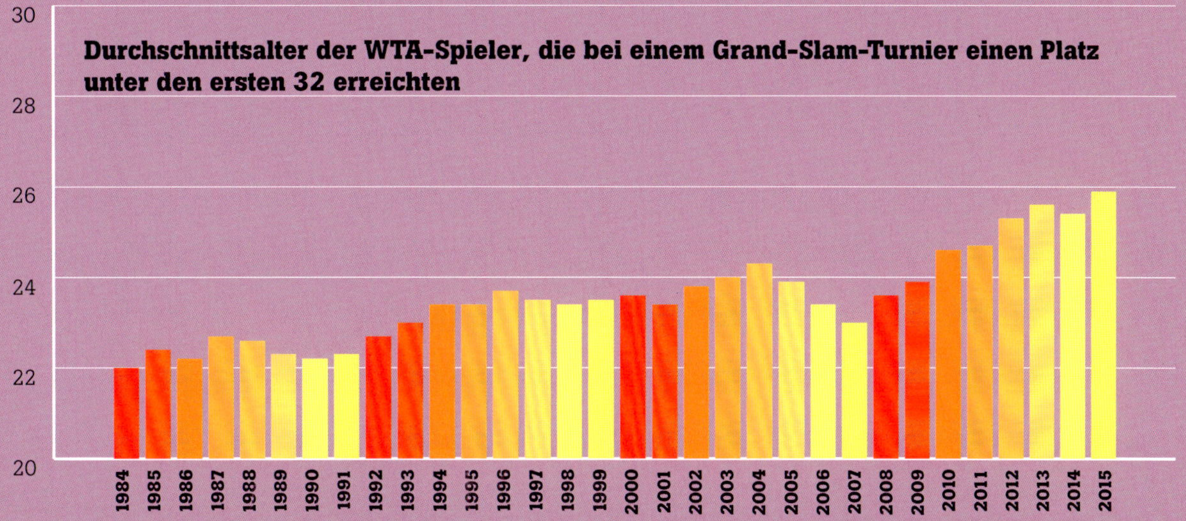

TROPHÄEN UND POKALE

Wer würde nicht gern nach dem Sieg eines wichtigen Turniers triumphierend den Pokal in die Luft strecken? Einige dieser Pokale sind allerdings ziemlich ungewöhnlich – ein Schwert, eine Kuh, ein Falke und eine silberne Birne finden sich darunter.

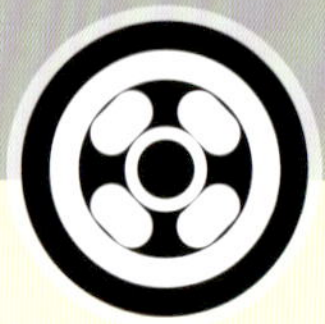

Der »Venus Rosewater Dish«, ein 1886 erstmals an die Wimbledon-Gewinnerin ausgegebener großer silberner Präsentierteller, ist die Kopie eines Zinntellers aus dem Louvre in Paris. Darauf abgebildet ist Sophrosyne, eine kluge Gelassenheit personifizierende Figur aus der griechischen Mythologie, die in der einen Hand eine Lampe und in der anderen einen Krug hält.

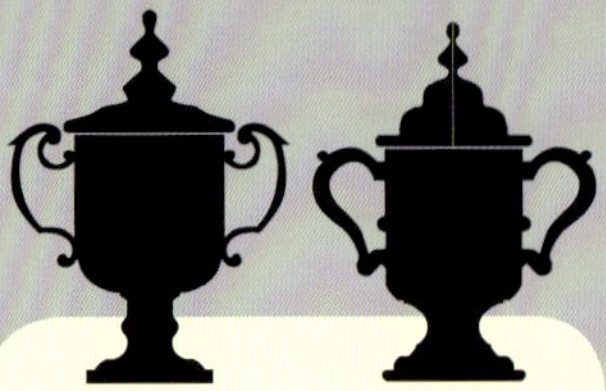

Die Pokale der US Open (Männer wie Frauen) stammen von Tiffany & Co.

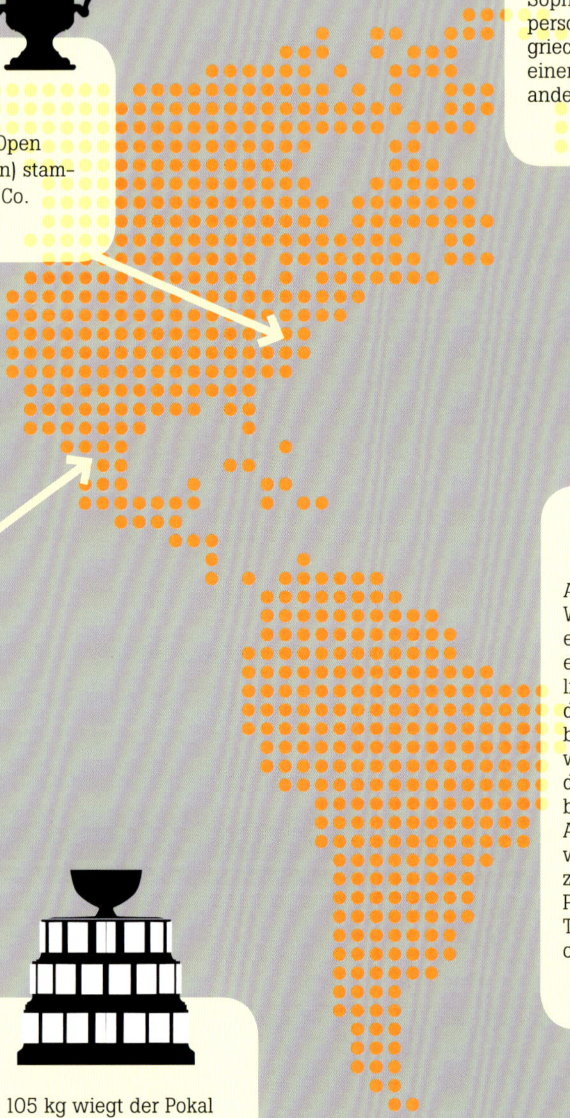

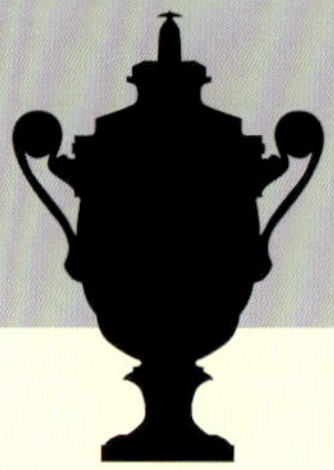

Auf dem Pokal für den männlichen Wimbledonsieger, der 1887 zum ersten Mal verliehen wurde, prangt eine Ananas. Niemand weiß wirklich, warum. Eine Theorie besagt, dass diese Frucht früher eine kostbare Rarität war und damit so etwas wie ein Statussymbol. Vielleicht ehrt der Pokal auch die Tradition der britischen Flottenkapitäne, die eine Ananas auf ihre Torpfosten steckten, wenn sie von der Reise nach Hause zurückkehrten. Die Inschrift des Pokals lautet: »The All England Lawn Tennis Club Single Handed Champion of the World«.

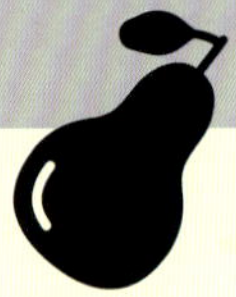

Der Sieger des Turniers in Acapulco, Mexiko, bekommt eine große silberne Birne auf einem schwarzen Sockel.

Mit 105 kg wiegt der Pokal des Davis Cup vermutlich mehr als die meisten Spieler selbst. In Spanien nennt man ihn »La Ensaladera«, »Die Salatschüssel«.

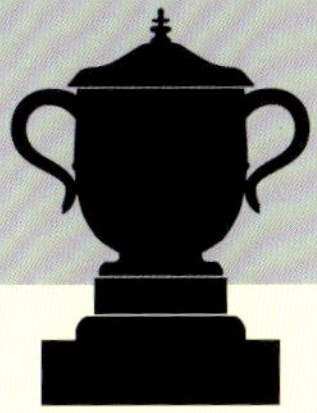

Mit dem Pokal für die French-Open-Siegerin, genannt »La Coupe Suzanne Lenglen«, ehrt man die größte Diva in der Geschichte des Frauentennis: Suzanne Lenglen war eine Tennisikone der 1920er-Jahre.

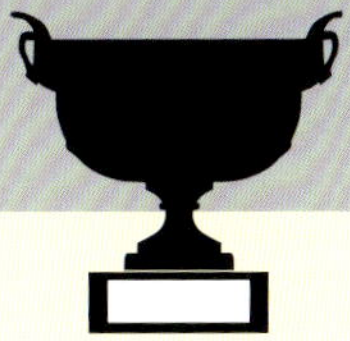

Auch der Pokal für die siegreichen Männer im Stade Roland Garros ist eine Reminiszenz an die Tennisgeschichte: »La Coupe des Mousquetaires« ehrt ein französisches Quartett von Spielern aus den 1920er-Jahren, die »Musketiere« Jacques Brugnon, Jean Borotra, Henri Cochet und René Lacoste.

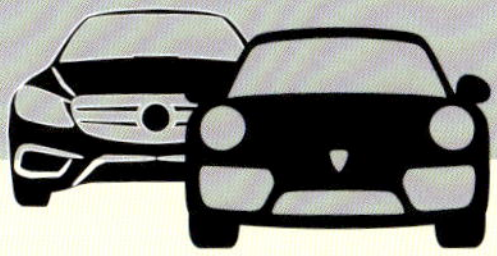

Der Champion des Stuttgarter Grasplatzturniers bekommt einen Mercedes, während die Gewinnerin des Damen-Einzels auf dem Sandplatz mit einem Porsche davonrauschen darf.

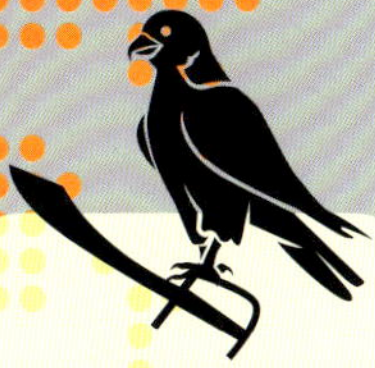

Wer den Titel in Doha, Katar, gewinnt, erhält eine goldene Trophäe in Form eines Falken und eines Zeremonienschwertes.

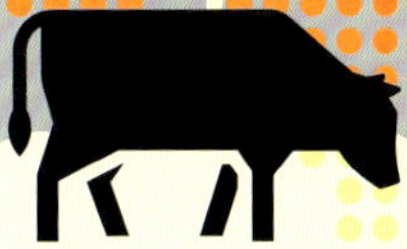

Einige Tage nach seinem Sieg in Wimbledon 2003 nahm Roger Federer an einem Turnier in der Schweiz teil, wo man ihm ein ganz besonders ungewöhnliches Geschenk machte – eine Kuh namens Juliette.

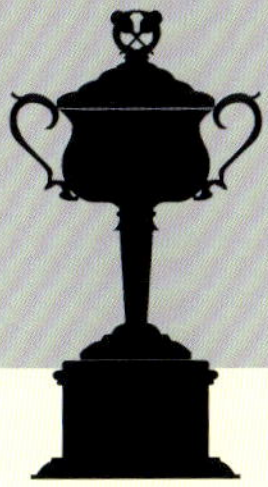

Mit dem Daphne Akhurst Memorial Cup, den die Australian-Open-Siegerin erhält, ist eine tragische Geschichte verbunden: Daphne Akhurst gewann dieses Turnier in den Jahren 1925 bis 1930 fünfmal. 1933 starb sie mit nur 29 Jahren an den Folgen einer Bauchhöhlenschwangerschaft. Den an sie erinnernden Pokal präsentierte man erstmals im darauffolgenden Jahr.

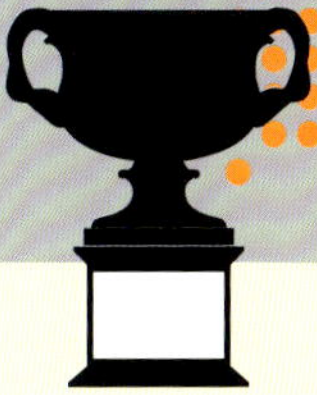

Der Pokal für den Australian-Open-Sieger, der Norman Brookes Challenge Cup, ist ebenfalls nach einem früheren Champion benannt und wurde im Jahr 1934 erstmals verliehen. Bei der Gestaltung orientierte man sich an einer acht Tonnen schweren Marmorvase aus dem 2. Jh.

DOPPEL

Die meisten Tennisprofis schätzen vor allem gladiatorenhafte Zweikämpfe Spieler gegen Spieler im Tennis. Einige ziehen es aber auch vor, einen Teamkameraden im Doppel an ihrer Seite zu wissen.

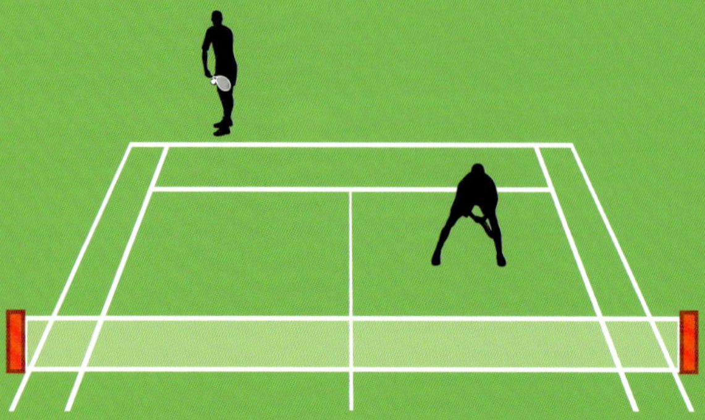

STANDARDFORMATION
Der Aufschläger steht in der einen Platzhälfte an der Grundlinie, sein Partner in der anderen im Aufschlagsfeld.

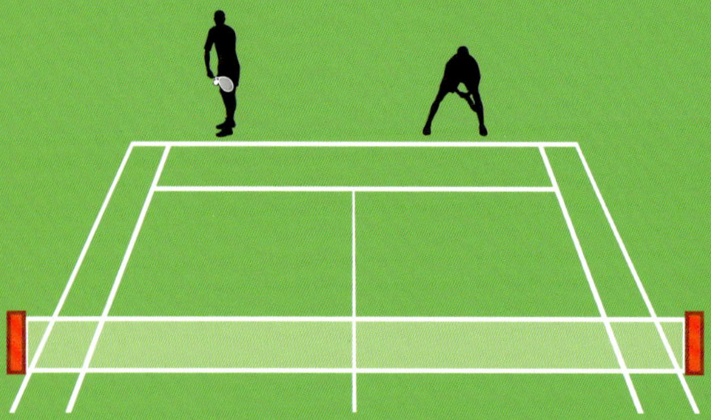

BEIDE HINTEN
Der Aufschläger und sein Partner stehen jeder in seiner Platzhälfte direkt an der Grundlinie.

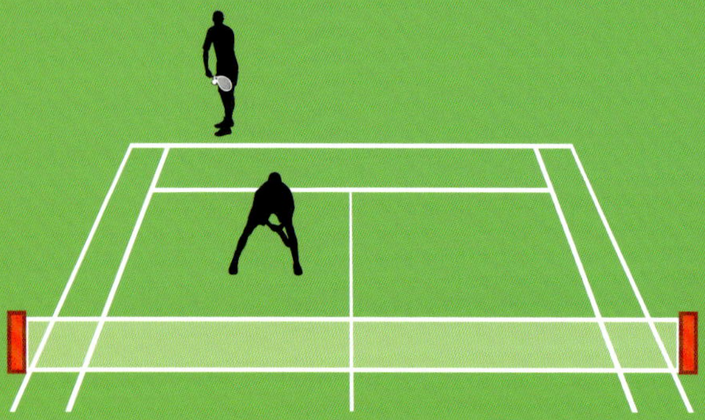

DIE »AUSTRALISCHE FORMATION«
Der Aufschläger und sein Partner befinden sich in der gleichen Platzhälfte – der eine an der Grundlinie und der andere geduckt im Mittelfeld.

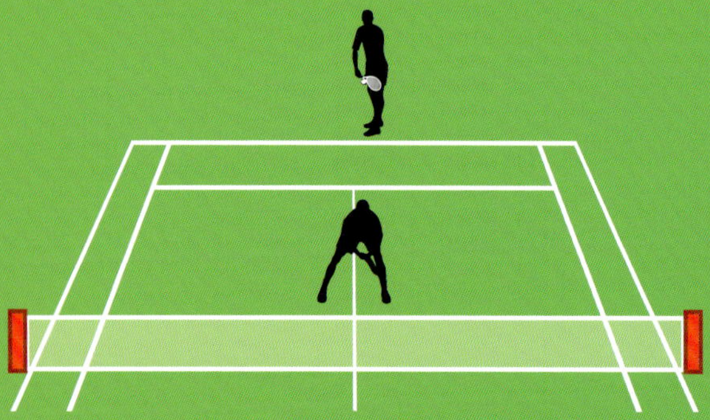

DIE »I-FORMATION«
Im Unterschied zur Australischen Formation stehen hier beide Spieler nahe an der Mittellinie, der Partner des Aufschlägers in geduckter Haltung oder in der Hocke weit vorn am Netz.

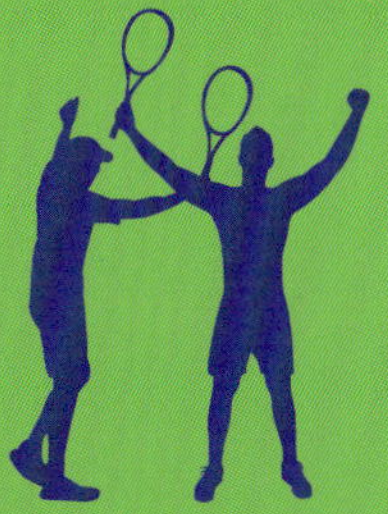

DIE ERFOLGREICHSTEN MÄNNER-DOPPEL-TEAMS DER TENNISGESCHICHTE

Bob und Mike Bryan
Im Doppel gewonnene Grand-Slam-Titel: **16**

Todd Woodbridge und Mark Woodforde
Im Doppel gewonnene Grand-Slam-Titel: **11**

Rekordanzahl von Wochen als Nummer eins der Weltrangliste der Männer im Doppel

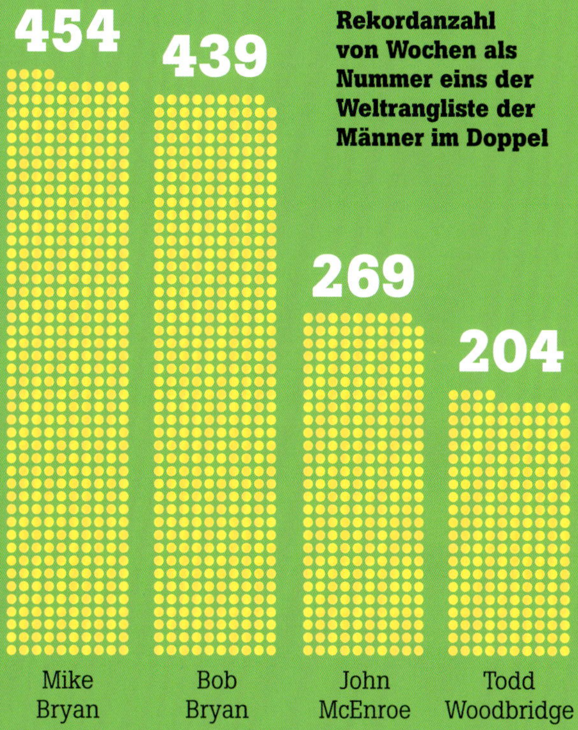

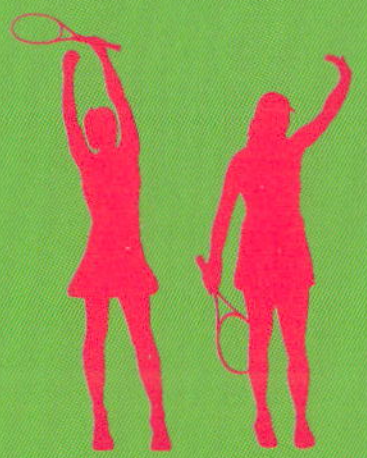

DIE ERFOLGREICHSTEN FRAUEN-DOPPEL-TEAMS DER TENNISGESCHICHTE

Martina Navratilova und Pam Shriver
Im Doppel gewonnene Grand-Slam-Titel: **20**

Serena und Venus Williams
Im Doppel gewonnene Grand-Slam-Titel: **14**

Gigi Fernández und Natasha Zvereva
Im Doppel gewonnene Grand-Slam-Titel: **14**

Rekordanzahl von Wochen als Nummer eins der Weltrangliste der Frauen im Doppel

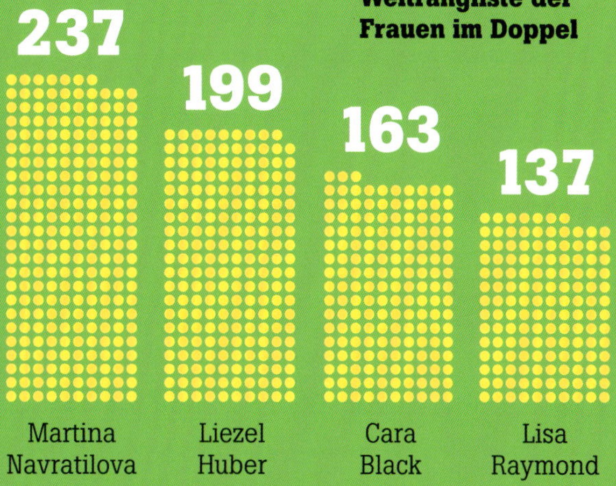

TENNIS UND DIE POPKULTUR

»Ich wirke darin wie ein Vollidiot«, beschwerte sich John McEnroe, nachdem er den Kinofilm »Borg/ McEnroe« des dänischen Regisseurs Janus Metz gesehen hatte – nur eines von vielen Beispielen, in denen sich Tennis und (Film-) Kunst als Teil der modernen Popkultur überschneiden.

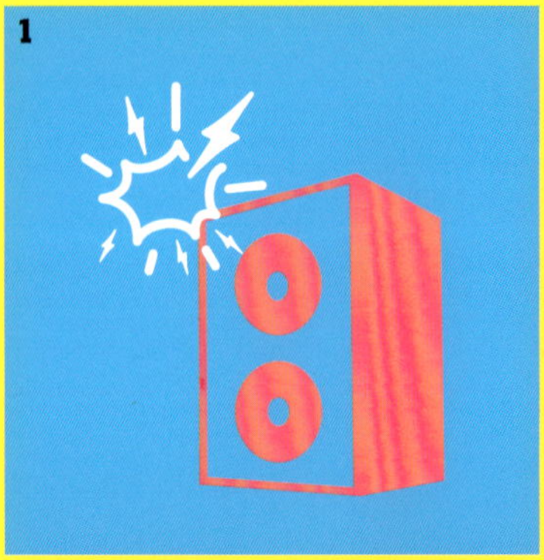

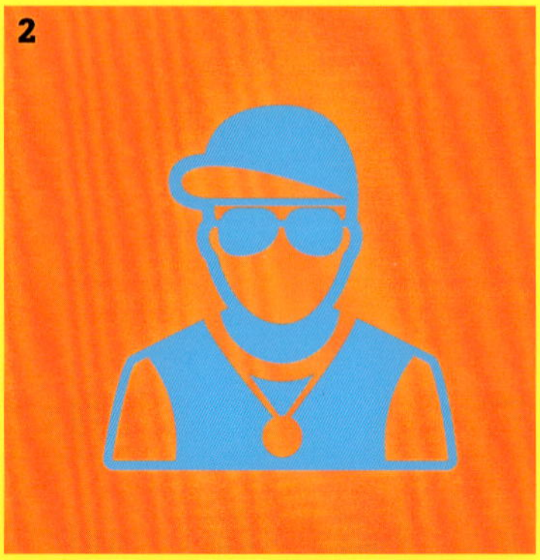

1 John McEnroe wollte wahnsinnig gerne ein Rockstar sein – aber seine Band hatte einfach keinen Erfolg. »Bei einem Gig«, erzählte McEnroe, »warfen die Leute mit Tennisbällen nach uns. Bei einem anderen schrie ein Typ aus dem Publikum schon nach unserem ersten Song: ›Ihr nervt!‹ Und dann explodierte auch noch unser Equipment.«

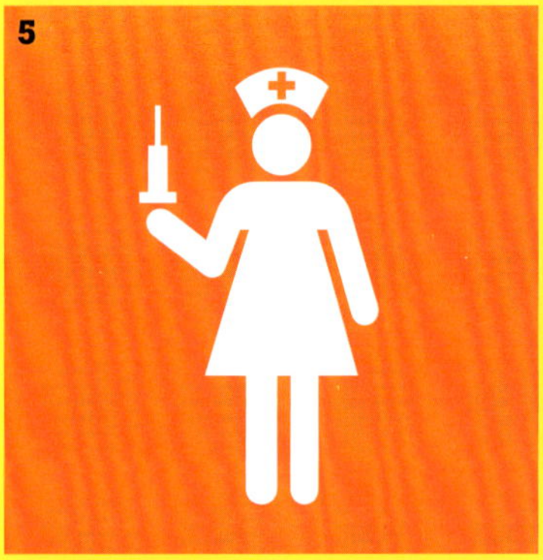

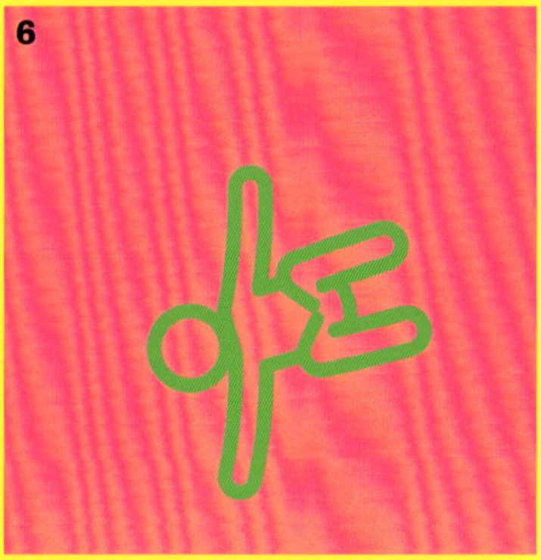

2 Andy Murray ist alles, nur kein Rapper. Trotzdem ist er auf einem Album, das die tennisspielenden Zwillinge Bob und Mike Bryan produzierten, mit dem Titel »Autograph« zu hören. Murray rappt darüber, wie hart es ist, ständig Autogramme geben zu müssen. »In Wimbledon, Mann, ist das verrückt, verkrampft sich mein Verstand und ist ganz entrückt; die Schlange will nicht enden, unterschreiben, unterschreiben. Weck mich auf, weck mich auf, hier kann ich nicht bleiben – und nochmal von vorn, ich muss wieder ran – hier kommt das nächste – Autogramm, Autogramm«.

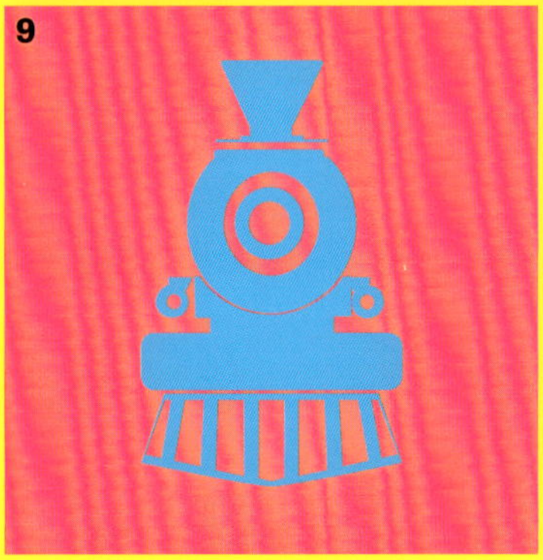

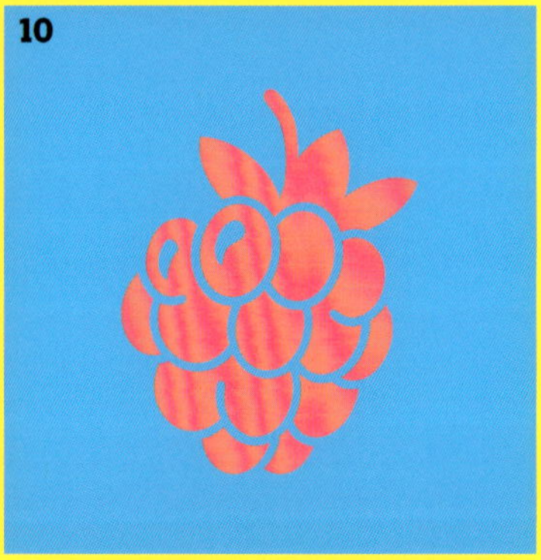

3 Im Gegensatz zu Murray hielt Vince Spadea sich für ein As des Rapmetiers. Genretypisch großkotzig rappte der ehemalige Top-20-Spieler: »Ich bin Spadea – denkst du, ich hab Schiss vor dir? Yeah!« Für einen seiner amerikanischen Freunde auf der Tour, Andy Roddick, dichtete er frei heraus: »Roddick ist die Härte auf dem Court, hab ich mit ihm gespielt, brauche ich erstmal ein Antibiotikum. Er ist kein Roboter, aber er ist Patriot. Ich hatte einen Geistesblitz, aber sein Aufschlag kam, und so hab ich ihn vergessen. Spielt Roddick ein Turnier, solltest du es boykottieren.«

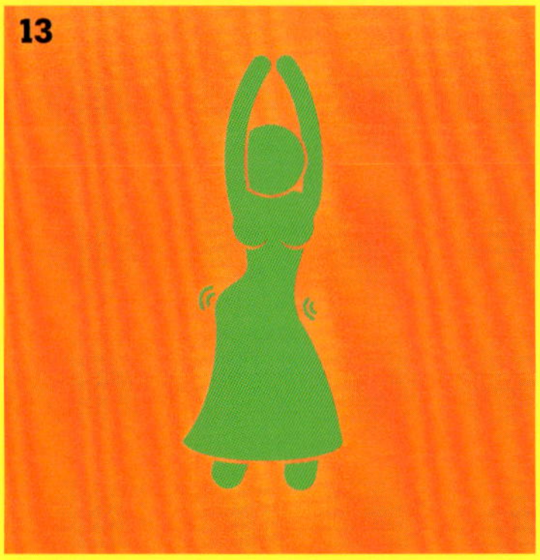

4 Die Williams-Schwestern inspirierten Snoop Dogg zu dem vielleicht etwas schlichten Reim: »Du siehst Venus und Serena – in der Wimbledon Arena.«

5 Serena Williams hatte eine kleine Gastrolle in der Krankenhausserie »Emergency

3

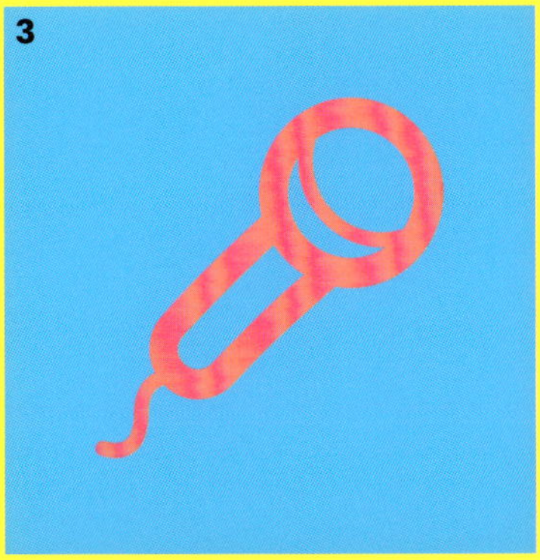

4

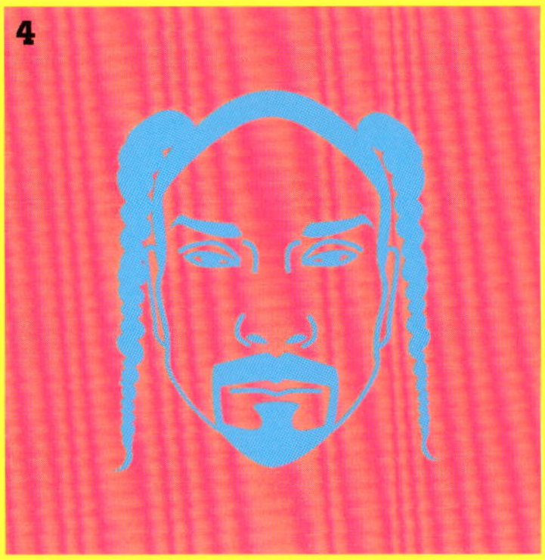

7

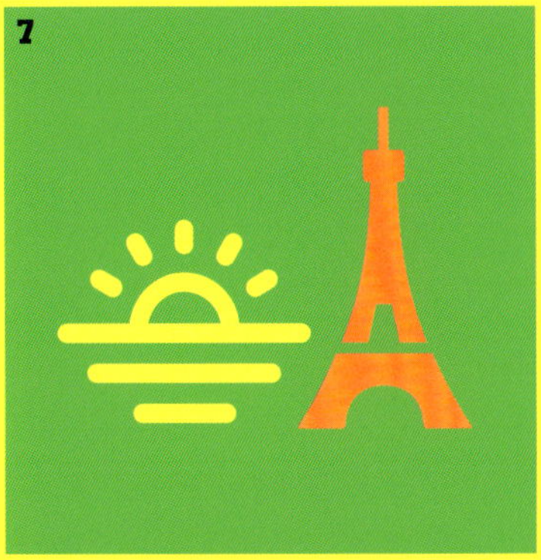

8

11

12

14

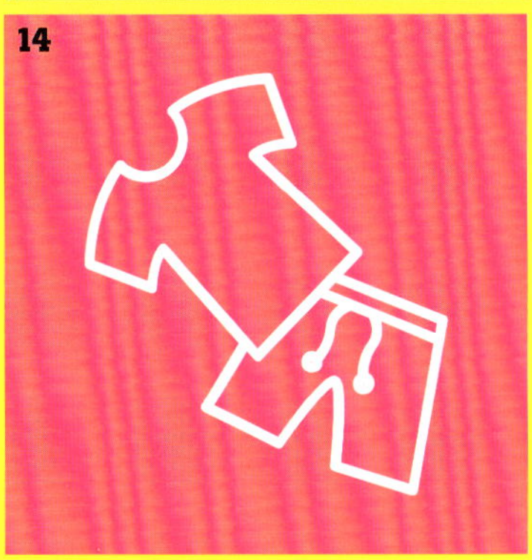

Room«, als eine Mutter, deren Kind in einem brennenden Haus gefangen war.

6 Die Band House of Pain sang 1992 in ihrem Hit Jump Around ziemlich zweideutig: »I'll serve your ass like John McEnroe.«

7 Yannnick Noah gewann 1983 die French Open, aber die meisten kennen ihn eher durch seine Musik. Im Stade de France spielte er schon vor über 80 000 Zuschauern. Auf die Frage, was besser sei, ein großes Konzert zu spielen oder Pokale zu gewinnen, antwortete er: »Keine Ahnung! Das ist, als würde man fragen: Was magst du lieber – Sonnenuntergänge oder Sonnenaufgänge?«

8 Woody Allens Film »Match Point« erzählt von einem ehemaligen Tennisprofi (Jonathan Rhys Meyers), der sich in eine junge Frau (Scarlett Johannsson) verliebt.

9 Alfred Hitchcocks »Strangers on a Train« handelt von einem Tennisspieler, der mit einem völlig fremden Mitreisenden im Zug den Pakt schließt, jemanden umzubringen.

10 Wenig geschätzt wurde von der Kritik der Kinofilm »Wimbledon«, in dem ein britischer Tennisspieler (Paul Bettany) »sein« Mädchen (Kirsten Dunst) bekommt und dann auch noch das Turnier gewinnt.

11 Der indische Tennisprofi Vijay Amritraj spielte in dem James-Bond-Film »Octopussy« einen MI6-Agenten, und in »Star Trek IV: Zurück in die Gegenwart« einen Offizier in der Besatzung des Raumschiffs.

12 Anna Kournikova machte mit einem kurzen Auftritt in einem seiner Musikvideos einen nachhaltigen Eindruck auf Enrique Iglesias. Sie verliebten sich ineinander und wurden »im wirklichen Leben« ein Paar.

13 Serena Williams trat in einem Musikvideo von Beyoncé auf. »Ich sollte einfach tanzen, total frei und hemmungslos, als würde mir niemand dabei zusehen.«

14 Rafael Nadal spielte in Shakiras Hitvideo »Gypsy« ihren »Angebeteten« und sie sang für ihn: »… folgst du mir? Es könnte sein, dass ich dir deine Kleider stehle, und wenn sie mir passen, trage ich sie.«

IKONE **PETE SAMPRAS**

Vor Roger Federer war Pete Sampras der erfolgreichste Tennisprofi – niemand schmetterte den Ball so treffsicher wie er. Und bis heute gehört der Amerikaner zu den besten Spielern der Tennisgeschichte.

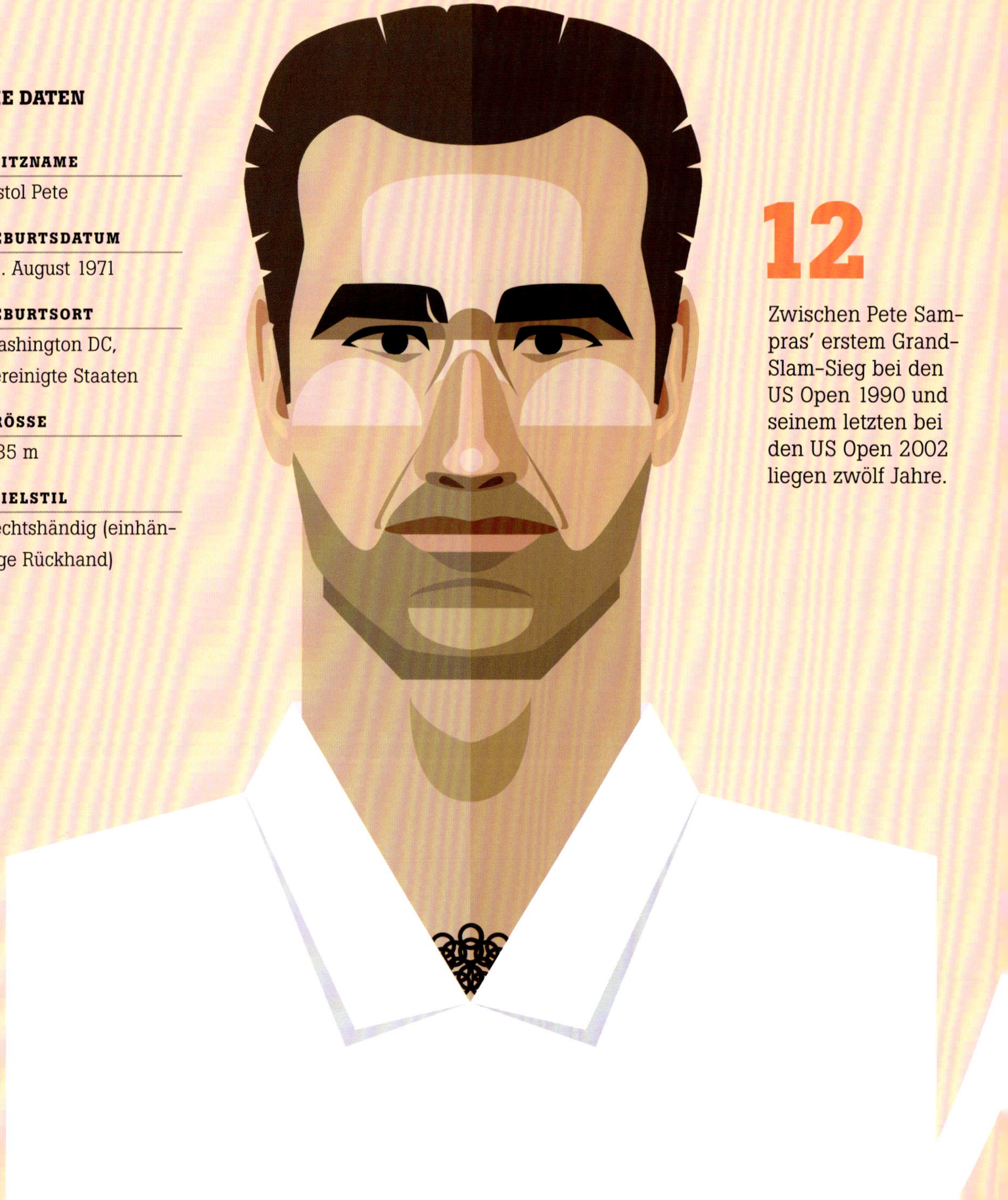

DIE DATEN

SPITZNAME
Pistol Pete

GEBURTSDATUM
12. August 1971

GEBURTSORT
Washington DC, Vereinigte Staaten

GRÖSSE
1,85 m

SPIELSTIL
Rechtshändig (einhändige Rückhand)

12

Zwischen Pete Sampras' erstem Grand-Slam-Sieg bei den US Open 1990 und seinem letzten bei den US Open 2002 liegen zwölf Jahre.

SAMPRAS
IN ZAHLEN

REKORDE

6

In sechs aufeinanderfolgenden Saisons lag Sampras ganz oben in den Rankings. Kein anderer Spieler hat das bisher erreicht.

286

Alles in allem war er insgesamt 286 Wochen lang die Nummer eins der Weltrangliste – ein Rekord, den erst Roger Federer übertrumpfen konnte.

19

Sampras ist der jüngste US-Open-Gewinner der Tennisgeschichte – 1990 gewann er den Titel nur wenige Tage nach seinem 19. Geburtstag.

7

Sampras gewann als erster Spieler der Tennisgeschichte in seiner Karriere sieben Wimbledon-Titel – auch das ist ein Rekord, der erst von Roger Federer übertroffen werden konnte.

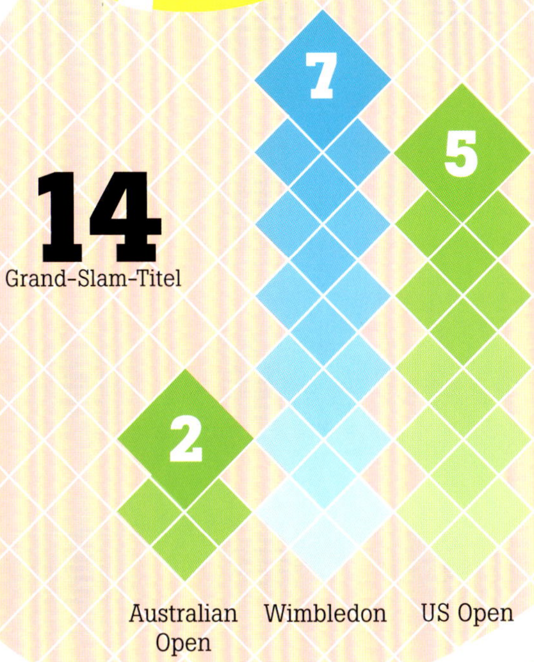

1

Der Besaiter seiner Schläger erzählte einmal, dass Pete Sampras so sensibel sei, dass er jede noch so kleine Veränderung am Griff sofort bemerken würde (er sei sozusagen »die Prinzessin auf der Erbse der Tenniswelt«).

400

Das Wunschgewicht seines Schlägers betrug 400 g – für einen modernen Rahmen extrem schwer.

2

Zwischen seinem 13. großen Turnier 2000 in Wimbledon und seinem 14. in New York lagen zwei Jahre. In dieser Zeit wollte Sampras sich eigentlich zur Ruhe setzen, ließ sich aber von seiner Frau, der Schauspielerin Bridgette Wilson, überreden, weiter zu spielen: »Vergiss mal den ganzen Mist, den andere sagen. Versprich mir, dass du erst aufhörst, wenn du es selbst wirklich willst.«

9

Neun Jahre lang blieb Sampras unangefochtener Champion der Tenniswelt. 1997 stellte er mit seinem Gewinn der Australian Open Roy Emersons Rekord für zwölf Grand-Slam-Titel ein, im Jahr 2000 gewann er erneut in Wimbledon, 2002 baute er mit seinem Sieg bei den US Open den Vorsprung auf 14 Grand-Slam-Titel aus. Als Gast der königlichen Ehrenloge kam Sampras 2009 noch einmal nach Wimbledon zurück und sah zu, wie Roger Federer Andy Roddick schlug und ihn mit seinem 15. Titel überrundete.

DIE ERFOLGREICHSTEN TENNISSPIELER ALLER ZEITEN

Diese Grafik gibt einen Überblick über die erfolgreichsten Tennisspieler der letzten Jahrzehnte, jeweils beginnend mit ihrem ersten Grand-Slam-Sieg. Als Pete Sampras sich 2002 aus dem Tennis zurückzog, hielt er mit 14 Titeln den Rekord. Inzwischen haben Roger Federer und Rafael Nadal ihn überholt. Novak Djokovic könnte der dritte Spieler sein, der an Sampras vorbeizieht.

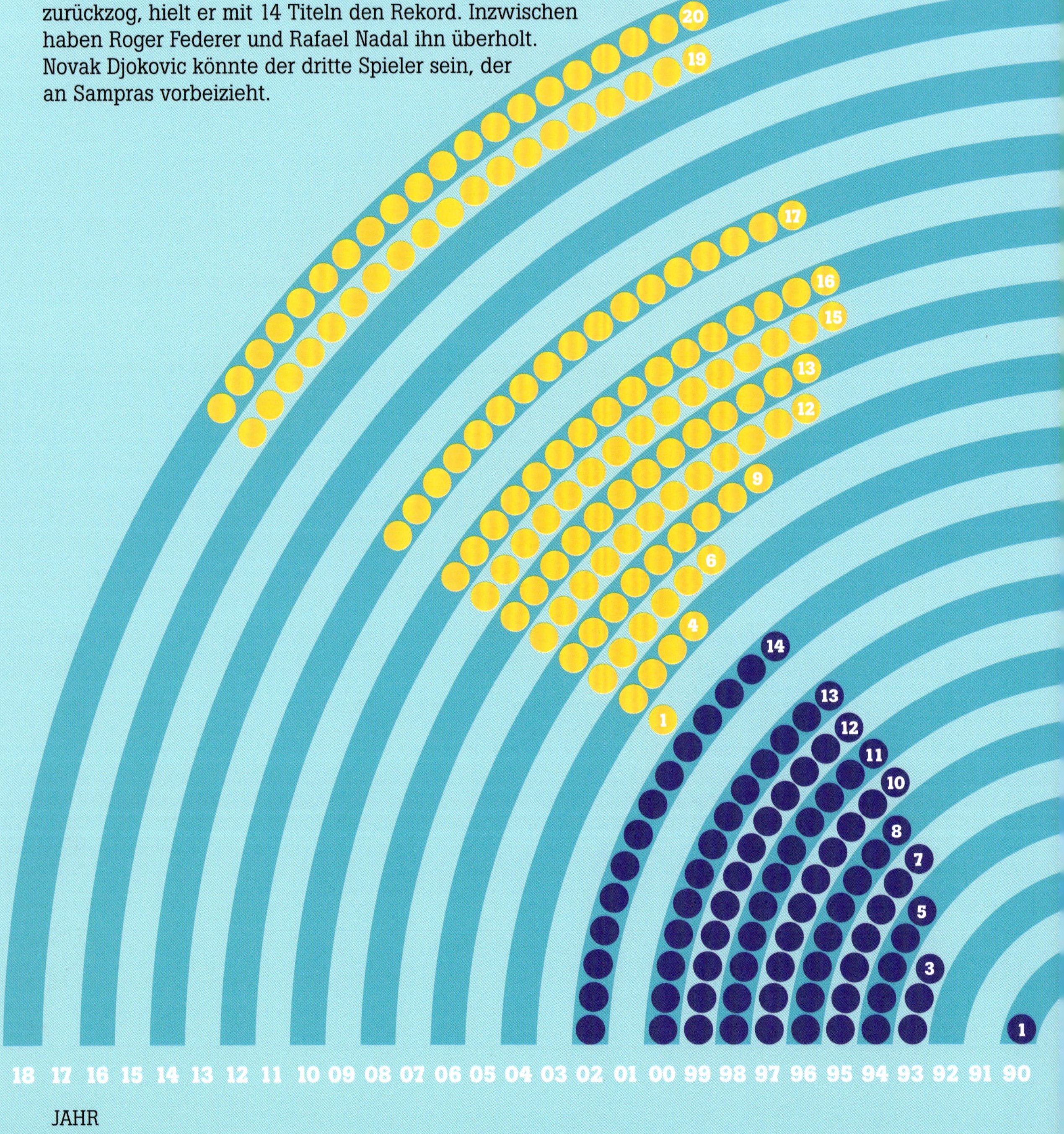

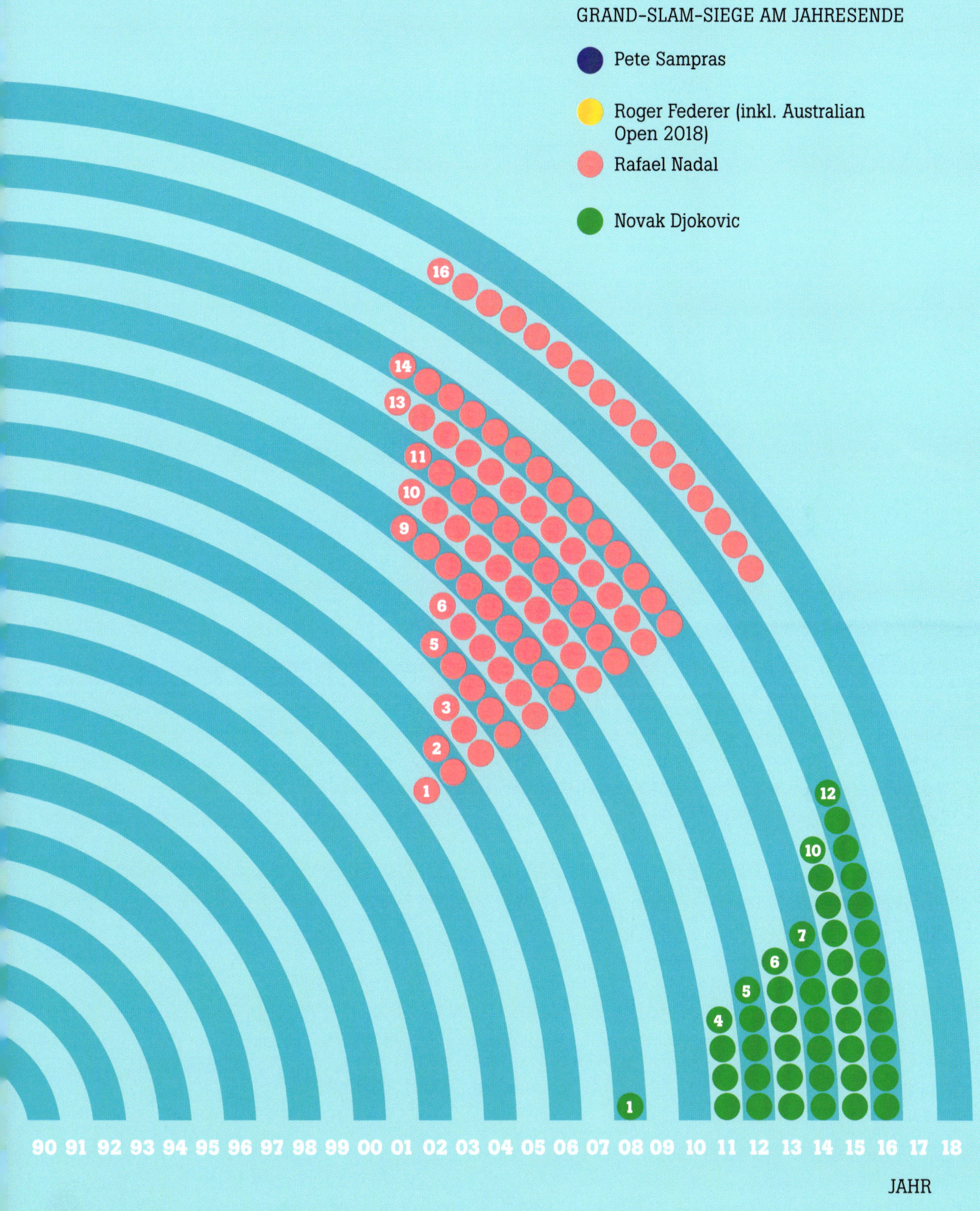
GRAND-SLAM-SIEGE AM JAHRESENDE
Pete Sampras
Roger Federer (inkl. Australian Open 2018)
Rafael Nadal
Novak Djokovic
16
14
13
11
10
9
6
5
3
2
1
12
10
7
6
5
4
1
90 91 92 93 94 95 96 97 98 99 00 01 02 03 04 05 06 07 08 09 10 11 12 13 14 15 16 17 18
JAHR

DIE SELTSAMSTEN TENNIS-OUTFITS

Tennis mag die eleganteste Sportart sein. Was die Outfits angeht, trifft man aber gelegentlich auch auf eigenwillige Fehlgriffe und Überraschungen.

SUZANNE LENGLEN
Roland Garros 1920er
Manche Zuschauer waren einfach nur überrascht, andere entrüstet: Die Französin weigerte sich nicht nur, auf dem Court ein Korsett zu tragen, sie ließ auch noch ihre Knöchel sehen.

PAT STEWART
Wimbledon 1960er
Mit ihrer eingestickten Telefonnummer auf dem Höschen verursachte die Amerikanerin ziemlichen Trubel. In der Gerüchteküche wurde gemunkelt, dass ihr Freund sie kurz vor dem Turnier »abserviert« hatte.

ANDRE AGASSI
Roland Garros 1990
»Hot Lava« nannte Agassi sein Outfit mit einer pinkfarbenen Radlerhose unter einer schwarzen Shorts. Und als wäre das nicht schon ungewöhnlich genug, verriet Agassi fast 20 Jahre später, dass er in seinem ersten großen Grand-Slam-Finale auch noch eine Perücke getragen hatte.

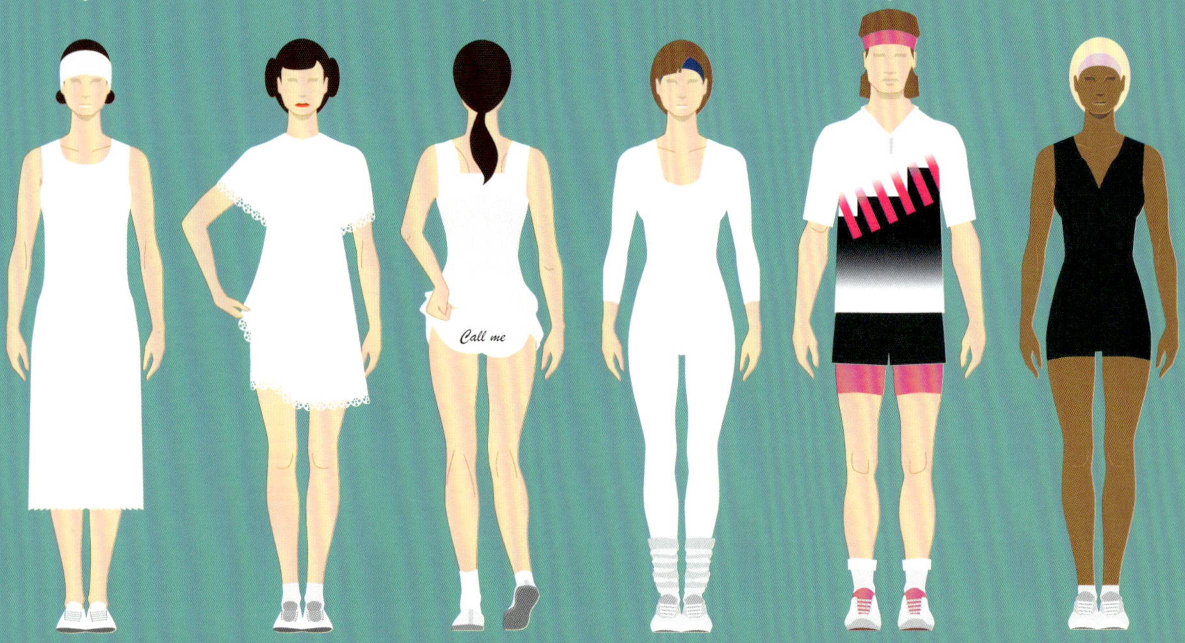

GERTRUDE MORAN
Wimbledon 1949
Als »Gorgeous Gussie« mit Minikleid und spitzenbesetzter Unterwäsche auf dem Court erschien, warf man ihr vor, »Sünde und obszönes Verderben über den Tennissport« zu bringen. Die Hysterie erreichte sogar Westminster, wo ihre kurze Unterwäsche im Parlament diskutiert wurde.

ANNA WHITE
Wimbledon 1985
Dass den Leuten »die Erdbeeren mit Sahne aus dem Gesicht fielen«, hatte sie nicht beabsichtigt – aber genau das passierte, als Anna in einem ziemlich umstrittenen, hautengen weißen Ganzkörperanzug aus Lycra den Court betrat.

SERENA WILLIAMS
US Open 2002
Dieser schwarze Catsuit ist wohl Serena Williams ungewöhnlichstes Outfit – noch gewagter als das T-Shirt mit dem Aufdruck »Are you looking at my titles?«, das sie nach ihrem Sieg 2009 in Wimbledon trug.

DOMINIK HRBATY
US Open 2005
Mit zwei großen Ausschnitten an den Schulterblättern in seinem rosa abgesetzten Trikot bewies der Slowake modisch Courage. Lleyton Hewitt, der ihn in vier Runden bezwang, schmunzelte: »Nein, ich würde das Hemd nicht tragen – aber es erleichterte mir den Sieg über ihn ungemein.«

ROGER FEDERER
Wimbledon 2008
Acht Jahre, bevor das Magazin »GQ« Federer 2016 zum bestgekleideten Mann der Welt erklärte, trug er den Spitznamen »Lord Cardigan der Grasplätze«. Weil er immer, wenn er den Platz betrat, eine Strickjacke trug, verglich man ihn auch oft mit der von Ben Whishaw verkörperten Rolle des Adligen Sebastian Flyte in dem Film »Wiedersehen mit Brideshead«.

STAN WAWRINKA
French Open 2015
Wawrinkas rosa Tartan-Shorts wurden für seinen Kampf um den Titel so sehr zu seinem Markenzeichen, dass er sie nach seinem Finalsieg sogar zur Pressekonferenz mitbrachte und auf dem Podium drapierte.

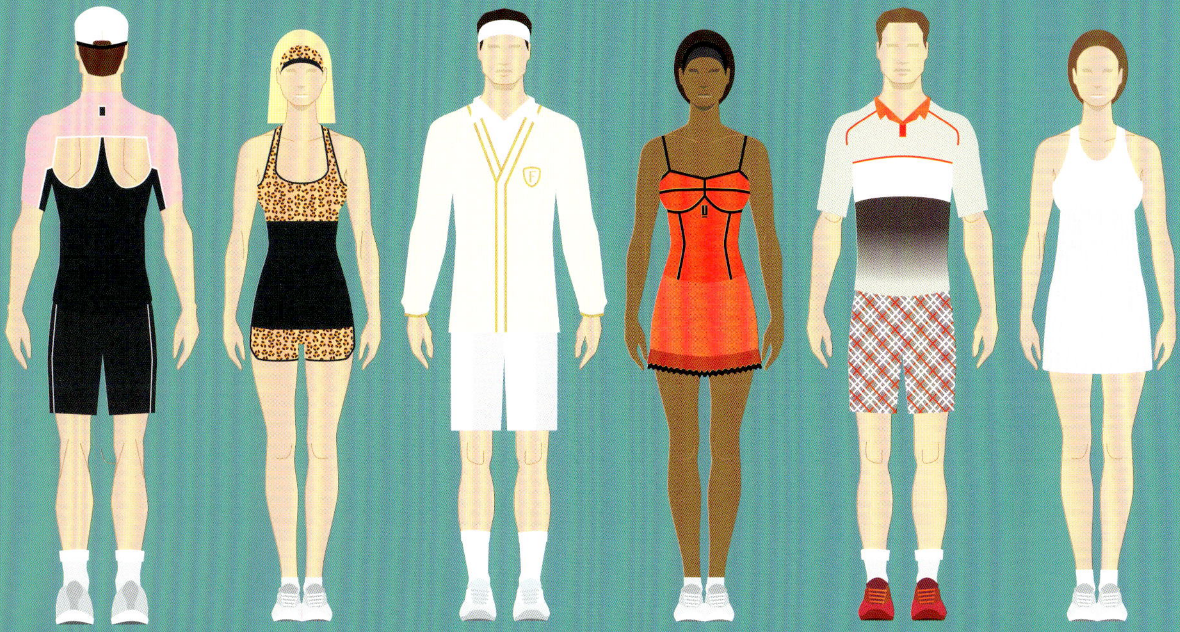

BETHANIE MATTEK-SANDS
US Open 2007
Bekannt als »Lady Gaga des Tennis«, trug die Amerikanerin auf dem Court nicht nur alle möglichen Hüte, Mützen und Sticker; ihr wohl auffälligster Dress war ein ziemlich knappes Outfit mit Leopardenmuster.

VENUS WILLIAMS
Roland Garros 2010
In einem roten Trikot mit schwarzer Spitze, das sie ebenso wie die hautfarbene Unterwäsche selbst entworfen hatte, brachte Williams einen Hauch von Moulin Rouge auf den Sandplatz.

DAS »KLEINE WEISSE« VON NIKE
Wimbledon 2016
Dieser Tennisdress war selbst bei den Sommer-Championships 2016 noch umstritten. Er galt als zu kurz, zu freizügig und zu gewagt. Deshalb modifizierte das Unternehmen das Design später noch etwas.

DIE FRENCH OPEN IN ZAHLEN

Manche Leute sind der Meinung, dass das nach seinem Austragungsort offiziell »Tournoi de Roland Garros« (»Roland-Garros-Turnier«) genannte Turnier das körperlich und emotional anstrengendste der vier Grand-Slam-Turniere ist. Es ist das einzige Sandplatzturnier der Grand-Slam-Serie.

10

Rafael Nadal ist seit seinem Sieg im Stade Roland Garros 2017 der einzige Spieler der Tennisgeschichte, der ein Grand-Slam-Turnier (die French Open) zehnmal für sich entscheiden konnte.

116

MILLIONEN CHINESISCHE ZUSCHAUER …
sahen 2011 das Finale der Frauen in Paris, als ihre Landsfrau Li Na als erste Asiatin der Tennisgeschichte einen Grand-Slam-Einzeltitel gewann.

4

Das als unerbittlich geltende Publikum bei den French Open verhielt sich bisher besonders vier Champions gegenüber sehr hart: Obwohl er der erfolgreichste Sandplatz-Spieler aller Zeiten ist, ist **Rafael Nadal** nicht sehr beliebt in Paris – sein Onkel Toni kritisierte das französische Publikum dafür. Auch **Serena Williams** thematisierte das extreme Verhalten der Zuschauer, und **Maria Sharapova** war einmal so zornig darüber, dass sie sich zu einer rüden Bemerkung hinreißen ließ. **Garbiñe Muguruza**, die 2016 das Finale gewann, weinte sogar nach dem Match, weil das Verhalten einiger Zuschauer sie so aufbrachte.

0

Die French Open sind das einzige Grand-Slam-Turnier, bei dem es keine Möglichkeiten gibt, den Centre Court bei schlechtem Wetter zu überdachen.

32

Genau 32 Minuten brauchte **Steffi Graf** im Finale 1988, um **Natasha Zvereva** mit 6:0, 6:0 zu besiegen. Bei der Preisverleihung entschuldigte sich das deutsche Tennis-As beim Publikum dafür, dass das Spiel nur so kurz gewesen war.

8,5

Mit 8,5 ha Fläche ist der aus drei verschieden großen Stadien und 17 weiteren Tennisplätzen bestehende Komplex des Stade Roland Garros der kleinste aller Grand-Slam-Austragungsorte.

Bei den French Open sind 250 Balljungen und -mädchen im Einsatz.

250

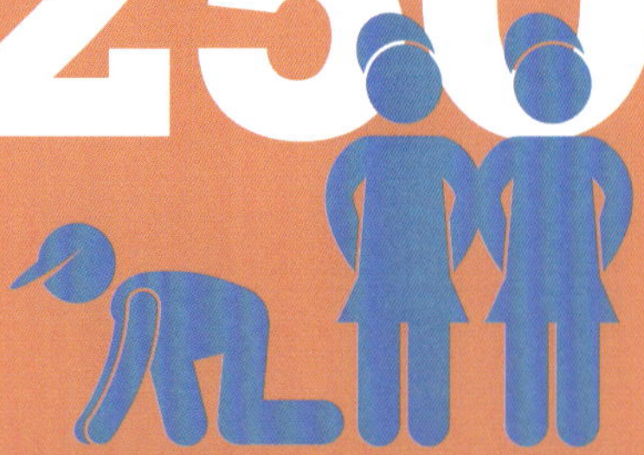

600

Während des Zweiten Weltkriegs wurde das Stade Roland Garros von der französischen Regierung als Internierungs- und Übergangslager zweckentfremdet. 600 Gefangene hielt man dort fest.

31

Rafael Nadal gewann im Stade Roland Garros 31 Spiele in Folge, ehe er 2009 in der vierten Runde des Turniers gegen den Schweden **Robin Söderling** verlor.

17

Michael Chang war erst 17 Jahre und drei Monate alt, als er 1989 im Achtelfinale mit einem von unten angesetzten Schlag direkt am Netz Ivan Lendl abservierte und damit zum jüngsten Grand-Slam-Champion aller Zeiten wurde – ein Rekord, den er bis heute hält. (Boris Becker war bei seinem legendären Wimbledon-sieg 17 Jahre und 227 Tage alt.)

25

Die Platzwarte der French Open verbringen während des Turniers allabendlich 25 Minuten damit, jeden Court zu wässern, damit die Rote Asche nicht wegweht und der Platz seine Farbe behält. Auch zwischen den Sets werden die Courts gewässert, zudem die Linien frisch aufgebürstet und die Sandflächen gefegt. Das Spiel auf einem solchen Belag wurde im 19. Jahrhundert von zwei englischen Brüdern erfunden, William und Ernest Renshaw, deren Grasplatz in Südfrankreich im Sommer stets verdorrte. Um den Rasen zu schützen, bedeckten sie ihn flächendeckend mit feinen Terracotta-Scherben.

2

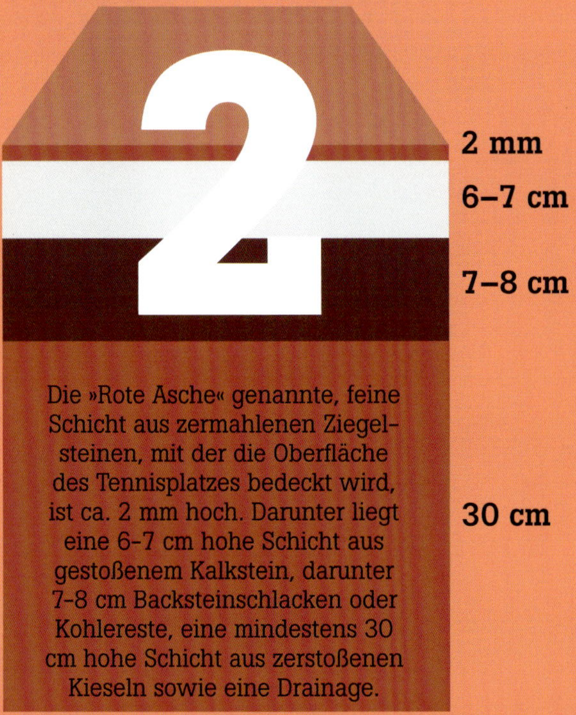

Die »Rote Asche« genannte, feine Schicht aus zermahlenen Ziegelsteinen, mit der die Oberfläche des Tennisplatzes bedeckt wird, ist ca. 2 mm hoch. Darunter liegt eine 6-7 cm hohe Schicht aus gestoßenem Kalkstein, darunter 7-8 cm Backsteinschlacken oder Kohlereste, eine mindestens 30 cm hohe Schicht aus zerstoßenen Kieseln sowie eine Drainage.

1,1

Für einen einfachen Platz im Stade Roland Garros braucht man 1,1 Tonnen Tonsand; für die Hauptarena, den Court Philippe Chartier, der hinter der Baseline größere Auslaufflächen hat, sogar 1,5 Tonnen.

SUPERSCHLÄGE

Bei Boris Becker wird man immer an seinen berühmten »Becker Dive« denken, bei Pete Sampras an seinen »Slam-Dunk Smash«. Welche anderen Superschläge wurden so legendär?

Als »richtig fies« bezeichnete Andre Agassi einmal die Topspin-Vorhand von **Rafael Nadal**.

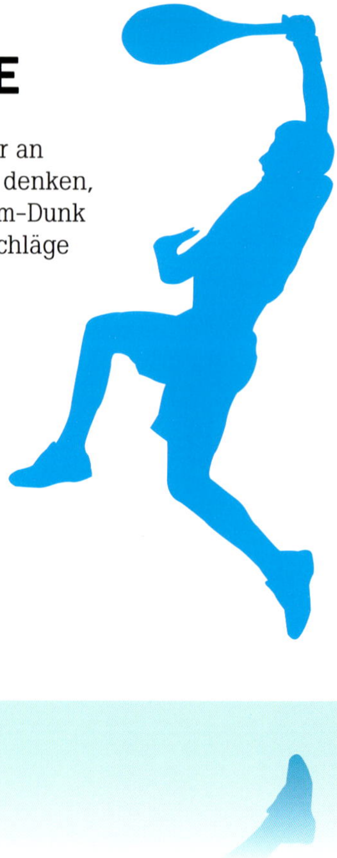

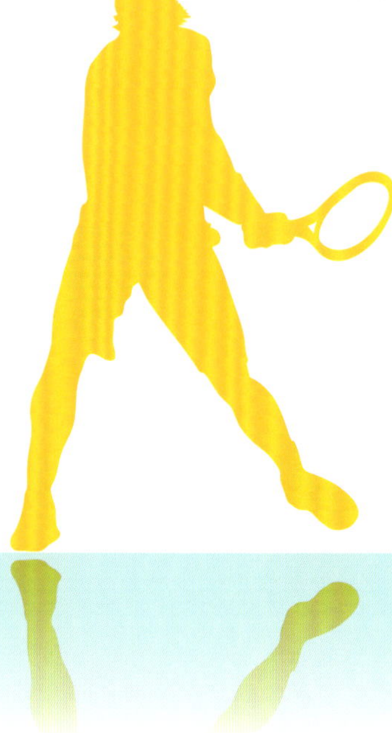

Pete Sampras setzte seinen »Slam-Dunk Smash« vor allem ein, um seinen Gegnern Angst zu machen. »Ich spielte den Schlag aus den verschiedensten Gründen – einer davon war Einschüchterung. Man signalisiert seinem Gegner damit: ›Ich bin beweglich, ich fühl mich super, und du wirst mich heute wohl nicht besiegen.‹«

Als »große, fließende Peitsche« beschrieb David Foster Wallace einmal die Vorhand von Roger Federer.

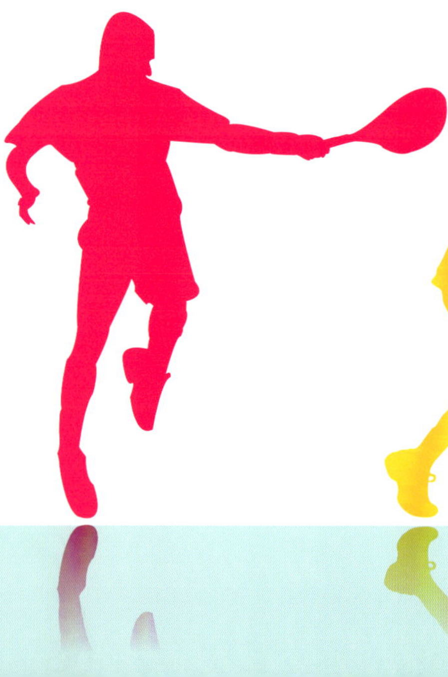

Bei aller Eleganz auf dem Tennisplatz kann **Roger Federer** auch richtig dreist sein – man spürt seine große Spielfreude, wenn er durch die Beine hindurch einen seiner »(Be)Tweener« platziert.

Martina Navratilovas Größe begründete sich auch durch ihre brillant gespielten Volleys – niemand vor oder nach ihr beherrschte die Aufschlagsfelder so perfekt wie sie.

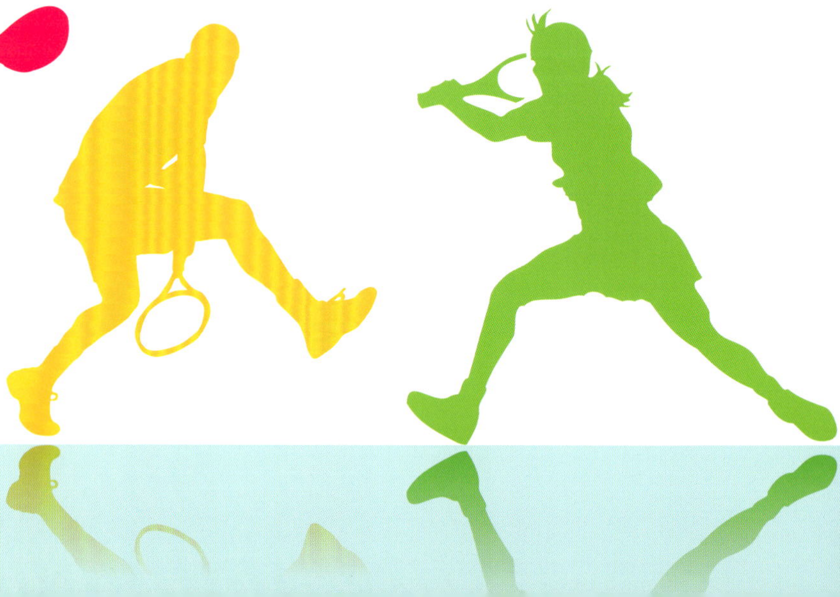

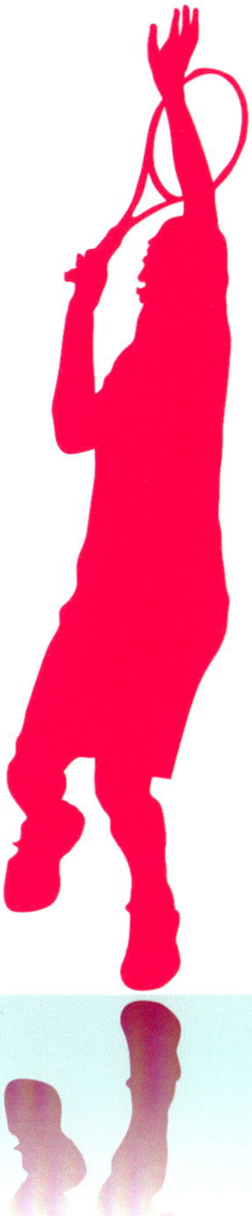

»Man hat das Gefühl, seine Aufschläge kommen aus einer Baumkrone«, sagte Andy Roddick einmal über den 2,11 m großen **Ivo Karlovi**.

Boris Becker warf sich für seinen Diving Volley auf alle Böden – »und glauben Sie mir, auf harten Plätzen tut das ziemlich weh«, meinte er. Denn er konnte sich das einfach nicht verkneifen: »Es wurde zu einem festen Bestandteil meines Spielstils – zu einer Art Markenzeichen für mich.«

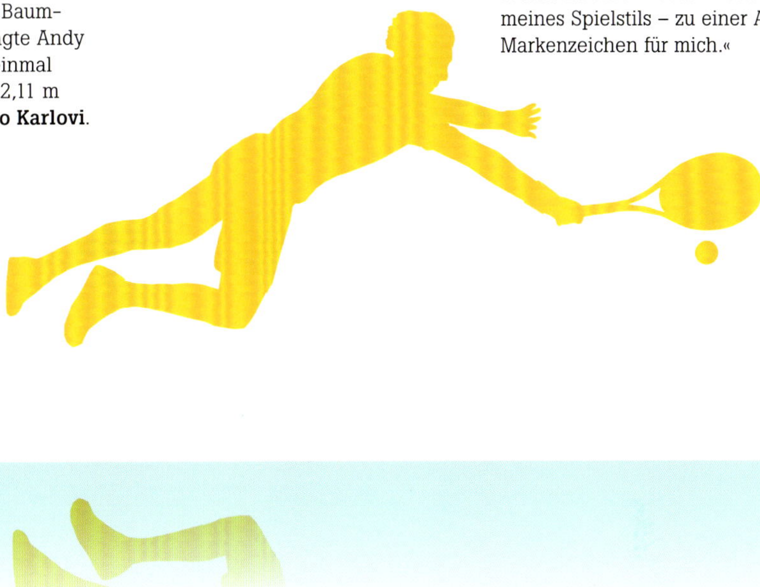

Stan Wawrinkas einhändige Rückhand hat Stil und Power – John McEnroe hält sie sogar für die beste Rückhand im Tennissport überhaupt.

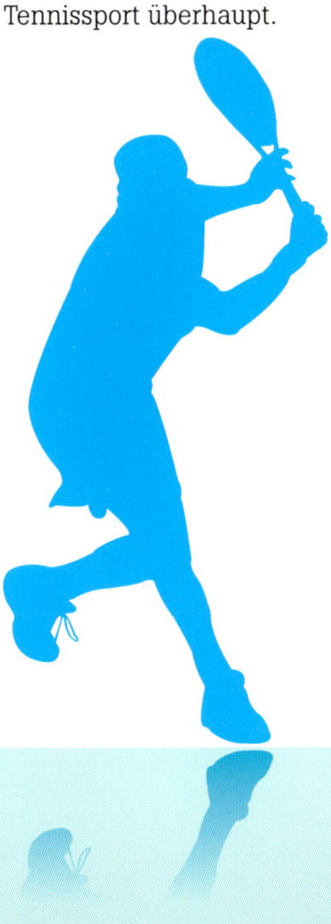

»Das beste Geschoss der Tennisgeschichte« nannte John McEnroe den Serve von **Serena Williams**.

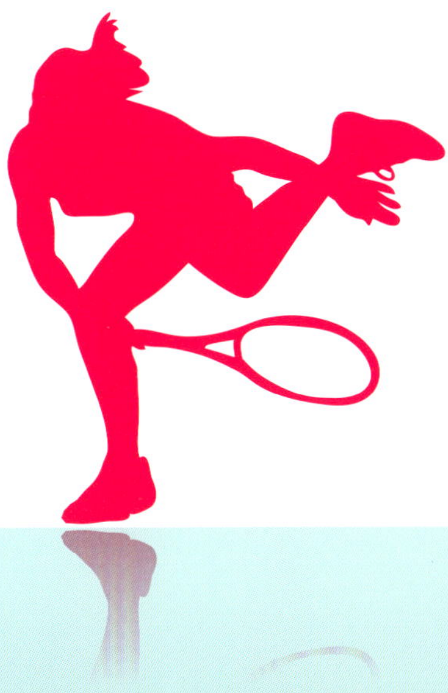

Steffi Graf lief grundsätzlich einmal um ihre Rückhand herum, um ihren Gegnerinnen Inside-Out-Vorhände liefern zu können. »Meine Vorhand war meine absolute Stärke«, stellte sie selbst einmal fest.

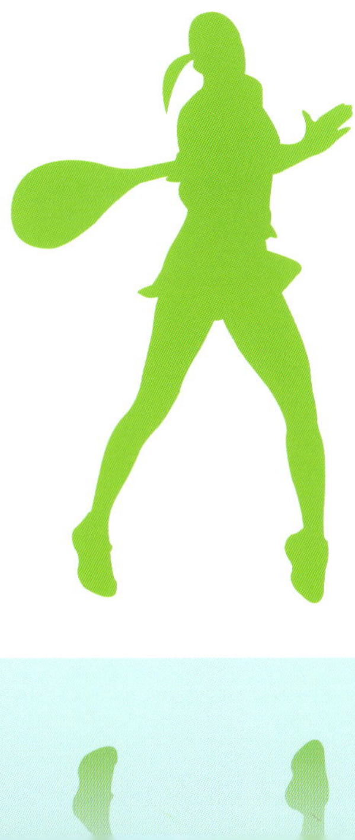

IKONE NOVAK DJOKOVIC

Viele Jahre lang war Novak Djokovic immer nur der dritte Mann der Federer-Nadal-Ära – bis er sich in einen der ganz Großen verwandelte. In seinen Spitzenzeiten spielte er sogar dominanter, als Federer oder Nadal es je gewesen waren.

DIE DATEN

SPITZNAME
Nole, Djoker

GEBURTSDATUM
22. Mai 1987

GEBURTSORT
Belgrad, Serbien

GRÖSSE
1,88 m

SPIELSTIL
Rechtshändig (Rückhand beidhändig)

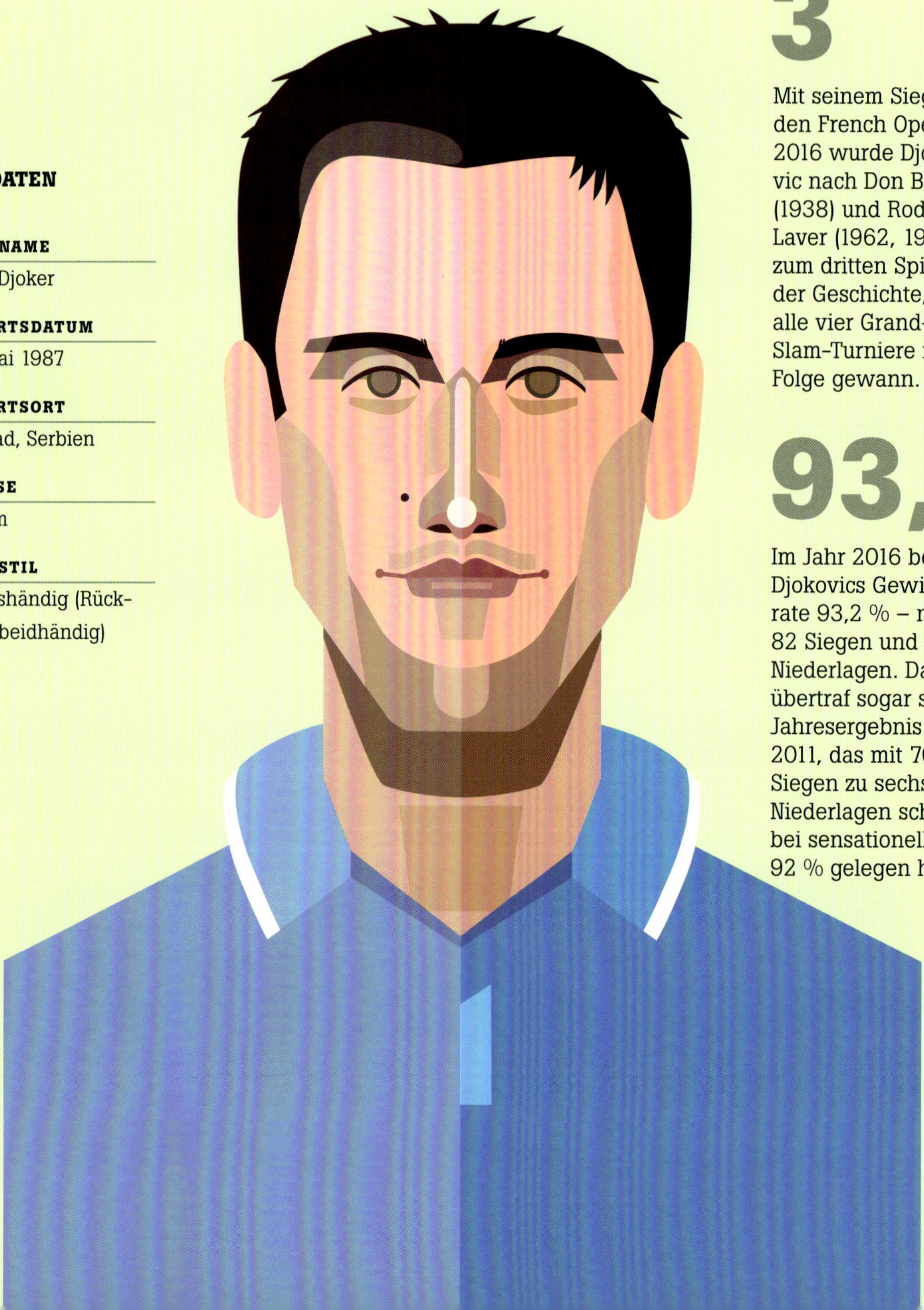

3

Mit seinem Sieg bei den French Open 2016 wurde Djokovic nach Don Budge (1938) und Rod Laver (1962, 1969) zum dritten Spieler der Geschichte, der alle vier Grand-Slam-Turniere in Folge gewann.

93,2

Im Jahr 2016 betrug Djokovics Gewinnrate 93,2 % – nach 82 Siegen und sechs Niederlagen. Das übertraf sogar sein Jahresergebnis von 2011, das mit 70 Siegen zu sechs Niederlagen schon bei sensationellen 92 % gelegen hatte.

DJOKOVIC IN ZAHLEN

6

Kein Spieler konnte bislang mehr als die sechs Australian-Open-Titel von Djokovic für sich verbuchen. Nur zwei andere Spieler, Roy Emerson und Roger Federer, haben ebenfalls sechs Einzeltitel in diesem Turnier auf ihrer Liste an großen Erfolgen stehen.

3

Als die NATO 1999 Belgrad unter Feuer nahm, war Djokovic erst zwölf Jahre alt. Dreimal täglich heulten die Sirenen und kündigten einen weiteren Luftangriff an. »Das vergisst man sein ganzes Leben lang nicht mehr, es sitzt einfach zu tief … Wir hatten jeden Tag mindestens dreimal Fliegeralarm, über zweieinhalb Monate. Das unaufhörliche Krachen der Einschläge in der Stadt versetzte uns in Panik … Dieses Kriegstrauma ist sofort präsent, wenn ich irgendwo laute Geräusche höre.«

17

In den zwölf Monaten zwischen den Australian Open 2015 und 2016 stand Djokovic in 17 aufeinanderfolgenden Finalmatches.

43

In der Saison 2010/2011 errang er 43 Siege, nur drei weniger als Guillermo Vilas Rekorderfolg von 46 Triumphen im Jahr 1977.

REKORDE

47

Der Sieg bei den French Open 2016 machte Djokovic nach 47 Jahren zum ersten Spieler seit Rod Laver im Jahr 1969, der alle vier Grand-Slam-Titel gleichzeitig innehatte.

4

Er ist der einzige Spieler der Open-Ära, der dreimal nacheinander die Australian Open gewann.

100

Novak Djokovic war der erste Spieler, der Preisgelder im Wert von 100 Mio. US-Dollar verdiente – eine Summe, die er 2016 mit dem French-Open-Sieg erreichte.

4

Er war der einzige Spieler, der zum Jahresende viermal in Folge die jährlich zum Saisonende in der Regel unter den jeweiligen Top 8 der Weltrangliste ausgespielten ATP World Tour Finals gewann.

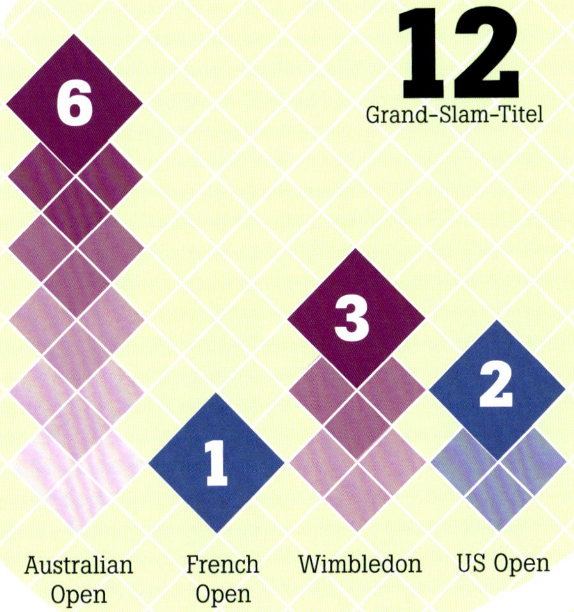

SELTSAME UND ÜBERRASCHENDE VERLETZUNGEN

Eine der schlimmsten Verletzungen seiner Karriere zog sich Roger Federer zu, als er für seine Kinder ein Bad einließ. Er war nicht der erste – und auch nicht der letzte – Tennisprofi, den plötzlich und unerwartet eine eigenartige Verletzung traf.

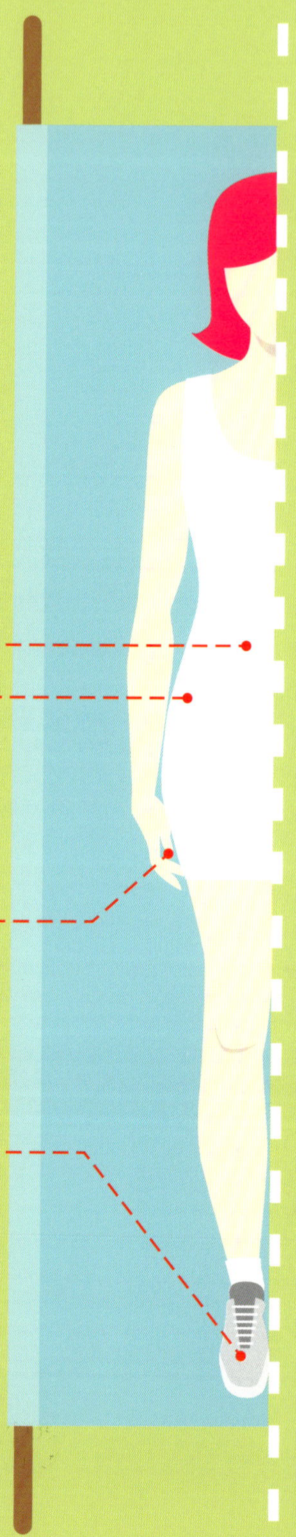

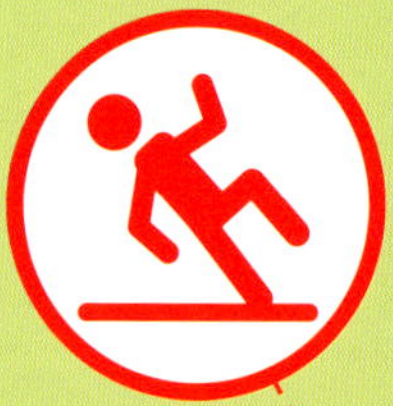

Eugenie Bouchard verklagte die amerikanische Tennisvereinigung, nachdem sie im Physiotherapieraum der US Open gestürzt war. Dort hätte sich eine »rutschige, fremde und gefährliche« Substanz auf dem Boden befunden, klagte die kanadische Spielerin.

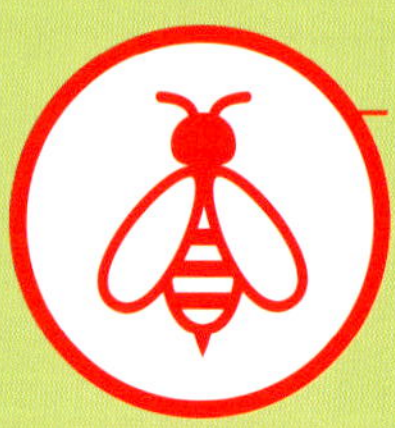

Die US-Amerikanerin **Lauren Davis** wurde während eines Turniers in der Gluthitze von Miami von einer Wespe in den Po gestochen.

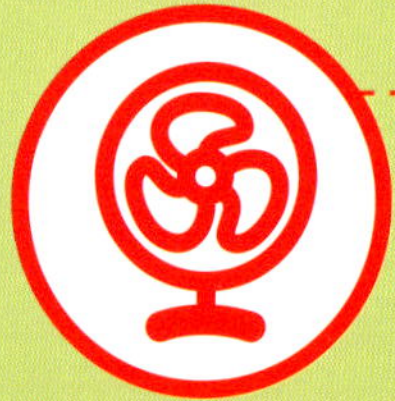

Auf dem Court »cool« zu bleiben, ist sehr wichtig – für die Tschechin **Kristýna Plíšková** endete dieser Wunsch bei einem Match in China allerdings mit einem kleinen Unfall, als sie einem großen Ventilator zu nah kam, der hinter dem Hochsitz des Schiedsrichters stand.

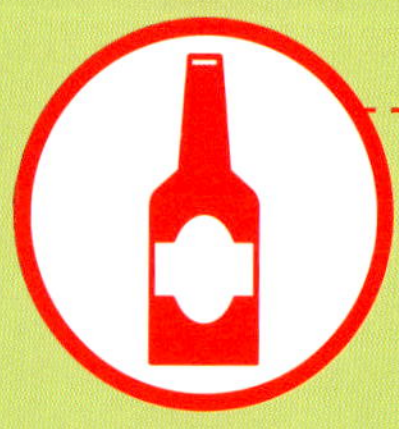

2010, nur Tage nach ihrem Finalsieg in Wimbledon, schnitt **Serena Williams** sich in einem Restaurant in München an einer zerbrochenen Bierflasche den Fuß auf. »Ich flog zu einem Spezialisten nach New York. Er meinte, dass ich den Zeh zwar nicht unbedingt operieren lassen müsse, aber dann würde er vermutlich für den Rest meines Lebens lahm und kraftlos sein. Ich entschied mich für eine Operation – aus Rücksicht auf meine Karriere und mein weiteres Leben.«

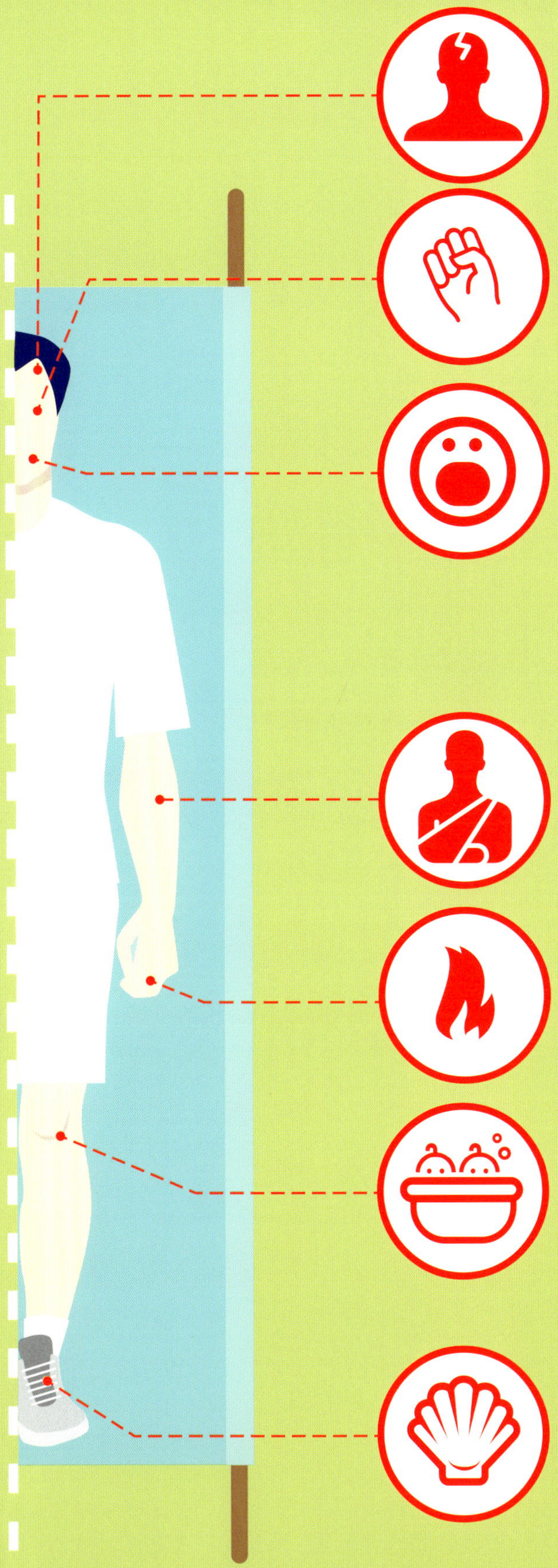

In einem Match in Miami verpasste der russische Spieler **Mikhail Youzhnys** mit seinem Schläger einen Break-Ball und schlug sich dabei mit voller Wucht selbst auf den Kopf. Sein Gesicht war blutüberströmt, und er brauchte ein Timeout, um sich medizinisch versorgen zu lassen, ehe er weiterspielen konnte.

Der russische Spieler **Marat Safin** geriet in Moskau in ein Handgemenge und reiste zu seinem ersten Turnier 2009 mit zwei blauen Augen und Schnitten im Gesicht an. »Keine Angst, denen hab ich's gezeigt! Mir geht's gut,« sagte er und fügte hinzu: »Ich werde es überleben.«

Jeden Sommer, pünktlich zu seinem Antritt in Wimbledon, leidet **Andy Murray** unter schmerzhaften Entzündungen im Mund. »Das fängt immer zur gleichen Zeit an – ein Zeichen, dass … mein Körper auf den Druck reagiert, ob ich will oder nicht«, schrieb er darüber in seiner Autobiografie. »Sobald das Turnier dann anläuft, verflüchtigen sich die Geschwüre wieder. Eine ganz schön schmerzhafte Erinnerung an diese Zeit des Jahres …«

Das war »der schlimmste Tag meines Lebens«, tweetete **Sam Querrey**, nachdem er bei einem Turnier in Bangkok in einen Glastisch gefallen war. Der Amerikaner musste am Arm operiert werden, erholte sich aber wieder vollständig. Später war er für einen der größten »Schocker« im Tennis verantwortlich, als er 2016 in der dritten Wimbledonrunde den favorisierten Novak Djokovic schlug …

Nachdem er sich in Amerika in einem japanischen Restaurant die Hand verbrannt hatte, trat **Rafael Nadal** sein Match mit bandagierten Fingern an.

Roger Federer ließ gerade ein Bad für seine Zwillingstöchter ein, als sein Knie plötzlich knackste – was die erste Operation in seiner Karriere zur Folge hatte. 2016 verpasste er dadurch die halbe Saison. »Es war eine Bewegung, die man 20-mal am Tag macht. Es hätte auch beim Überqueren einer Straße passieren können. Irgendwie verdrehte ich das Knie ein bisschen – und das war's!«

Goran Ivanišević trat sich bei einem Strandspaziergang eine Muschel in den Fuß und musste daraufhin operiert werden. Ein anderes Mal verließ er sein Appartement und klemmte dabei seine Hand so ungeschickt in der Tür ein, dass er sich einen dreifachen Fingerbruch zuzog.

TENNISFAMILIEN

Die Williams-Schwestern, die Murray-Brüder, die Bryan-Zwillinge, die McEnroe-Brüder – lassen Sie uns mal einen genaueren Blick auf die besten Tennisfamilien werfen.

1 Es passte gut, dass Serena, als sie mit ihrem Sieg 2017 bei den Australian Open ihr 23. Grand-Slam-Turnier gewann und damit die erfolgreichste Spielerin der Moderne wurde, gegen ihre große Schwester antrat. Serena sagte einmal über Venus: »Sie ist mein großes Vorbild – und der einzige Grund, warum es die Williams-Schwestern überhaupt gibt.«

2 Die Murrays waren die ersten Brüder der Tennisgeschichte, bei denen beide einen ersten Platz auf der Weltrangliste erreichten – Jamie im Doppel und Andy im Einzel. »Ich glaube, Andy kann Jamie ziemlich dankbar sein,« sagte ihre Mutter Judy einmal. »Jamie war nur ein kleines bisschen älter, aber ein bisschen besser – und Andy versuchte immer, mit ihm Schritt zu halten.«

3 Mit ihrer »Zwillingsenergie« entwickelten sich Bob und Mike Bryan zu einem der erfolgreichsten Doppel-Teams in der Tennisgeschichte. Als eineiige Zwillinge hatten sie nur einen Unterschied: einer war Rechts-, der andere Linkshänder.

4 Patrick McEnroe, John McEnroes Bruder, sagte einmal: »Wenn man selbst nicht ganz so gut abschneidet und dann noch alle mit einem über den erfolgreichen Superbruder sprechen wollen, möchte man am liebsten im Boden versinken.«

5 Die Renshaw-Brüder gewannen im 19. Jahrhundert acht Einzeltitel – William sieben, Ernest einen.

6 Cara Black aus Simbabwe war die Nummer eins im Doppel, genau wie ihr Bruder Byron. Ihr Bruder Wayne erreichte in der Auswertung Platz vier. Verblüffend, dass alle drei Geschwister Grand-Slam-Doppel-Titel gewannen!

7 Die Brüder Alexander und Mischa Zverev waren seit 1991 die ersten, die beide eine Saison unter den Top 35 im Einzel beendeten.

8 Marat Safin und Dinara Safina waren die ersten Geschwister, die sich auf Platz eins der Weltrangliste im Einzel spielten. Safina sagte einmal über ihren Bruder: »Ich liebe es, dir beim Spielen zuzusehen. Wenn du verlierst, bin ich fast noch trauriger, als wenn ich selbst verliere. Wenn du dir weh tust, leide ich mit. Wenn du mit mir sprichst, sauge ich deine Worte auf. Wenn du kommst, um mein Spiel anzuschauen, bin ich völlig außer mir vor Freude.«

9 Arantxa Sánchez Vicario war auf Platz eins in Einzel und Doppel, ihr Bruder Emilio ebenfalls auf dem Spitzenplatz im Doppel und ein anderer Bruder, Javier, ergatterte einen Platz unter den Top-Ten im Doppel.

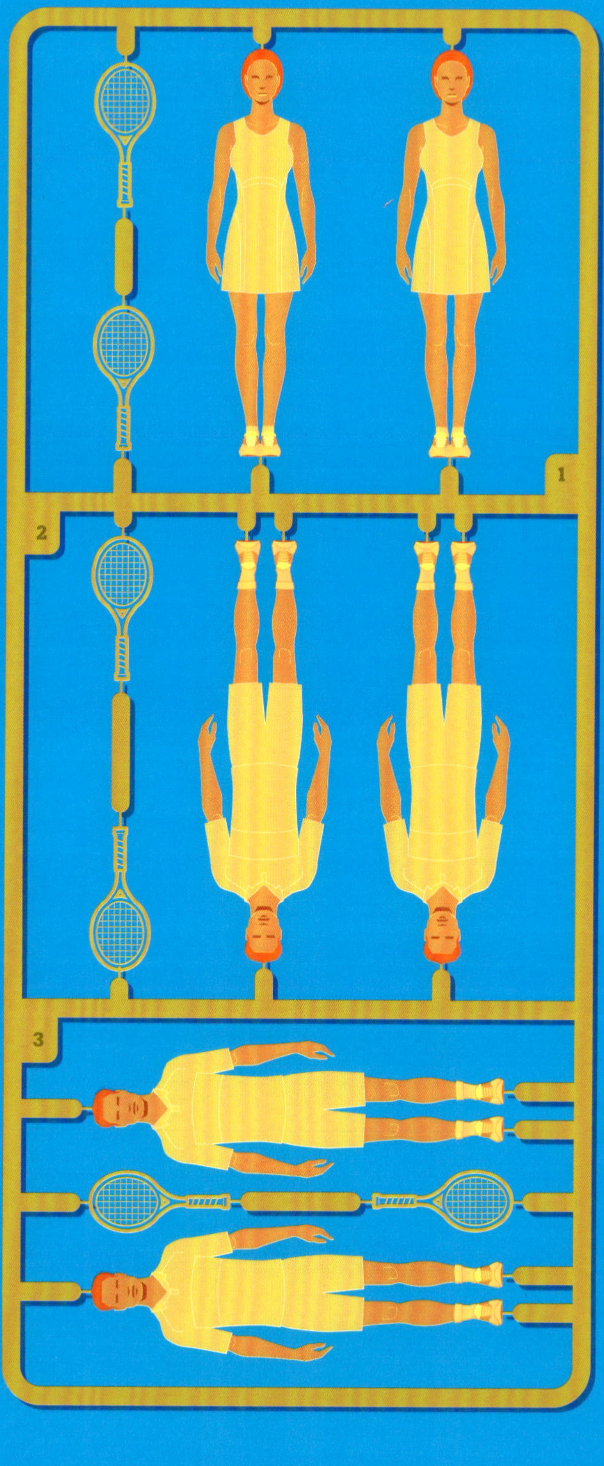

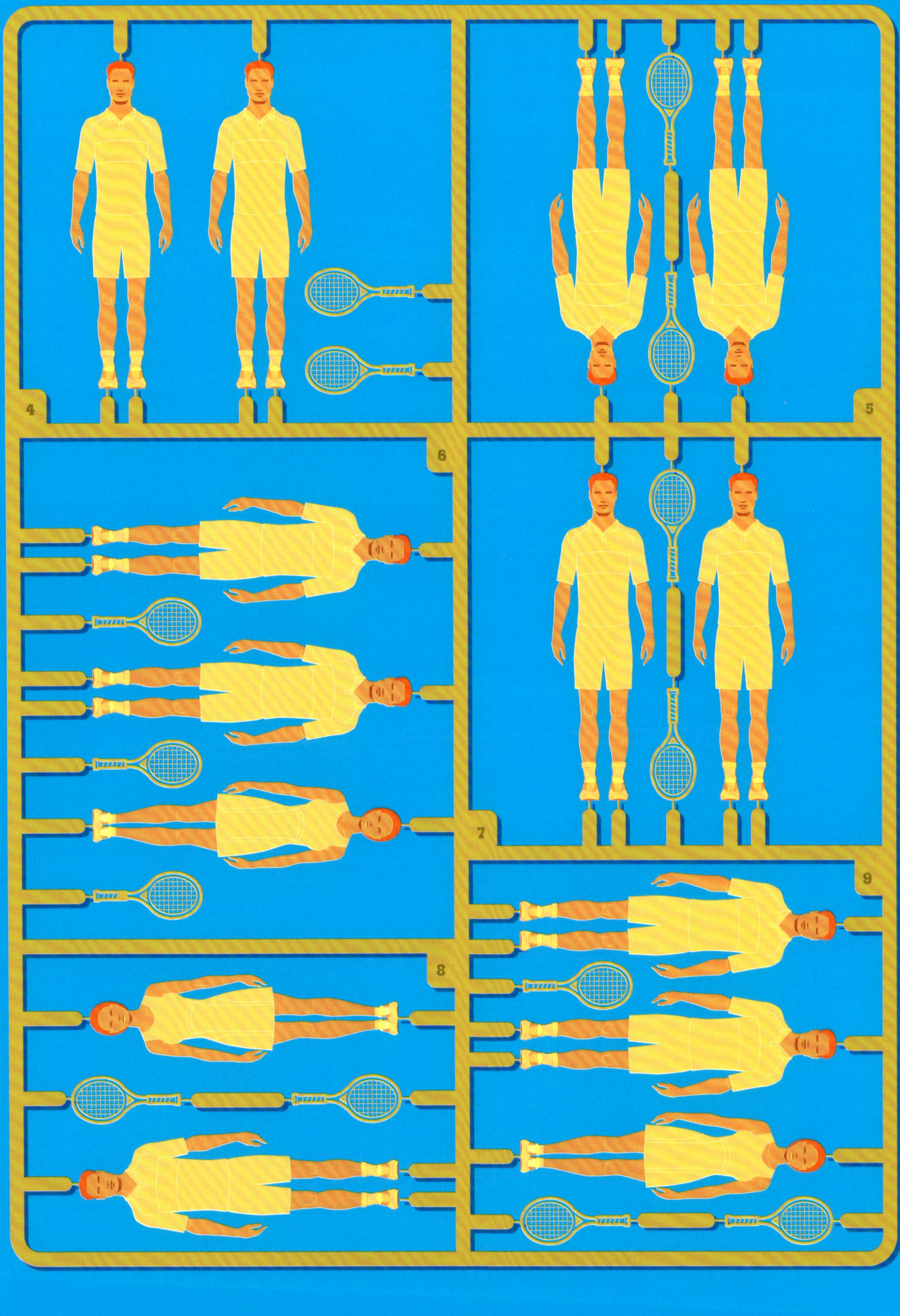
4
5
6
7
8
9

TIE-BREAK SPEZIAL

Nichts verrät so viel über die mentale Stärke – oder Schwäche – eines Spielers wie der Tie-Break. Nur ein Patzer beim eigenen Aufschlag, und das Spiel ist verloren – so wie ein einziger Moment der Inspiration, eine kleine Genialität, mit der man einen Mini-Break schafft, das Set oder sogar das ganze Match für einen entscheiden kann. Welche Spieler haben in den letzten Jahren die besten Nerven bewiesen?

1950ER

SUDDEN DEATH

Nur die Ungeduld des exzentrischen Amerikaners Jimmy Van Alen – später bekannt als »Rolls-Royce-Rebell« – veränderte die Geschichte des Tennis für immer. Weil er keine Lust hatte, wegen überlanger Spiele immer die »Cocktail Hour« in seinem Club zu verpassen, ließ er sich ein K.O.-System (»Sudden Death«) einfallen. Dabei gewann ganz einfach der Spieler, der als erster fünf Punkte erreichte. Man kann sich kaum etwas Dramatischeres vorstellen als einen Gleichstand von 4:4, bei dem in diesem Tie-Break wirklich alles auf dem Spiel steht!

1970

US OPEN

Im Jahr 1970, bei den US Open, trat der »Sudden Death« bei einem Grand Slam erstmalig in Kraft. Um die Dramatik noch zu steigern, rollte man rote Fahnen und Banner am Spielfeldrand aus, während der Tie-Break ausgespielt wurde

DER SCHLEICHENDE TOD

Für einige der Spieler war das einfach zu viel, ihnen gingen die Nerven durch – und so milderte man den »Sudden Death« schließlich auf die heutige Form ab, bei der derjenige gewinnt, der als erster sieben Punkte erreicht – vorausgesetzt, er liegt dabei zwei Punkte vorn. Van Alen allerdings zog zeitlebens die alte Version vor; die neue nannte er einen »schleichenden Tod«.

36-34

LÄNGSTER TIE-BREAK DER GESCHICHTE

Zwei Männer aus Monaco spielten in der Qualifikationsrunde eines Turniers im Rahmen der ITF Future Tour, der niedrigsten Kategorie des Profi-Tennis, einen Tie-Break mit 70 Punkten. Bedauerlicherweise wurde der 36:34-Tie-Break von Benjamin Balleret gegen Guillaume Couillard offiziell nicht anerkannt, da weder Schieds- noch Linienrichter bei diesem Match anwesend waren.

25-23

REKORD DER HERREN

Bei einem Futures-Turnier 2016 in Kasachstan schlug der Russe Evgeny Tyurnev den Serben Danilo Petrovi nach einem 48er Tie-Break-Spiel im ersten Set.

27-25

REKORD DER DAMEN

Die Spanierin Clara Schumacher-Terron schlug 2005 in einem Qualifizierungs-Match auf einem ITF-Pro Circuit Turnier in Mollerussa, Spanien, das mit 10 000 US-Dollar ausgelobt war, die Finnin Jenny Saarnilina in einem Tie-Break mit 27:25 Punkten.

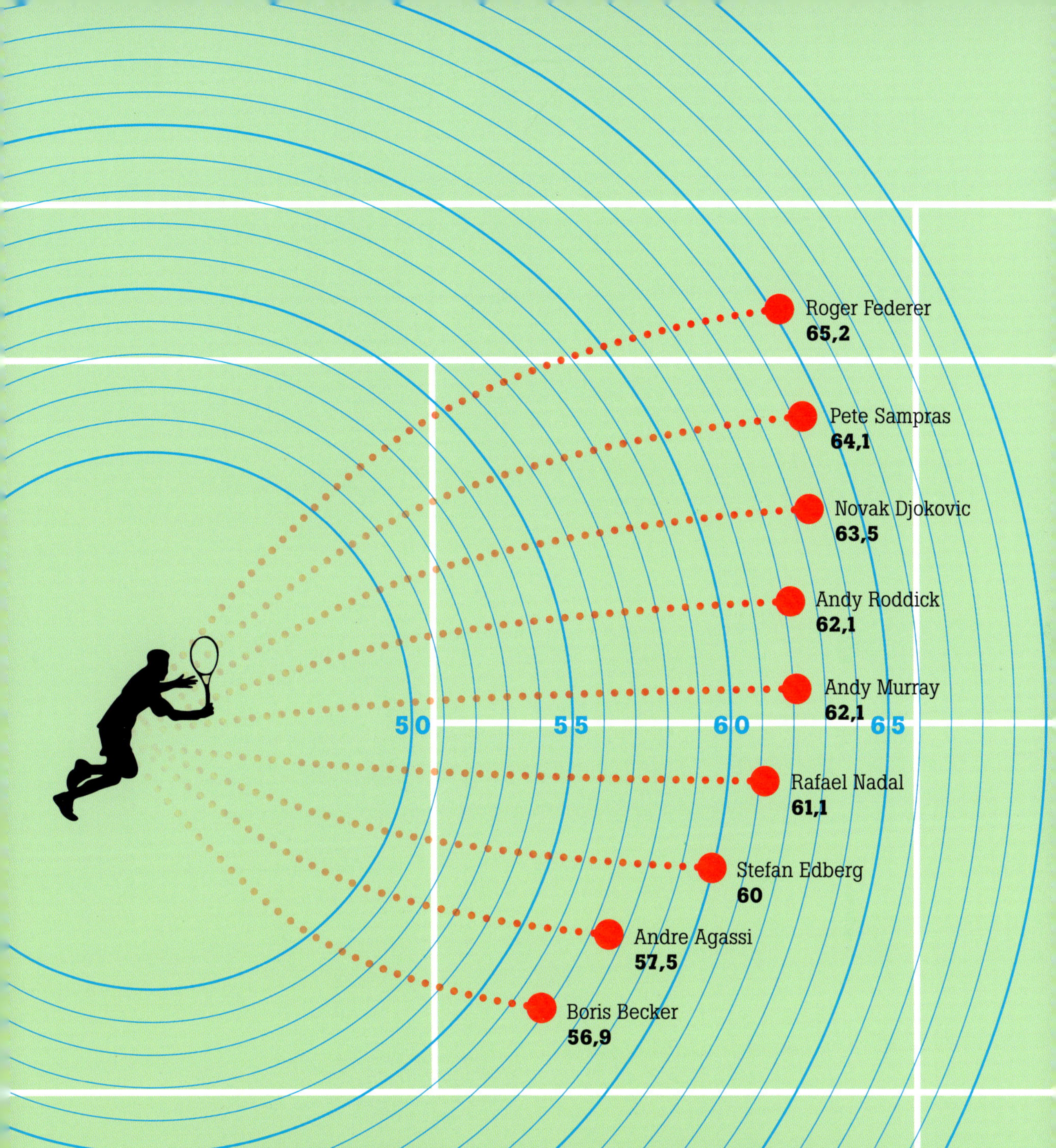

KARRIERE-ENTSCHEIDENDE SIEGE DURCH TIE-BREAKS IN PROZENT

KALENDERJAHR- UND KARRIERE-GRAND-SLAM

Es gibt eine exklusive Gruppe von Spielern, die tatsächlich alle vier Grand-Slam-Titel gewonnen haben. Noch exklusiver ist der kleine Club von Spielern, denen das auch noch in einem einzigen Kalenderjahr gelang. Und dann gibt es da eine deutsche Spielerin, die das Ganze auch noch zu vergolden wusste.

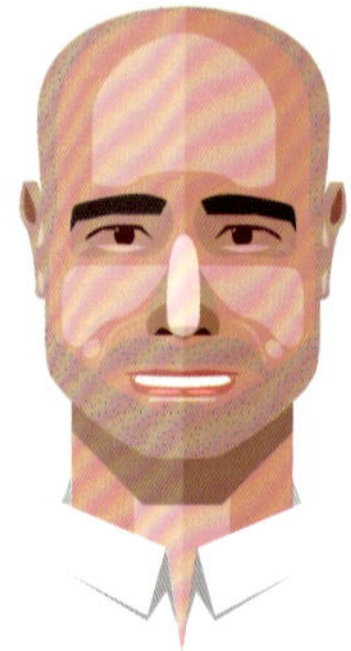

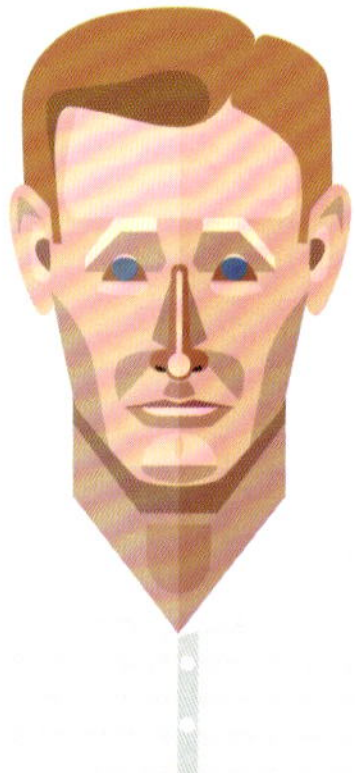

KALENDERJAHR-GRAND-SLAM

Nur fünf Spielern gelang es bisher, alle vier großen Turniere (Majors) in derselben Saison zu gewinnen – Rod Laver als einzigem sogar zweimal.

Männer:

Don Budge 1938
Rod Laver 1962/1969 ▲

Frauen:

Maureen Connolly 1953
Margaret Court 1970
Steffi Graf 1988

KARRIERE-GOLDEN-SLAM

Alle vier Grand-Slam-Turniere und die Olympische Goldmedaille gewonnen.

Männer:

Andre Agassi ▲
Rafael Nadal

Frauen:

Steffi Graf
Serena Williams

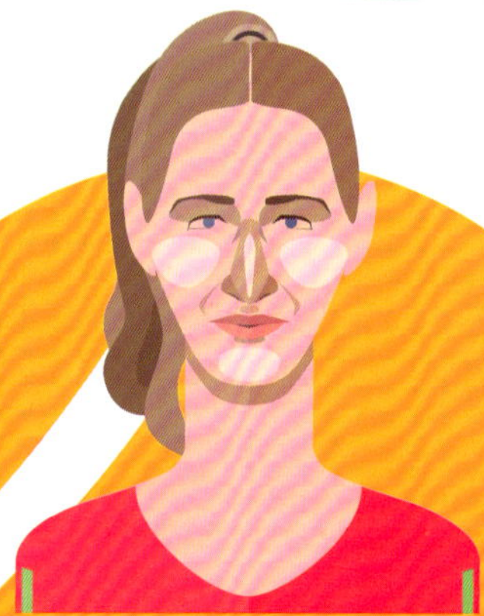

Steffi Graf

Sie ist die einzige Spielerin, die jemals den Kalenderjahr-Golden-Slam schaffte.

KARRIERE-GRAND-SLAM

Acht Männer und zehn Frauen schafften den Karriere-Grand-Slam.

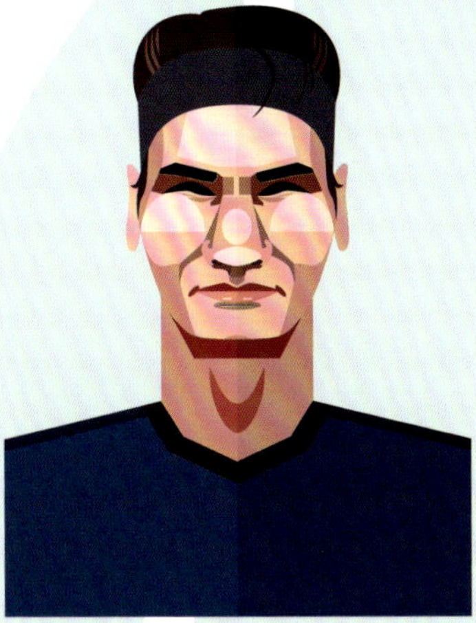

Männer:
Don Budge 22*
Rod Laver 24
Rafael Nadal 24
Fred Perry 26
◀ **Roger Federer** 27
Roy Emerson 27
Novak Djokovic 29
Andre Agassi 29

Frauen:
Maureen Connolly 18
Steffi Graf 19
Margaret Court 20
Serena Williams 21
Maria Sharapova 25
Martina Navratilova 26
Chris Evert 27
Billie Jean King 28 ▶
Doris Hart 28
Shirley Fry Irvin 29

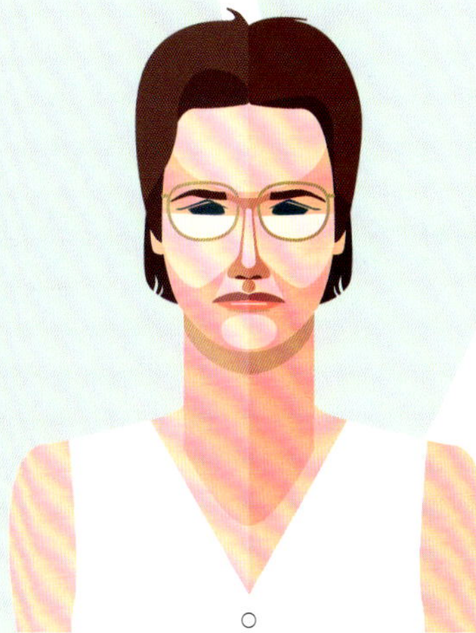

*Lebensalter, in dem der Karriere-Grand-Slam erreicht wurde.

KARRIERE-BOX-SET

Drei Frauen haben bisher die Einzel, Doppel und gemischten Doppel bei allen vier Grand-Slam-Turnieren gewonnen (einem Mann ist das noch nie gelungen):

Margaret Court
Doris Hart
Martina Navratilova ▶

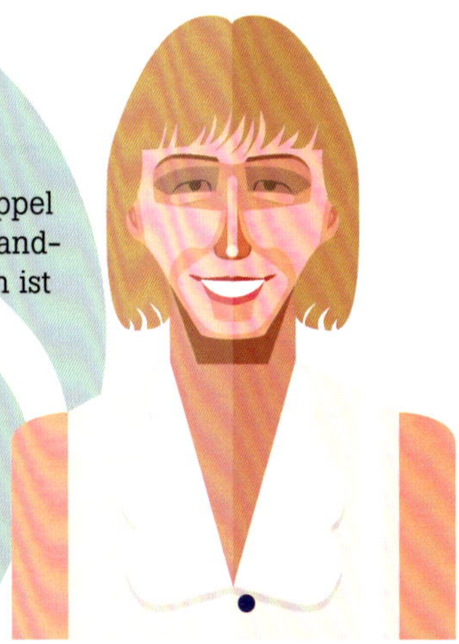

»YOU CANNOT BE SERIOUS!«

John McEnroe ist nicht der einzige Tennisspieler, der sich auf dem Court schon einmal schlecht benommen hat – und dafür bestraft wurde. Hier finden Sie eine Top-Ten-Liste einiger der höchsten Bußgelder in der Geschichte des Tennis.

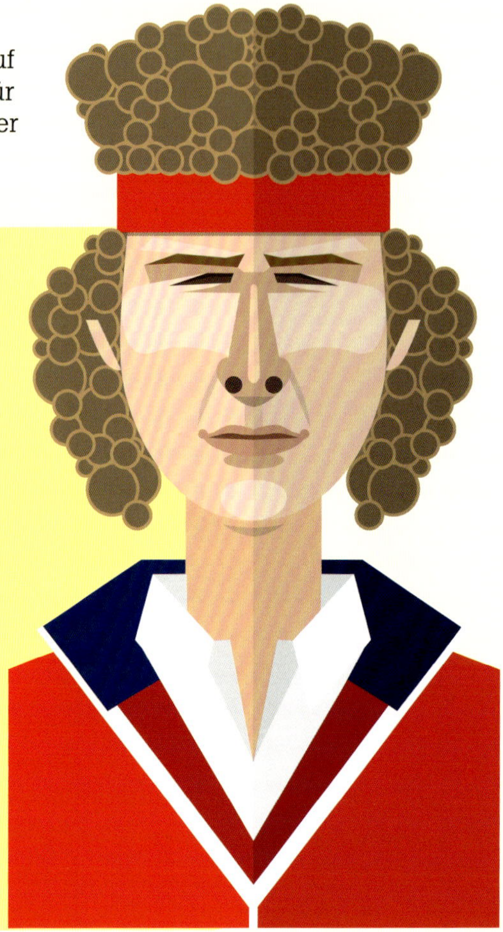

JOHN McENROE
$ 17 500

10 Die höchste Strafe in seiner Karriere zahlte John McEnroe bei den US Open 1987. In seinem Drei-Runden-Match beschimpfte er seinen Gegner Slobodan Zivojinovic mit rüden Obszönitäten, beleidigte Schieds- und Linienrichter wüst und ging dann auch noch auf einen Tonmann vom Fernsehen los. Er gab selbst zu, dass er »wohl nur noch ein böses Wort vor der Disqualifizierung« stand. Nach seinem Sieg erfuhr er, dass er mit einem üppigen Bußgeld und einer zweimonatigen Suspendierung von der Tour bestraft wurde.

9 $ 20 000 - **Boris Becker** wurde bestraft, weil er Thomas Muster im Jahr 1995 Doping zu unterstellen schien.

8 $ 27 500 – **Fabio Fognini** bekam die höchste Strafe in der Geschichte von Wimbledon – für drei Beleidigungen in einem Match 2014: eine obszöne Geste, rüde Sprache und – das Schlimmste – das wütende Einschlagen mit dem Schläger auf das Spielfeld. (Der größte Teil des Bußgeldes sollte für die Reparatur verwendet werden.)

7 $ 35 000 – Bei einem sehr unschönen Vorfall 2015 in Montreal stieß **Nick Kyrgios** Stan Wawrinka vor den Kopf, indem er unterstellte, seine Schweizer Freundin hätte ihn mit Thanasi Kokkinakis betrogen. Kyrgios bekam zunächst US$ 10 000 Strafe, weitere $ 25 000 wurden unter der Auflage einbehalten, in den folgenden sechs Monaten bestimmte Bedingungen zu erfüllen (was er auch tat).

6 $ 56 000 – Als **David Nalbandian** während des Queen's Club Final 2012 gegen eine Werbetafel trat, ahnte er die Folgen nicht: Die Tafel zersplitterte in ihre Einzelteile, von denen eines das Bein eines Linienrichters verletzte, das stark zu bluten anfing. Nalbandian wurde disqualifiziert, mit einem Bußgeld belegt und erhielt eine Kürzung seines Preisgeldes (in der oben genannten Summe enthalten).

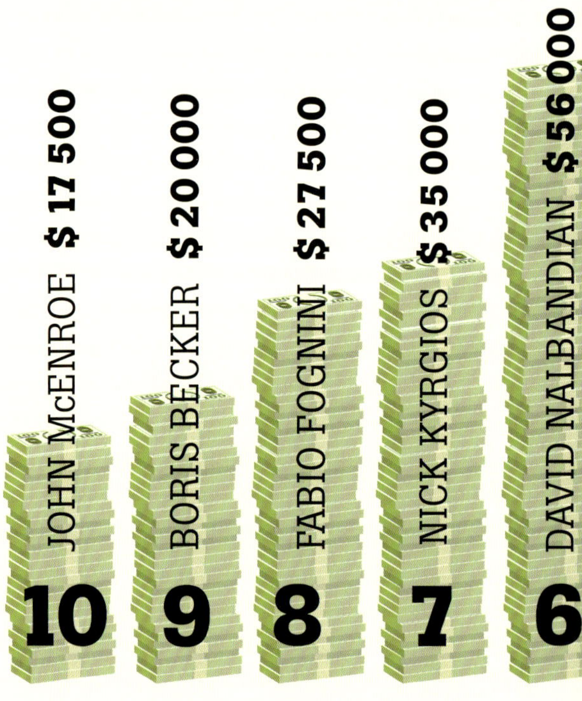

5 $ 63 000 – Während eines Drei-Runden-Matches 1995 in Wimbledon wurde **Jeff Tarango** so wütend auf den Schiedsrichter Bruno Rebeuh, dass er ihn als den »korruptesten Teilnehmer des Spiels« bezeichnete. Und das war noch nicht alles: Der Amerikaner befahl dem Publikum, die »Klappe zu halten« und verließ den Platz noch vor dem Ende des Spiels gegen den Deutschen Alexander Mronz. Später musste dann auch Tarangos Frau zugeben, dass sie den Schiedsrichter ins Gesicht geschlagen hatte.

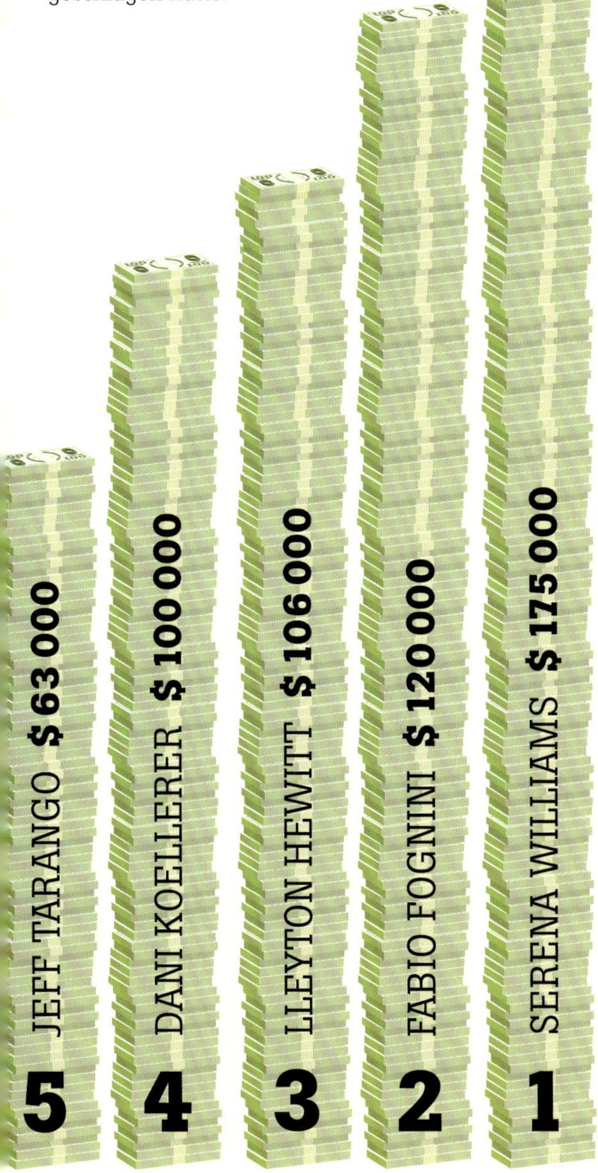

4 $ 100 000 – Gegen den Österreicher Dani Köllerer wurde 2011 wegen spielmanipulierenden Beleidigungen seiner Gegner eine lebenslange Sperre und ein sechsstelliges Bußgeld verhängt. Der umstrittene, als »Crazy Dani« bekannte Spieler war bei seinen Kollegen so unbeliebt, dass einige von ihnen schon einmal versucht hatten, ihn vom Gelände entfernen zu lassen. Später bestätigte der Internationale Sportgerichtshof die lebenslange Sperre, nur das Bußgeld wurde ihm erlassen.

3 $ 106 000 – Gegen **Lleyton Hewitt** wurde eine hohe Geldstrafe verhängt, weil er 2002 bei den Cincinnati Masters angeblich nicht zu einem Fernsehinterview erschienen war. Allerdings wurde die Strafe in der Revision auf $ 20 000 reduziert.

2 $ 120 000 **Fabio Fognini** wurde bei den US Open 2017 für eine abfällige Bemerkung einer Schiedsrichterin gegenüber zunächst mit $ 24 000 bestraft. Nur wenige Wochen später kamen noch einmal $ 96 000 dazu – obwohl er die Strafe durch gutes Benehmen um die Hälfte hätte reduzieren können. Außerdem sperrte man ihn für zwei Grand-Slam-Turniere.

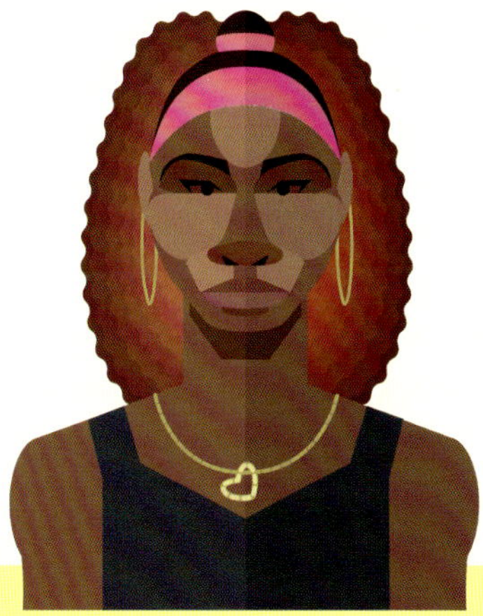

SERENA WILLIAMS
$ 175 000

1 John McEnroe analysierte es so: Am Abend nach Serena Williams Niederlage gegen Kim Clijsters im Halbfinale der US Open 2009 »brach einfach die Hölle los«. Die Amerikanerin bedrohte einen Linienrichter, der ihr Übertreten einer Linie als Fehler angezeigt hatte. »Bei Gott, ich schwöre, ich stopfe dir gleich den Ball in den Hals!« Am Ende reduzierte sich ihre Strafe aber auf $ 82 500, der Rest wurde ihr erlassen.

IKONE MARTINA NAVRATILOVA

Martina Navratilova veränderte den Tennissport, auf dem Court, aber auch durch ihr couragiertes Wesen. In der Zeit des Kalten Krieges floh sie aus der kommunistischen Tschechoslowakei, entschied sich, in den Westen zu gehen und US-amerikanische Staatsbürgerin zu werden. Insgesamt gewann sie 59 Grand-Slam-Titel, den letzten im Alter von fast 50 Jahren.

DIE DATEN

SPITZNAME

Die große weiße Hoffnung

GEBURTSDATUM

18. Oktober 1956

GEBURTSORT

Prag, Tschechoslowakei

GRÖSSE

1,73 m

SPIELSTIL

Linkshändig (einhändige Rückhand)

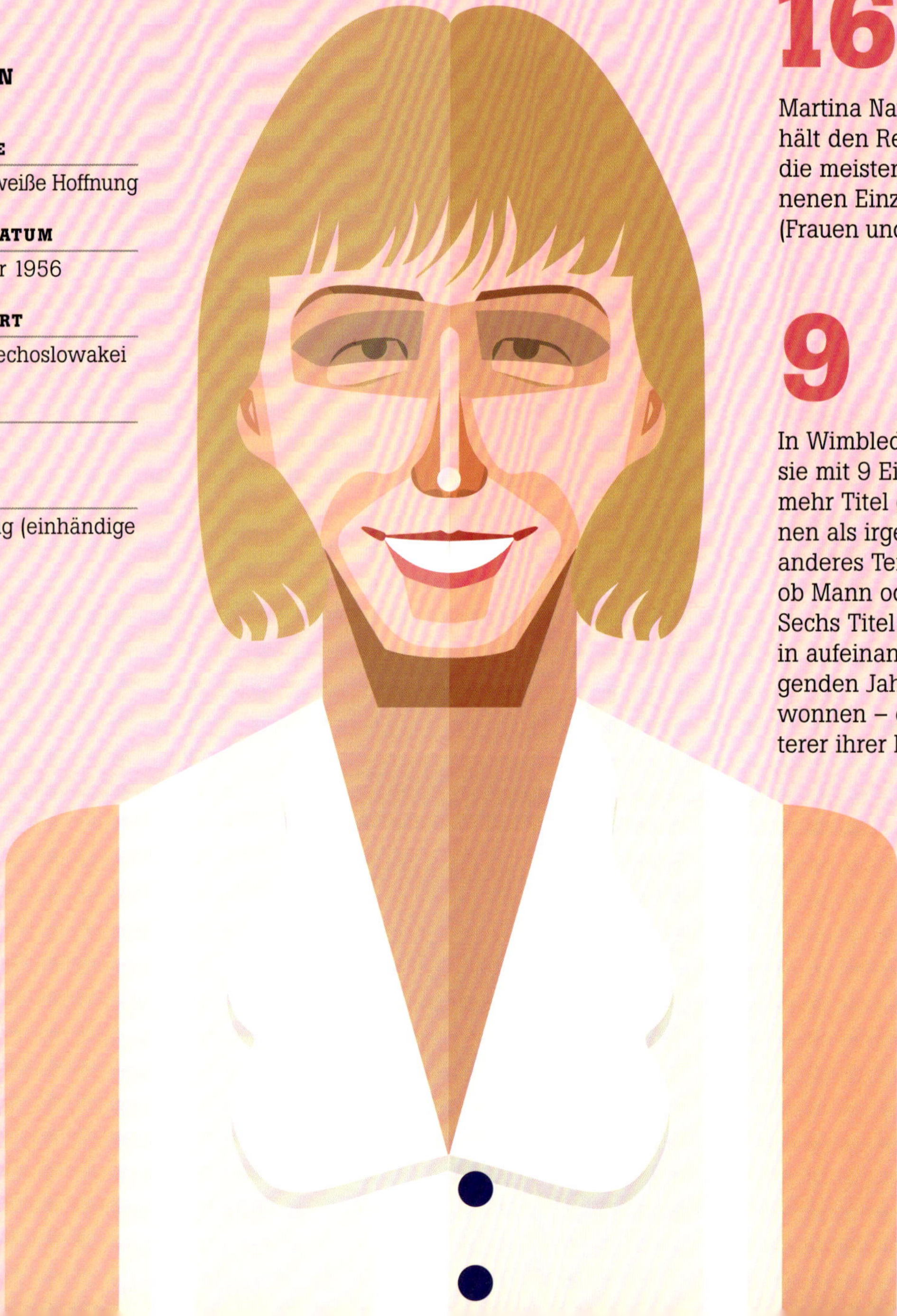

167

Martina Navratilova hält den Rekord für die meisten gewonnenen Einzel-Titel (Frauen und Männer).

9

In Wimbledon hat sie mit 9 Einzeltiteln mehr Titel gewonnen als irgendein anderes Tennis-As, ob Mann oder Frau. Sechs Titel wurden in aufeinanderfolgenden Jahren gewonnen – ein weiterer ihrer Rekorde.

NAVRATILOVA
IN ZAHLEN

REKORDE

177

Kein Mann und keine Frau haben häufiger im Doppel gewonnen als Martina Navratilova mit ihren 177 Siegen.

50

Sie war fast 50 Jahre alt, als sie zusammen mit Bob Bryan bei den US Open 2006 den Titel im gemischten Doppel holte – und ist damit die älteste Gewinnerin eines Grand-Slam-Pokals.

237

Insgesamt 237 Wochen lang war Martina Navratilova ungeschlagen weltweit die Nummer eins im Doppel. Außerdem hält sie den Rekord für die längste kontinuierliche Phase an der Spitze der Doppel-Rankings: 191 Wochen in Folge!

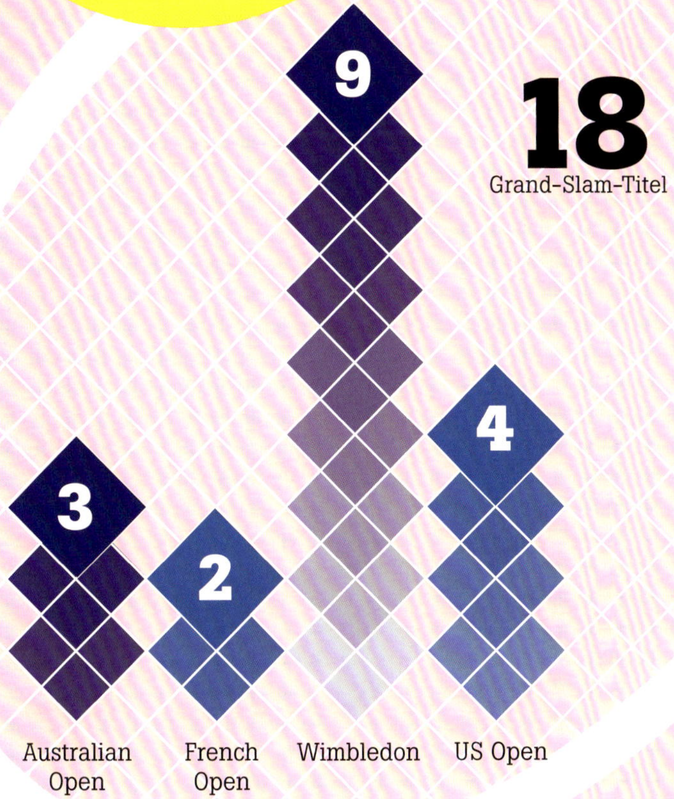

18

Martina Navratilova war 18 Jahre alt, als sie 1975 während eines US-Open-Turniers in New York aus der Tschechoslowakei in die Vereinigten Staaten überlief.

59

Insgesamt gewann sie 59 Grand-Slam-Titel: für 18 Einzel-Siege, 31 Damen-Doppel und 10 gemischte Doppel (überboten einzig von der Australierin Margaret Smith Court mit ihren 62 Grand-Slam-Erfolgen). Martina Navratilova erreichte mit ihren Grand Slams ein beeindruckendes Karriere-Box-Set, indem sie Titel in den Einzeln, Damen-Doppeln und den gemischten Doppeln aller vier Majors gewann.

332

Sie war insgesamt 332 Wochen lang Weltranglistenerste im Einzel.

58

Als sie zum ersten Mal heiratete – ihre Freundin Julia Lemigova –, war sie bereits 58 Jahre alt.

74

Im Jahr 1984 gewann Martina Navratilova 74 Matches in Folge. Das war die längste Gewinnstrecke in der Open-Ära (im Herren- wie im Damentennis).

SPITZNAMEN

Im Tennis bist du ein »Nobody«, solange du keinen Spitznamen hast. Die hier Versammelten haben sich ihren redlich verdient …

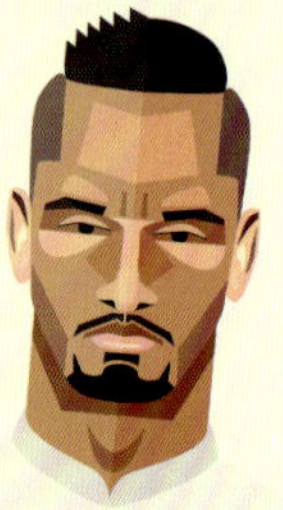

THE WILD THING

Ein passender Name für den unberechenbaren Nick Kyrgios, den ihm die australischen Medien verliehen.

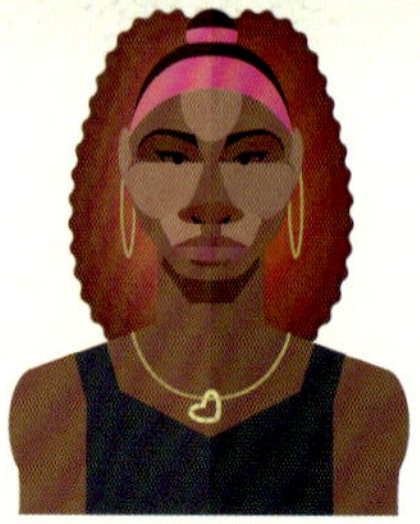

PSYCHO SERENA

Das ist der Spitzname, den Serena selbst für eine ihrer vielen Persönlichkeiten gewählt hat. »Psycho-Serena« spielt natürlich die Matches.

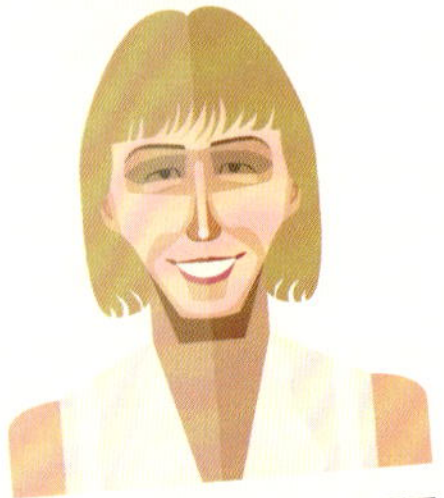

DIE GROSSE WEISSE HOFFNUNG

Diesen Namen gab ein Journalist der Teenagerin Martina Navratilova, nachdem sie in die USA übergelaufen war und das Fast Food für sich entdeckte.

THE SCUD

Mark Philippoussis bekam seinen Spitznamen für die große Kraft – und manchmal Unberechenbarkeit – seiner geschossartigen Aufschlagsbälle.

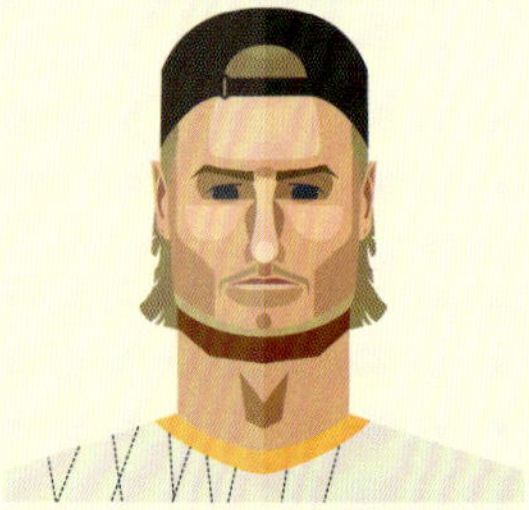

RUSTY

Lleyton Hewitts ehemaliger Coach, Darren Cahill, nannte den Spieler Rusty, da er ihn an Rusty Griswold aus den National Lampoon-Filmen der 1980er-Jahre erinnerte.

DELICIANO

Feliciano Lopez bekam diesen Spitznamen von Andy Murrays Mutter Judy. Murray kommentierte das: »Sie sollte diesen Quatsch jetzt wirklich mal lassen. Ich glaub' ich muss kotzen – das ist so widerlich!«

THE NINJA

Agnieszka Radwanska ist bekannt dafür, dass sie ihre Gegner »mit dem Schläger in kleine Scheiben schneidet« wie eine japanische Schwertkämpferin.

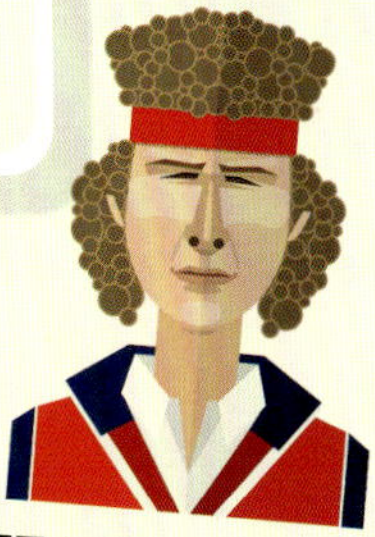

»DIE LANDPLAGE« ...

... ist nur einer von den vielen Spitznamen John McEnroes. Andere lauten zum Beispiel McBrat, McNasty, Big Mac, Fantastischer Fiesling.

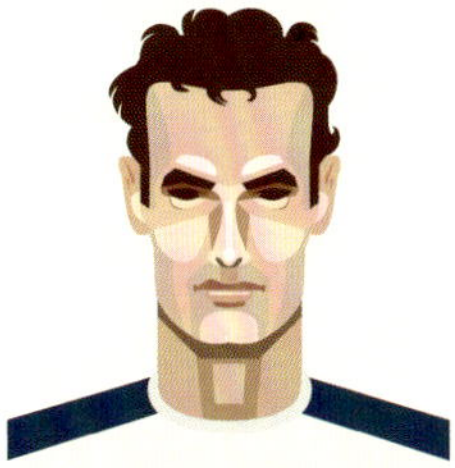

BAMM-BAMM ...

wurde Andy Murray schon als Kind nach dem destruktiven Adoptivsohn der Geröllheimers in der TV-Serie »Familie Feuerstein« genannt. »Ich wurde immer fürchterlich wütend, schmiss Sachen durch die Gegend und machte sie kaputt.«

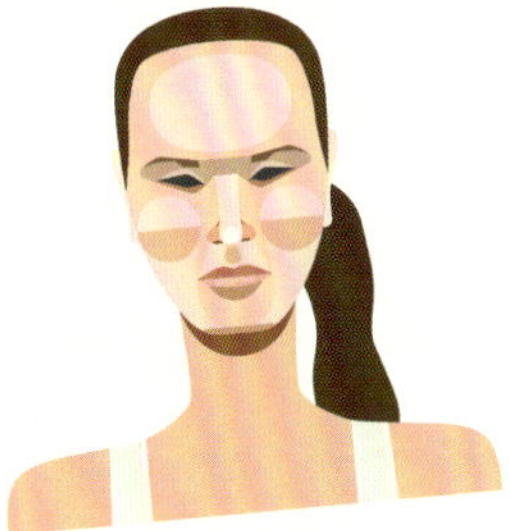

DIE SPICE GIRLS DES TENNIS

Diesen Spitznamen haben sich die Doppel-Partnerinnen Martina Hingis (oben) und Anna Kournikova selbst ausgedacht.

TOMIC, THE TANK ENGINE

Diesen Namen (»die kleine Lokomotive«) bekam Bernard Tomic, nachdem man ihm vorgeworfen hatte, auf dem Court nicht sein Bestes zu geben.

DER »GUTE GORAN«

Eine der Stimmen in Goran Ivaniševićs Kopf, als er 2001 in Wimbledon das Finalspiel gewann. Der »Gute Goran« stritt immer mit dem »Bösen Goran«, und manchmal musste der »Notfall-Goran« eingreifen.

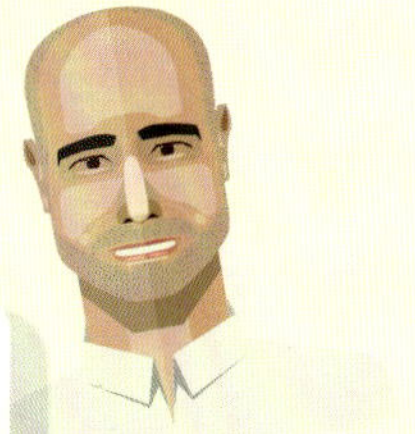

DER ZEN-MEISTER

Diesen Spitznamen bekam Andre Agassi von Barbra Streisand.

DER NIEDERGANG VON SERVE-AND-VOLLEY

Serve-and-Volley-Spiele sind irgendwie aus der Mode gekommen. Aber vielleicht sollten die Spieler noch einmal darüber nachdenken? Man muss sich nur die Zahlen anschauen, um zu verstehen, dass das ein cleverer Spiel-Stil war.

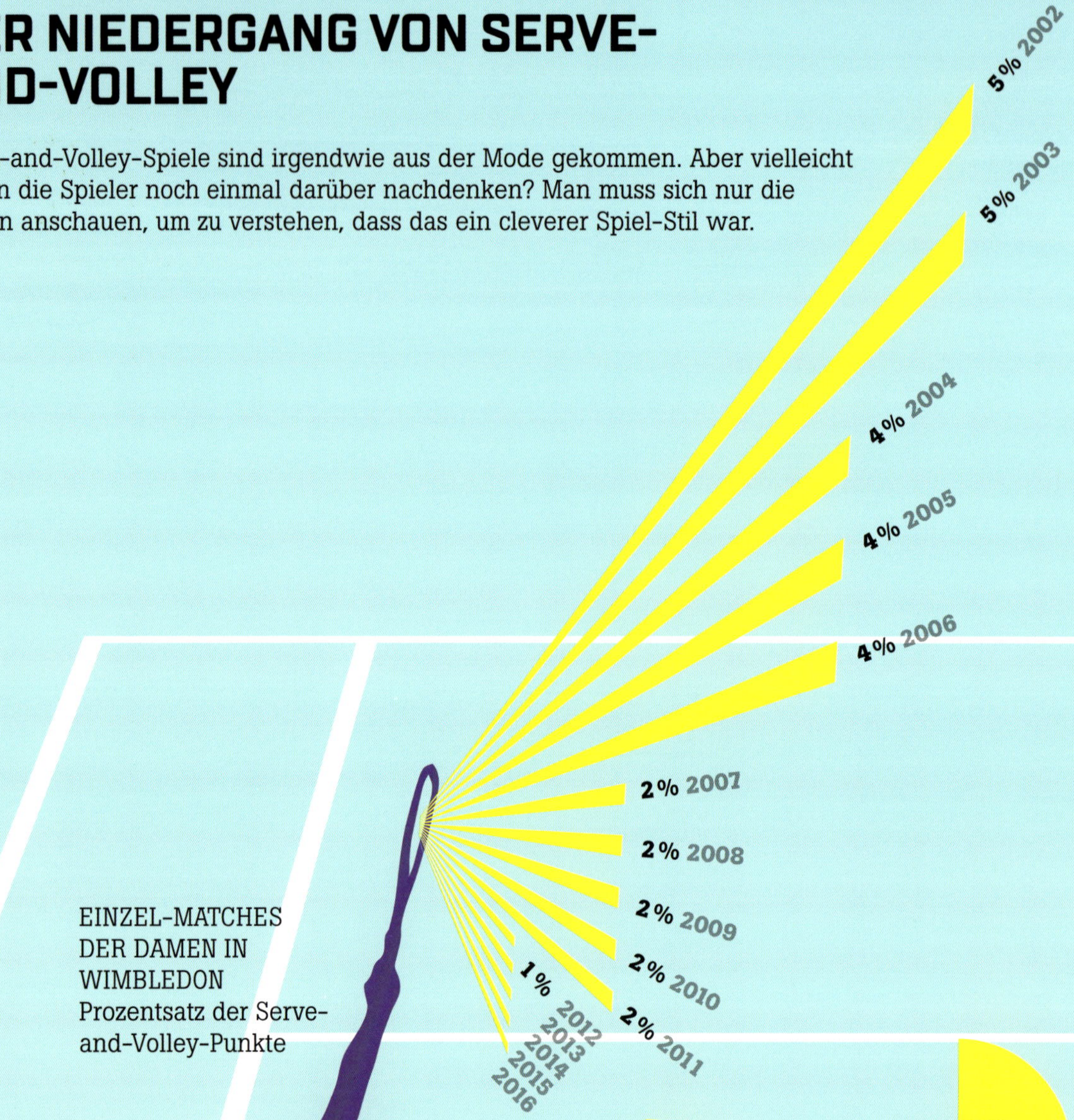

EINZEL-MATCHES DER DAMEN IN WIMBLEDON
Prozentsatz der Serve-and-Volley-Punkte

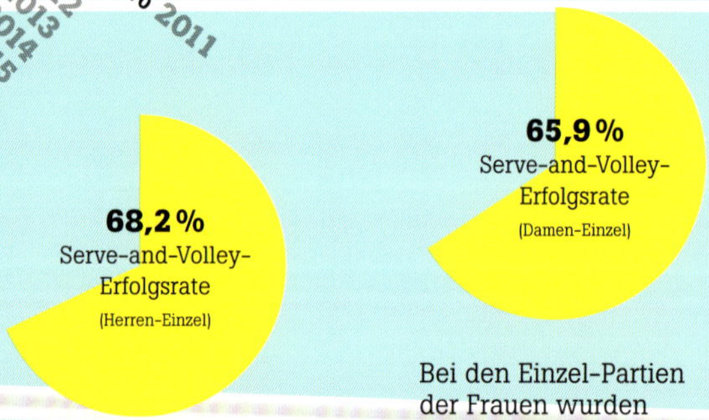

Wimbledon

Spielt man in Wimbledon Serve-and-Volley, ist das eine erfolgreiche Taktik. Bei den Einzel-Matches der Männer wurden zwischen 2002 und 2016 an die 68,2 % der Serve-and-Volley-Punkte vom Aufschläger gewonnen. Zum Vergleich: 45,7 % der Punkte stammten aus dem Baseline-Spiel.

Bei den Einzel-Partien der Frauen wurden zwischen 2002 und 2016 an die 65,9 % der Serve-and-Volley-Punkte von der Aufschlägerin gewonnen. Zum Vergleich: 47 % der Punkte stammten aus dem Baseline-Spiel.

EINZEL-MATCHES DER HERREN IN WIMBLEDON
Prozentsatz der Serve-and-Volley-Punkte

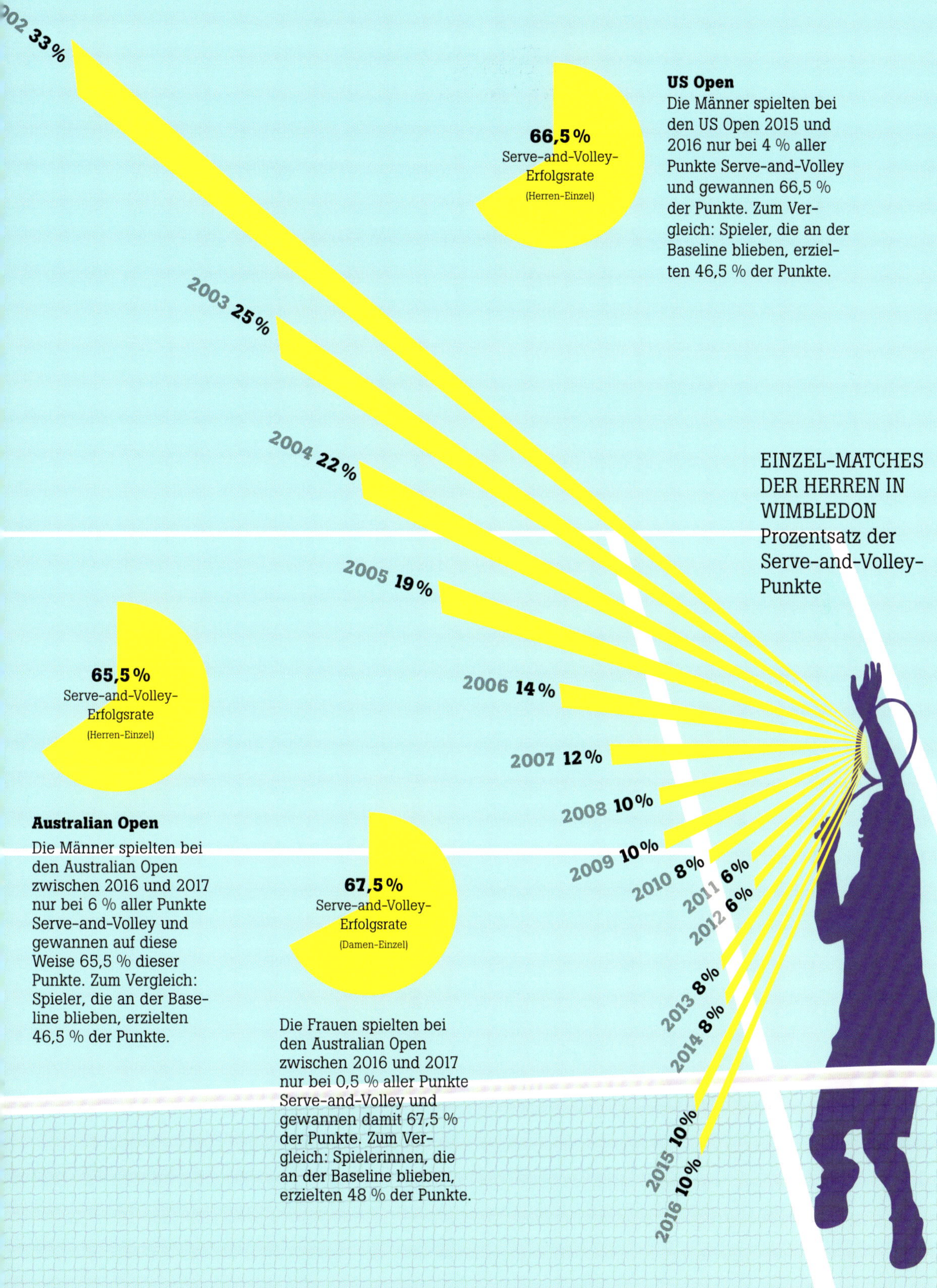

US Open
Die Männer spielten bei den US Open 2015 und 2016 nur bei 4 % aller Punkte Serve-and-Volley und gewannen 66,5 % der Punkte. Zum Vergleich: Spieler, die an der Baseline blieben, erzielten 46,5 % der Punkte.

Australian Open
Die Männer spielten bei den Australian Open zwischen 2016 und 2017 nur bei 6 % aller Punkte Serve-and-Volley und gewannen auf diese Weise 65,5 % dieser Punkte. Zum Vergleich: Spieler, die an der Baseline blieben, erzielten 46,5 % der Punkte.

Die Frauen spielten bei den Australian Open zwischen 2016 und 2017 nur bei 0,5 % aller Punkte Serve-and-Volley und gewannen damit 67,5 % der Punkte. Zum Vergleich: Spielerinnen, die an der Baseline blieben, erzielten 48 % der Punkte.

DAVIS CUP UND FED CUP IN ZAHLEN

Tennis ist im Wesentlichen eine Einzelsportart – wenn man als Sportler nicht gerade auch sein Land repräsentiert, wie beim World Cup. Dann ist die Krönung der Sieg mit der Nationalmannschaft – beim Davis Cup für die Männer und beim Fed Cup für die Frauen.

1937

Nur wenige Minuten, bevor er 1937 in einem Davis-Cup-Spiel gegen den Amerikaner Don Budge antrat, erhielt der deutsche Baron Gottfried von Cramm einen Anruf von Adolf Hitler. Sehr zu Hitlers Unmut verlor von Cramm das Match, bei dem über dem Centre Court von Wimbledon die Hakenkreuzfahne wehte. Im darauffolgenden Jahr wurde der bisexuelle preußische Aristokrat wegen »sexueller Unregelmäßigkeiten« verhaftet.

27 488

Zum Davis-Cup-Finale 2014 in Lille, in dem Roger Federer Frankreich für die Schweiz besiegte, waren 27 488 Zuschauer im Stadion – eine Rekordzahl für das Turnier.

2007

Tommy Haas spielte 2007 das Davis-Cup-Halbfinale gegen Russland in Moskau und dachte, sein Dessert oder sein Latte Macchiato seien vergiftet gewesen. Er fürchtete, man habe versucht, ihn auszuschalten. Deshalb unterzog er sich einer toxikologischen Untersuchung. Die Ergebnisse waren aber negativ.

2006

»Match, Sex und Sieg« titelte die Presse, als bekannt wurde, dass beim Davis Cup in Odessa (Ukraine) der britische Mannschaftsraum in einem Gebäudekomplex lag, in dem auch ein Bordell betrieben wurde. Im Zimmer nebenan war alles pink; es gab ein ausladendes Bett und einen großen Spiegel an der Decke.

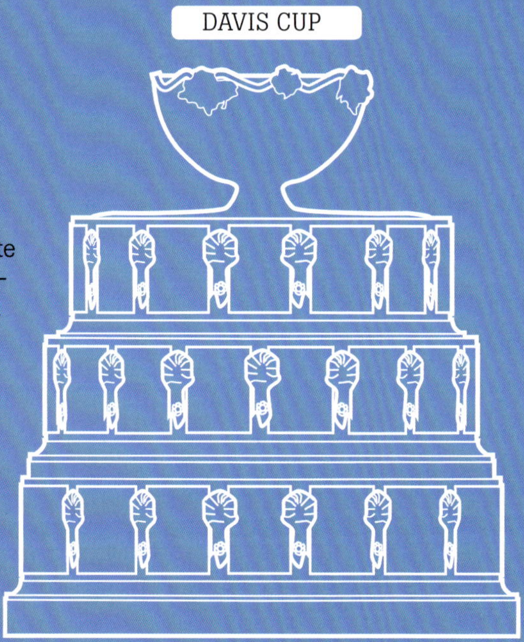

1974

In diesem Jahr trat Indien nicht gegen seinen Finalgegner Südafrika an – aus Protest gegen dessen Apartheid-Politik.

8

John McEnroe ist der einzige Spieler seit Gründung der Davis Cup World Group 1981, der in einem einzigen Jahr (1982) das Maximum von acht Einzel-Siegen errang.

32

Die USA haben 32-mal den Davis Cup gewonnen und halten damit einen Rekord.

7000

Als Schweden 1975 Chile bei den Matches in Båstad tolerierte, gab es dort eine Demonstration mit ca. 7000 Gegnern des Militärregimes von Augusto Pinochet.

1900

In diesem Jahr fand der Davis Cup zum ersten Mal statt. Amerika schlug das britische Team im Longwood Cricket Club in Boston, Massachusetts.

37

Die Vereinigten Staaten gewannen die Fed-Cup-Spiele 37-mal in Folge, von 1976 bis 1983 – ein Rekord!

2017

In diesem Jahr kam es zu einem Eklat, als ein Solist die erste Strophe des Deutschlandliedes (»Deutschland, Deutschland über alles«) anstimmte, die in der Zeit des Nationalsozialismus zusammen mit der heute verbotenen NS-Kampfhymne »Horst-Wessel-Lied« gesungen wurde. »Wir haben das Jahr 2017 – so etwas darf in einem Land wie Amerika einfach nicht passieren. Das ist peinlich – und es zeigt eine gewisse Ignoranz«, schimpfte die deutsche Spielerin Andrea Petkovic. Der US-amerikanische Tennisverband (USTA) entschuldigte sich anschließend dafür.

29

Chris Evert gewann in den Jahren 1977 bis 1986 für die Vereinigten Staaten 29 Einzel-Pflichtspiele in Folge.

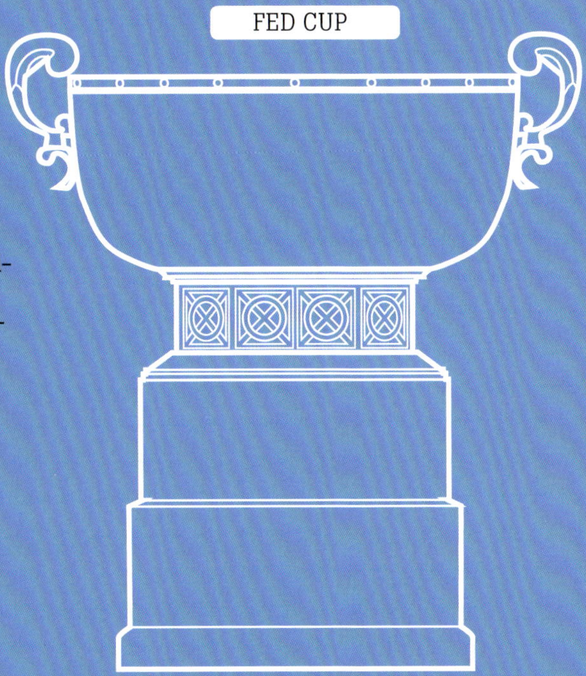

64

Zwischen 1978 und 1983 siegten die Vereinigten Staaten beim Davis Cup sensationelle 64-mal in Folge. Auch das ist ein absoluter Rekord!

50

Die spanische Spielerin Arantxa Sánchez Vicario kann die meisten Einzel-Fed-Cup-Siege aller Teamplayerinnen vorweisen.

18

Mit 18 Titeln ist das US-amerikanische Team das erfolgreichste in der Geschichte des Fed Cup.

18

Arantxa Sánchez Vicario und Conchita Martinez gewannen die Rekordanzahl von 18 Pflichtspielen im Doppel.

1963

In diesem Jahr fand der Fed Cup (der bis 1995 Federation Cup hieß) erstmals statt. Austragungsort war der Londoner Queen's Club, im Finale triumphierten die USA über Australien.

WIE TENNIS IMMER GRÖSSER WIRD

Wurde das Tennis über die Jahre zu einem Sport für die ganz Großen? Das zu behaupten, wäre sicher übertrieben. Aber es gibt keinen Zweifel: Die Tennisspieler werden immer größer.

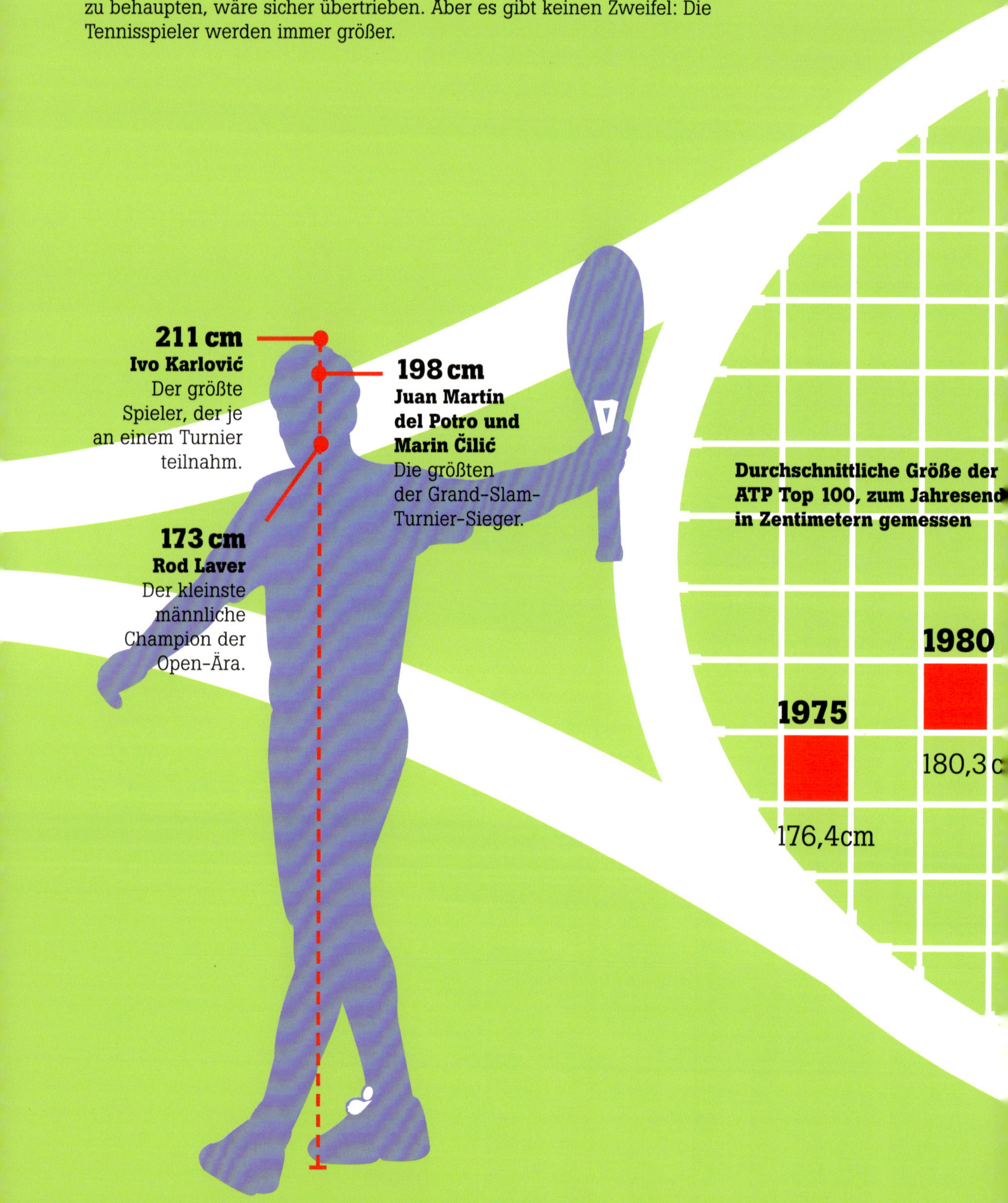

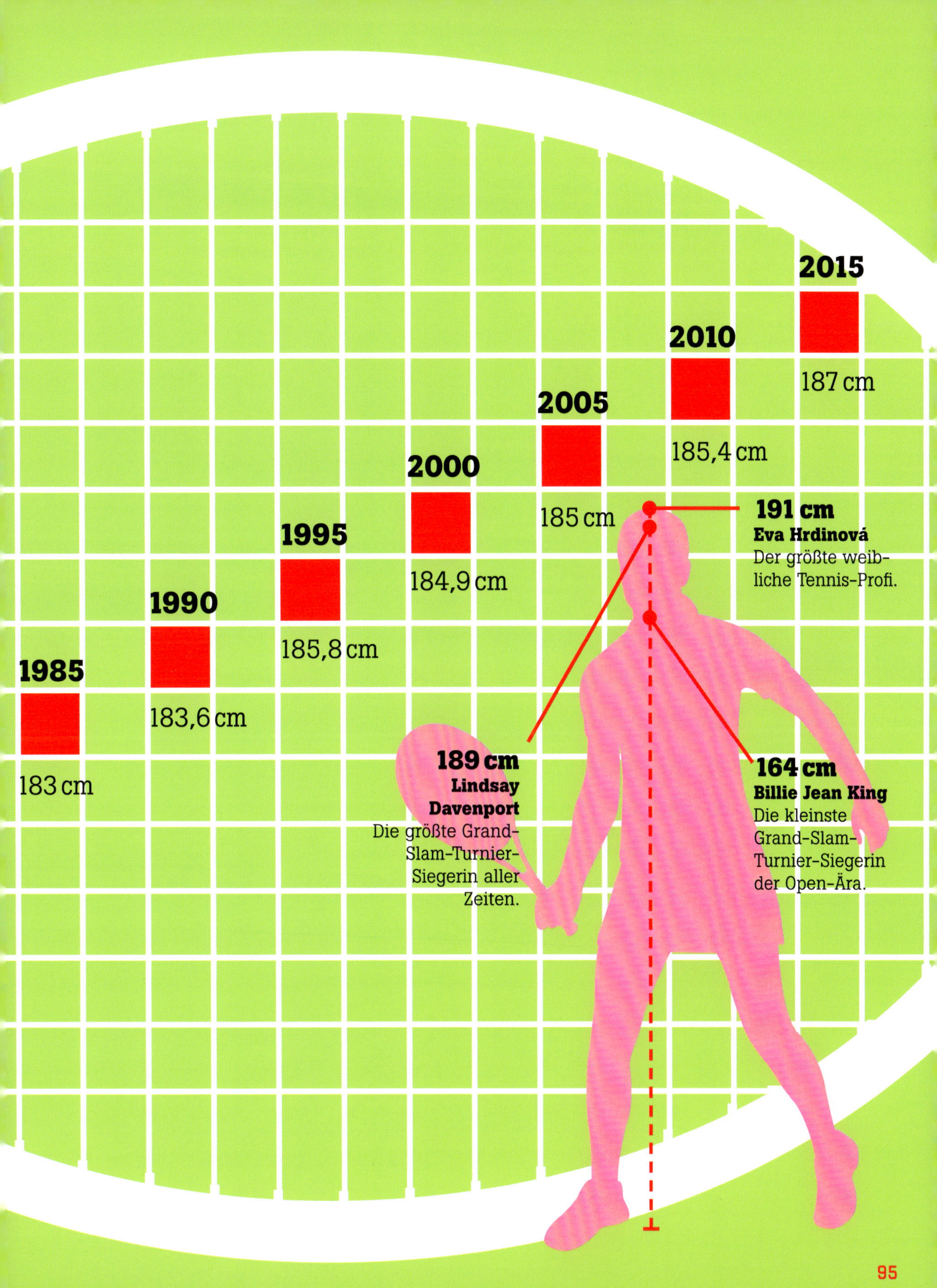
2015
187 cm
2010
185,4 cm
2005
185 cm
2000
184,9 cm
1995
185,8 cm
1990
183,6 cm
1985
183 cm
191 cm
Eva Hrdinová
Der größte weibliche Tennis-Profi.
189 cm
Lindsay Davenport
Die größte Grand-Slam-Turnier-Siegerin aller Zeiten.
164 cm
Billie Jean King
Die kleinste Grand-Slam-Turnier-Siegerin der Open-Ära.

IKONE BJÖRN BORG

Gab es jemals einen ruhigeren, ausgeglicheneren Tennisspieler auf dem Court als »The Ice Borg«? Seine etwas unterkühlt wirkende Persönlichkeit war sicherlich mit ein Grund für seinen Erfolg auf den Courts dieser Welt.

DIE DATEN

SPITZNAME
The Ice Borg

GEBURTSDATUM
6. Juni 1956

GEBURTSORT
Stockholm, Schweden

GRÖSSE
1,80 m

SPIELSTIL
Rechtshändig (Rückhand beidhändig)

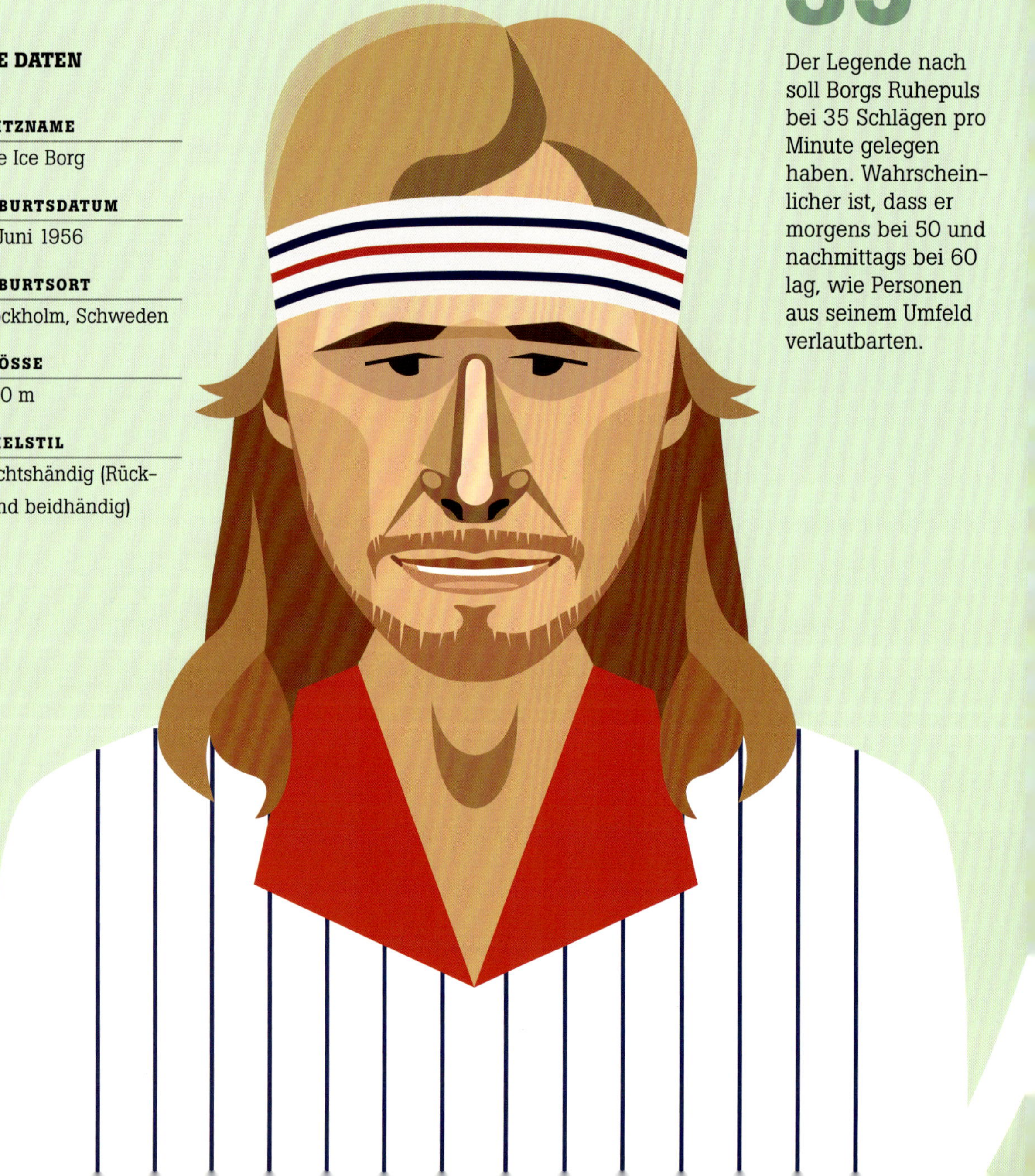

35

Der Legende nach soll Borgs Ruhepuls bei 35 Schlägen pro Minute gelegen haben. Wahrscheinlicher ist, dass er morgens bei 50 und nachmittags bei 60 lag, wie Personen aus seinem Umfeld verlautbarten.

REKORDE

5

Björn Borg gewann als erster Spieler der Tennisgeschichte fünfmal in Folge das Herren-Einzel in Wimbledon.

6

Bis Rafael Nadal begann, die French Open zu dominieren, konnte kein anderer Spieler der Moderne Björn Borgs sechs French-Open-Titel überrunden.

3

Drei Jahre in Folge – von 1978 bis 1980 – siegte Borg jeweils im selben Jahr in der seltenen French-Open-Wimbledon-Doppel-Kombination.

28

Insgesamt 28 Jahre lang war niemand in der Lage, wie Björn Borg im selben Jahr die Grand Slams in Paris und London zu gewinnen. Erst 2008 schlug dann die Stunde des Rafael Nadal.

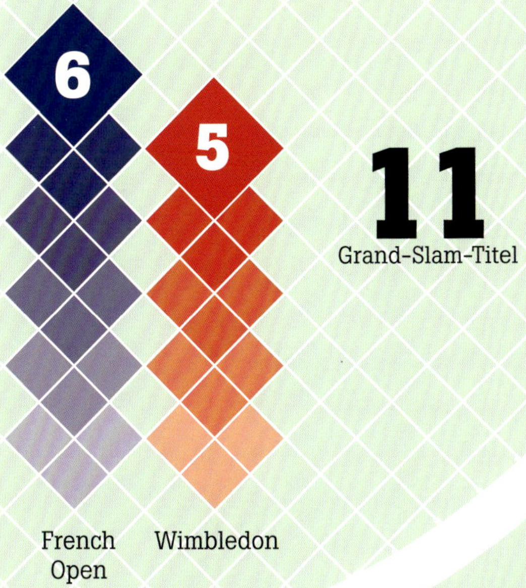

BORG
IN ZAHLEN

26

1983 ging Björn Borg im Alter von 26 Jahren in den »frühzeitigen Ruhestand«. (In den frühen 1990ern versuchte er noch ein Comeback, das aber misslang.)

0

In seinem ersten Wimbledon-Finalspiel (1976 gegen Ilie Nastase) verlor Björn Borg keinen einzigen Satz.

4

Viermal landete Borg bei den US Open auf dem zweiten Platz; das letzte Mal musste er sich im Jahr 1981 geschlagen geben. Nachdem er gegen John McEnroe verloren hatte, wartete er nicht einmal mehr die Preisverleihung ab, sondern fuhr sofort nach dem Match, noch im Tennisdress zum Flughafen.

1

Nur ein einziges Mal spielte er bei den Australian Open – im Jahr 1974, wo er es bis ins Achtelfinale schaffte.

5

Björn Borg besitzt fünf Wimbledon-Pokale, die er 2006 – zusammen mit einigen Schlägern – zum Verkauf an ein Auktionshaus in London gab. Als John McEnroe davon erfuhr, rief er Borg sofort an und bat ihn eindringlich, diesen Schritt noch einmal zu überdenken. Daraufhin zog Borg das Angebot zurück und versprach, die Pokale nie zu verkaufen.

WAS FÜR EIN SKANDAL!

Wie in allen großen Sportarten gab es auch im Tennis das eine oder andere skandalöse Vorkommnis. Hier sind einige der umstrittensten Episoden der Tennisgeschichte.

GELANGWEILT

Der legendäre Grasplatz in Wimbledon sollte auf die Spieler inspirierend wirken und sie zu noch höheren Leistungen anspornen – nicht so bei Bernard Tomic, der 2017 schon in der ersten Runde ruckzuck mit einigen wenigen Schlägen besiegt wurde und danach missmutig meinte, er sei »total gelangweilt« gewesen.

EINZEL GEMISCHT

Bei den US Open 1977 war die Wettbewerbsleitung eigentlich dagegen, Renée Richards im Einzel der Frauen zuzulassen. Doch der Oberste Gerichtshof von New York entschied zu ihren Gunsten gegen den US-amerikanischen Tennisverband – und so durfte Richards als erste Transsexuelle in einem Grand-Slam-Turnier antreten. Zwischen den Jahren 1953 und 1960 hatte Renée noch als Richard Raskind im Einzel der Herren gespielt. Nun, bei den US Open 1977, hatte Richards Pech und verlor schon in der Auftaktrunde gegen Virginia Wade, die im Sommer bereits in Wimbledon triumphiert hatte.

MODELS AM BALL

Spaniens Minister für Gleichstellungsangelegenheiten war entrüstet über ein Turnier in Madrid, bei dem man Fotomodels als sexy Ballmädchen einsetzte. Deshalb schickte er einen sehr deutlich formulierten Protestbrief an den Direktor des Turniers, einen der größten Sponsoren und an den Bürgermeister der Stadt.

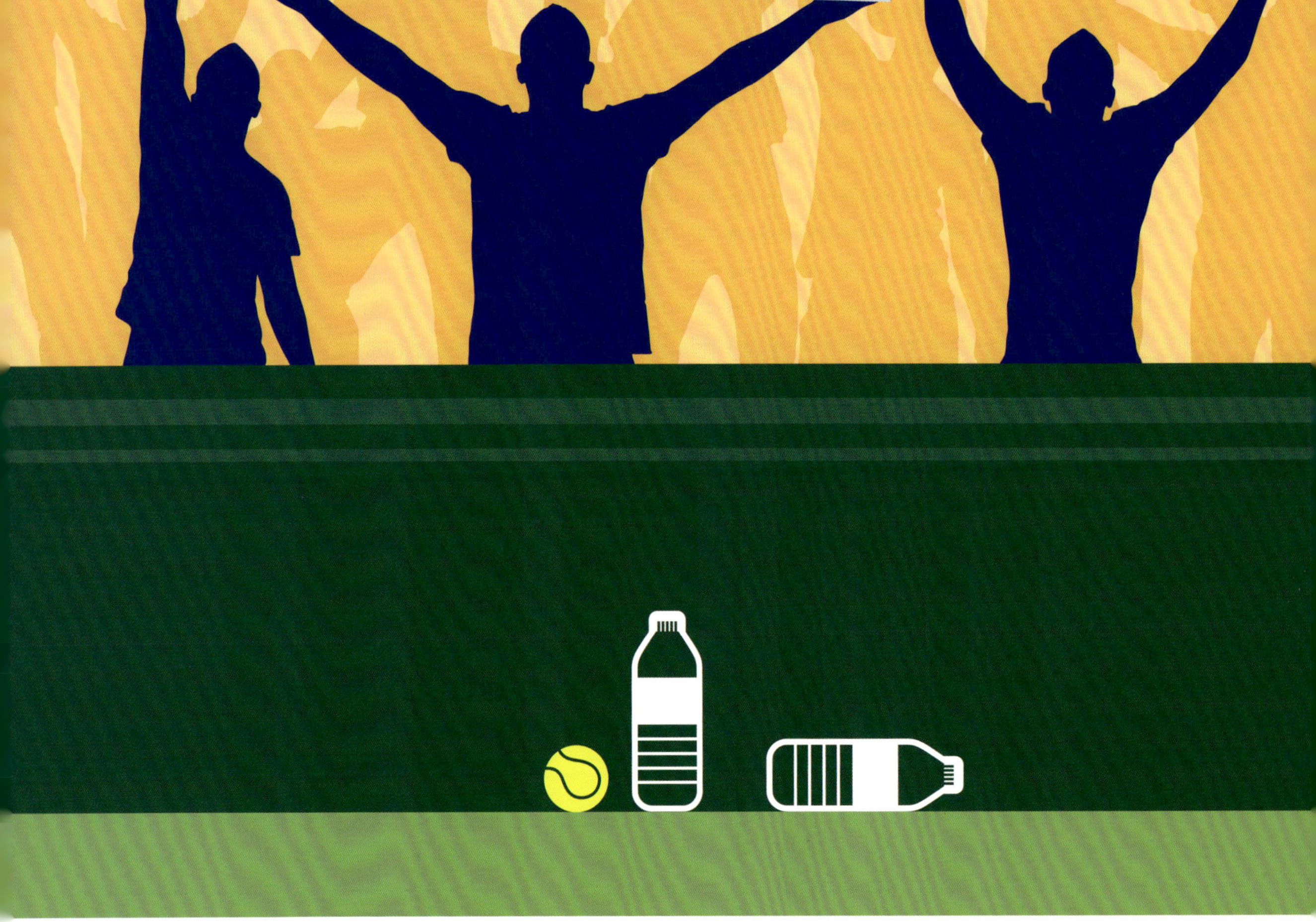

AB NACH HAUSE!

Ein drastisches Beispiel für schlechtes Benehmen lieferte Nick Kyrgios 2016 bei einem Turnier in Shanghai. So ließ er beim Aufschlag den Ball über das Netz hüpfen, schlurfte dann aber zu seinem Stuhl, noch bevor sein Gegner Mischa Zverev überhaupt zum Schlag ausholen konnte. Oder er sagte zum Schiedsrichter: »Können Sie hier nicht einfach Schluss machen, damit ich endlich nach Hause komme?« Gegen Kyrgios wurde daraufhin ein Bußgeld verhängt, und er wurde eine Zeitlang für Turniere gesperrt.

BOYKOTT

1973 boykottierten 81 Spieler Wimbledon aus Solidarität mit Niki Pilic, der vom jugoslawischen Verband sowie vom Amateur-Weltverband gesperrt worden war, weil er nicht im Davis Cup (für nationale Ehren) sondern anderenorts (für Geld) gefightet hatte. Initiiert wurde der Boykott von der im Jahr zuvor gegründeten Profispielervereinigung ATP.

EIN NICKEN, EIN ZWINKERN …

Boris Becker tat weder sich selbst noch seinem Auftraggeber Novak Djokovic einen Gefallen, als er 2015 vor Wimbledon anklingen ließ, dass er den Serben – illegal – auch während der Matches coache. »Manchmal braucht er einfach eine Rückversicherung, dass er sich gut schlägt. Dann haben wir unseren ganz eigenen Weg, ihm zu signalisieren: Das war jetzt gut oder das war jetzt nicht gut. Es liegt an ihm, ob er daraufhin sein Spiel ändert.«

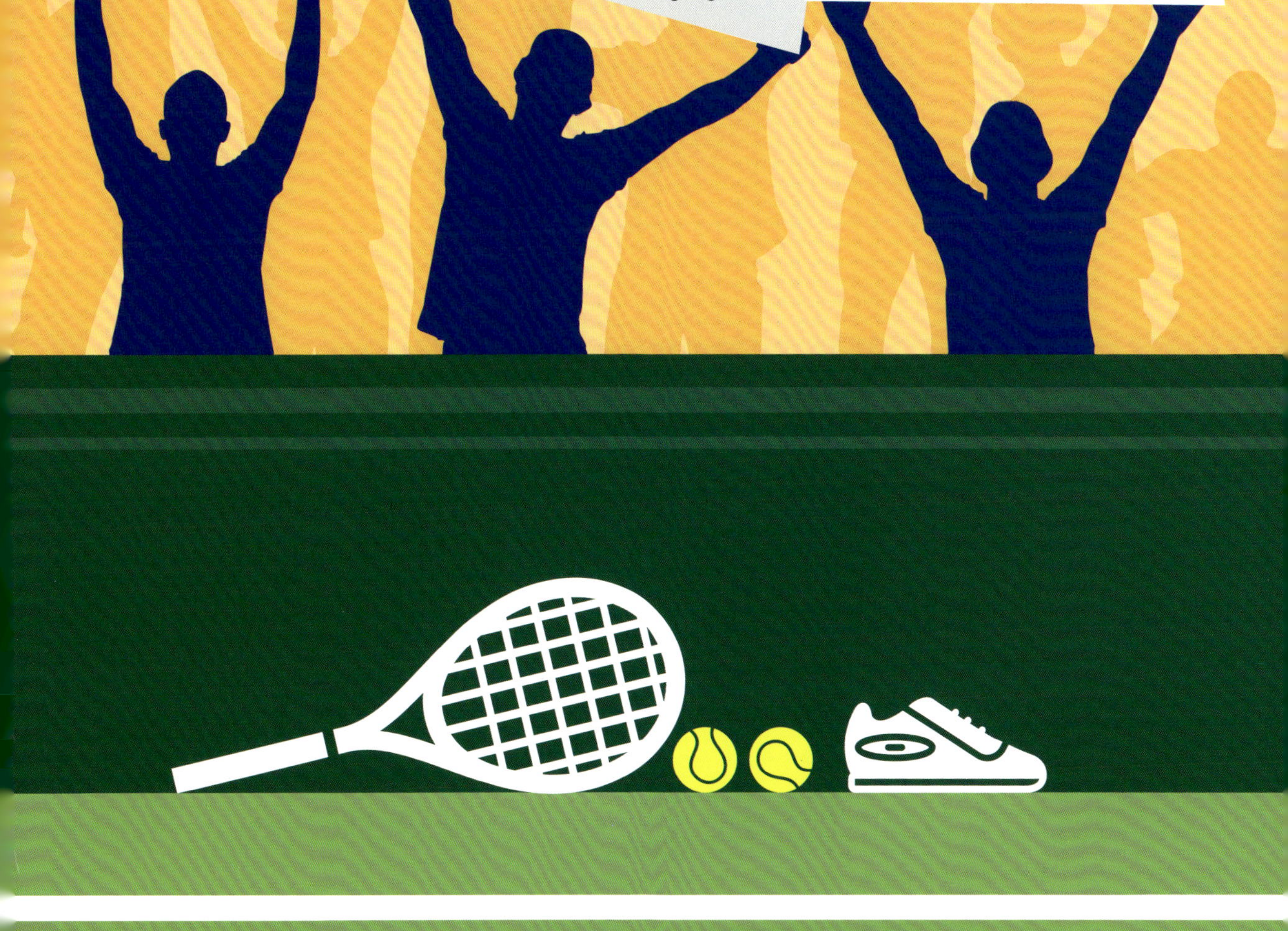

DIE GRÖSSTEN ZUSCHAUERZAHLEN – AUF DEM PLATZ UND VOR DEN FERNSEHSCHIRMEN

Tennis fasziniert viele Menschen, ob die Fans nun direkt im Stadion, in einer Bar oder im heimischen Fernsehsessel mitfiebern.

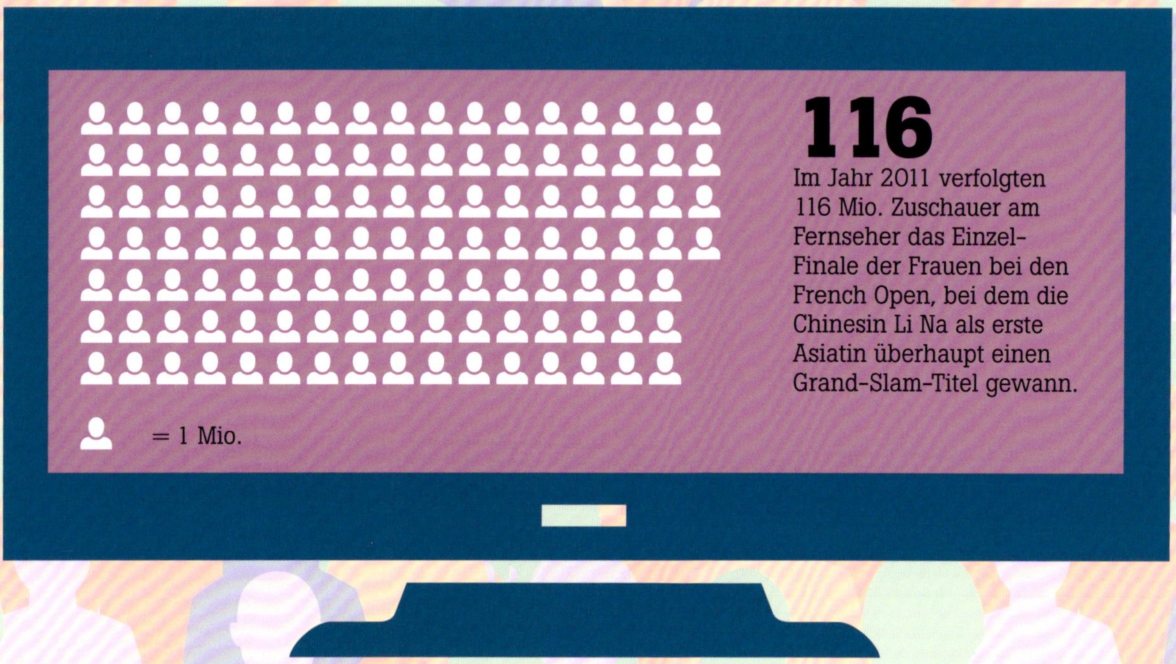

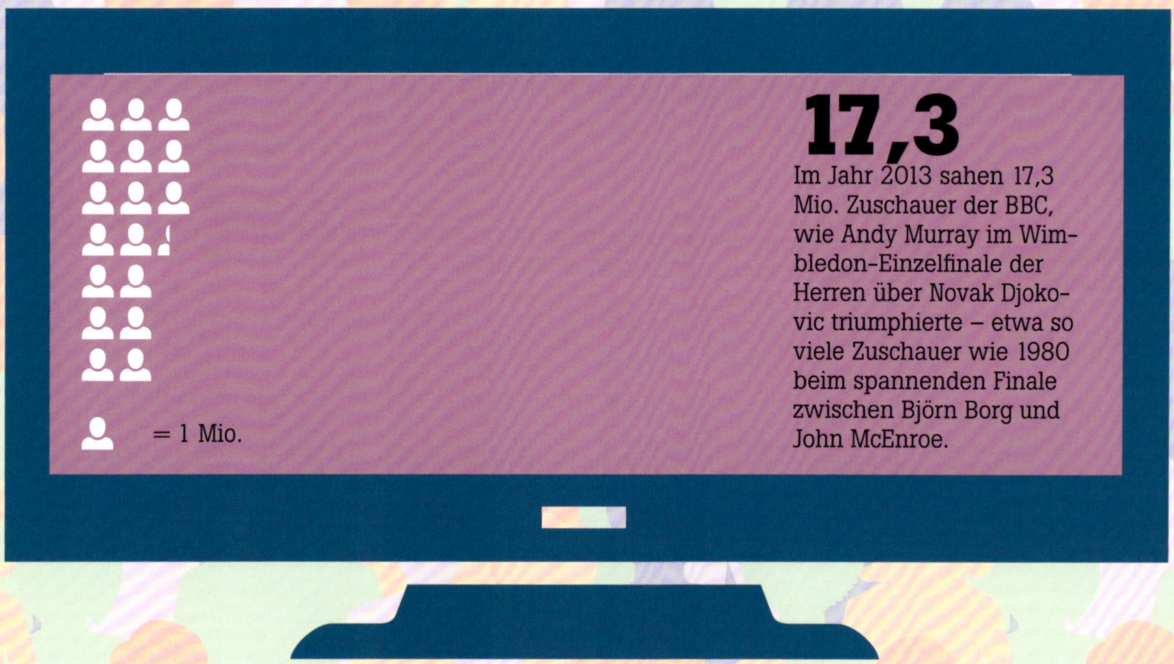

35 681 …

… Zuschauer waren im Stadion dabei, als Kim Clijsters 2010 in Brüssel Serena Williams in einem Schaukampf besiegte.

30 472 …

… Tennisfans sahen zu, wie Billie Jean King 1973 in einem »Kampf der Geschlechter« in Houston Bobby Riggs besiegte.

27 488 …

… besuchten an einem einzigen Tag das Davis-Cup-Finale 2014 zwischen Frankreich und der Schweiz in Lille.

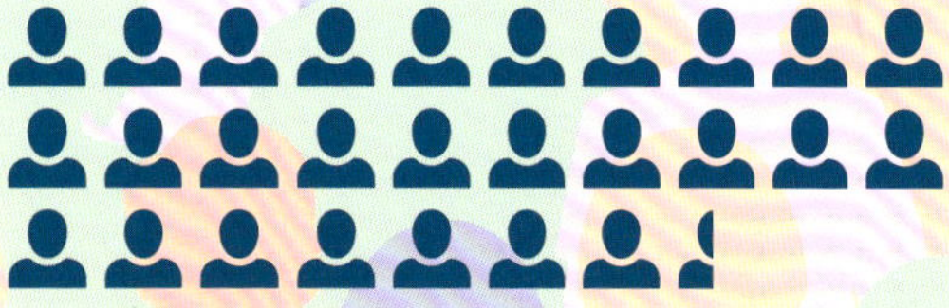

23 771 …

… Besucher fasst das Arthur-Ashe-Stadion als jährlicher Austragungsort der US Open.

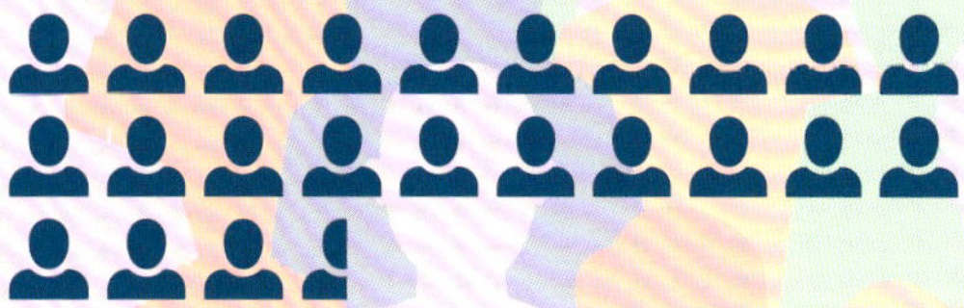

15 000 …

… Plätze haben die Ränge und Logen am Centre Court in Wimbledon.

15 000 …

… Besucher fasst auch die Rod-Laver-Arena in Melbourne, der jährliche Austragungsort der Australian Open (Zahl der Sitzplätze: 14 820).

14 911 …

… Zuschauer verfolgen rund um den Philippe-Chatrier-Court im Stade Roland Garros die jährlichen Spiele der French Open.

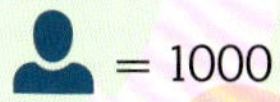

DIÄTEN

Einige Tennisspieler achten extrem streng auf ihre Ernährung und weichen nur sehr selten von ihrer Diät aus Pasta und Hähnchenbrust ab. Andere sind da ein bisschen experimentierfreudiger.

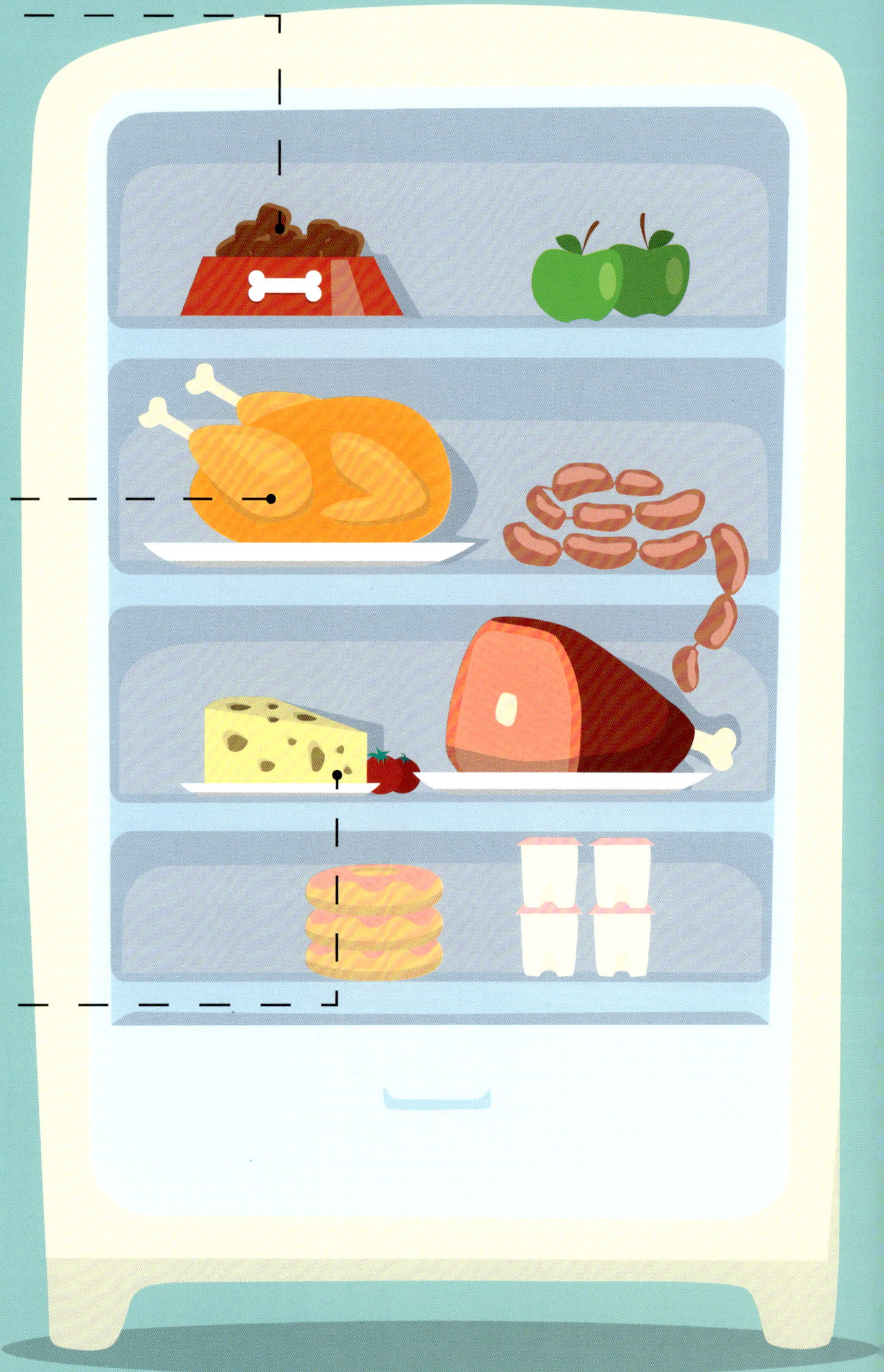

HUNDEFUTTER
Serena Williams wurde regelrecht krank, als sie einmal das Hundefutter aus dem Hotelkühlschrank probierte. »Ja, das schmeckte schon seltsam ... – ein bisschen wie ein Putzmittel. Ich weiß wirklich nicht, was sie in dieses Hundefutter alles hineinmischen«, sagte Williams, die damals gerade in Rom war. »Ab hier sollten wir aber lieber zwei Stunden vorspulen – ich rannte so schnell auf die Toilette, als würde ich gleich ohnmächtig werden.«

»CHEGAN«
Venus Williams, die früher gerne Fleisch aß, beschrieb sich später als »Cheganerin«, also als jemanden, der vegan lebt, aber auch mal eine Ausnahme macht. »Wer beim Essen neben mir sitzt und für eine Sekunde nicht hinguckt, wird sich wundern: Sein Fleisch wird in Nullkommanichts verschwunden sein – wie weggezaubert«, bekannte sie einmal. Venus wurde Veganerin, als bei ihr das Sjogren-Syndrom, eine Autoimmunerkrankung, festgestellt worden war.

ANTI-SPANISCH
Für einen Spanier hat Rafael Nadal einen ziemlich ungewöhnlichen Geschmack. Seine Mutter berichtete: »Rafa hasst Käse, Tomaten und auch Schinken, obwohl es das Nationalgericht der Spanier ist. Ich selbst bin auch nicht so verrückt nach Schinken – aber Käse?«

FETT-BUDDY
Um sich auf die Australian Open – seinen Heim-Grand-Slam – vorzubereiten, setzte sich der gewichtsbewusste Bernard Tomic selbst auf Diät und verlor pro Woche 4,5 kg.

GLUTENFREI
Sich nur glutenfrei zu ernähren, ist für Novak Djokovic eine wichtige Grundlage seiner Ernährung. Er trinkt nach dem Aufstehen erst einmal ein großes Glas Wasser in Raumtemperatur und isst dann zwei Teelöffel Manuka-Honig. Das ist ein traditionell als Naturheilmittel eingesetzter, von Honigbienen aus dem Blütennektar der Südseemyrte (Manuka) erzeugter Honig. Auf seinem Speiseplan stehen vor allem jede Menge Avocado, Cashewmus und Süßholztee. Eine der Süßigkeiten, die er mehr oder weniger komplett gestrichen hat, ist Schokolade – obwohl er sich, nachdem er einen Grand Slam gewonnen hatte, einmal ein kleines Stückchen abbrach und auf der Zunge zergehen ließ, um sich zu belohnen und an den Geschmack zu erinnern.

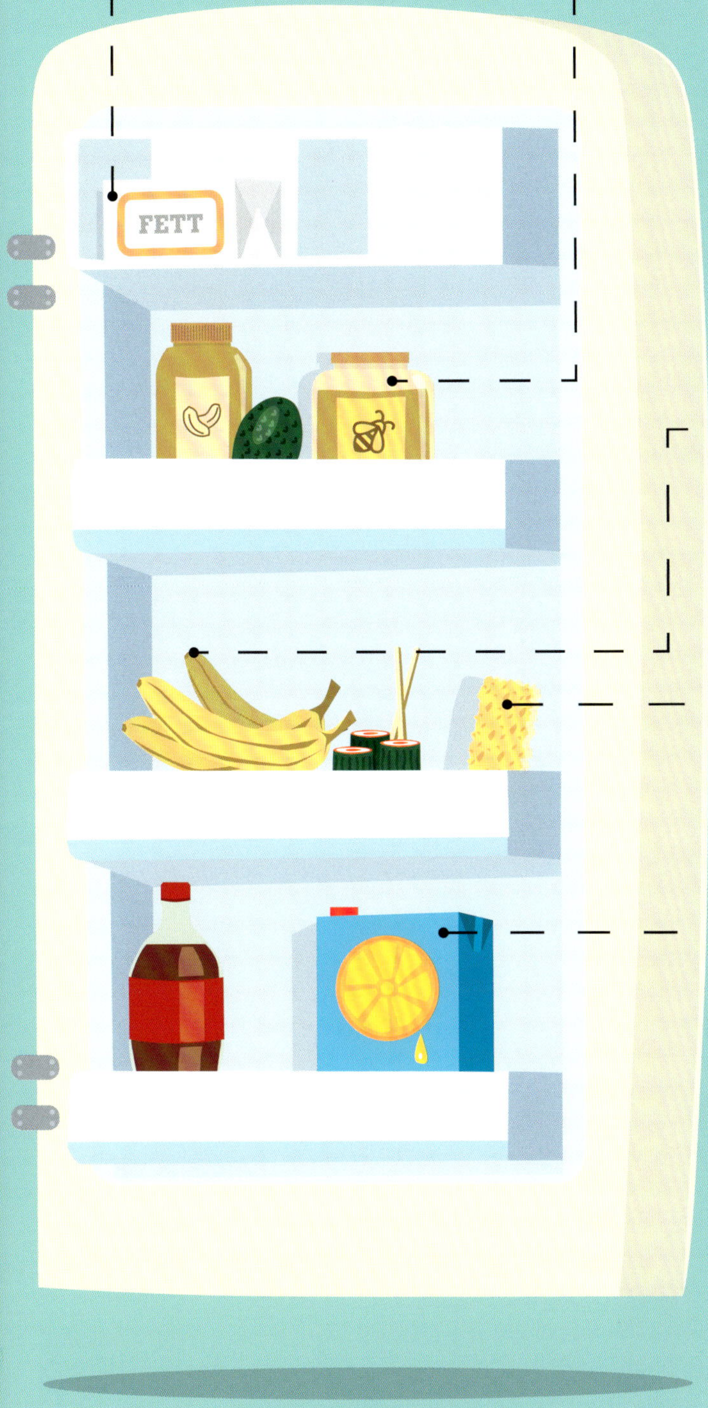

ARMES FRÜCHTCHEN
Andy Murray hat eine klare Haltung zu Obst und Früchten. »Um ehrlich zu sein, ich finde Bananen irgendwie armselig.« Er isst viel lieber Sushi – man sagt, dass er zu einer Mahlzeit 50 Stück und mehr davon vertilgen kann.

»Probier bloß nicht den gebratenen Marsriegel!« riet Andy Murray Roger Federer, bevor sich dieser auf den Weg nach Schottland machte. »Ich habe einen probiert – es war der blanke Horror!«

MASSENHAFT SAFT
Patty Schnyder, ein ehemaliges Schweizer Tennis-As, war dafür bekannt, dass sie täglich bis zu drei Liter Orangensaft trank. Sie ließ sich in Gesundheitsfragen von einem Mann beraten, der sich selbst »Natur-Therapeut« nannte und einige ziemlich bizarre Ansichten hatte. Schnyders Sportverletzungen behandelte er mit heißem Wachs und Nadelrollen.

WAS FÜR EINE ÜBERRASCHUNG!

So sehr das Publikum die Champions auf dem Court auch bewundert – es sieht doch immer gern auch dabei zu, wie diese von einem Newcomer aus der zweiten oder dritten Reihe überraschend zu Fall gebracht werden.

R.VINCI **US OPEN** S.WILLIAMS

2-6	6-4	6-4		

»Das ist monumental, ein echter Schocker – und einer der größten Überraschungserfolge der Tennisgeschichte«, meinte Tracy Austin, nachdem sich Serena Williams im Halbfinale der US Open 2015 gegen die bisher nicht einmal gelistete Italienerin **Roberta Vinci** geschlagen geben musste. Dabei war Williams nur noch zwei Matches davon entfernt, als erste Spielerin nach Steffi Graf 1988 den Kalenderjahr-Grand-Slam-Titel zu gewinnen.

D. ISTOMIN **US OPEN** N. DJOKOVIC

7-6	5-7	2-6	7-6	6-4

Dennis Istomin, ein Wildcard-Spieler aus Usbekistan, der auf Platz 117 der Weltbestenliste stand, eine neongrüne Brille trug und von seiner Mutter trainiert wurde, sagte nach seinem Sieg über Novak Djokovic in der zweiten Runde der Australian Open 2017 bescheiden: »Es tut mir wirklich sehr leid für Novak, dass ich heute so gut gespielt habe.«

P. DOOHAN **WIMBLEDON** B. BECKER

7-6	4-6	6-2	6-4	

Man nannte ihn den »Becker-Wrecker«: den Australier **Peter Doohan**, der Boris Becker 1987 in der zweiten Runde der Wimbledon Championships aus dem Spiel schlug. 1985 hatte Becker mit 17 Jahren zum ersten Mal auf dem grünen Rasen gewonnen und seinen Titel auch im Jahr darauf, mit 18, noch erfolgreich verteidigt. Mit 19 »sollte es halt einfach nicht nochmal sein«, erklärte Becker und erinnerte jeden daran, dass es hier ja nur um ein Tennis-Match ging, keinen Krieg, und dass auch niemand gestorben war.

L. McNEIL **WIMBLEDON** S. GRAF

7-5	7-6			

»Steffi Graf, der nicht aufzuhaltende Monstertruck des Damentennis, von ›Lori‹ überfahren«: So tönten die Schlagzeilen der britischen Boulevardpresse am Morgen nach Grafs bitterer Niederlage gegen **Lori McNeil** in der Wimbledon-Auftaktrunde 1994. Graf befand sich auf einem guten Lauf von drei erfolgreichen Finaltiteln und 21 Match-Siegen in Folge auf dem Grasplatz. Das alles schien auf einen Schlag hinfällig, als sie plötzlich die erste Titelverteidigerin in der Geschichte des Wettbewerbs wurde, die schon in der ersten Runde ausschied.

J. DOKIC	WIMBLEDON	M. HINGIS		
6-2	6-0			

Das Publikum »klatschte für sie wegen ihrer großartigen Schläge, es klatschte nicht gegen mich«: So fair kommentierte die Weltranglistenerste Martina Hingis 1999 in Wimbledon ihre Niederlage gegen **Jelena Dokic**, eine 16-jährige Qualifikantin, die noch nicht einmal in den Top 100 rangierte. Die damalige Nummer eins gewann in diesem Turnier nur zwei Sätze.

G. BASTL	WIMBLEDON	P. SAMPRAS		
6-3	6-2	4-6	3-6	6-4

Den alten Sandplatz mit der Nummer zwei nannte man in Wimbledon auch »Friedhof der Champions« – daran dürfte auch der siebenfache Wimbledonsieger Pete Sampras gedacht haben, als er sich 2002 gegen den Schweizer **George Bastl** geschlagen geben musste, der nur als »lucky loser« der Qualifikationsrunde für das Hauptfeld zugelassen worden war, weil ein anderer Spieler seine Teilnahme im letzten Moment abgesagt hatte.

L. ROSOL	WIMBLEDON	R. NADAL		
6-7	6-4	6-4	2-6	6-4

»Ich bin sehr, sehr enttäuscht, [aber] es ist ja nur ein Tennis-Match«, erklärte Rafael Nadal nach seiner Schockniederlage in Wimbledon 2012 gegen **Lukáš Rosol**. Wie Rosol damals seine Vorhand einsetzte – mit Kraft, Ehrgeiz und Präzision – ist noch heute erstaunlich, zumal der Tscheche damals erst auf Platz 100 der Weltrangliste stand.

S. STAKHOVSKY	WIMBLEDON	R. FEDERER		
6-7	7-6	7-5	7-6	

Der dritte Spieltag 2013 in Wimbledon wird wohl für immer unvergessen bleiben. Denn es war ein Tag voller Schocks, unerwarteter Niederlagen und Überraschungssiege. Der größte Schreck durchfuhr alle, als **Sergiy Stakhovsky**, ein Ukrainer, der nicht einmal in den Top 100 gelistet war, quasi aus dem Nichts Titelverteidiger Roger Federer besiegte.

R. SÖDERLING	FRENCH OPEN	R. NADAL		
6-2	6-7	6-4	7-6	

»Wäre der Eiffelturm plötzlich umgefallen«, meinte ein Beobachter, wäre das nicht schockierender gewesen als das, was sich 2009 auf dem Sandplatz der French Open ereignete. Bis Rafael Nadal im Achtelfinale auf **Robin Söderling** traf, war er in Paris ungeschlagen auf dem Weg zu seinem fünften French-Open-Titel in Folge. Doch gegen den Schweden, den er einige Wochen zuvor noch seinerseits auf dem Sandplatz geschlagen hatte, verlor er hier in nur vier Sätzen.

GRUNZ!

Welches Geräusch ist das lauteste, am schlimmsten enervierende? Eine Kettensäge, Löwengebrüll, die Sirene eines Krankenwagens – oder ein grunzender Tennisspieler?

In Dezibel zum Vergleich:

Rasenmäher
105 dB

Kettensäge
110 dB

Löwengebrüll
110 dB

Rockkonzert
110 dB

Krankenwagensirene
120 dB

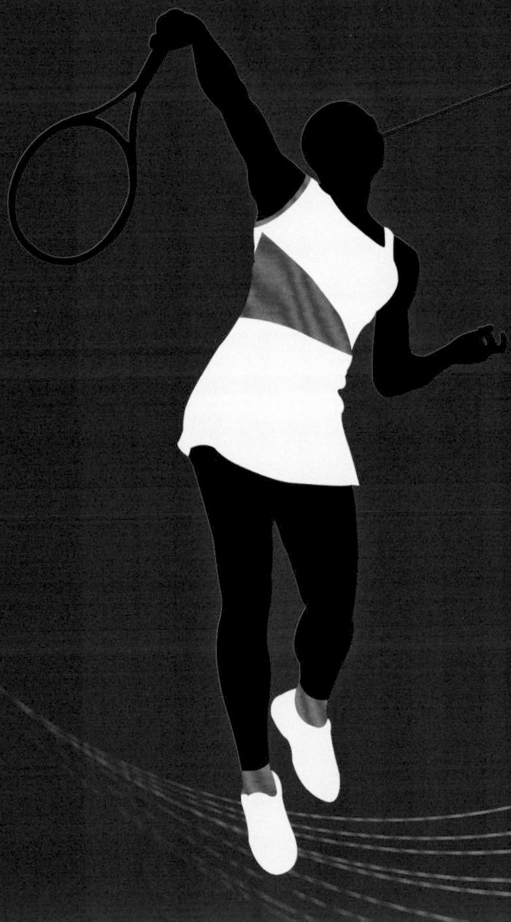

Männliche Grunzer und verliebte Nilpferde ...

Besonders die Spielerinnen stehen für die lauten Geräusche, die sie auf dem Platz von sich geben, unerbittlich in der Kritik. Dabei gibt es viele männliche Spieler, die erfolgreich mit ihnen um den Lautstärkepegel auf dem Court konkurrieren.

- Für das Geräusch, das **Marcel Granollers** von sich gibt, wenn er einen Tennisball über das Netz schlägt, wurde er schon mit einem »schlechtgelaunten Flamingo« und einem »verliebten Nilpferd« verglichen.
- Andy Murray nannte **Carlos Berlocqs** Grunzen einmal »absolut lächerlich«.
- **Rafael Nadals** Grunzen im Halbfinale der Australian Open 2014 war so laut, dass Roger Federer sich darüber beim Schiedsrichter beklagte.

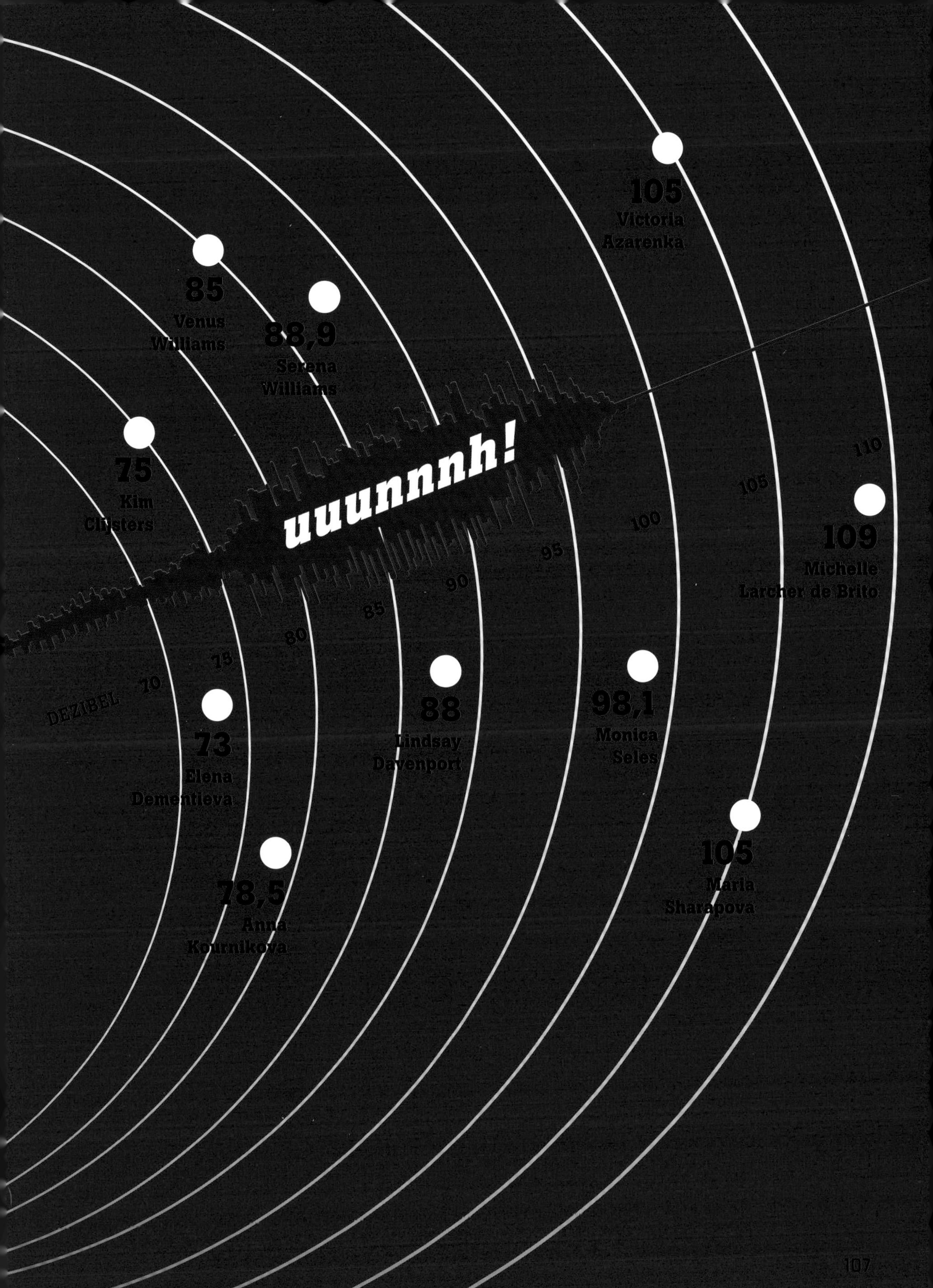
105
Victoria Azarenka
85
Venus Williams
88,9
Serena Williams
75
Kim Clijsters
uuunnnh!
110
105
100
95
90
85
80
75
70
DEZIBEL
109
Michelle Larcher de Brito
73
Elena Dementieva
88
Lindsay Davenport
98,1
Monica Seles
78,5
Anna Kournikova
105
Maria Sharapova

DIE HUNDE DER SPIELER

In der sprunghaften, ultrawettbewerbsorientierten und häufig sehr einsamen Welt des Profi-Tennis kann es vorkommen, dass ein Hund zum einzig verlässlichen Freund wird, dem man noch vertraut.

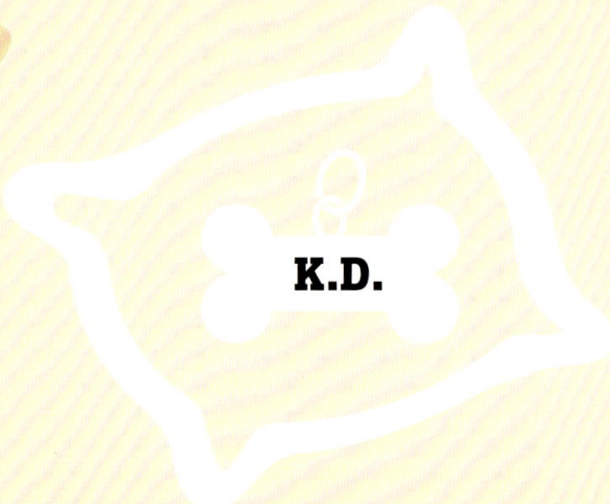

Killer Dog hieß der Hund, der Martina Navratilova überall auf der Welt begleitete. Während sie auf dem Court kämpfte, lag der Zwergpinscher gemütlich auf seinem Kissen in der Spieler-Lounge und wartete auf sein Frauchen.

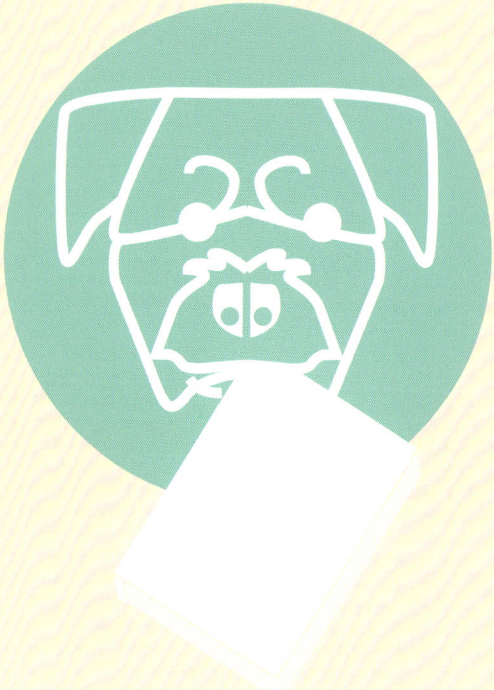

Andy Murrays Hund **Maggie May** war sogar schon als Autorin erfolgreich – mit minimaler Unterstützung durch Murrays Frau Kim schrieb sie das Buch »Wie man sich um seinen Menschen kümmert: Ein Ratgeber für Hunde«. Außerdem hatte der Border-Terrier auch einen Twitteraccount – mit fast 30 000 Followern.

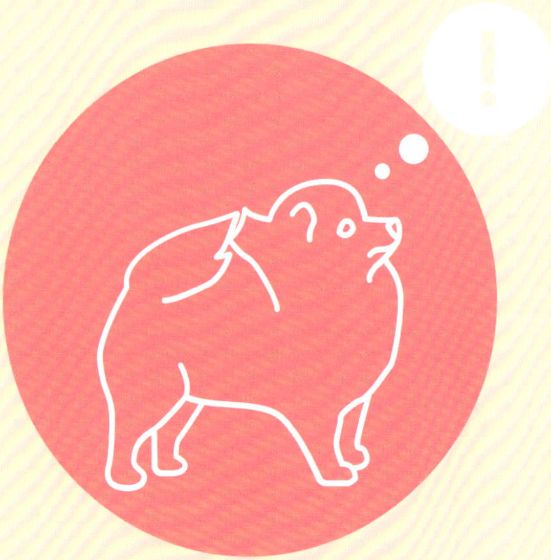

Maria Sharapovas Zwergspitz **Dolce** hat einen eisernen Willen, wie die Russin berichtet: »Er ist ein ganzer Kerl und hat keine Angst, auch mal seine Gefühle zu zeigen.«

Als Svetlana Kuznetsova eines Sommers in Wimbledon antrat, hatte sie gehofft, ihre amerikanische Bulldogge **Dolce** mitnehmen zu können. Doch unglücklicherweise musste Dolce auf englischem Boden zunächst in Quarantäne bleiben. Die frühere Grand-Slam-Gewinnerin fuhr also während des Turniers jeden Tag von Wimbledon in die Nähe von Heathrow, wo sich die Quarantäne-Zwinger befanden. »Ich habe geheult und geheult«, erinnerte sie sich.

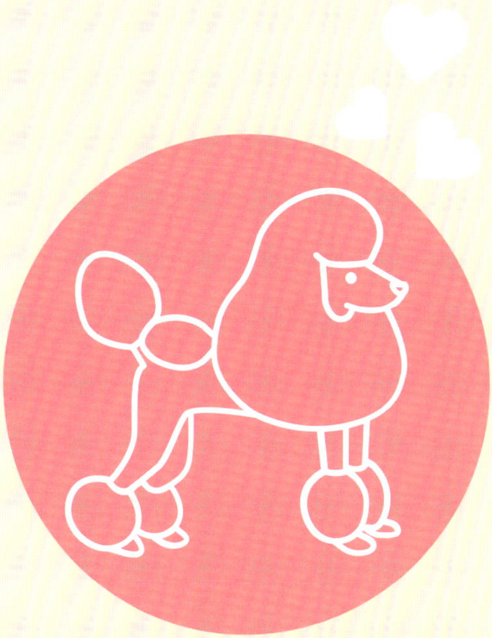

Novak Djokovics Pudel **Pierre** flirtete einmal auf Twitter mit Andy Murrays Border-Terrier. Außerdem war er schon auf dem Cover der »Vogue«.

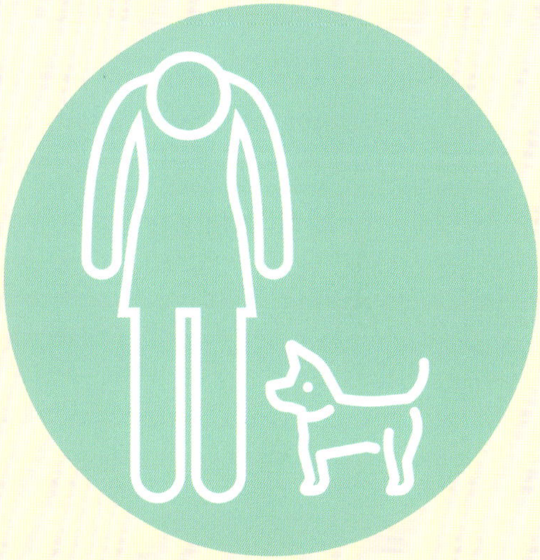

Venus Williams verdankt ihrem Havaneser **Harold**, dass sie sich auf der Tour nicht mehr so einsam fühlt: »Du bist da draußen ganz allein, und du brauchst einen Freund, der für dich da ist … – jemanden, dem du am Herzen liegst. Ich habe so jemanden gefunden: Harold. Ob ich siege oder geschlagen werde, ist ihm ganz egal. Er mag Tennis noch nicht einmal. Er wartet einfach nur darauf, dass ich vom Court zurückkomme.«

IKONE JIMMY CONNORS

Jimmy Connors war der kämpferischste und umstrittenste Tennisprofi seiner Zeit. Und er war die personifizierte Antithese zu der Aussage, Tennis sei ein »weicher« Sport.

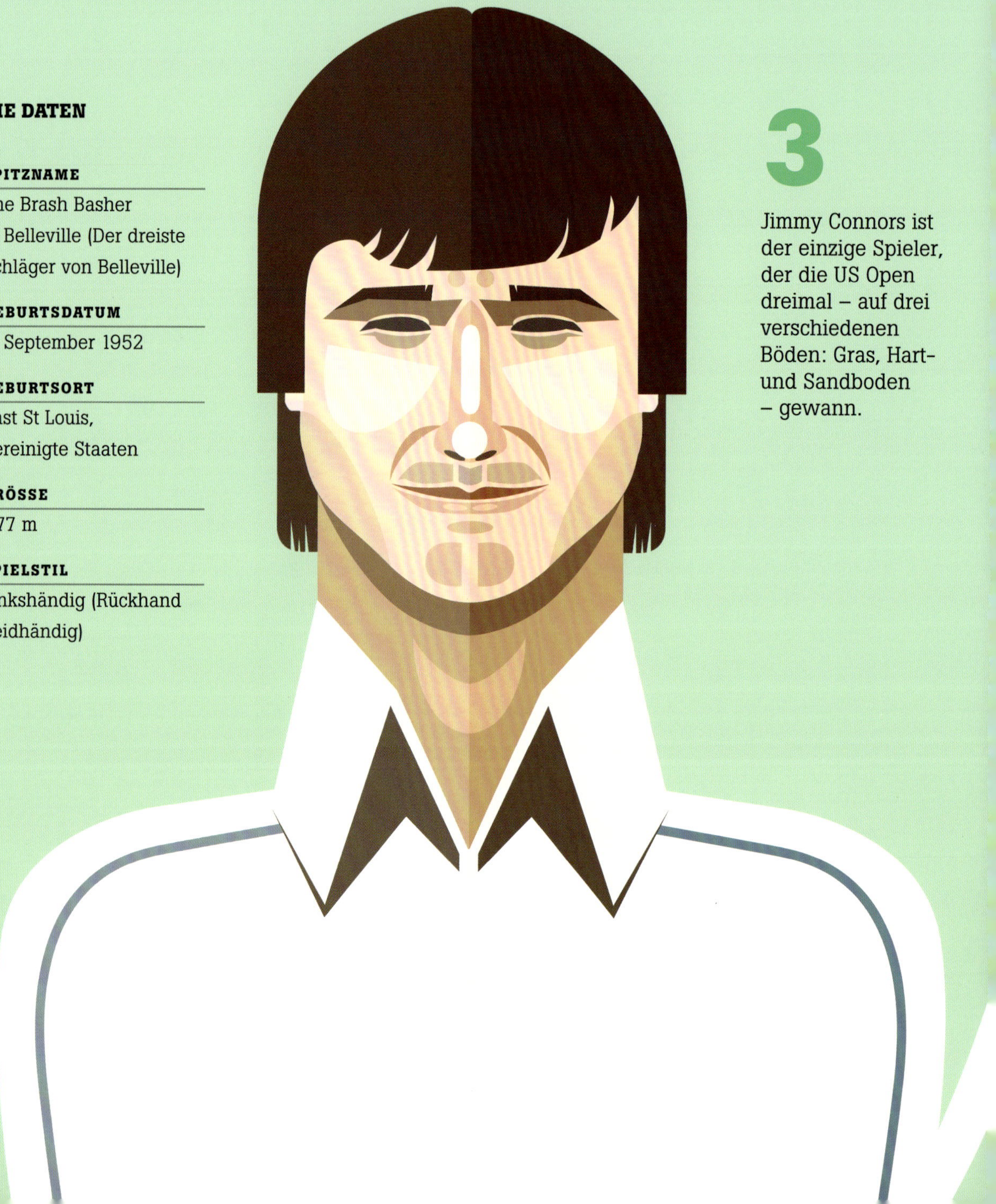

DIE DATEN

SPITZNAME
The Brash Basher of Belleville (Der dreiste Schläger von Belleville)

GEBURTSDATUM
2. September 1952

GEBURTSORT
East St Louis, Vereinigte Staaten

GRÖSSE
1,77 m

SPIELSTIL
Linkshändig (Rückhand beidhändig)

3

Jimmy Connors ist der einzige Spieler, der die US Open dreimal – auf drei verschiedenen Böden: Gras, Hart- und Sandboden – gewann.

CONNORS
IN ZAHLEN

1988 …
… hatte Connors ein Vorsprechen als Moderator der amerikanischen Gameshow »Das Glücksrad«, wurde aber abgelehnt.

1
Connors coachte Maria Sharapova für genau ein Match. Danach beendete sie die Partnerschaft.

4
Viermal erreichte er das Halbfinale der French Open – das einzige Grand-Slam-Turnier, das er nie gewinnen konnte.

39
1991, mit 39 Jahren, schaffte Connors es ins Halbfinale der US Open. Das war sein letztes großes Turnier – und er legte einen ganz und gar unsentimentalen Abgang aus dem Tennis hin. »Ich hatte kein Interesse an irgendeiner großen bescheuerten Abschiedstour, auch wenn … dabei sicherlich noch einmal ein kleines Vermögen rumgekommen wäre.«

3
Jimmy Connors musste sich dreimal an der Hüfte operieren lassen.

REKORDE

109
Jimmy Connors hat mehr Einzelsiege errungen als jeder andere Tennisspieler.

1535
Er spielte 1535 Einzel – und damit die meisten der Tennisgeschichte.

1256
Jimmy Connors hielt auch den Rekord für die meisten gewonnenen Einzel.

5
Er war der erste Mann, der fünf US-Open-Titel gewann. (Inzwischen haben Pete Sampras und Roger Federer ihn eingeholt.)

8
Grand-Slam-Titel

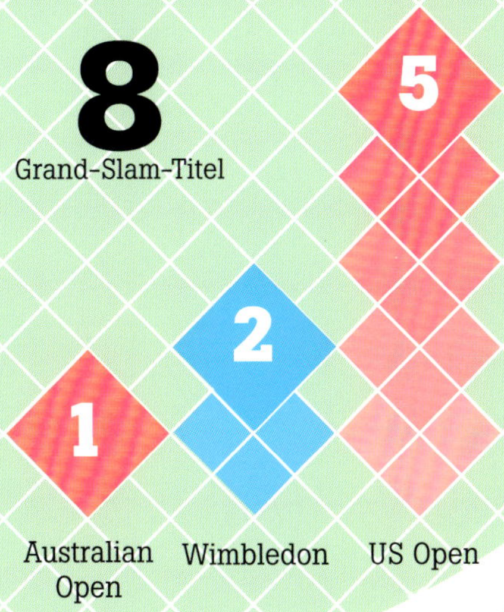

BERÜHMTE TENNIS-FANS

Von Trump bis Tyson – welche Prominenten sind als begeisterte Tennis-Fans bekannt?

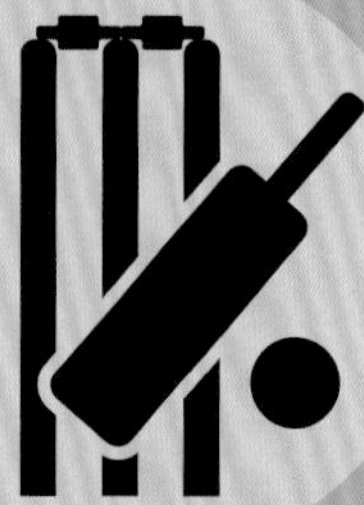

Sachin Tendulkar gilt als einer der erfolgreichsten Kricketspieler der Welt. Aber als Junge hatte er nur einen Wunsch: Er wollte wie John McEnroe sein. »Ich liebe McEnroe. Alle schwärmten für Björn Borg, aber ich war so verrückt nach McEnroe, dass man mich sogar ›Mac‹ nannte. Ich versuchte, wie er Stirnbänder und Schweißbänder zu tragen und die Leute schreiend anzufeuern. Irgendwie wollte das aber nicht so richtig klappen.«

Als er noch ein Reality-TV-Moderator war, besuchte **Donald Trump** regelmäßig die US Open. Nick Kyrgios war alles andere als ein Fan von ihm. Als man Trump zum Präsidenten vereidigte, sah man Kyrgios in einem T-Shirt, das »The Donald« mit Teufelshörnern zeigte.

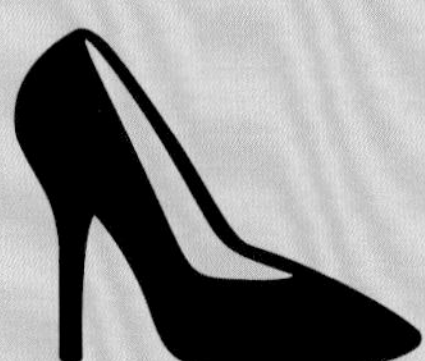

Anna Wintour, die Chefredakteurin der US-amerikanischen »Vogue«-Ausgabe, ist eine der gefürchtetsten Persönlichkeiten der Modebranche. Aber sie hat auch eine weiche Seite, die dann zutage tritt, wenn sie ihrem Freund Roger Federer auf dem Court zusieht. Während der Federer-Spiele bei den Grand Slams ist Wintour häufig zu Gast in Federers Loge. Fernab des Tennisplatzes veranstaltete sie in Manhattan eine Geburtstagsparty für ihn, schickte ihm speziell für ihn ausgesuchte Anzüge und lud ihn bei Modenschauen ein, zusammen mit ihr in der ersten Reihe zu sitzen.

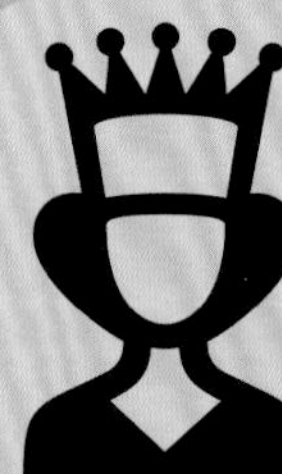

Catherine, die **Herzogin von Cambridge**, übernahm von Königin Elisabeth II. die Schirmherrschaft des All England Lawn Tennis and Croquet Club als offiziellem Ausrichter der Wimbledon Championships. Anders als die Queen hat sie ein echtes Interesse am Tennis. Ihre Eltern luden Roger Federer und seine Frau Mirka sogar schon einmal zum Abendessen auf ihren Landsitz ein. Auch ihr Mann, Prince William, interessiert sich für den Sport, doch Catherine ist mit Abstand der größte Tennisfan der Königsfamilie.

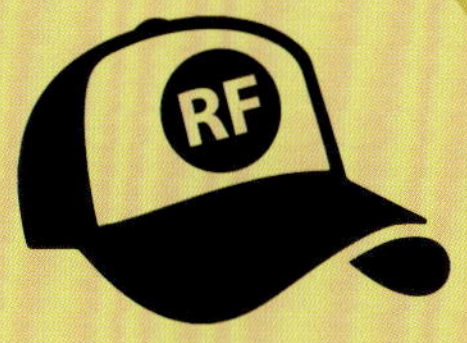

Die Bewunderung des Schauspielers **Bradley Cooper** für Roger Federer ist offenbar so groß, dass man ihn sogar mit einer »RF«-Cap in Federers Box am Spielfeldrand sitzen sah.

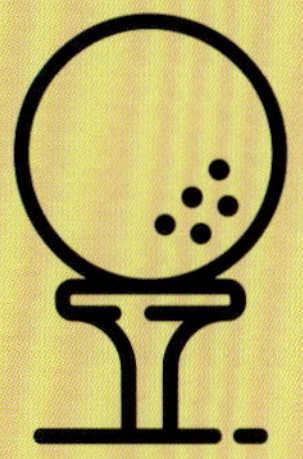

Die Liebe zum Tennis geht bei der Golflegende **Jack Nicklaus** so weit, dass er im Garten seines Hauses in Florida eigene Grasplätze anlegen ließ, auf denen Serena Williams für Wimbledon trainierte.

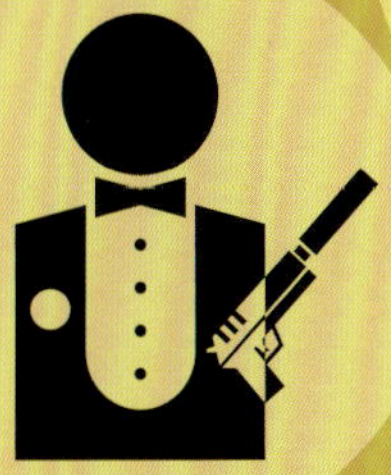

James Bond legte 2012 einen unvergesslichen Auftritt bei den US Open hin, bei denen Andy Murray sich seinen ersten Grand-Slam-Titel holte. Sir Sean Connery platzte zusammen mit Sir Alex Ferguson, dem ehemaligen Manager von Manchester United, und Murrays Mutter Judy mitten in die Pressekonferenz direkt nach Murrays Halbfinalsieg. Murray sagte zu seiner Mutter: »Du hast eine Fahne.« Sie gab Connery die Schuld: „Er war's! Er hat mich zu einem Wein verführt.«

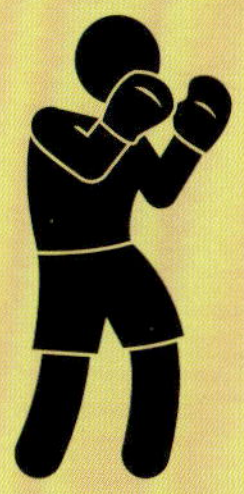

Der ehemalige Boxer **Mike Tyson** bewundert »die Leidenschaft« von Elite-Tennisspielern. »Für mich sind das alles Spitzensportler, die besten des Universums. Bessere gibt es nicht.«

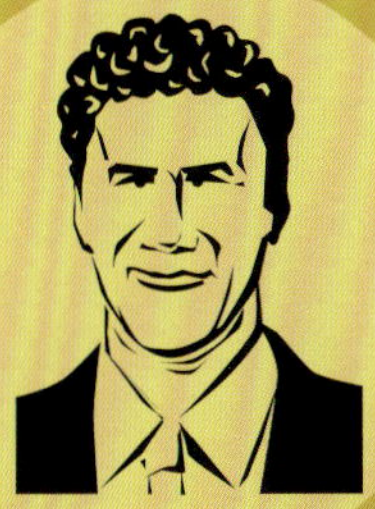

Andy Murray beschrieb **Will Ferrell** einmal als seinen »Lieblingskomiker«, und so war der Brite eher belustigst als beleidigt, als der Amerikaner sich in einem Fernsehinterview während der US Open über seine Art, sich zu kleiden, lustig machte. Ferrell ließ sich besonders dreist über Murrays rote Sneaker aus. Bei einem anderen Anlass in New York spannte Ferrell auf der Tribüne seinen Bizeps an und machte Murrays Geste auf seiner Siegesfeier im Sommer desselben Jahres in Wimbledon nach.

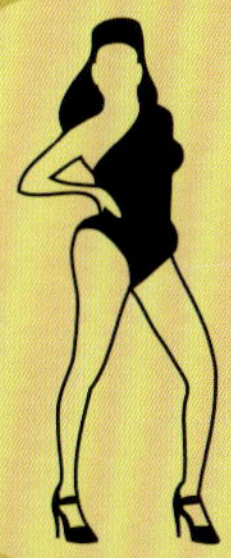

Ist **Beyoncé** jetzt ein Tennis- oder vor allem ein Serena-Williams-Fan? Zusammen mit ihrem Mann Jay-Z unterstützte die Sängerin Williams bei den Grand Slams. Um sich zu revanchieren, tanzte Williams in Beyoncés Musikvideo »Sorry«.

CHAMPION? MIT LINKS!

Haben die Linkshänder unter den Spielern vielleicht eine unverhältnismäßig große Anzahl von Grand Slams gewonnen? Und welches rechtshändig spielende Tennis-As hätte viele der großen Turniere theoretisch auch mit der Linken gewinnen können?

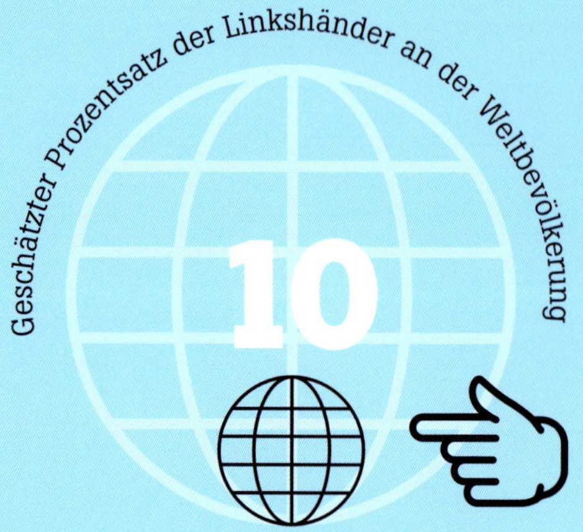

Prozentualer Anteil aller Einzel-Titel, die in der Open-Ära (seit 1968) von Linkshändern gewonnen wurden.

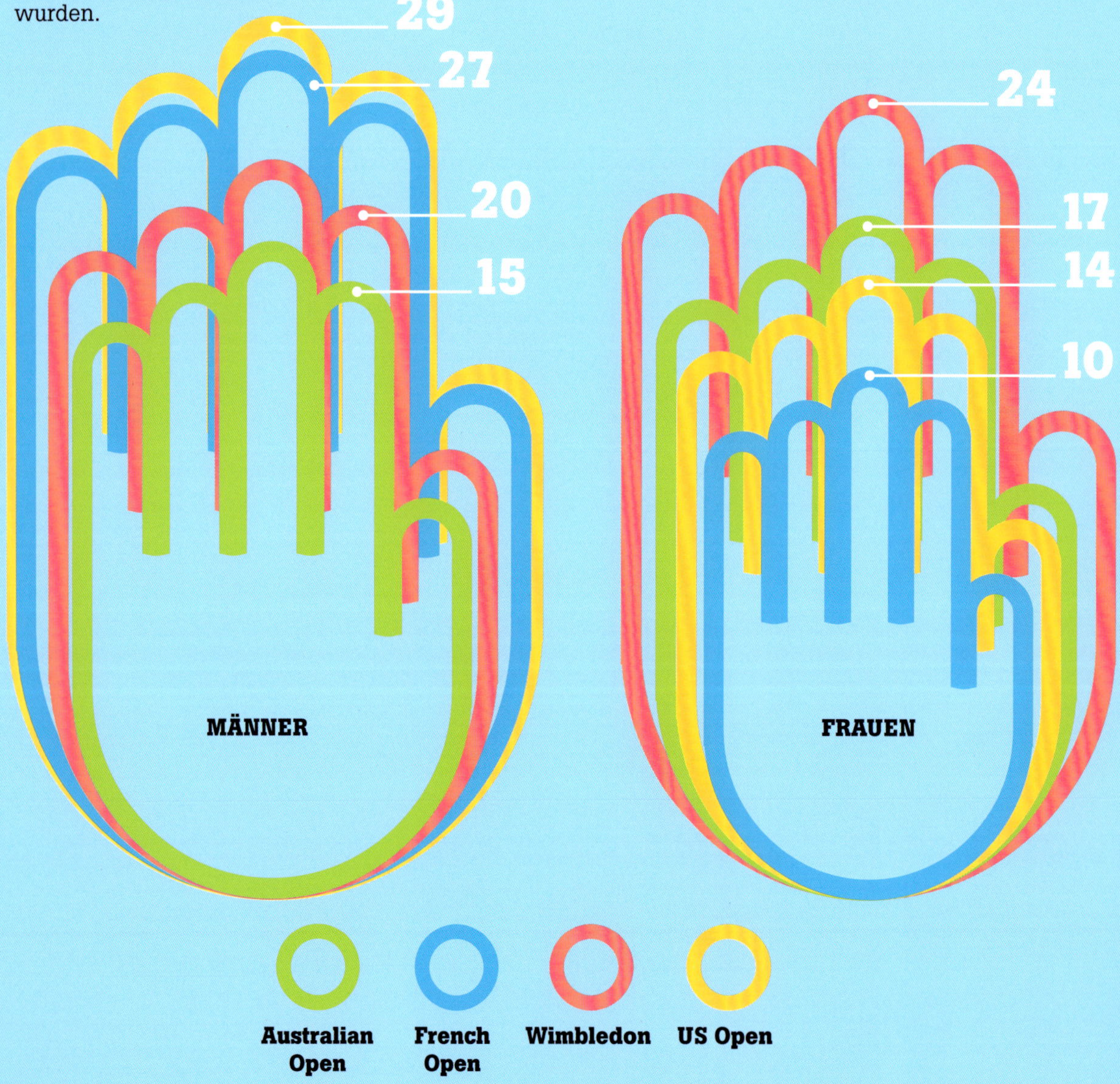

Links oder rechts?
Maria Sharapova gewann alle Grand-Slam-Titel mit der rechten Hand. Sie hätte aber auch ein linkshändiger Champion werden können. »Eigentlich bin ich Linkshänderin. Als ich klein war, spielte ich ein bisschen mehr mit links – eine Weile wusste ich gar nicht mehr genau, mit welcher Hand ich lieber spielen wollte, mit links, rechts, oder vielleicht mit beiden Händen?«

Obwohl **Martina Navratilova** den Schläger mit der linken Hand hält, schreibt sie mit der rechten.

Rafael Nadal macht fast alles mit der rechten Hand – nur Tennis spielt er mit links. Vermutet wurde, dass ihm sein Onkel und Coach Toni das so beigebracht habe, um im Spiel einen Vorteil zu haben, aber Nadal stritt das ab.

Ivan Lendl spielt mit der rechten Hand Tennis, ist als Golfer aber Linkshänder.

Bob Bryan ist Linkshänder, sein eineiiger Zwillingsbruder hält den Schläger mit der rechten Hand.

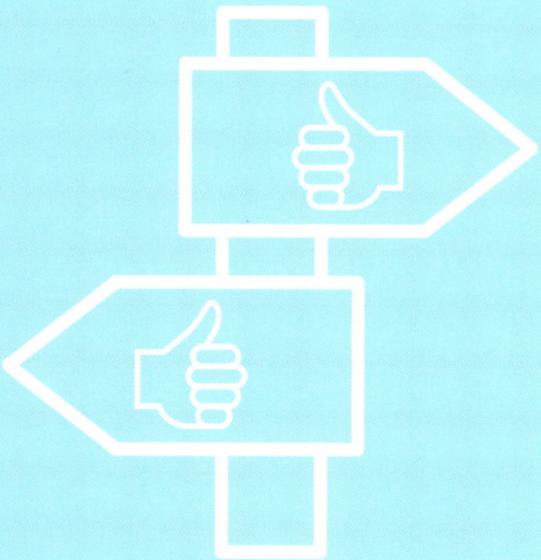

Viele der größten Spieler aller Zeiten hielten ihren Schläger mit der linken Hand.

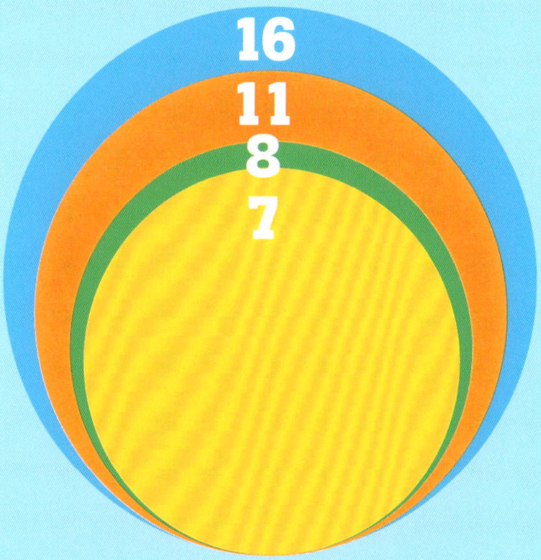

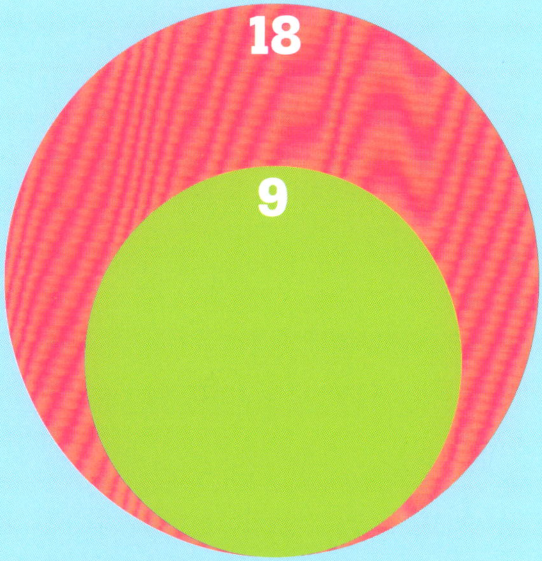

Männer: Siege im Grand-Slam-Einzel

- Rafael Nadal
- Rod Laver
- Jimmy Connors
- John McEnroe

Frauen: Siege im Grand-Slam-Einzel

- Martina Navratilova
- Monica Seles

DIE LÄNGSTEN MATCHES ALLER ZEITEN

John Isners und Nicolas Mahuts Auftaktspiel in Wimbledon 2010 dauerte insgesamt elf Stunden und fünf Minuten! Und das war nicht das erste Mal, dass eine Tennispartie »epische« Ausmaße annahm.

11:05

John Isners Sieg über **Nicholas Mahut** im Auftaktspiel von Wimbledon 2010 war das längste Spiel der Tennisgeschichte.

ISNER GEGEN MAHUT IN ZAHLEN

- **16 000** Kalorien verbrannte vermutlich jeder der beiden Spieler in dieser kraftraubenden Partie.
- **80** Wasserflaschen wurden von den beiden Spielern während des Matchs ausgetrunken.
- **46:39** Sechsundvierzig Stunden und 39 Minuten vergingen zwischen dem ersten und letzten Punkt dieses sich über drei Tage lang hinziehenden Spiels.
- **183** Ballwechsel wurden in diesem historisch längsten Match verzeichnet.
- **138** Ballwechsel wurden allein im fünften Satz gespielt, den Isner mit 70:68 gewann.
- **168** kontinuierlich gespielte Aufschläge ergeben eine Folge, die im zweiten Satz begann und erst endete, als Isner Mahut beim Stand von 69:68 langsam in die Knie zwang.

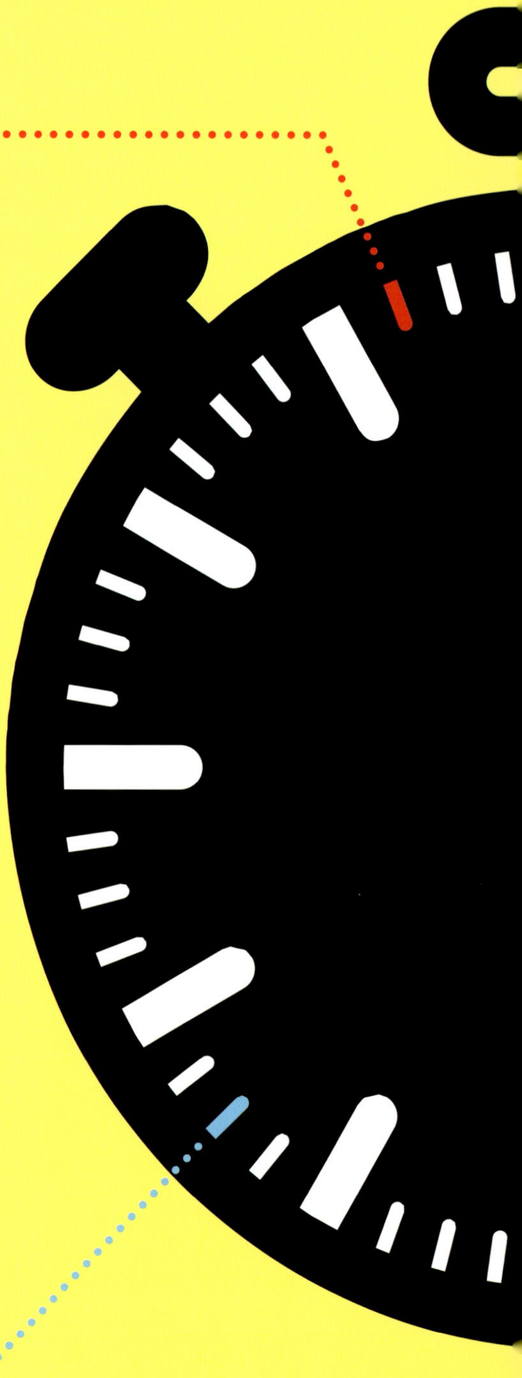

Das längste Spiel der Frauen in der Tennisgeschichte war das Auftaktspiel von **Vicki Nelson-Dunbar** gegen **Jean Hepner** bei einem Turnier 1984 in Richmond, Virginia. Hier kam es auch zum längsten Ballwechsel aller Zeiten: 643 Schläge in 29 Minuten. Am Schluss triumphierte Nelson-Dunbar mit 6:4 und 7:6 in zwei Sätzen über Hepner.

06:31

4.33 Uhr morgens. So spät (bzw. früh) hatte noch nie ein (am Vorabend um 23.47 Uhr begonnenes) Grand-Slam-Match geendet. In der dritten Runde der Australian Open 2008 schlug **Lleyton Hewitt** dabei **Marcos Baghdatis** in fünf Sätzen: 4:6, 7:5, 7:5, 6:7 (7:4), 6:3.

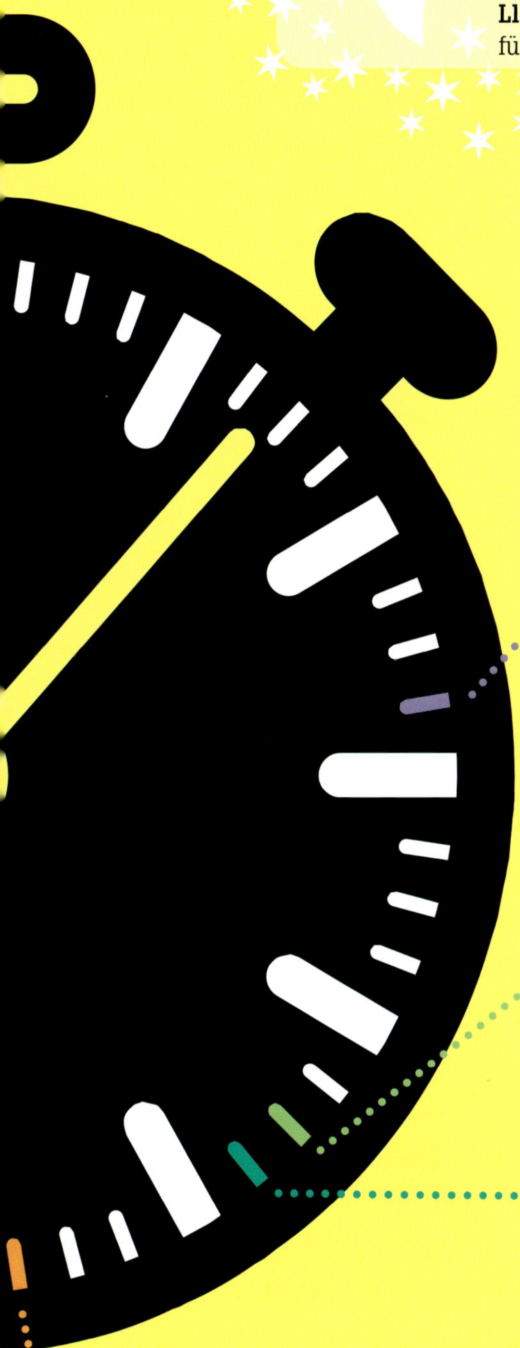

02:45 Im längsten Finale der Frauen in Wimbledon bezwang **Venus Williams** am Ende **Lindsay Davenport** im Kampf um den Titel 2005.

04:26 Im längsten »Best of Three«-Match aller Zeiten, im Halbfinale der Männer 2012 bei den Olympischen Spielen in London, siegte **Roger Federer** über **Martin del Potro**.

04:44 Das längste Grand-Slam-Match der Frauen fand im Jahr 2011 bei den Australian Open statt. **Francesca Schiavone** trat dabei gegen **Svetlana Kuznetsova** an und gewann.

05:53 Im längsten Herren-Einzelfinale der Grand-Slam-Geschichte besiegte **Novak Djokovic** 2012 Rafael Nadal bei den Australian Open.

IKONE ANDY MURRAY

Sir Andrew Barron Murray ist der größte britische Tennisstar aller Zeiten – und darüber hinaus auch der erste aktive Tennis-Ritter. (Fred Perry zum Beispiel war nur ein einfacher »Mister«.)

DIE DATEN

SPITZNAME
Muzza

GEBURTSDATUM
15. Mai 1987

GEBURTSORT
Glasgow, Schottland

GRÖSSE
1,91 m

SPIELSTIL
Rechtshändig (Rückhand beidhändig)

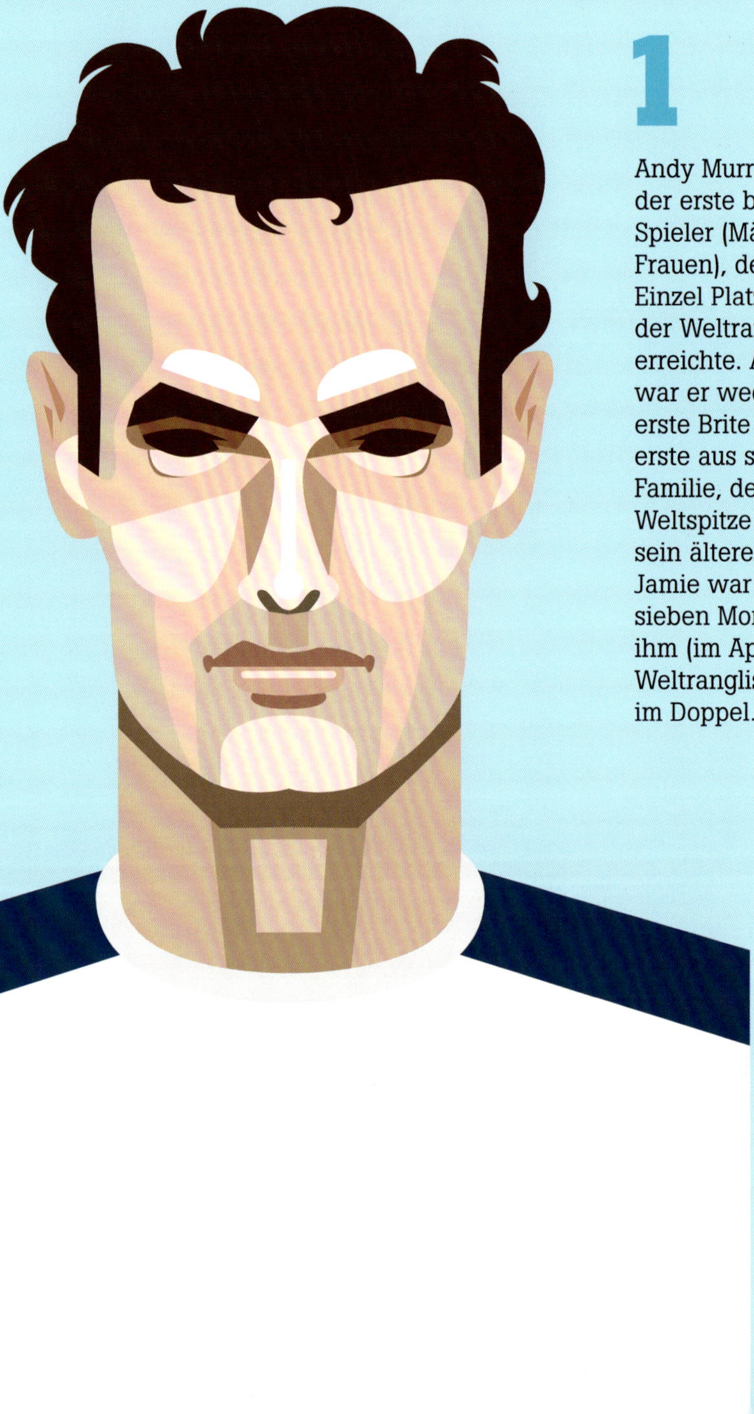

1

Andy Murray war der erste britische Spieler (Männer wie Frauen), der im Einzel Platz eins auf der Weltrangliste erreichte. Allerdings war er weder der erste Brite noch der erste aus seiner Familie, der an der Weltspitze stand: sein älterer Bruder Jamie war bereits sieben Monate vor ihm (im April 2016) Weltranglistenerster im Doppel.

MURRAY
IN ZAHLEN

REKORDE

77

Mit seinem Sieg 2013 in Wimbledon wurde Murray der erste britische Champion im Einzel der Männer im All-England-Club seit 77 Jahren.

2

Murray war der erste Spieler (Männer wie Frauen), der mit seinen Siegen im Einzel 2012 in London und 2016 in Rio de Janeiro zwei olympische Goldmedaillen in Folge gewann.

3

2016 wurde Murray als erstem Spieler zum drittenmal der Titel »BBC Sports Personality of the Year« verliehen.

3

Grand-Slam-Titel

2 Wimbledon

1 US Open

1

Andy Murray ist der erste aktive Tennisspieler, der zum Ritter geschlagen wurde. (Dem Australier Sir Norman Brookes widerfuhr diese Ehrung erst, als er sich schon zur Ruhe gesetzt hatte.)

76

Mit seinem Triumph 2012 bei den US Open wurde Murray zum ersten männlichen britischen Spieler seit 76 Jahren, der einen Grand-Slam-Einzeltitel gewann.

4

Murray verlor alle vier Finalspiele seiner ersten vier Grand-Slam-Turniere – genau wie sein Vorbild Ivan Lendl, der dann in seiner Karriere noch acht Grand-Slam-Turniere gewinnen konnte.

1

Mit den Jahren gewöhnte sich Murray die Unart an, seine Coaches anzuschreien. Einzige Ausnahme: Ivan Lendl.

79

Als Murray 2015 Großbritannien im Davis Cup mit wehenden Fahnen zum Erfolg führte, beendete er das 79 Jahre lang währende Warten der Briten auf einen Sieg.

1

Als Murray sich für Amélie Mauresmo als Coach entschied, war er der erste männliche Spitzenspieler seiner Generation, der sich von einer Frau trainieren ließ.

TATTOOS

Tennissport mag seine Wurzeln auf den Rasenflächen geistlicher Männer haben, und auch in Wimbledon macht man sich bis heute wie für eine englische Gartenparty zurecht, aber das hielt viele Weltklassespieler nicht davon ab, hin und wieder auch einmal ein Tattoo-Studio aufzusuchen …

DAN EVANS

Dieser »Bad Boy« des britischen Tennis hat sich ein Oscar-Wilde-Zitat auf die Haut tätowieren lassen: »Jeder Heilige hat eine Vergangenheit, jeder Sünder eine Zukunft.« Außerdem trägt er auch noch ein Jesus-Tattoo.

BORNA ĆORIĆ

Der ambitionierte junge Kroate trägt in fetten Lettern diesen Satz auf seinem Bizeps: »Es gibt nichts Schlimmeres im Leben, als nur ganz gewöhnlich zu sein.«

MARK PHILIPPOUSSIS

Als Australier mit griechischen Wurzeln trägt der frühere Grand-Slam-Finalist ein Tattoo von Alexander dem Großen auf seiner Schulter.

JANKO TIPSAREVIĆ

Der Serbe, früher unter den Top 10 der Weltrangliste und einer der belesensten Spieler im Profi-Tennis, wählte eine Zeile aus Dostojewskis »Der Idiot«: »Schönheit wird die Welt retten.«

AMÉLIE MAURESMO

Die frühere Grand-Slam-Siegerin, Andy Murrays Ex-Coach, trägt die Zeichnung eines Engels auf der Schulter.

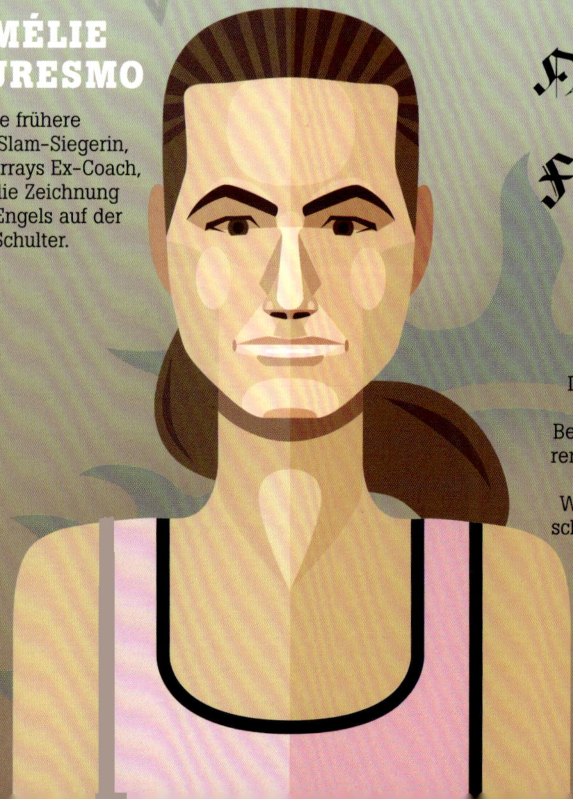

Ever tried.
Ever failed.
No matter.
Try again.
Fail again.
Fail better.

STAN WAWRINKA

Der Schweizer Spieler ließ sich ein Zitat von Samuel Beckett auf den Arm tätowieren: »Immer versucht. / Immer gescheitert. / Einerlei. / Wieder versuchen. / Wieder scheitern. / Besser scheitern.«

LUKÁŠ ROSOL

Am bekanntesten für seinen Sieg über Rafael Nadal in der zweiten Runde von Wimbledon im Jahr 2012, einem der fulminantesten Überraschungssiege in der Geschichte der Championships, demonstriert der Tscheche seinen Kämpfergeist auch durch ein großes Maori-Motiv auf dem Bein.

ANNA KOURNIKOVA

Der »untere Rücken« der Russin wird von einem Sonnenmotiv verziert.

SVETLANA KUZNETSOVA

Die ehemalige French-Open- und US-Open-Siegerin demonstriert mit den Worten, die sie sich auf den Bizeps hat tätowieren lassen, ihre unerbittliche Einstellung sich selbst gegenüber: »Der Schmerz bringt nicht mich um – sondern ich ihn«. Das ist nicht die einzige Inschrift auf ihrem Körper. Ein anderes Tattoo lautet: »Gott allein ist unser Richter.« Außerdem hat sie noch einen Stern auf dem Arm, ein Motiv auf der Brust, und die Initialen ihrer Eltern und Großeltern sind auf ihre linke Hand tätowiert.

LAURA ROBSON

Die einstige Siegerin des Juniorenturniers von Wimbledon trägt einen Stern als Tattoo.

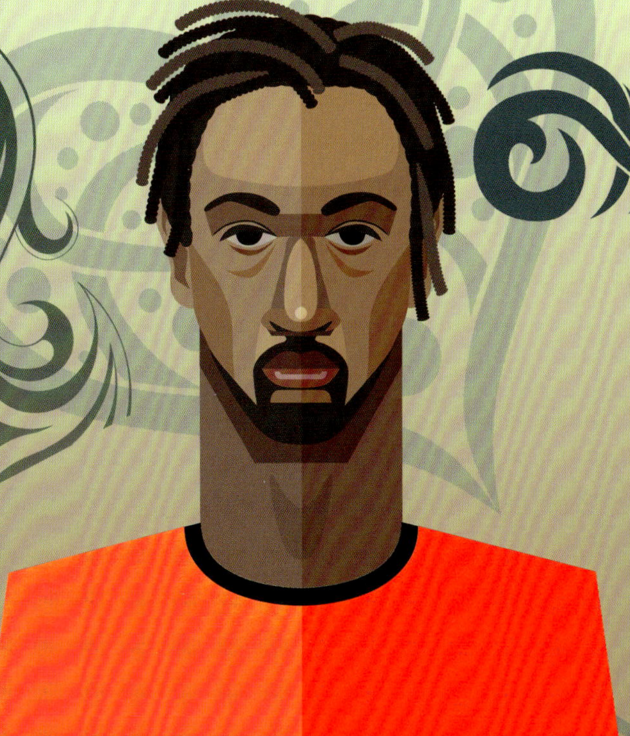

GAËL MONFILS

Der Franzose, der sich im Spiel gerne mal (hin)fliegen lässt, hat passenderweise zwei große Flügel auf dem Rücken tätowiert.

BETHANIE MATTEK-SANDS

Die Amerikanerin hat das wohl bunteste Tattoo der Tenniswelt auf ihrem rechten Arm, der von Blumen und Bienen bedeckt ist.

SERENA WILLIAMS

Die mehrfache Grand-Slam-Siegerin zieren einige eher diskrete Tattoos: eine Rose auf der Schulter und ein Herz im Nacken.

WIMBLEDON IN ZAHLEN

Was wäre Wimbledon, das älteste der vier Grand-Slam-Turniere, ohne seine Traditionen! Dazu gehören nicht nur die Erdbeeren mit Sahne und die überwiegend weiße Garderobe, sondern auch jene, die von den Spielern selbst begründet wurden, wie das obligatorische »Abstauben« der Handtücher.

Es kann schon mal vorkommen, dass der oberste Platzwart von Wimbledon morgens um 2.00 Uhr panisch aus dem Schlaf hochschreckt – vor Angst, dass Füchse auf die Rasenfläche des Centre Courts pinkeln könnten. Die Chemikalien in ihrem Urin sind so scharf, dass sie den Rasen komplett verätzen und tellergroße Löcher darin hinterlassen.

Um 6.00 Uhr morgens werden die Tennisfans, die schon über Nacht für ihr Wimbledon-Ticket anstehen, von den Stadionaufsehern geweckt, damit sie ihre Zelte abbauen und das ganze Camping-Equipment wieder verschwinden lassen, um genug Platz für diejenigen zu schaffen, die sich erst später anstellen möchten.

1877 fand in Wimbledon zum ersten Mal das Einzel der Männer statt. Der Eröffnungs-Champion Spencer Gore prophezeite damals, dass »Rasentennis es niemals in den Rang unserer wirklich großen Turniere schaffen« könne. Eine der ursprünglichen Motivationen für das Turnier, war das Sammeln von Spenden für eine Rasenwalze, mit der man den Krocket-Rasen des Clubs eben halten konnte.

1877

1884

1884 war das Jahr des ersten Wettkampfs für Frauen – sehr zum Ärger konservativer Traditionalisten, die befürchteten, Frauen könnten die Männer »ablenken« und »Zerstreuung versprechen«. Sie fanden, dass diese »schamlosen« Frauen als Sportlerinnen Aktivitäten nachgingen, die ihre Großmütter noch als »pures Heidentum« betrachtet hätten.

1997

In diesem Jahr weihte man in Wimbledon die neuen Tunnel ein, die unter den Spielfeldern und Tribünen gezogen worden waren. Jetzt konnten die Spieler die Zuschauermassen umgehen, wenn sie vom Trainingsplatz zur Umkleide gelangen wollten.

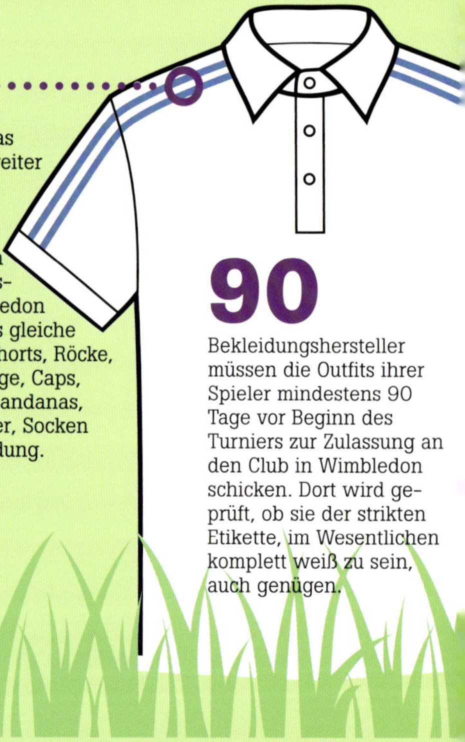

10

10 mm sind das Maximum – breiter darf ein farbig dekorativer Streifen auf den ansonsten weißen Tennis-Tops in Wimbledon nicht sein. Das gleiche gilt auch für Shorts, Röcke, Trainingsanzüge, Caps, Stirnbänder, Bandanas, Schweißbänder, Socken und Unterkleidung.

90

Bekleidungshersteller müssen die Outfits ihrer Spieler mindestens 90 Tage vor Beginn des Turniers zur Zulassung an den Club in Wimbledon schicken. Dort wird geprüft, ob sie der strikten Etikette, im Wesentlichen komplett weiß zu sein, auch genügen.

Etwa 120000 englische Pfund kosten die Handtücher, die die Spieler in Wimbledon traditionell »mitgehen lassen« – ca. 4000 Stück im Wert von je 30 Pfund. Um den Juniorspielern den Anreiz zu nehmen, bekommen sie nur ganz einfache weiße Handtücher statt der heiß begehrten farbigen oder mit Logos veredelten Modelle.

120000

170 000

So viele Gläser Pimm's Aperitif werden schätzungsweise in den 14 Tagen während des Turniers getrunken.

28

Die Gesamtmenge der während des Turniers verzehrten Erdbeeren beträgt 28 Tonnen. Um sicherzustellen, dass sie immer absolut frisch sind, werden sie täglich morgens um 4.00 Uhr gepflückt und von einer Farm in Kent nach Wimbledon gebracht.

2700

Die Gesamtmenge der Bananen, die von den Spielern während der Zeit eines Turniers gegessen werden, beträgt 2700 Kilogramm.

130 000

Bei jedem Wimbledon-Turnier werden etwa 130 000 Scones verspeist.

8

Während des Turniers werden die Grasplätze jeden Morgen um 7.30 Uhr auf 8 Millimeter Halmlänge getrimmt.

2015

In diesem Jahr ließen Novak Djokovic und Serena Williams den Brauch wieder aufleben, als Champions der beiden Einzelfinale beim Abschlussdiner der Championships miteinander zu tanzen. Das hatte es seit den 1970er-Jahren nicht mehr gegeben – weshalb Djokovic und Williams eine leicht schlüpfrige Vorstellung des Disco-Hits »Night Fever« (1977) von den Bee Gees aus dem Film Saturday Night Fever einstudierten.

2013 kosteten zwei Tickets für das Einzelfinale der Männer zwischen Andy Murray und Novak Djokovic auf einem Online-Booking-Portal 83 000 Pfund!

83 000

SLAM-STADIEN

Jedes Jahr aufs Neue wird auf den vier Grand-Slam-Centre-Courts Tennisgeschichte geschrieben. Hier ein paar interessante Zahlen zu den Stadien, inklusive der Zeitspanne, die benötigt wird, um ihre Dächer auszufahren.

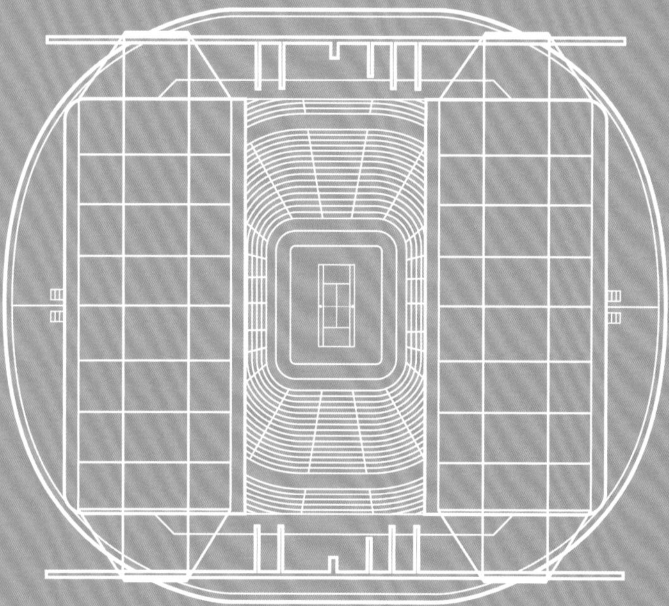

Rod Laver Arena – Australian Open
Fassungsvermögen: 15 000
Eröffnung: 1988
Baukosten: 94 Mio. AUD
Böden: Plexicushion
Dach wird geschlossen in: 20 Minuten, bei großer Hitze oder Regen.

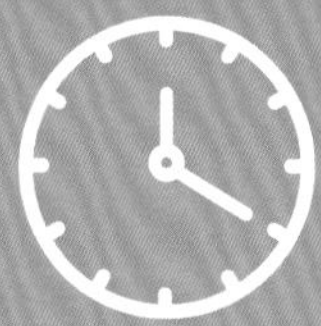

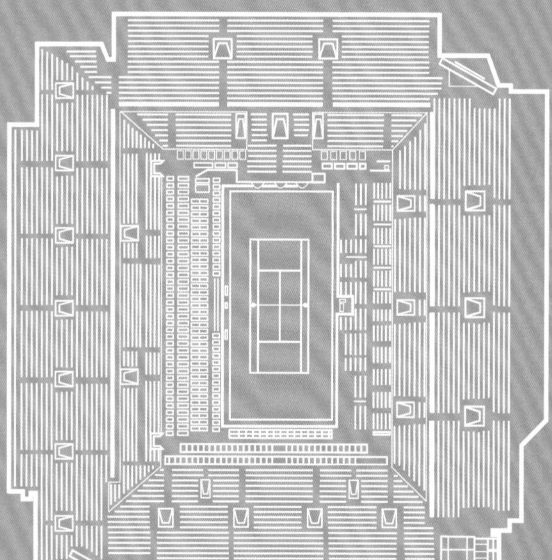

Court Philippe-Chatrier – French Open
Fassungsvermögen: 14 991
Eröffnung: 1928
Baukosten: Nicht bekannt
Böden: Sand
Dach: Bisher das einzige der vier Grand-Slam-Stadien ohne Schiebedach. Allerdings überlegt der französische Tennisverband, ein Dach einzubauen. Es soll sich binnen 15 Minuten schließen lassen.

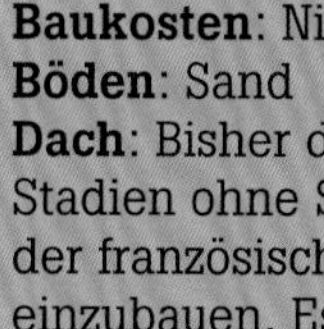

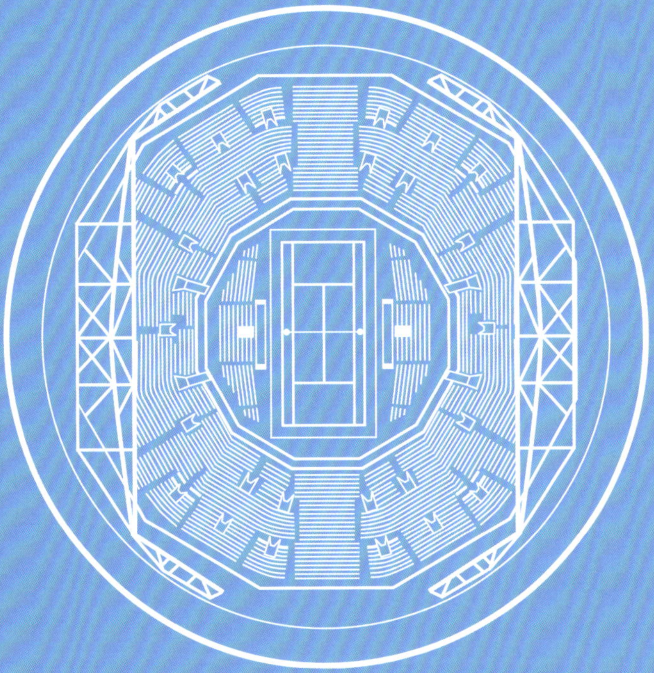

Centre Court – Wimbledon
Fassungsvermögen: 15 000
Eröffnung: 1922
Baukosten: Die ursprünglichen Baukosten sind nicht bekannt. Die Kosten für das Dach, das 2009 fertiggestellt wurde, lagen bei 100 Mio. £.
Böden: Gras
Dach wird geschlossen in: 8–10 Minuten; das Klimasystem braucht dann noch einmal 20–30 Minuten, um ideale Spielbedingungen herzustellen. Funktioniert bis zu Windgeschwindigkeiten von 69 km/h.

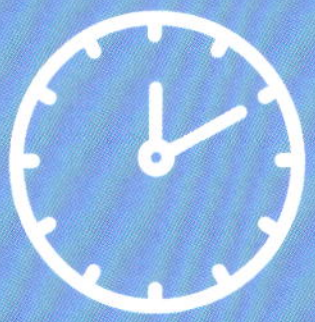

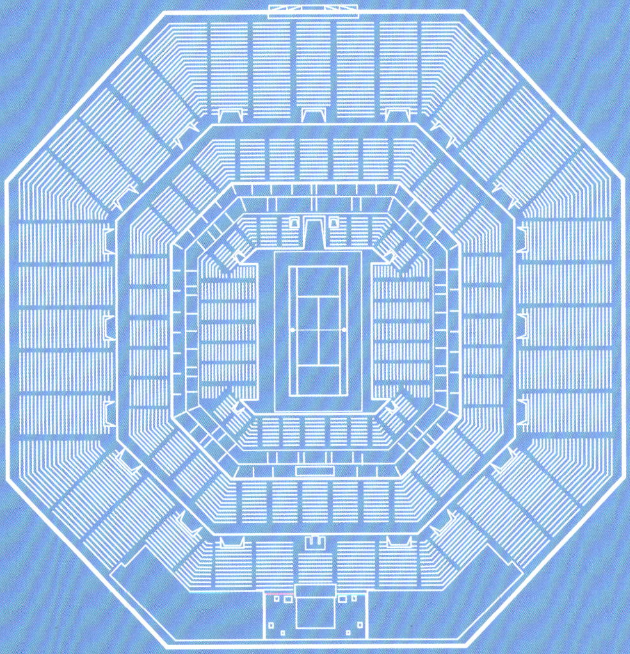

Arthur Ashe Stadium – US Open
Fassungsvermögen: 23 771
Eröffnung: 1997
Baukosten: 254 Mio. US-Dollar ursprüngliche Baukosten plus Beträge von ca. 150 Mio. US-Dollar für das einfahrbare Dach, das 2016 fertiggestellt wurde.
Böden: DecoTurf
Dach wird geschlossen in: 7 Minuten. Funktioniert bis zu Windgeschwindigkeiten von 72 km/h.

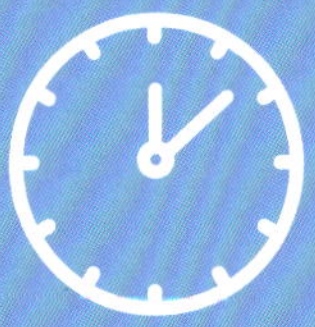

IKONE CHRIS EVERT

Ihre »Coolness« und ihre außerordentliche mentale Stärke brachten Chris Evert den Spitznamen »The Ice Maiden« ein. Auf dem Sandplatz war sie in ihrem Element, gewinnen konnte sie aber auch auf allen anderen Böden.

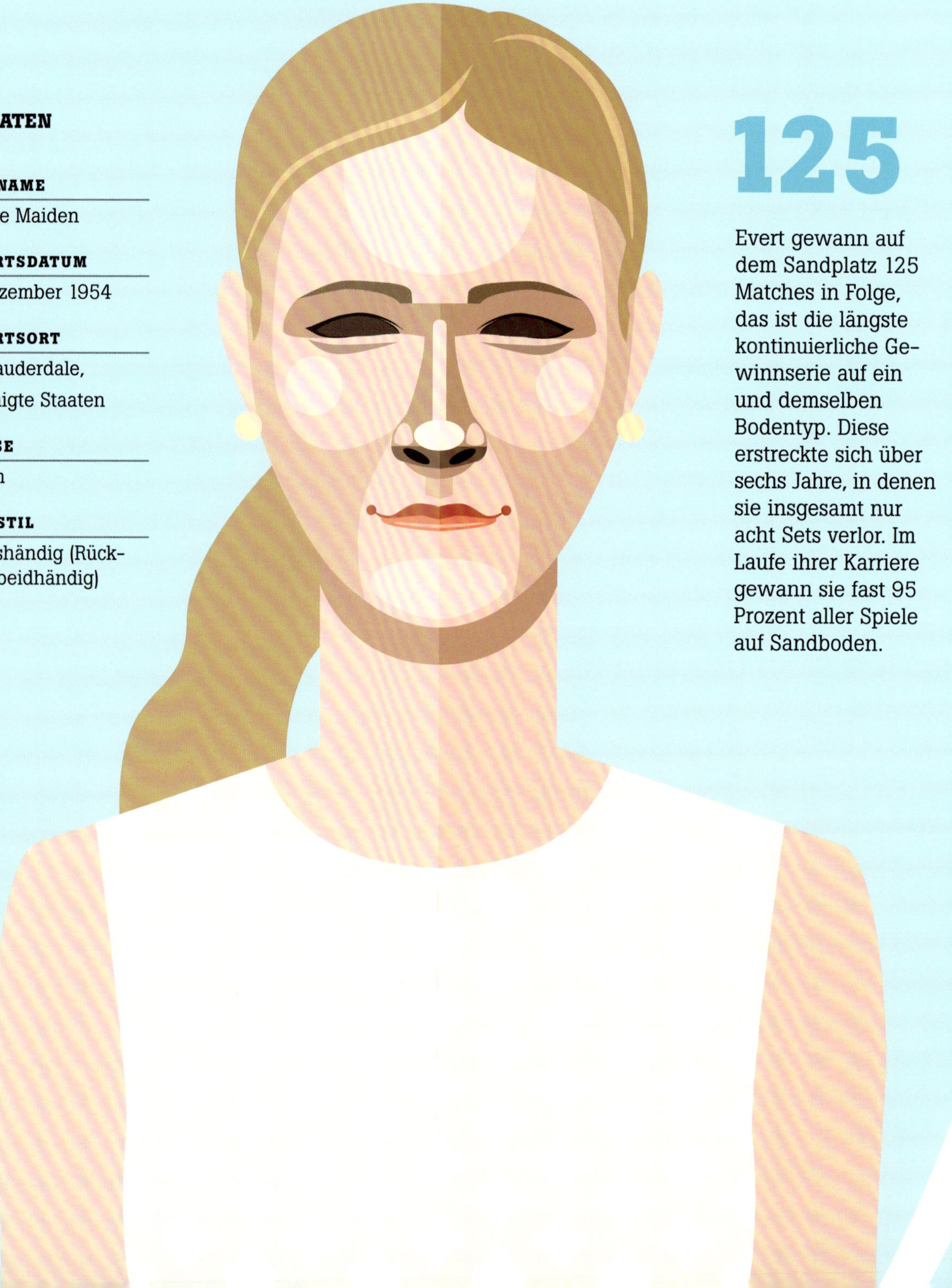

DIE DATEN

SPITZNAME

The Ice Maiden

GEBURTSDATUM

21. Dezember 1954

GEBURTSORT

Fort Lauderdale, Vereinigte Staaten

GRÖSSE

1,68 m

SPIELSTIL

Rechtshändig (Rückhand beidhändig)

125

Evert gewann auf dem Sandplatz 125 Matches in Folge, das ist die längste kontinuierliche Gewinnserie auf ein und demselben Bodentyp. Diese erstreckte sich über sechs Jahre, in denen sie insgesamt nur acht Sets verlor. Im Laufe ihrer Karriere gewann sie fast 95 Prozent aller Spiele auf Sandboden.

REKORDE

7

Keine Frau (und bis zu Rafael Nadal auch kein Mann) gewann mehr Einzeltitel bei den French Open als Chris Evert.

90

Mit einer Gewinnbilanz von durchschnittlich 90 Prozent setzte sie einen absoluten Rekord (Männer wie für Frauen).

6

Sechsmal gewann Chris Evert die US-Open-Einzel-Pokale – erst 2014 zog Serena Williams gleich.

18

Grand-Slam-Titel

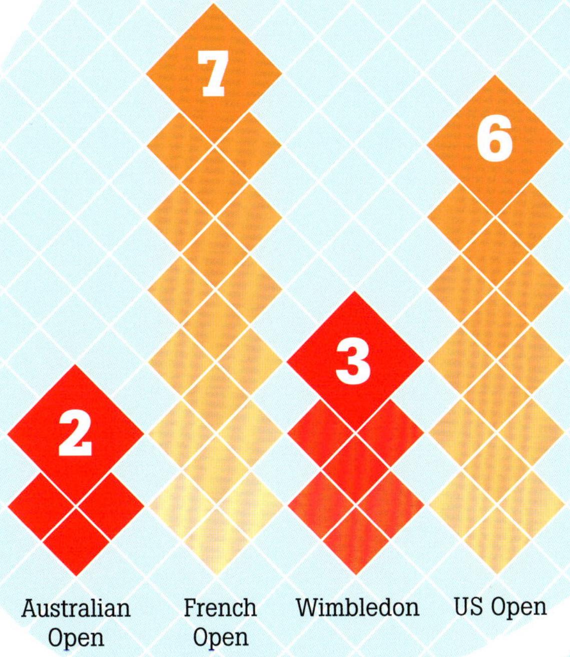

EVERT
IN ZAHLEN

13

Dreizehn Jahre in Folge gewann Evert mindestens einen Grand-Slam-Titel im Einzel – eine Erfolgsstrecke von 1974 bis 1986.

55

Im Jahr 1974 erzielte sie 55 Siege in Folge – damals eine Rekordzahl.

157

Im Verlauf ihrer gesamten Tenniskarriere gewann Evert 157 Einzeltitel – damit belegt sie Rang zwei nach Martina Navratilova mit 167 Pokalen.

299

ist die Gesamtzahl aller Grand-Slam-Einzel-Matches, die Evert gewann – eine Zahl, die nur Serena Williams und Martina Navratilova noch überboten.

1 000 000

Chris Evert gewann als erster weiblicher Tennisprofi eine Million US-Dollar an Preisgeldern. Zum Ende ihrer Karriere hin hatten sich bei ihr fast neun Millionen US-Dollar angesammelt.

DIE SCHNELLSTE RÜCKHAND

Wer hat die schnellste Rückhand? Die hier verwendeten Mittelwerte stammen aus den Daten der Tennis Australia's Game Insight Group.

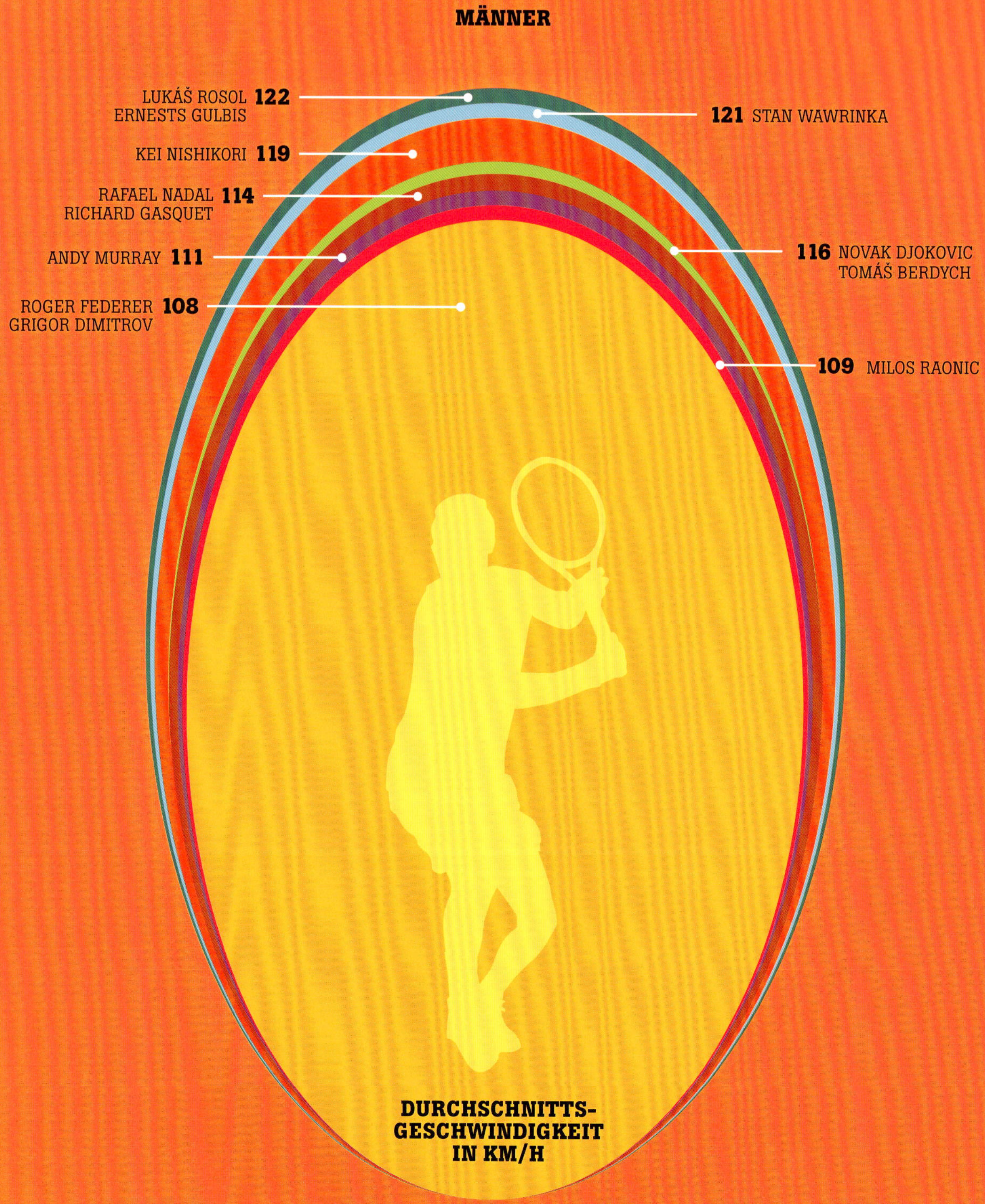

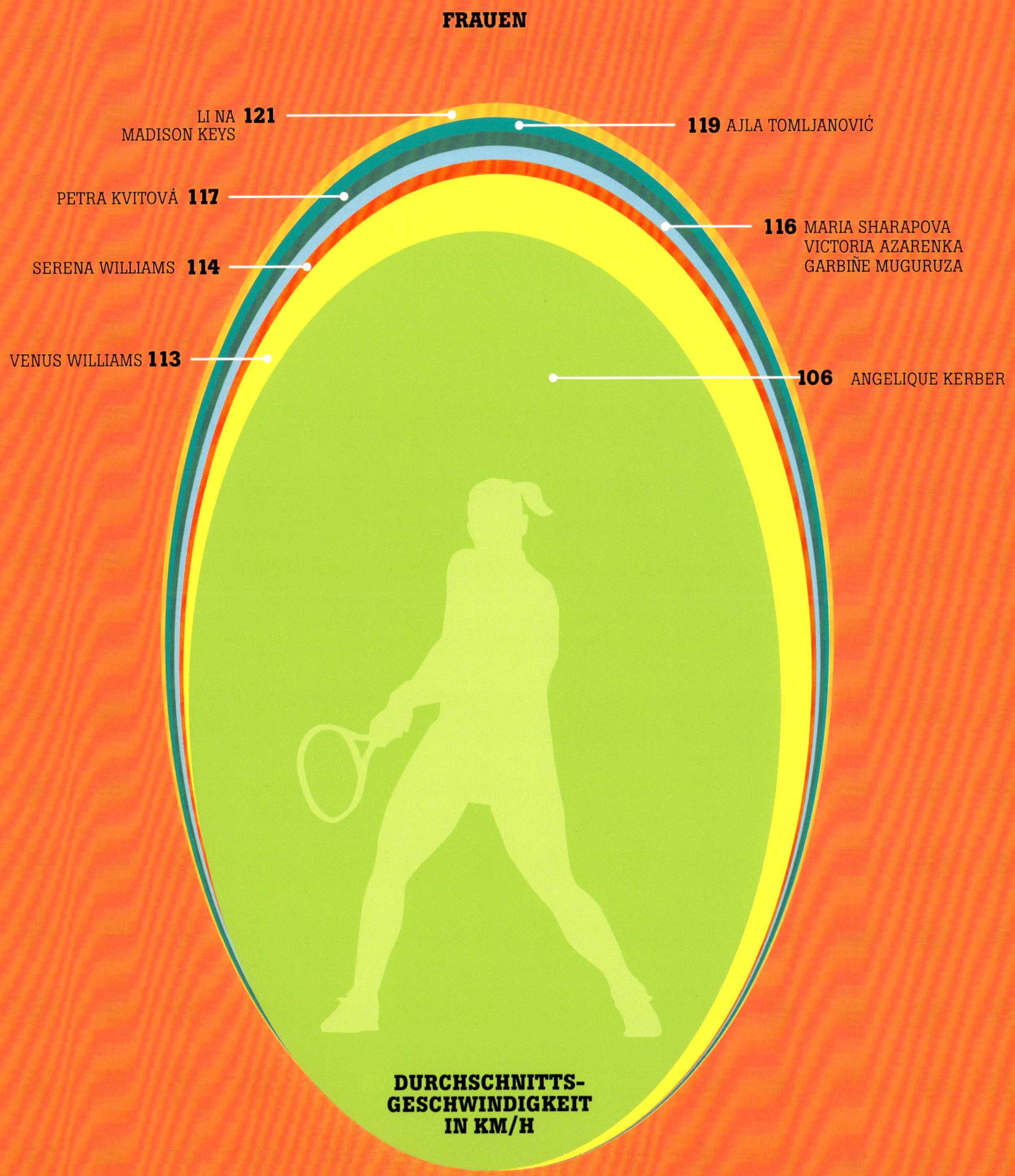
FRAUEN
LI NA 121
MADISON KEYS
119 AJLA TOMLJANOVIĆ
PETRA KVITOVÁ 117
116 MARIA SHARAPOVA
VICTORIA AZARENKA
GARBIÑE MUGURUZA
SERENA WILLIAMS 114
VENUS WILLIAMS 113
106 ANGELIQUE KERBER
DURCHSCHNITTS-
GESCHWINDIGKEIT
IN KM/H

PRIVATJETS & CO.

Als Tennisprofi muss man viel Zeit im Flugzeug verbringen. Die Besten der Besten können sich natürlich einen Privatjet leisten.

25 Stunden Flugzeit im Privat-Jet kosten über 100 000 Euro.

100 000

90 000

Schätzungsweise rund 90 000 Flugmeilen legen die Top-Spielerinnen und -Spieler während einer Saison zurück.

20

Durchschnittlich 20 Turniere und Events spielen die Top-Spielerinnen und -Spieler im Jahr.

55 ...

... Stunden war Agnieszka Radwanska, eine ehemalige Wimbledon-Finalistin, von einem Turnier in Montreal zu den Olympischen Spielen nach Rio unterwegs. Dort verlor sie ihr Vorrundenspiel in nur 99 Minuten.

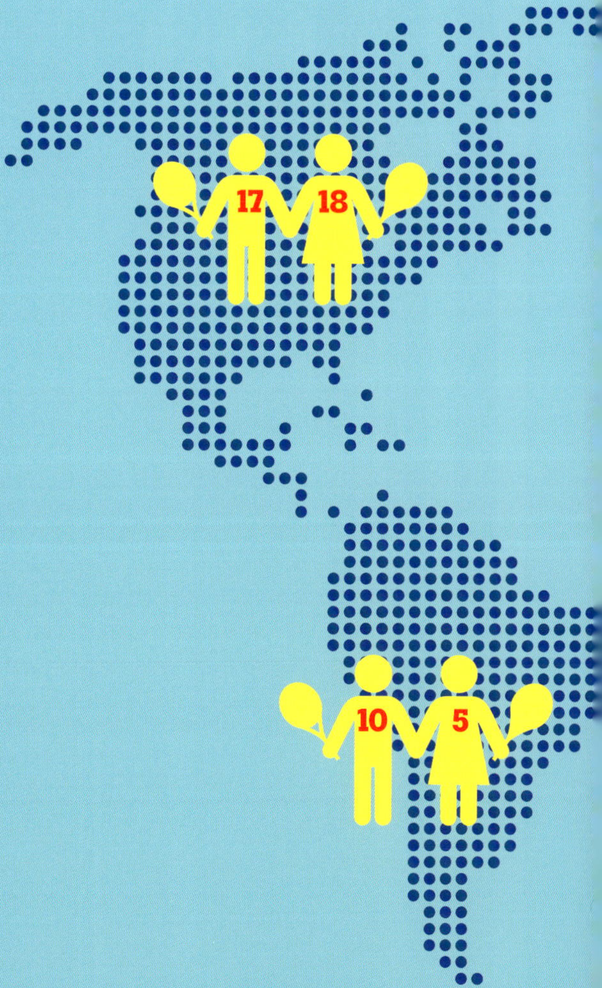

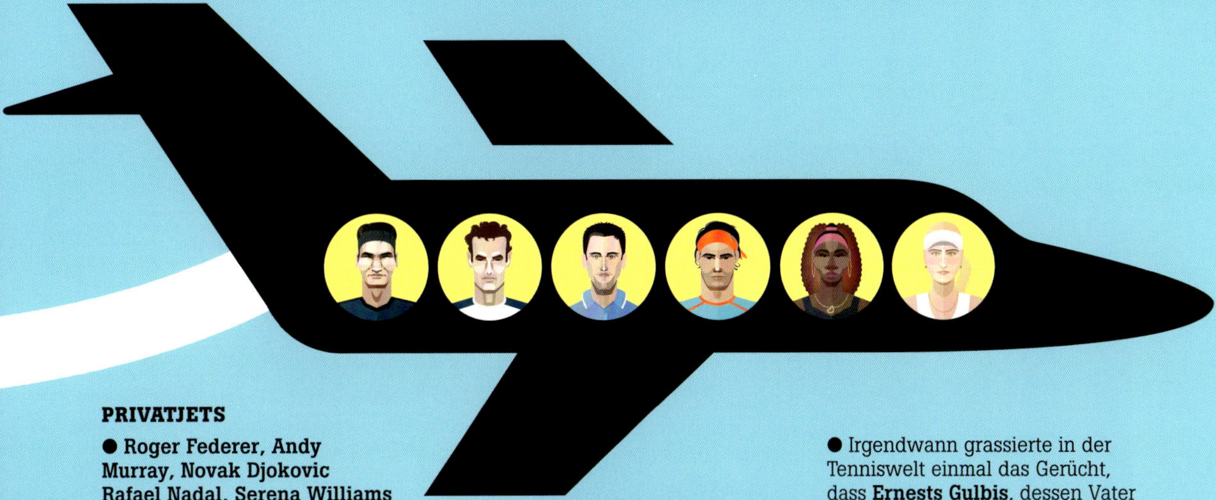

PRIVATJETS

● **Roger Federer, Andy Murray, Novak Djokovic Rafael Nadal, Serena Williams** und **Maria Sharapova** flogen bzw. fliegen alle mit Privatjets.

● **Roger Federer** beschrieb seinen Jet als laut und chaotisch, außerdem gäbe es darin kaum noch Platz: »Ich kann Ihnen nicht empfehlen, mit meinen Kindern in einem Flugzeug zu fliegen.«

● »Das Fliegen mit meinem Privatjet ist für mich der größte Luxus«, meinte **Maria Sharapova** einmal. »Damit komme ich immer schnell zu einem Turnier und kann es auch schnell wieder verlassen. Eine der besten Investitionen meiner Karriere …«

● Irgendwann grassierte in der Tenniswelt einmal das Gerücht, dass **Ernests Gulbis**, dessen Vater vermutlich einer der reichsten Männer Lettlands ist, per Privatjet von Turnier zu Turnier flöge. »Klar«, sagte er, als man ihn darauf ansprach, »außerdem habe ich auch noch einen Hubschrauber, ein U-Boot und ein Raumschiff!«

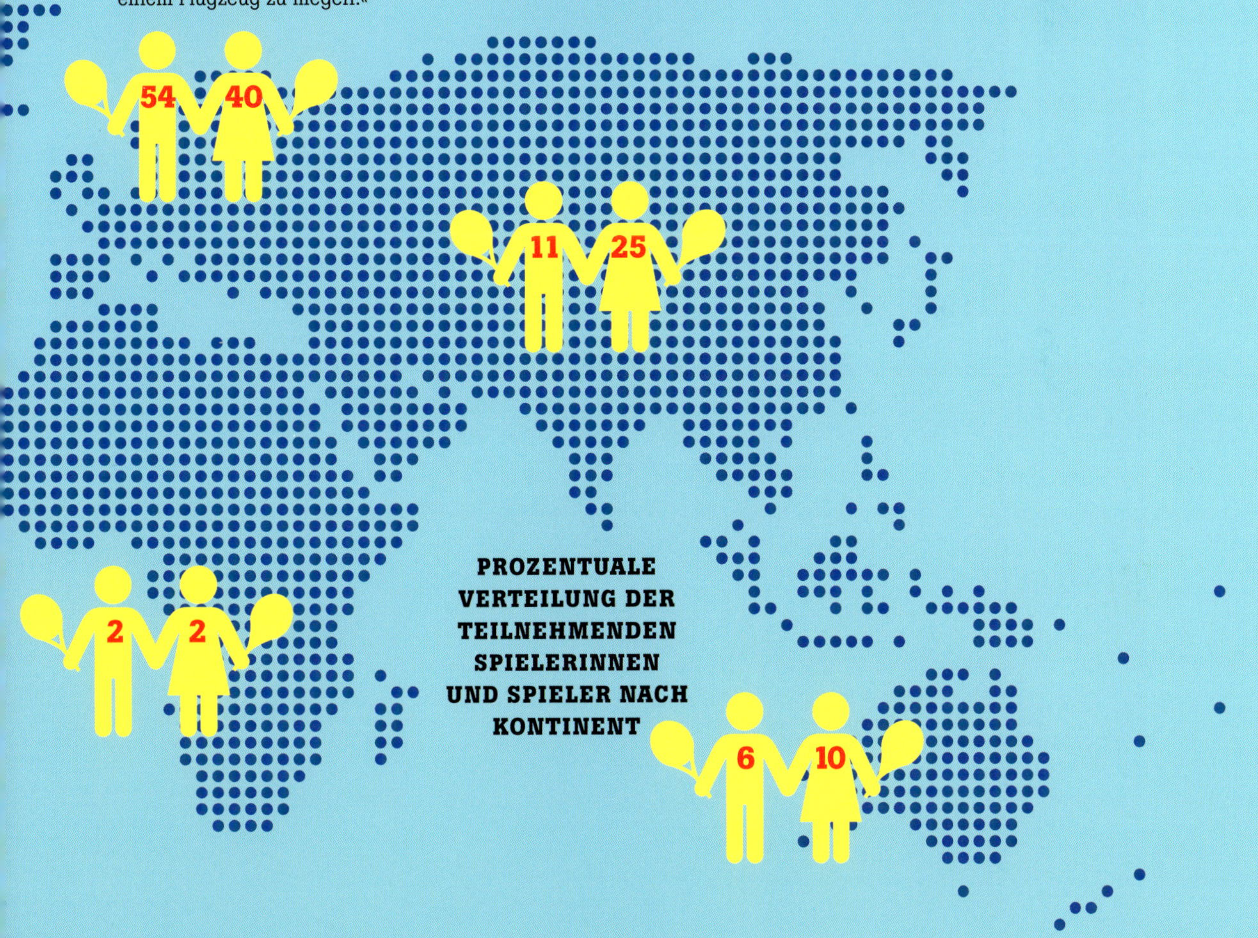

DROGEN IM TENNISSPORT

Einige Tennisspieler wurden tatsächlich schon einmal positiv auf leistungssteigernde Drogen getestet, andere auf Partydrogen, und einer geriet in Schwierigkeiten, weil er ein Mittel gegen Haarausfall nahm.

Im ersten Jahr, in dem **Pat Cash** in Wimbledon spielte, versteckte er einen Joint unter seinem Kissen und »qualmte jede Nacht einen«. »Das beruhigte mich. Das Problem ist, dass alle denken: ›Drogen sollen doch so schlecht sein, dabei hat dieser kleine Joint mein Spiel doch gar nicht tangiert.‹ Also macht man weiter, und langsam wird es immer mehr. Man steigt auf die nächste Droge um, und dann wieder auf die nächste.«

Als **Maria Sharapova** 2016 öffentlich ankündigte, dass sie eine »wichtige Mitteilung« zu machen habe, nahm man allgemein an, sie wolle sich aus dem Tennis zurückziehen. Doch es ging dabei um etwas völlig anderes. »Ich weiß, viele von Ihnen denken, dass ich mit dem Tennis aufhöre. Doch wenn das der Fall wäre, würde ich das sicherlich nicht in einem Hotel mit einem so hässlichen Teppich in Downtown Los Angeles tun.« Tatsächlich nutzte sie das leicht »schmuddelige« Umfeld, um einzugestehen, dass sie bei den Australian Open des Jahres positiv auf ein verbotenes Medikament mit dem Namen Meldonium getestet worden sei. Sie wurde für dieses Vergehen 15 Monate lang gesperrt.

Rafael Nadal verklagte einen ehemaligen Sportminister Frankreichs, der ihm unterstellte, die lange Abwesenheit des Spaniers von der Tour 2012 sei nicht nur auf eine Verletzung, sondern auch auf den Konsum von Aufputschmitteln zurückzuführen gewesen. »Ich will hier nicht nur meine Integrität und meinen guten Ruf … verteidigen, sondern vor allem auch bestimmte Grundwerte, die ich im Verlauf meiner Karriere schon immer verteidigt habe.«

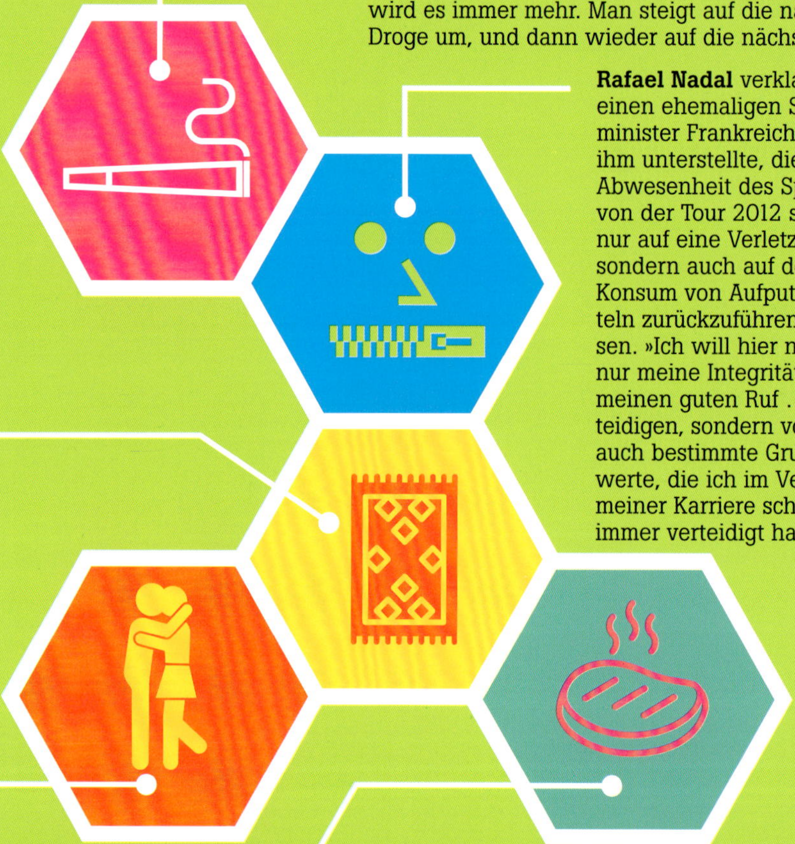

Richard Gasquets Zungenküsse in einem Nachtclub in Miami mit einer Frau, die man nur als »Pamela« identifizieren konnte – vor allem aber der positive Drogentest auf Kokain am nächsten Tag –, brachten ihm viel Ärger ein. Doch er hatte Glück. Ihm wurde gestattet, seine Karriere fortzusetzen. Der Sportgerichtshof akzeptierte seine Erklärung, dass sich die Droge wohl irgendwie »im Rahmen der intensiven Begegnung mit der betreffenden Dame« auf ihn übertragen haben müsse …

Eine besonders kuriose Erklärung für seinen positiven Drogentest dachte sich **Petr Korda** aus, nachdem bei ihm verbotene Steroide nachgewiesen wurden: Er argumentierte allen Ernstes mit seinem großen Appetit auf Kalbfleisch und erklärte, dass man die Kälber in der Mast mit Nandrolon spritze, einem Steroid. So habe sich die Droge wohl nach und nach in seinem Körper angereichert. Damit kam er jedoch nicht weit, denn Wissenschaftler rechneten ihm vor, dass er mindestens 40 Kälber am Tag essen müsse, um das in seiner Wimbledonprobe ermittelte Steroid-Level zu erreichen.

Als **Andre Agassi** einmal Chrystal Meth schnupfte, wurde er »von einer irren Putzwut gepackt«. Er rannte in wilder Raserei durch sein Haus und machte es von oben bis unten sauber. »Ich staubte die Möbel ab. Ich schrubbte die Badewanne. Ich machte die Betten«, erzählte Agassi, der auch positiv auf die Droge getestet wurde, eine Sperre aber abwenden konnte, indem er behauptete, er habe an einem Drink genippt, der von seinem persönlichen Assistenten »geimpft« worden wäre.

Als **Sessil Karatantschewa** positiv auf ein verbotenes Steroid getestet wurde, behauptete die bulgarische Teenagerin, dass die hohen Dosen Nandrolon in ihrem Blut sich wohl durch ihre Schwangerschaft erklären ließen. Sie wurde zwei Jahre gesperrt.

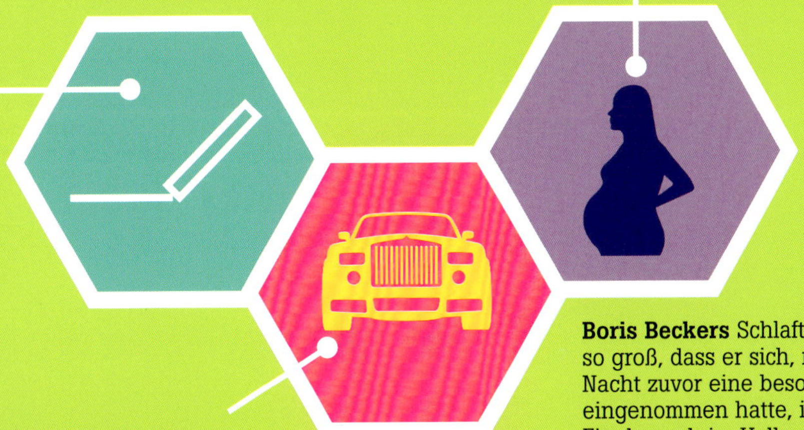

Boris Beckers Schlaftablettenkonsum war so groß, dass er sich, nachdem er in der Nacht zuvor eine besonders hohe Dosis eingenommen hatte, in einem Wimbledon-Finale noch im Halbschlaf befand. »Ich ging in das Match wie ein Schlafwandler«, kommentierte Becker seine Niederlage 1990 gegen Stefan Edberg.

Trotz all seiner Talente und seines Erfolgs – 1977 gewann er immerhin die Australian Open – war **Vitas Gerulaitis** sehr viel bekannter für seine Abenteuer außerhalb des Courts. Als stolzer Besitzer eines bananengelben Rolls Royce, Freund von Andy Warhol und Stammgast im berühmt-berüchtigten Nachtclub Studio 54 in Manhattan lebte Gerulaitis ein Leben im Exzess. Sein Name fiel sogar in einem bundesweiten Drogenverfahren vor der Grand Jury; allerdings wurde er schließlich in allen fraglichen Punkten entlastet. Sein tragischer früher Tod im Alter von nur 40 Jahren scheint ein Unfall gewesen zu sein; er starb wohl an einer versehentlich verursachten Kohlenmonoxid-Vergiftung.

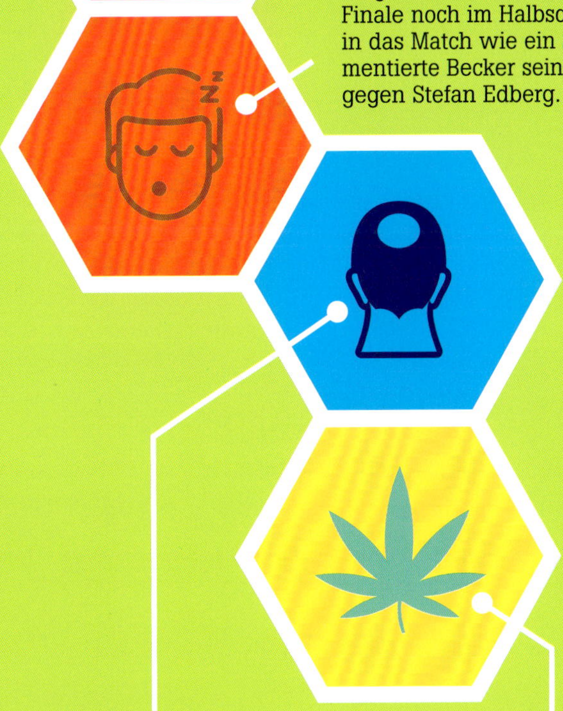

Panische Angst vor einer Glatze ließ **Mariano Hood**, einen argentinischen Doppel-Spieler, beim Drogentest durchfallen. Er hatte, um dem Haarausfall vorzubeugen, ein Mittel eingenommen, das eine verbotene Substanz enthielt.

Yannick Noah, ein früherer French-Open-Champion, gab zu, dass er vor den Matches immer Marihuana rauchte.

DIE SLAMS

Für jeden Tennisprofi sind sie natürlich der Olymp. Hier finden Sie die Tennis-Asse mit den meisten Grand-Slam-Einzel-Siegen aller Zeiten, quer durch die Amateur- und die Open-Ära.

MÄNNER
DIE MEISTEN GRAND-SLAM-TITEL

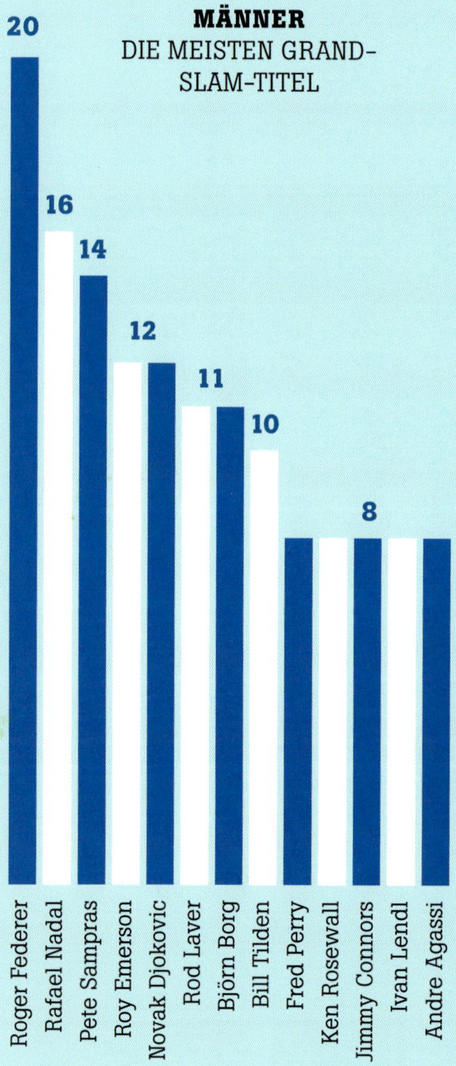

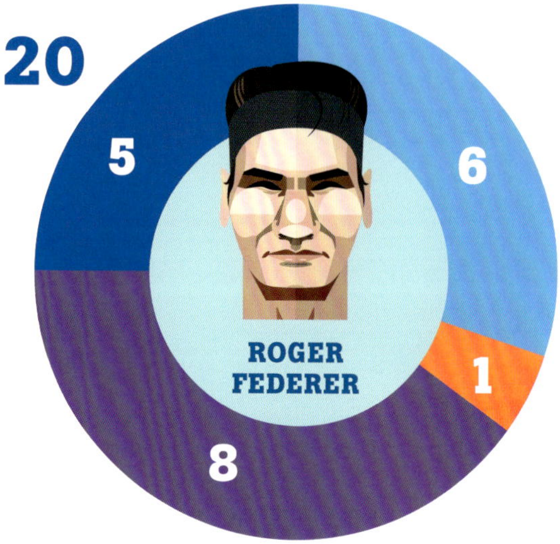

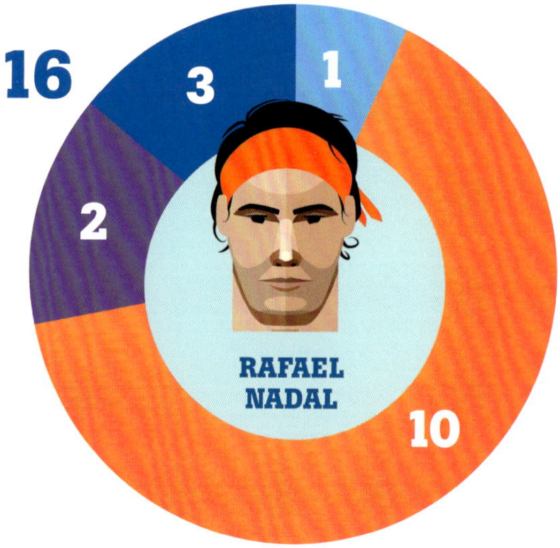

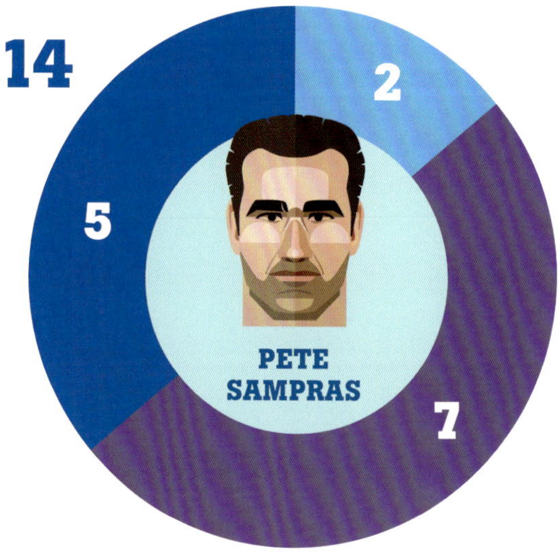

Australian-Open-Titel
French-Open-Titel
Wimbledon-Titel
US Open-Titel

FRAUEN
DIE MEISTEN GRAND-SLAM-TITEL

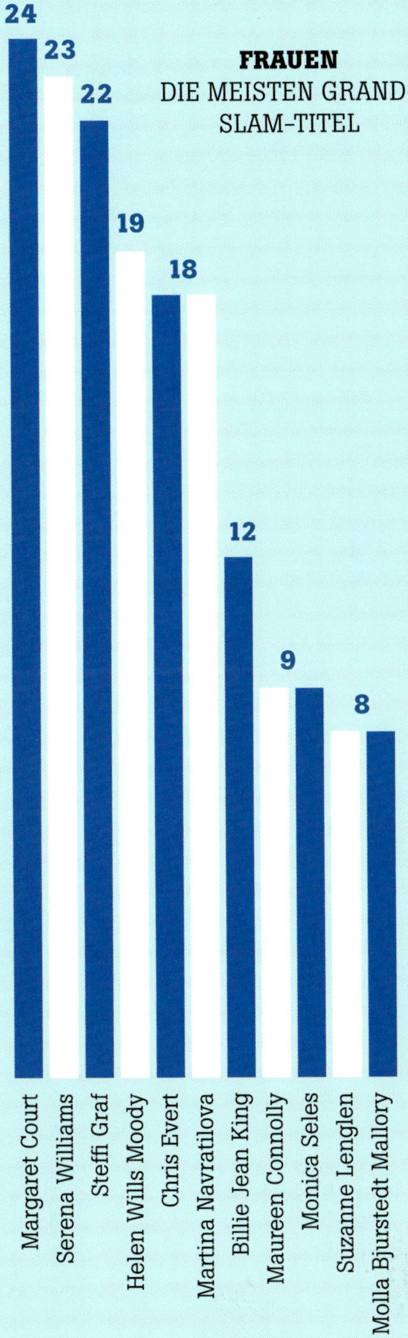

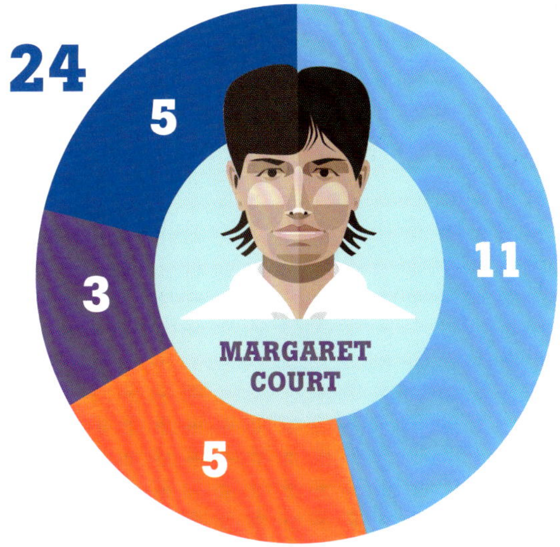

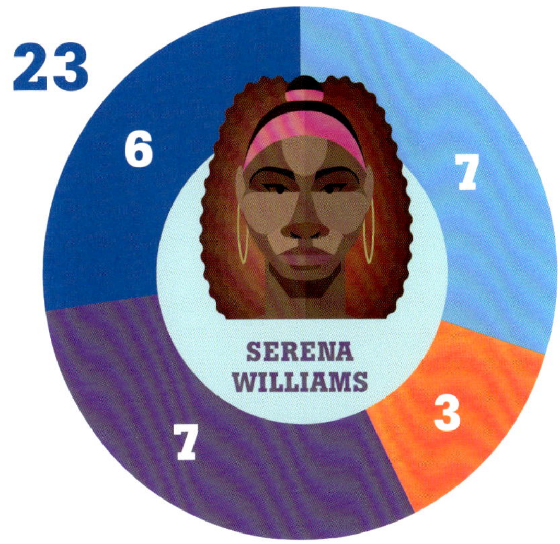

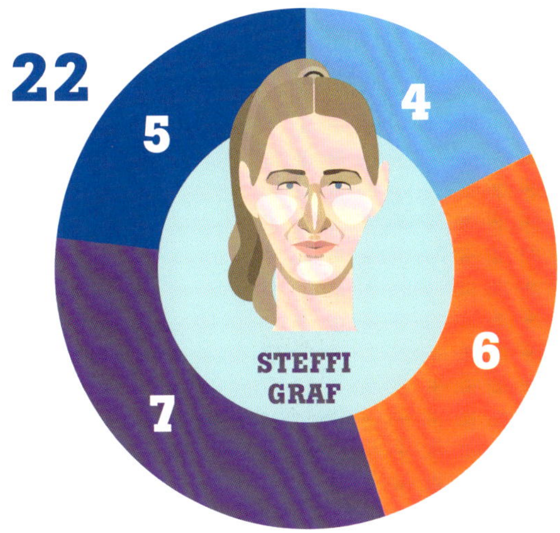

BLACK POWER

Serena und Venus Williams sind nicht nur Ausnahmetalente im Tennis; sie verkörpern als farbige Frauen und Sport-Ikonen natürlich auch Vorbilder, die weit über den Tennissport bedeutend sind – so wie die afroamerikanischen Tennis-Pioniere Althea Gibson und Arthur Ashe sowie Yannick Noah, der auch als Sänger erfolgreiche Franzose mit Wurzeln im Kamerun.

ARTHUR ASHE

Arthur Ashe stammte aus Richmond, Virginia – im amerikanischen Bürgerkrieg die Hauptstadt der Konföderierten, die sich für den Erhalt der Sklaverei einsetzten. Das Tennisspiel erlernte er in öffentlichen Parks, weil er die Clubs der reichen Weißen nicht betreten durfte. Er war der erste Afroamerikaner, der im Jahr 1968, damals noch als Lieutenant bei der Armee, die US Open gewann. Zwei Jahre später kämpfte er sich bei den Australian Open als erster Farbiger im Einzel an die Spitze. Seinen wahrscheinlich eindrucksvollsten Sieg erzielte er 1975 in Wimbledon, wo er den neun Jahre jüngeren Jimmy Connors schlug und der erste Farbige wurde, der je auf dem Rasen von Wimbledon einen Titel holte. Connors galt eigentlich als unschlagbar, doch am Abend vor dem Spiel hatte sich Ashe eine kluge Strategie überlegt, mit der er Connors erfolgreich aus dem Konzept bringen konnte.

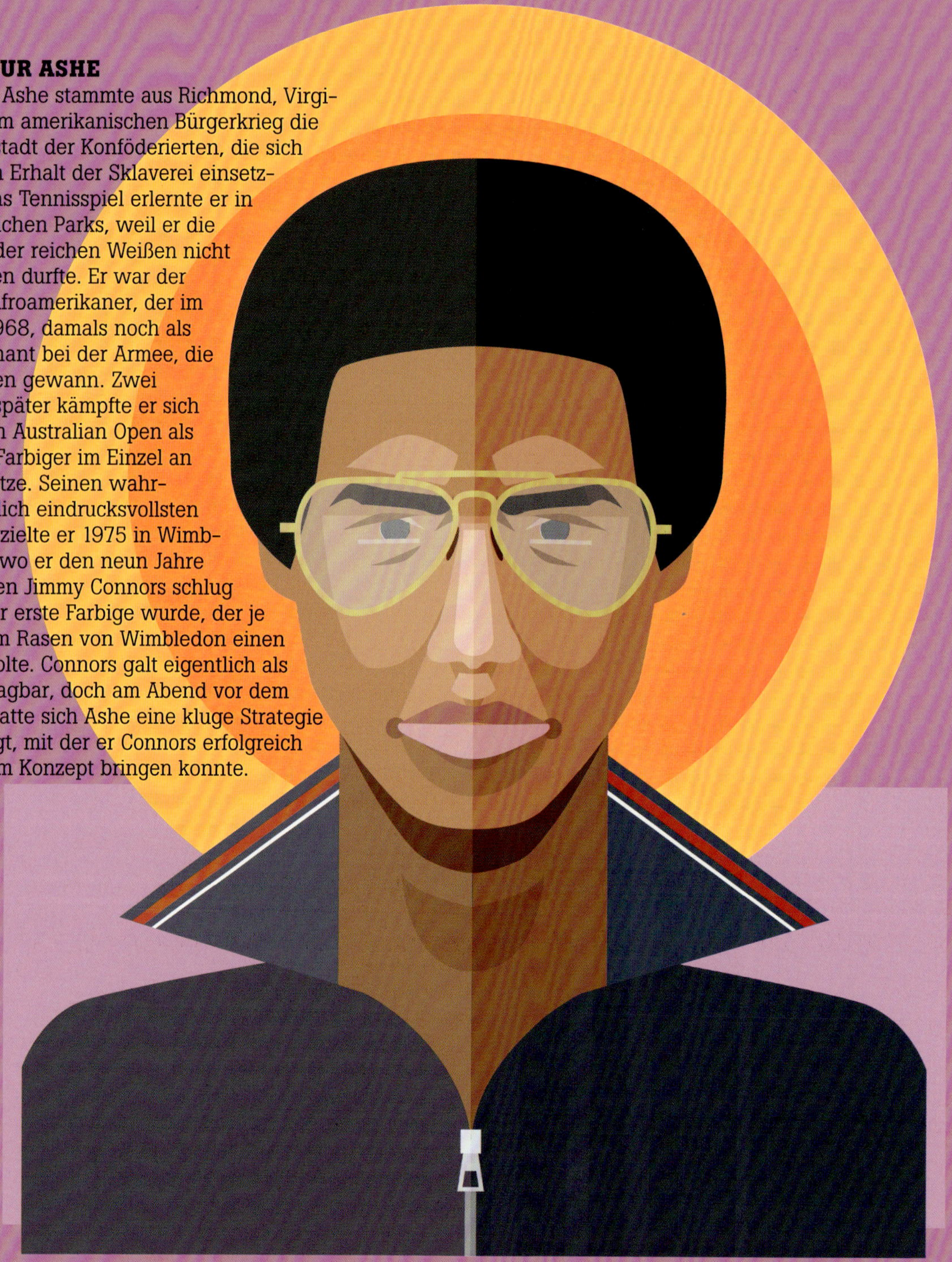

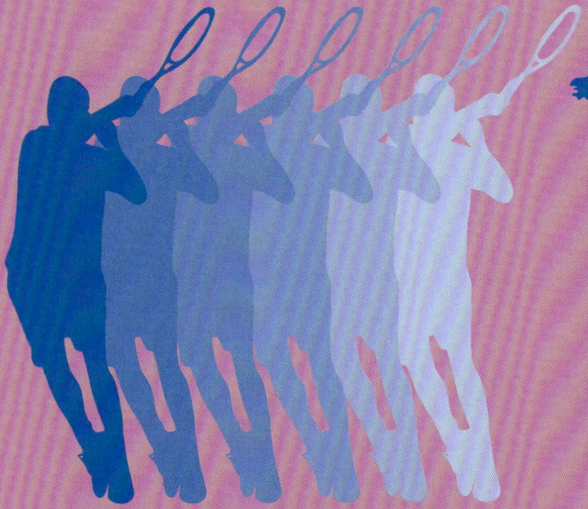

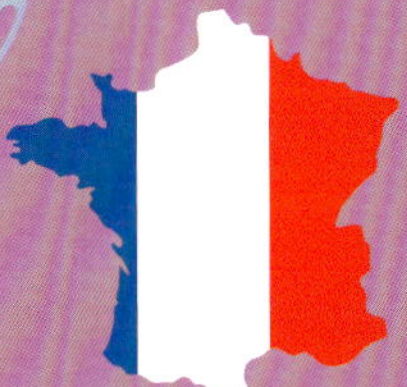

YANNICK NOAH

Mit seinem Sieg bei den French Open 1983 wurde Yannick Noah der erste Schwarze, der jemals ein Grand-Slam-Einzelfinale auf dem Sandplatz gewonnen hatte (und er blieb auch der letzte Franzose, der jemals dieses Turnier gewann). Noah war noch ein Junge, als Arthur Ashe auf der American Player's Tour of Africa sein Talent entdeckte und ihm vorschlug, er solle aus Kamerun nach Frankreich ziehen und sich dort trainieren lassen.

ALTHEA GIBSON

Venus Williams schilderte einmal, wie Gibson, die erste schwarze Tennis-Ikone im Damentennis, »uns den Weg ebnete«. Im Jahr 1956 hatte sie sich bis ins Finale der French Open gekämpft und gewann schließlich als erster schwarzer Tennisstar das Finale im Einzel. Auch in Wimbledon war sie die erste Farbige, die sich 1957 und dann noch einmal im darauffolgenden Sommer an die Spitze setzen konnte. Billie Jean King war besonders beeindruckt von Gibsons erstem, »auch politischen« Triumph im Centre Court: »Mitte der 1950er-Jahre als Afro-Amerikanerin in Wimbledon von der Queen auf dem Centre Court den Pokal überreicht zu bekommen, muss ein erhebendes Gefühl für sie gewesen sein.«

SERENA UND VENUS WILLIAMS

Ihr Vater Richard, der auch ihr erster Coach war, nannte seine Töchter einmal die beiden »Ghetto-Cinderellas« der »lilienweißen Tenniswelt«. Zwei schwarze Mädchen aus Compton, Los Angeles, überhaupt Tennis spielen zu lassen, schien schon völlig indiskutabel zu sein, meinte auch Serena einmal – und dass sie dann auch noch gut darin waren, hielten viele für unvorstellbar. Dennoch schafften es beide Schwestern bis an die Spitze der Weltrangliste. Sie gewannen mehrere Grand-Slam-Turniere, und als sich Serena 2017 bei den Australian Open ihren 23. Titel holte, wurde sie zum erfolgreichsten Tennisstar der Open-Ära (Männer wie Frauen).

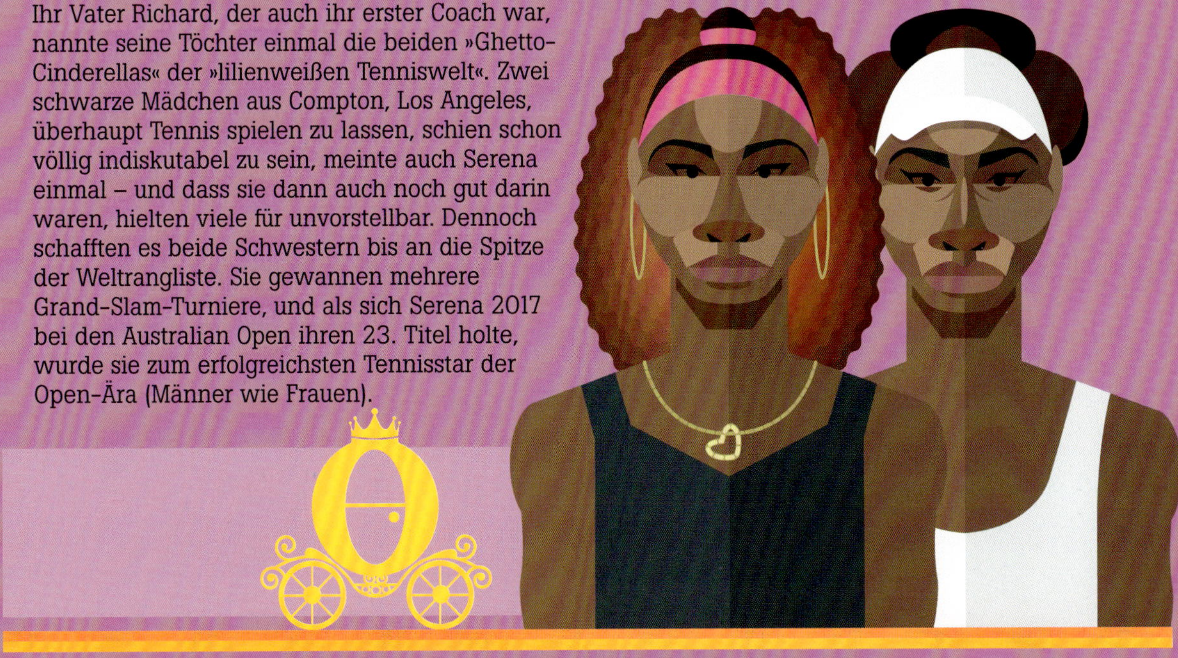

BRILLEN, MÜTZEN UND KOPFHÖRER

Ob Kopfhörer oder Brillen, Bandanas oder Baseball-Caps – einige Spieler wissen, wie man sich mit den richtigen Accessoires auf dem Court interessant macht. Aber welcher der Spieler wollte noch ein bisschen mehr »Rock n' Roll« auf dem Spielfeld tragen als alle anderen?

BRILLEN

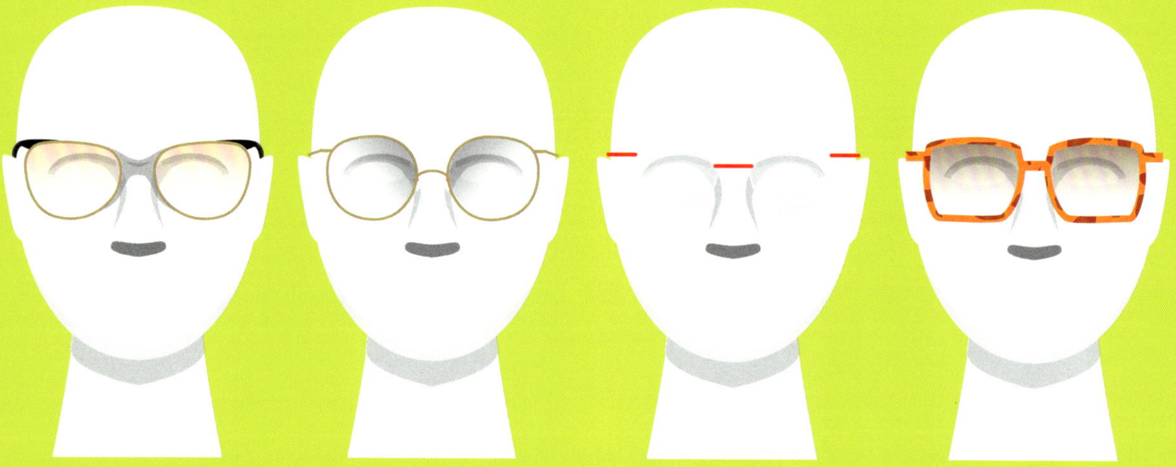

Jaroslav Drobný
Der gebürtige Tscheche, 1954 Wimbledonsieger, musste wegen einer alten Eishockey-Verletzung aus medizinischen Gründen eine Brille tragen. Man vermutet, dass er der einzige Mann ist, der in Wimbledon mit Brille triumphierte.

Billie Jean King
Im Sommer 1966 wurde Billie Jean King die erste Wimbledonsiegerin – mit Brille.

Martina Navratilova
Ein irritierend schlechter Start in die Saison 1985 löste sich schnell wieder auf, als Martina Navratilova klar wurde, dass sie eine Brille brauchte.

Arthur Ashe
Auch der Afro-Amerikaner trug bei seinen großen Erfolgen (1968 bei den US Open und 1970 bei den Australian Open) eine Brille. Später wechselte er zu Kontaktlinsen, um nicht länger bei Nieselregen mit beschlagenen Brillengläsern spielen zu müssen. Auch bei seinem Wimbledon-Titel 1975 war dann »keine Brille mehr im Spiel«.

KOPFHÖRER

MÜTZEN

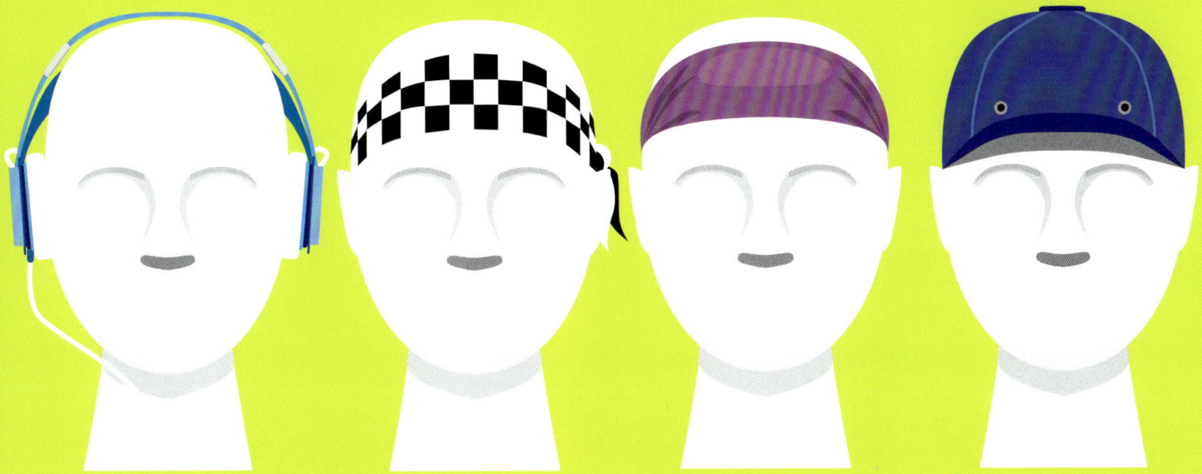

Nick Kyrgios
Der Australier ist nur einer von vielen Top-Spielern, die beim Betreten des Courts Kopfhörer trugen – wie z.B. auch Serena Williams, Victoria Azarenka und Dustin Brown.

Pat Cash
Der Wimbledon-Champion von 1987 wollte auf dem Spielfeld mal etwas »rockiger« erscheinen, deshalb trug er ein Stirnband mit schwarzweißem Schachbrettmuster – und glich einer Mischung aus Tennisspieler und Slash (dem Leadgitarristen von Guns n' Roses).

John McEnroe
Bandana oder Stirnband waren für John McEnroe die Kopfbedeckungen seiner Wahl, aber auch für viele andere wie z.B. Björn Borg, Rafael Nadal, Roger Federer, Suzanne Lenglen, Guillermo Vilas, Steffi Graf, Andre Agassi, Gabriela Sabatini, Jana Novotna, Juan Martin del Potro und Serena Williams.

Jim Courier
Die US-Amerikaner Jim Courier, Andy Roddick und Andre Agassi liebten ihre Baseball-Caps. Doch auch der Brite Andy Murray und der Australier Lleyton Hewitt trugen sie, Hewitt immer umgedreht mit dem Schirm nach hinten.

IKONE ANDRE AGASSI

So sehr Agassi mit der Zeit auch seinen Werbeslogan als Markenbotschafter für die Canon-Kampagne – »Image is Everything« – hasste, er ist zweifellos bis heute einer der originellsten Tennisspieler der Geschichte, und noch dazu auch einer der erfolgreichsten.

DIE DATEN

SPITZNAME
Double A, Las Vegan

GEBURTSDATUM
29. April 1970

GEBURTSORT
Las Vegas,
Vereinigte Staaten

GRÖSSE
1,80 m

SPIELSTIL
Rechtshändig (Rückhand beidhändig)

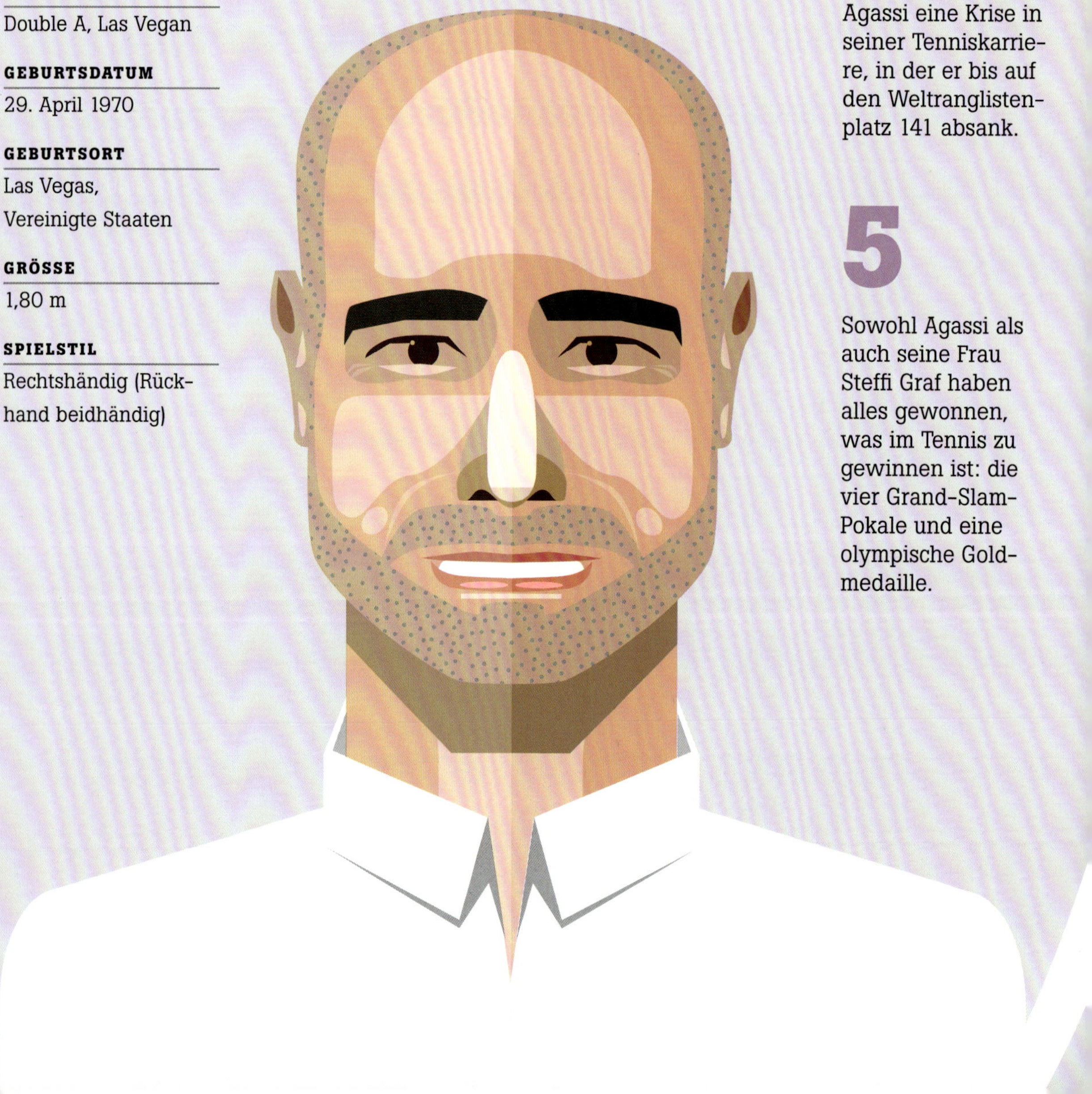

141

Im Jahr 1997 hatte Agassi eine Krise in seiner Tenniskarriere, in der er bis auf den Weltranglistenplatz 141 absank.

5

Sowohl Agassi als auch seine Frau Steffi Graf haben alles gewonnen, was im Tennis zu gewinnen ist: die vier Grand-Slam-Pokale und eine olympische Goldmedaille.

AGASSI
IN ZAHLEN

REKORDE

1

»Las Vegan« war der erste männliche Spieler, der alle vier Grand-Slam-Turniere, eine olympische Goldmedaille, den Davis Cup und die ATP Finals zum Ende einer Tennissaison gewann – einen solchen Lauf nennt man seitdem auch den »Agassi Slam«.

33

Im Jahr 2003 war Andre Agassi mit 33 Jahren der älteste Mann der Tennisgeschichte an der Spitze der Weltrangliste.

5

Bei den French Open im Jahr 1999 eroberte Agassi als fünfter Spieler überhaupt den Karriere-Grand-Slam. Vor ihm war das zuletzt im Jahr 1964 Rod Laver gelungen, nach ihm dauerte es zehn Jahre, bis ein weiterer Spieler (Roger Federer) den vierten Grand-Slam-Titel in seiner Karriere holte. Agassi war der erste, dem dies auf drei verschiedenen Untergründen gelang – Gras, Hartboden und Sand.

8

Grand-Slam-Titel

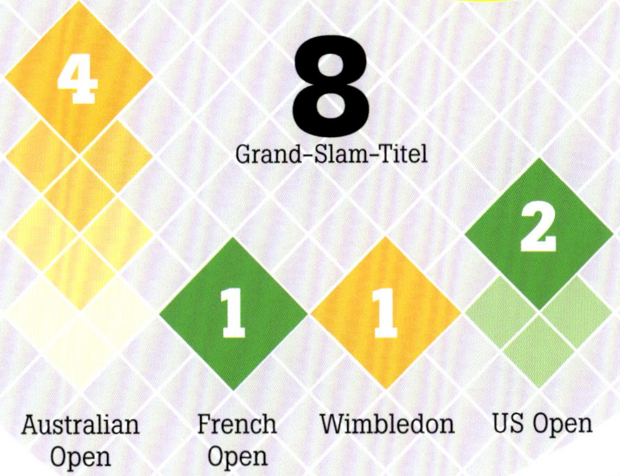

3

Von 1988 bis 1990, also drei Jahre lang, übersprang Agassi das Turnier in Wimbledon – zum Teil, weil er einfach nicht gerne auf Gras spielte, zum Teil, weil er es »total spießig« fand mit all seinen Kleiderregeln, die ihm verboten, in zerrissenen Jeans und Neon-Outfits anzutreten. 1991 war er dann aber wieder dabei, und im Jahr darauf gewann er sogar das Turnier.

14

Vierzehn der wichtigsten Turniersiege liegen zwischen Agassis Siegesbilanz und der Pokalsammlung seiner Frau Steffi Graf, die in 22 Finalspielen triumphierte.

2500 …

… Tennisbälle schlug Agassi täglich als Kind unter Aufsicht seines Vaters und Trainers. Sie wurden ihm von einer Ballmaschine zugespielt, die Agassi später nur noch den »Drachen« nannte.

20

Im Jahr 1990, ausgerechnet am Abend vor dem Finalspiel der French Open, fiel in der Dusche Agassis Perücke – eine künstliche Vokuhila – komplett auseinander. »Wir mussten sie mit 20 Nadeln irgendwie zusammenflicken. Ich betete das ganze Spiel über – nicht, dass ich gewinnen, sondern dass ich bloß mein Haarteil nicht verlieren würde.« Nicht weiter überraschend, dass er das Spiel dann tatsächlich verlor.

ASSE UND DOPPELFEHLER

Auf das eine kann man stolz sein, das andere möchte man gern vergessen … Wer hält eigentlich die Rekorde für die meisten Asse und wer machte die meisten Doppelfehler?

113

Die meisten Asse in einem Herren-Match
113 Asse jagte John Isner bei seinem Auftaktspiel gegen Nicolas Mahut 2010 in Wimbledon über den Court – und gewann das Match auch (Mahut kommt allerdings gleich nach ihm auf Platz zwei der All-Time-Liste – mit 103 Schmetterbällen in der gleichen Partie).

31

Die meisten Asse in einem Damen-Match
Kristýna Plíšková schmetterte bei den Australian Open 2016 in der zweiten Match-Runde gegen Monica Puig 31 Asse übers Netz – verlor die Partie aber trotzdem.

31

Die meisten Doppelfehler in einem Damen-Match
Anna Kournikova hält diesen zweifelhaften Rekord – mit 31 Doppelfehlern in einem Zweitrundenspiel gegen die Japanerin Miho Saeki 1999 bei den Australian Open – und ging dennoch als Siegerin aus der Partie hervor.

30

Die meisten Doppelfehler in einem Herren-Match
Im Jahr 2001 patzte der Schweizer Marc Rosset 30-mal in einem Davis-Cup-Spiel gegen den Franzosen Arnaud Clément.

213

Die meisten Asse in einem Herren-Turnier
Goran Ivanišević lieferte 2001 insgesamt 213 Asse auf seinem Weg zum Wimbledon-Pokal.

50

Die meisten Asse in einem Grand-Slam-Finale der Herren
Roger Federer spielte 50 Asse, als er Andy Roddick 2009 im Wimbledonfinale besiegte.

102

Die meisten Asse in einem Damen-Turnier
Serena Williams schmetterte in Wimbledon 2012 insgesamt 102 Asse über den Court.

IVO KARLOVIĆ IN ZAHLEN

12 302
Im Verlauf seiner Karriere schlug der Kroate mehr Asse als jeder andere Spieler und überholte beim Stand von 10 131 Assen sogar Ivanišević (Saisonende 2017). Letzterer hält mit 1477 Assen im Jahr 1996 allerdings den Rekord für die meisten Asse in einer Saison.

78
In einem einzigen Spiel schmetterte Karlović sogar einmal 78 Asse über das Netz – das war im Jahr 2009 bei seinem Davis-Cup-Sieg über den Tschechen Radek Štěpánek.

75
Karlović hält den Rekord für die meisten Asse in einem Australian-Open-Match. In der Auftaktrunde des Turniers 2017 schmetterte er gegen Horacio Zeballos 75 unhaltbare Bälle übers Netz.

61
Er hält auch den Rekord für die meisten Asse in einem einzigen Spiel bei den US Open, mit 61 Schmetterbällen gegen Yen-Hsun Lu in der ersten Runde 2016, und für die French Open, wo er sein Auftaktspiel gegen Lleyton Hewitt 2009 am Ende mit 55 Assen gewann.

WENN SICH DAS SPIEL AUF EINMAL »DREHT« …

Es gibt nichts Qualvolleres für einen Tennisspieler, als auf der ganz großen Bühne in Bedrängnis zu geraten. Hier berichten wir von fünf der schlimmsten Turnier-Wendepunkte.

6:3
6:2
4:6
5:7
5:7

WENDEPUNKT
1:1
0:30

JOHN McENROE

Der Amerikaner behauptet gerne von sich, dass Wut ihn so ansporne, dass er immer besser spiele. Das stimmt wohl nur zum Teil. Im Finale der French Open 1984 gewann er die ersten beiden Sätze gegen Ivan Lendl. Bis dahin hatte er das ganze Jahr über noch kein einziges Spiel verloren, und es sah nicht danach aus, als würde die Erfolgsserie in diesem Match enden. Doch auf einmal hörte er aus dem Kopfhörer eines Kameramanns auf dem Court Geräusche, die ihn so sehr aus dem Konzept brachten, dass er sich überhaupt nicht mehr konzentrieren konnte – und das Spiel verlor.

6:0
6:3
4:6
1:6
6:8

WENDEPUNKT
4:4
40:0

GUILLERMO CORIA

Vor Rafael Nadal galt Coria als der König des Sandplatzes – auch im Jahr 2004 schien für den Argentinier im French-Open-Finale gegen seinen Landsmann Gastón Gaudio zunächst auch alles nach Plan zu verlaufen. Doch mit dem dritten Satz löste sich das Glück für den Magier – »El Mago« war sein Spitzname – auf einmal in Luft auf. Er klagte über Krämpfe, doch eigentlich war er demoralisiert. Selbst die Matchball-Chancen, die er sich im fünften Satz erkämpfte, konnte er nicht mehr verwandeln – und so wurde Gaudio völlig unerwartet zum Finalsieger der French Open.

JANA NOVOTNÁ

Ein fataler Doppelfehler im Wimbledonfinale 1993 gegen Steffi Graf gab dem Spiel eine völlig neue Wendung. Dabei hatte sie im dritten Satz zunächst mit 4:1, 40:30 geführt und war damit nur noch fünf Punkte vom Sieg entfernt. Doch nachdem auch ihr zweiter Aufschlag im Aus landete, kippte das Spiel plötzlich. »Die Elite-Spielerin Novotná war nicht wiederzuerkennen. Sie spielte plötzlich wie eine Anfängerin«, berichtete der US-amerikanische Journalist Malcolm Gladwell. Am Ende des Nachmittags musste sie sich an der Schulter der Herzogin von Kent ausweinen.

WENDEPUNKT
4:1
40:30

6:7
6:1
4:6

WENDE-PUNKT
5:1
30:0

6:1
6:7
8:10

GABRIELA SABATINI

Sie habe ein eigentümliches Talent, einen möglichen Routinesieg in ein tatsächliches Desaster zu verwandeln, meinte einmal ein US-amerikanischer Journalist, und tatsächlich hatte Sabatini mehr als einmal Probleme, ein starkes Spiel sicher zu ihren Gunsten einzufahren. Besonders augenfällig wurde das 1993 im Viertelfinale der French Open gegen Mary Joe Fernandez, als sie den ersten Satz überlegen mit 6:1 gewonnen hatte und auch im zweiten sicher mit 5:1 vorne lag. Doch dann kam alles anders …

MARTINA HINGIS

1999 stehen sich bei den French Open Martina Hingis und Steffi Graf gegenüber. Die Schweizerin ist 18, Steffi Graf fast 30 – lautstark hatte Hingis schon im Jahr zuvor von einem »Generationenwechsel« im Damentennis gesprochen. Doch dann verliert sie im zweiten Satz auf einmal völlig die Fassung, als ein Vorhand-Return von ihr »Out« gegeben wird. Sie verstößt sogar gegen das Protokoll und geht um das Netz herum auf Grafs Seite, um dort jene Stelle zu markieren, an der ihr Ball ihrer Meinung nach gelandet ist. Am Ende verlässt sie unter Tränen als Verlierin den Platz und muss von ihrer Mutter dazu überredet werden, wenigstens zur Pokalverleihung noch einmal zurückzukommen.

WENDE-PUNKT
2:0
0:15

6:4
5:7
2:6

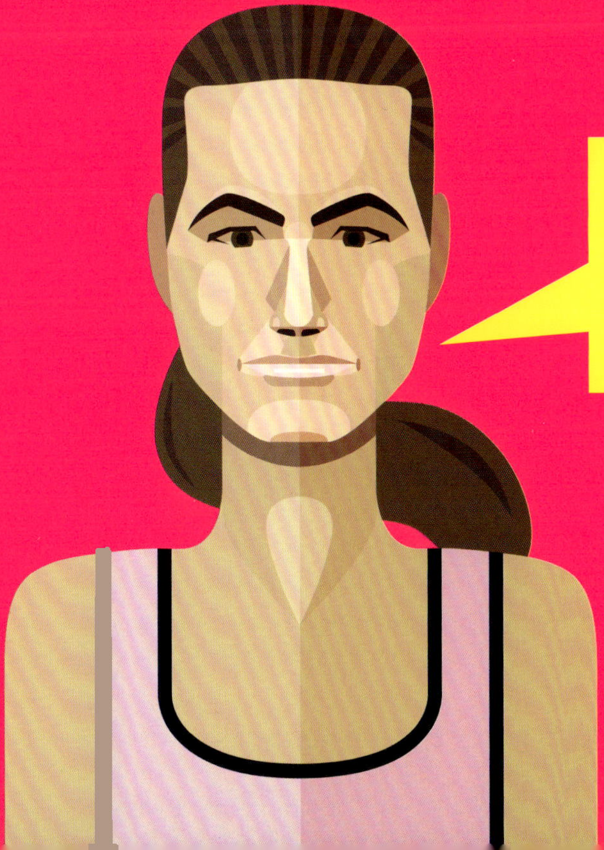

»Ich will nicht, dass jemals noch irgendjemand etwas über meine Nerven sagt.«

AMÉLIE MAURESMO

Der Französin wurde lange nachgesagt, schnell die Nerven zu verlieren. Aber nach ihrem Sieg über Justine Henin-Hardenne 2006 in Wimbledon hatte sie das Gefühl, sich endlich freigespielt zu haben. In der Tat: Nachdem sie den ersten Satz mit 2:6 verlor, rappelte sie sich wieder auf und gewann das Match schließlich mit 6:3 und 6:4 in den nächsten beiden Sätzen.

DIE GRÖSSTEN TRAINER

Hinter jedem erfolgreichen Tennisstar steht meist ein kluger Trainer. Aber wer trainiert eigentlich wen?

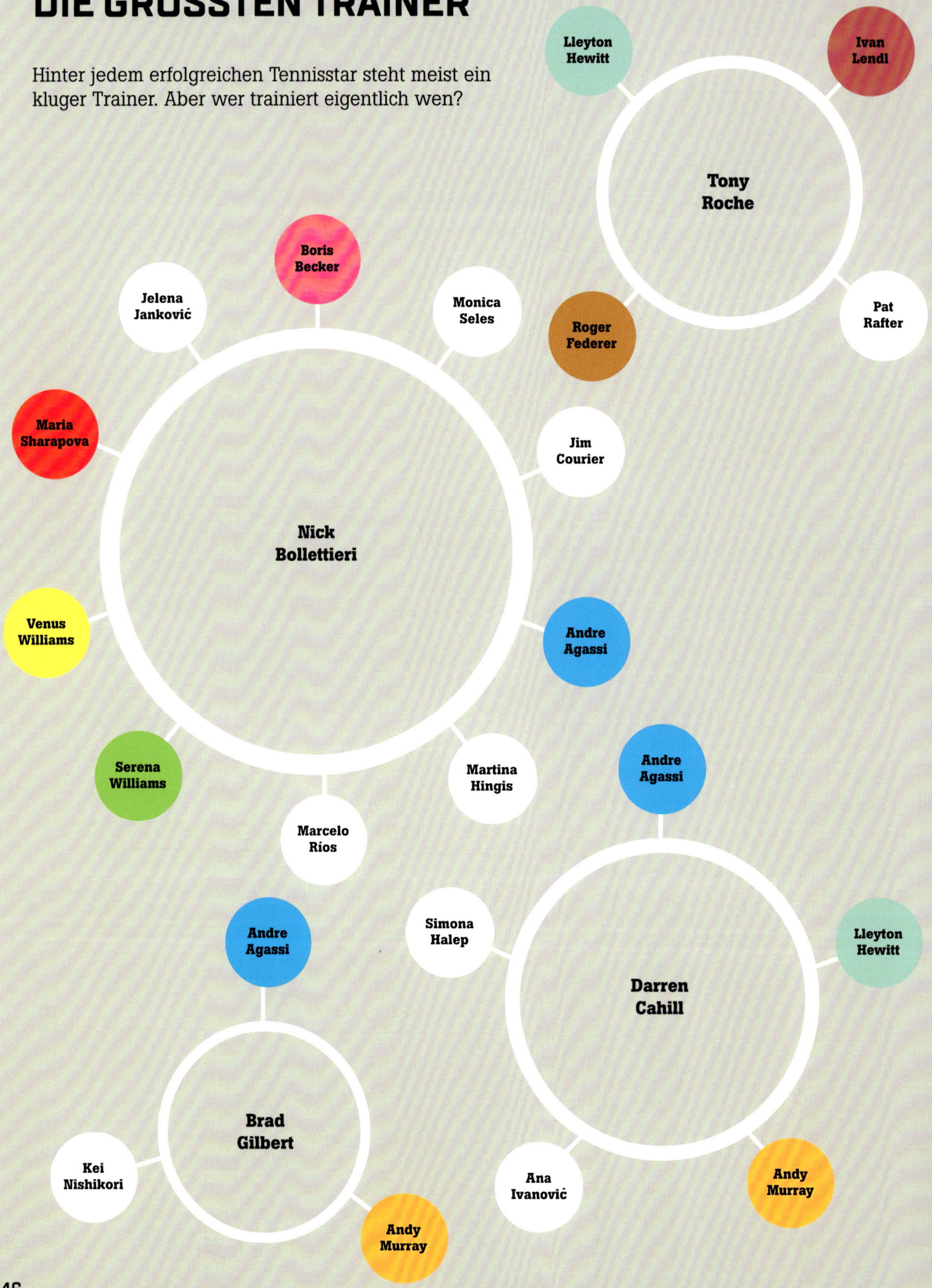

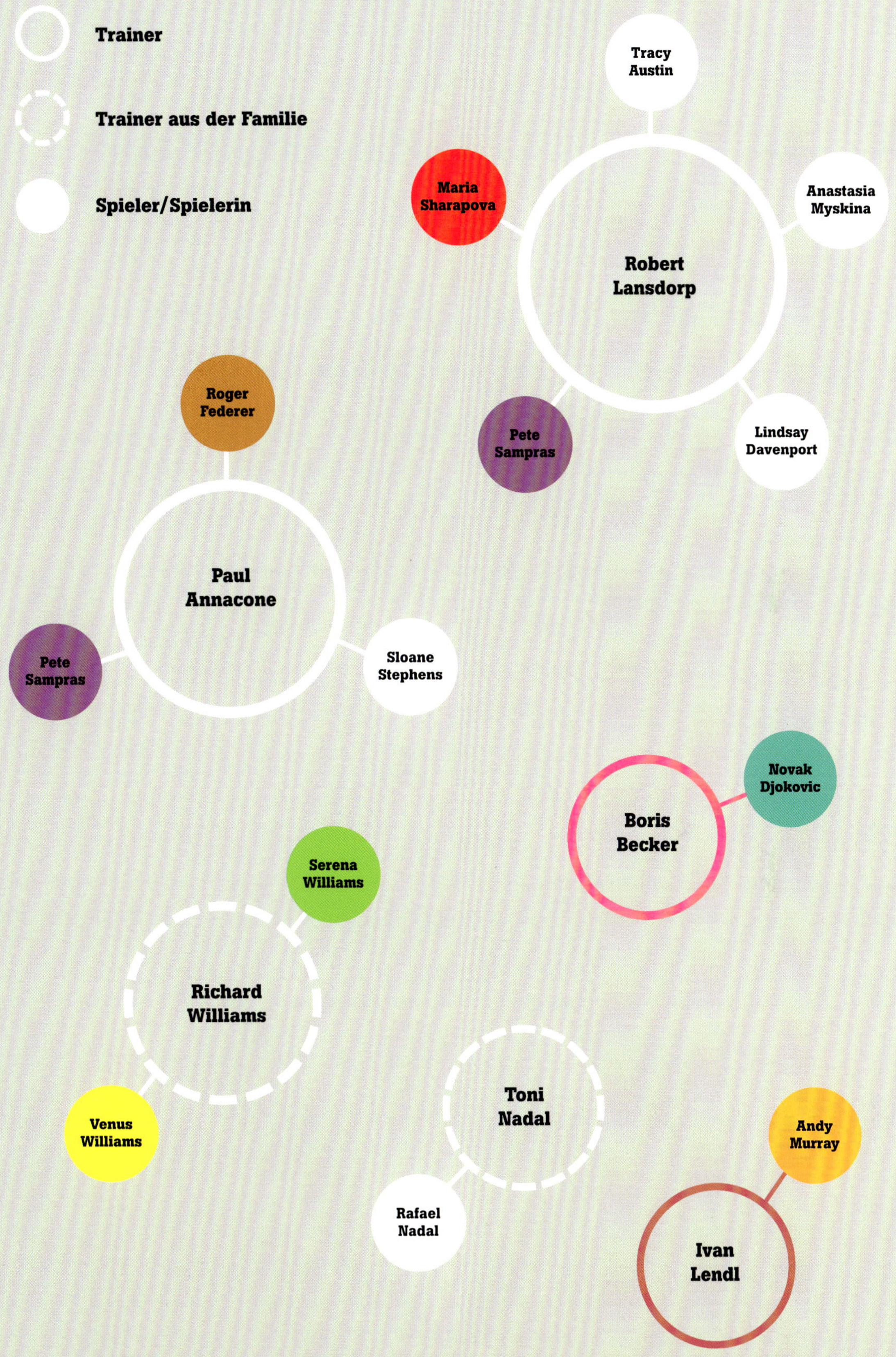
Trainer
Trainer aus der Familie
Spieler/Spielerin
Tracy Austin
Maria Sharapova
Robert Lansdorp
Anastasia Myskina
Pete Sampras
Lindsay Davenport
Roger Federer
Paul Annacone
Pete Sampras
Sloane Stephens
Boris Becker
Novak Djokovic
Serena Williams
Richard Williams
Venus Williams
Toni Nadal
Rafael Nadal
Andy Murray
Ivan Lendl

IKONE JOHN McENROE

In seinen besten Jahren war John McEnroe viel mehr als nur ein cholerischer junger Mann, der leicht aus der Haut fuhr – er war ein außergewöhnlich begabter und erfolgreicher Tennisspieler. Nur mit Wut allein hätte man diese vielen Grand-Slam-Siege auch gar nicht erreichen können.

DIE DATEN

SPITZNAME
Super Brat
(Super-Nervensäge)

GEBURTSDATUM
16. Februar 1959

GEBURTSORT
Wiesbaden,
Deutschland

GRÖSSE
1,80 m

SPIELSTIL
Linkshänder (einhändige Rückhand)

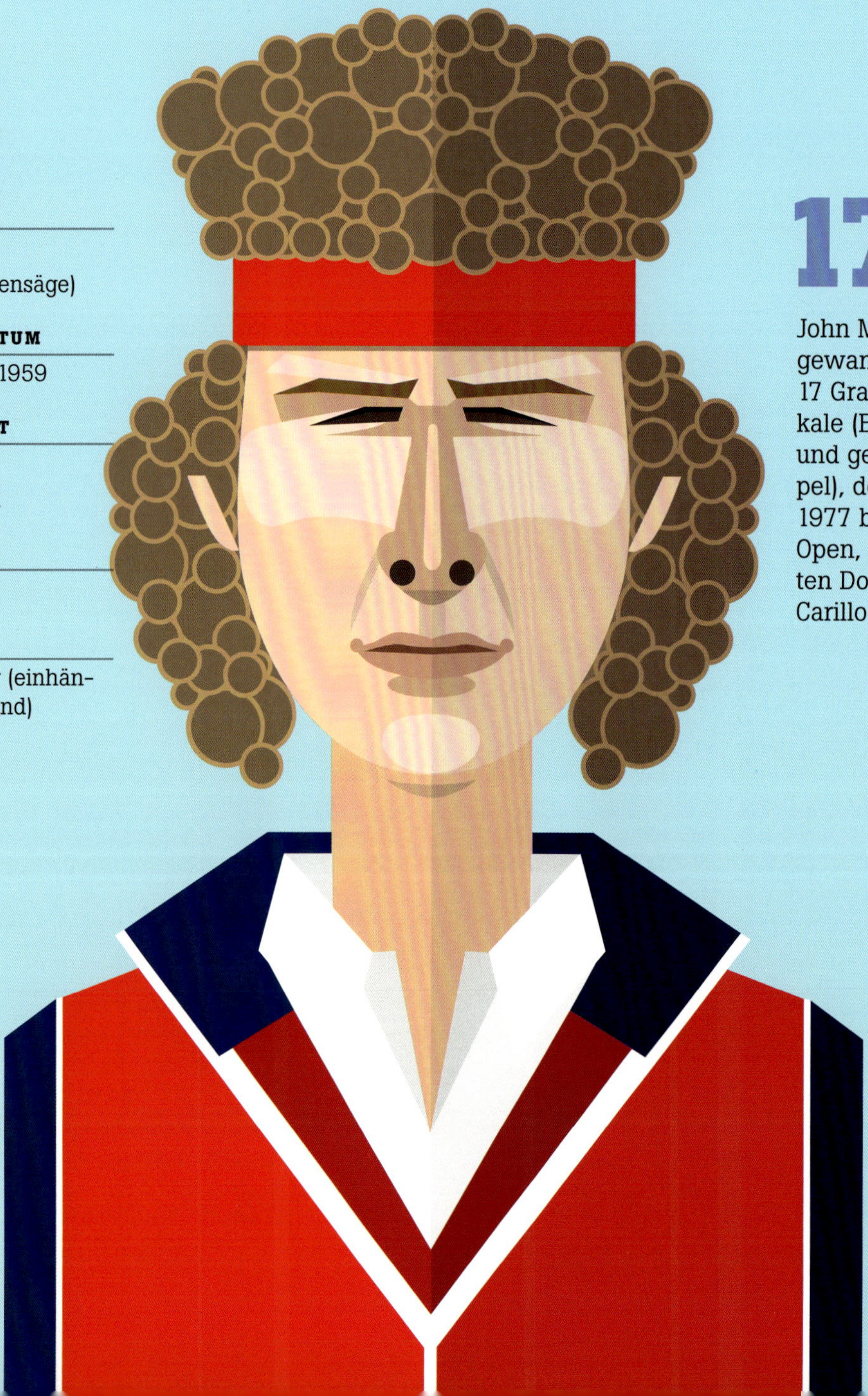

17

John McEnroe gewann insgesamt 17 Grand-Slam-Pokale (Einzel, Doppel und gemischte Doppel), den ersten 1977 bei den French Open, im gemischten Doppel mit Mary Carillo.

McENROE
IN ZAHLEN

REKORDE

96,5

John McEnroes Gewinnquote in Prozent für das Jahr 1984 beträgt 96,5: Mit 82 Siegen in 85 Matches, war dies für einen männlichen Spieler der Open-Ära die höchste konstante Gewinnquote in einer Saison aller Zeiten.

19

John McEnroe gilt als der jüngste Champion in der Geschichte der ATP-Turniere: Als er hier zum Saisonende sein erstes Finalspiel gewann, war er gerade erst 19.

1

Er war der erste Spieler, der nach seinem Wimbledonsieg 1981 nicht automatisch Mitglied des ausrichtenden Vereins wurde. Er erschien noch nicht mal zum Champion's Dinner, das er als »total verschnarcht« diffamierte.

7

Grand-Slam-Titel

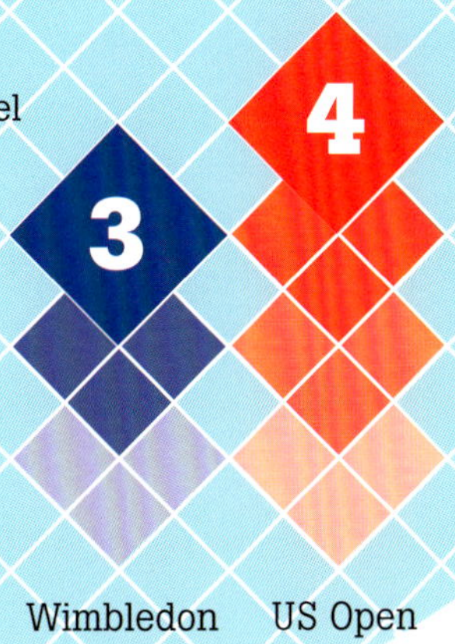

1

Nur in einem einzigen Jahr, 1984, stand John McEnroe im Finale der French Open. In den ersten beiden Sätzen hatte er Lendl keinen Punkt geschenkt, doch als er sich von Geräuschen aus dem Kopfhörer eines Fernsehkameramanns abgelenkt fühlte, kippte das Spiel (siehe auch S. 144).

1

Im Verlauf seiner Karriere wurde John McEnroe nur ein einziges Mal disqualifiziert – 1990 bei den Australian Open nach drei Verwarnungen wegen unsportlichen Verhaltens in der Partie gegen den Schweden Mikael Pernfors.

1977 …

… debüttierte der Teenager John McEnroe als Amateurspieler erfolgreich in Wimbledon, in dem er sich nicht nur qualifizieren konnte, sondern zum Halbfinale sogar auf dem Centre Court stand.

1

Nur ein einziges Mal, 1983, schaffte es McEnroe in ein Halbfinale bei den Australian Open. Insgesamt nahm er auch nur nur fünfmal an diesem Turnier teil – das war sein bestes Ergebnis.

8

Nachdem er die Frau des Vorsitzenden auf dem Übungs-Court beleidigt hatte, wurde McEnroe aus dem Queen's Club in West-London ausgeschlossen. Acht Jahre lang durfte er auch nicht mehr an dem dort jeweils zwei Wochen vor Wimbledon stattfindenden Rasenturnier teilnehmen.

NUMMER EINS!

Das Ranking lügt nicht – wer die Spitze der Weltrangliste erreicht, ist *das* Tennis-As der Welt.

WTA

WTA Die Women's Tennis Association veranstaltet jährlich die WTA-Tour, eine weltweit stattfindende Turnierrunde für Profi-Spielerinnen.

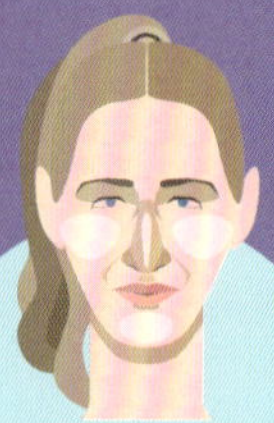

377

Steffi Graf stand insgesamt 377 Wochen auf Platz eins der Weltrangliste – eine Rekordzahl für Männer wie Frauen.

4

Vier Spielerinnen gibt es bislang, die auch ohne einen einzigen Grand-Slam-Titel Platz eins der Weltrangliste erreichten: **Jelena Janković**, **Dinara Safina**, **Karolina Plišková** und **Simona Halep**.

186

Serena Williams und **Steffi Graf** teilen sich den Rekord für die am längsten anhaltende Folge kontinuierlicher Siege nach Wochen in der Tabellenführung.

2

Evonne Goolagong wurde 2007 von der WTA informiert, dass sie zwei Wochen lang die Führung der Weltrangliste übernommen hatte. Zu diesem Zeitpunkt waren noch nicht alle ihre Ranking-Punkte in das Computersystem eingepflegt worden – deshalb waren der Statusgewinn und die Anerkennung nicht eher festgestellt worden.

8

Achtmal war **Steffi Graf** am Jahresende die Nummer eins – auch das ist ein Rekord!

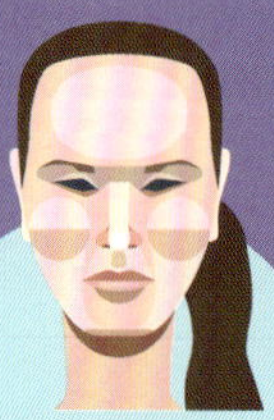

16

Martina Hingis war erst 16 Jahre alt, als sie zum ersten Mal zum Alphatier des Damentennis avancierte – was sie zur jüngsten Nummer eins der Tennisgeschichte machte.

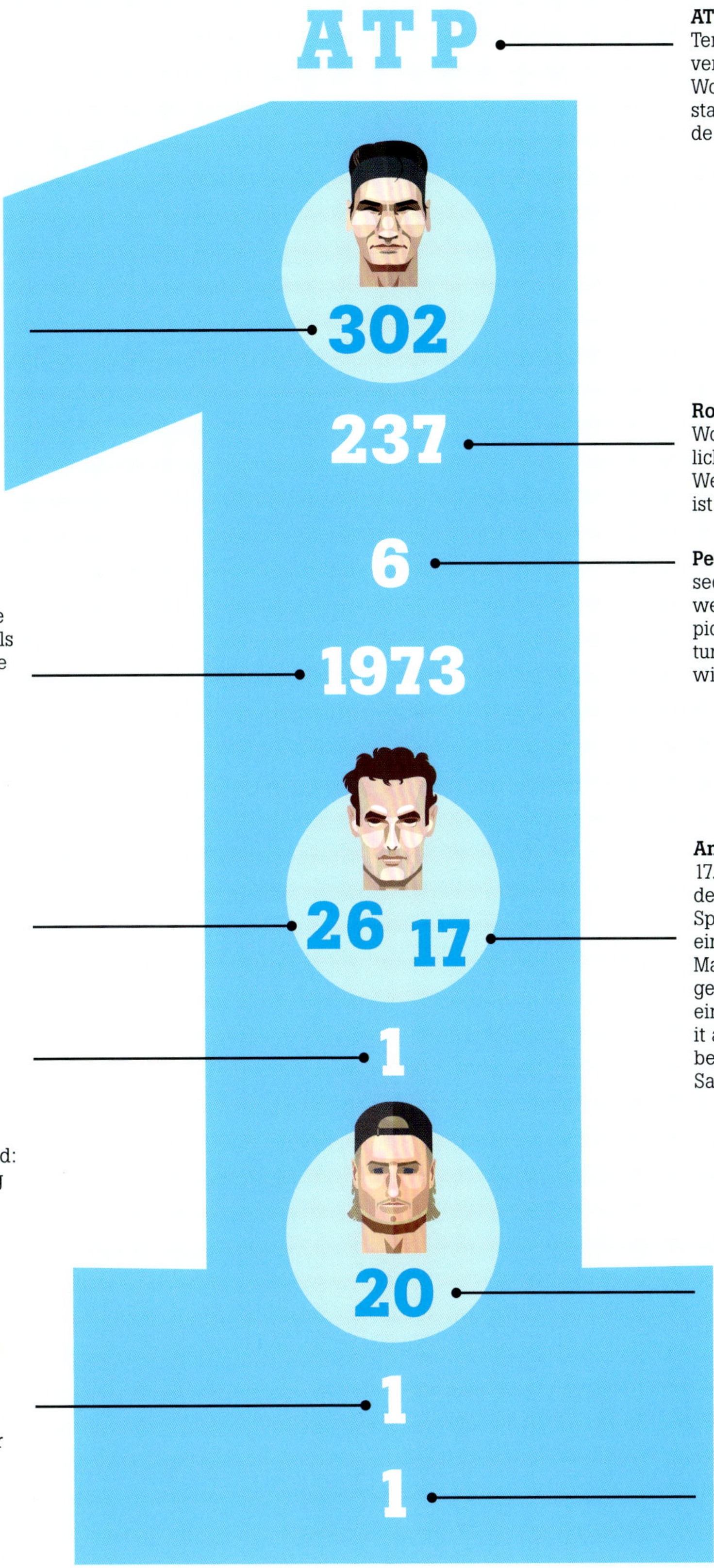

ATP Die Association of Tennis Professionals veranstaltet die ATP World Tour, die weltweit stattfindende Turnierrunde für Profi-Spieler.

Roger Federer hielt sich insgesamt 302 Wochen lang auf Platz eins – ein Rekord im Herren-Tennis.

Roger Federer war 237 Wochen lang kontinuierlich die Nummer eins der Weltrangliste – auch das ist (s)ein Rekord.

Pete Sampras beendete sechs Jahre in Folge als weltbester Tennischampion – eine Rekordleistung, die so bisher nie wieder erreicht wurde.

In diesem Jahr führte die ATP – mit **Ilie Nastase** als erster Nummer eins – die Rankings ein.

Als **Andy Murray** im November 2016 die Nummer eins der Weltrangliste wurde, war er der 26. Mann in der Geschichte des Tennis, dem dies gelang.

Andy Murray war der 17. männliche Tennisstar, der ein oder mehrere Spielzeiten als Nummer eins abschloss (das erste Mal 2016 mit dem Sieg gegen Novak Djokovic in einem »The winner takes it all«-Abschluss-Match bei den ATP Finals zum Saisonende in London).

Pat Rafter schaffte es genau eine Woche lang, sich an der Spitze der Weltrangliste zu halten – auch das ist ein Rekord: für die kürzeste Führung im Herren-Tennis aller Zeiten.

Mit 20 Jahren wurde **Lleyton Hewitt** zur jüngsten Nummer eins aller Zeiten.

Die Zeit zwischen 1975 und 1976 in Wochen, in denen einige dachten, **Guillermo Vilas** sei zur Nummer eins aufgestiegen (in einer Zeit, in der die Weltrangliste noch nicht jede Woche erschien). Doch die ATP lehnte es ab, ihn rückwirkend noch zur Nummer eins zu erklären.

Marcelo Rios ist der einzige Spieler, der es schaffte, die Nummer eins zu werden, ohne jemals einen Einzeltitel bei einem Grand-Slam-Turnier zu gewinnen.

WAHNSINNSSCHLÄGER

Es gibt noch ein paar andere aufregende Dinge auf dem Court zu sehen als nur einen Spieler, der seine(n) Schläger in Stücke schlägt – auch wenn die Tennis-Autoritäten das etwas anders sehen.

x 700 =

MARAT SAFIN

An den Russen wird man sich mindestens so sehr für das rabiate Zerstören seiner Schläger wie an seinen Grand-Slam-Titel erinnern. »Ich schätze mal, ich habe im Lauf meiner Karriere um die 700 Schläger zertrümmert, vielleicht sogar mehr. So viel ist das gar nicht. Ein Schläger kostet ca. 200 US-Dollar, mal 700 Schläger, na ja, das geht ja noch. Ich finde, das ist ganz okay«, sagte Safin. Übrigens muss man zur Rechnung für seine Zerstörungswut auch noch die Geldstrafen rechnen, die gegen ihn verhängt wurden. Ganz okay?

x 0 =

GORAN IVANIŠEVIĆ

Im Jahr 2001 in Wimbledon zu gewinnen, war nicht die einzige Meisterleistung, für die sich der Kroate in England einen Namen machte. In der Saison ein Jahr zuvor suspendierte man ihn »aus Mangel an angemessenem Equipment« von einem Turnier in Brighton, nachdem er wie wild alle seine Schläger zerbrochen hatte. »Ich war echt wütend«, erklärte er.

x 70 =

ERNESTS GULBIS

So viele Schläger kaputt zu machen, wie Gulbis das tat – der Lette zerschlug bis zu 70 Stück im Jahr – kann offenbar auch Schuldgefühle auslösen. »Einmal besuchte ich die Manufaktur, in der die Schläger hergestellt wurden, und mir wurde plötzlich klar, was das für eine Arbeit ist, die man dort leistet«, gestand der frühere French-Open-Halbfinalist. »Die Schläger sind alle handgemacht; sie tun alles für uns Spieler; sie machen sich Gedanken darüber, was die einzelnen Spieler brauchen – und dann kommt so ein Idiot wie ich daher und macht sie einfach kaputt. Sorry, das sind einfach meine Gefühle – ich kann sie nicht unterdrücken.«

x 1 =

ROGER FEDERER

Zerbrochene Schläger von Roger Federer sind im Tennis eine absolute Rarität – obwohl er 2009 in Miami tatsächlich einmal einen Schläger zerschlug, ihn dann aber wegwarf. Die zerbrochenen Teile flogen noch eine ganze Weile auf dem Court herum.

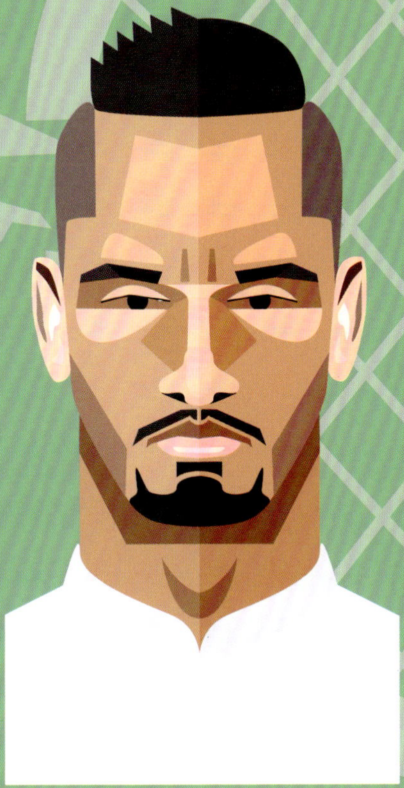

x 3 =

NICK KYRGIOS

Der Australier hielt noch nie viel davon, seine Launen im Zaum zu halten. Bei einem Sommer-Match in Cincinnati saß er in einer Pause vor dem Seitenwechsel auf seinem Stuhl und machte in wenigen Sekunden drei seiner Schläger zu Kleinholz.

x 4 =

MARCOS BAGHDATIS

In einer Pause bei den Australian Open nahm der Zyprer vier Schläger auseinander, zwei von ihnen steckten sogar noch in ihrer Hülle – das machte aus ihm einen Youtube-Star. Serena Williams war total verblüfft: »Wow, sowas hab ich noch nie gemacht. Ganz schön beeindruckend!«

THE BIG (FAB) FOUR

Etwa seit einem Jahrzehnt erlebt das Herrentennis eine goldene Ära. Nie zuvor gab es ein Quartett wie Roger Federer, Rafael Nadal, Novak Djokovic und Andy Murray. Ihre Qualität und Ausdauer sind außergewöhnlich. Obwohl sie alle ja schon in den Dreißigern sind – oder wie Federer schon in den Mittdreißigern –, behaupten sie ihre Vorrangstellung gegenüber dem Rest der Tenniswelt souverän.

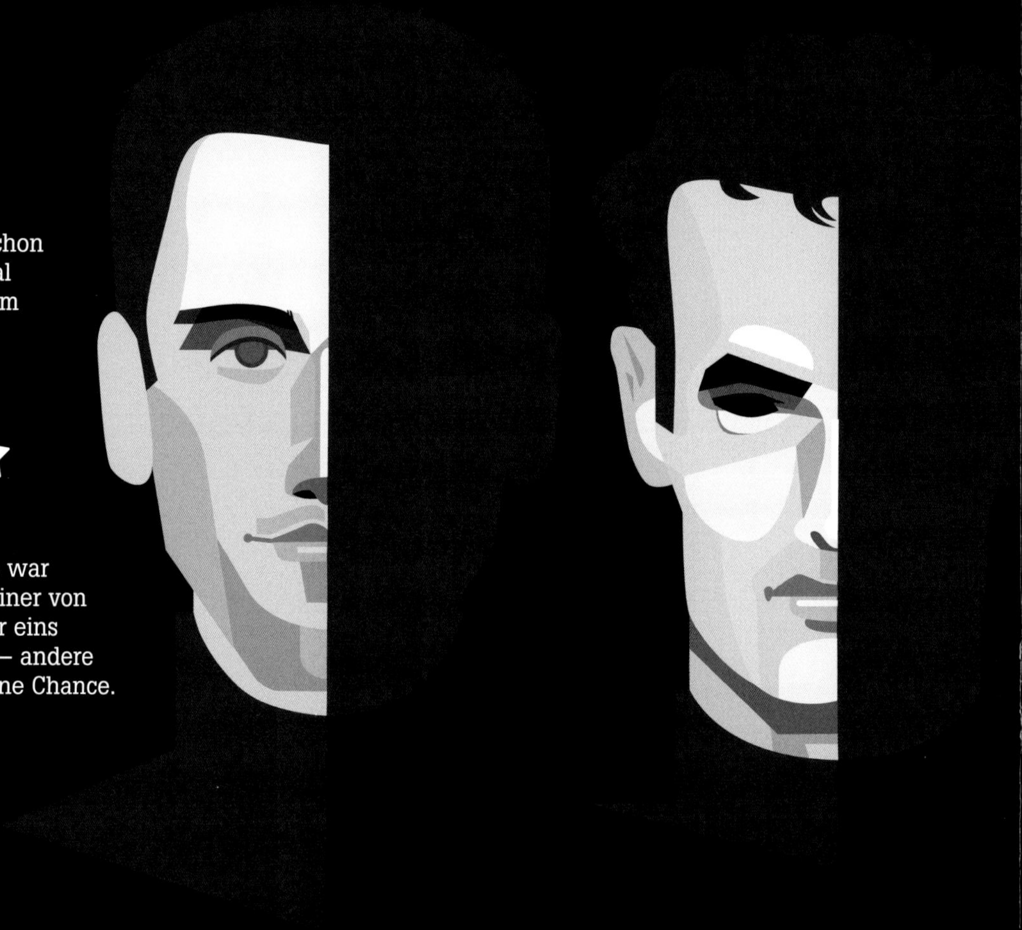

Davis Cup

Alle vier waren schon mindestens einmal im Davis-Cup-Team erfolgreich.

Rankings

Seit Februar 2004 war ununterbrochen einer von ihnen die Nummer eins der Weltrangliste – andere Spieler hatten keine Chance.

Olympics

Sie dominierten auch die letzten drei Olympiaden: Nadal holte sich 2008 den Titel in Peking, Murray 2012 in London und 2016 in Rio.

Preisgeld

Natürlich besetzten die vier Ausnahmespieler auch bei den Preisgeldern die oberen Positionen der All-Time-Liste – Djokovic als erster Spieler, der die 100-Mio.-US-Dollar-

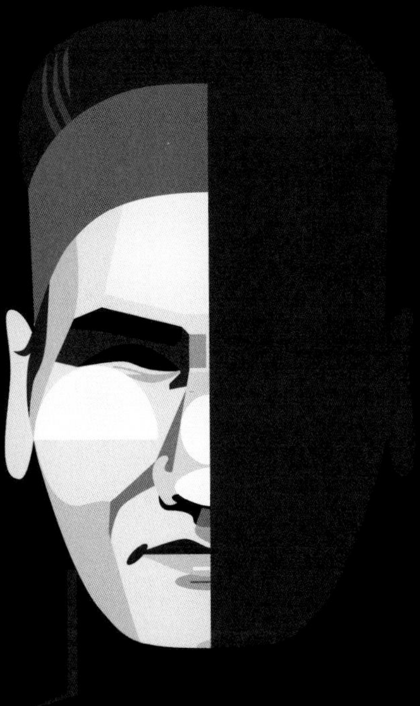

Dreieinhalb, vier oder fünf?

Bevor Andy Murray 2012 bei den US Open sein erstes Grand-Slam-Turnier gewann und 2016 Wimbledon für sich entschied, wollten ihn manche noch nicht als vollwertiges Mitglied der »Fab Four« anerkennen. Andere wiederum meinten, auch der Schweizer Spieler Stan Wawrinka gehöre in diese Riege, weshalb man gleich von den »Big Five« sprechen solle. Allerdings fand Wawrinka selbst, dass er noch nicht genügend Erfolge vorzuweisen habe, um sich hier einreihen zu können.

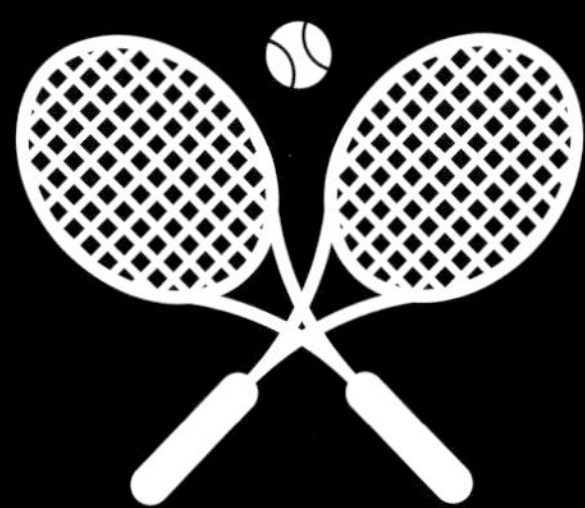

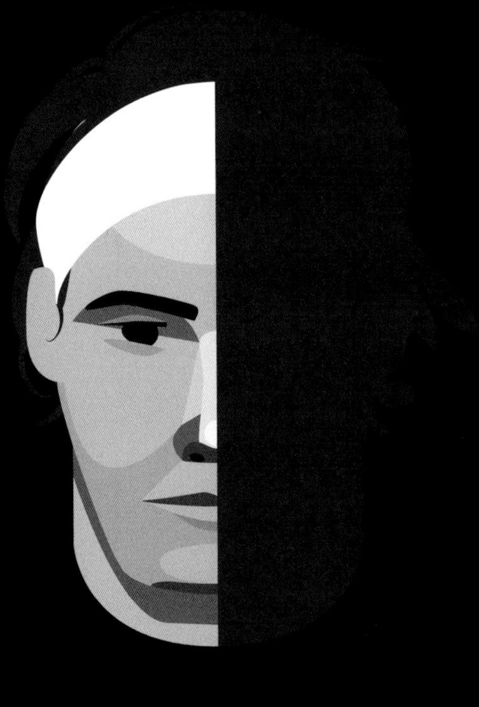

Grand Slams

- Zwischen 2006 und 2018 wurden die Australian Open mit einer Ausnahme immer von einem Mitglied der »Big Four« gewonnen (2014 entschied Wawrinka das Finale für sich).
- Das Gleiche gilt in den Jahren 2005 bis 2017 auch für die French Open (wieder markierte Wawrinka, 2015, die Ausnahme).
- Am längsten ist die Erfolgsserie der »Fab Four« in Wimbledon: Von 2003 bis 2017 gewann ausnahmslos einer von ihnen das prestigeträchtige Turnier.
- Bei den US Open wurde ihre Erfolgsserie zwischen 2004 und 2017 nur dreimal unterbrochen – 2009 von Juan Martin del Potro, 2014 von Marin Ćilić und 2016 von Wawrinka.

TENNIS-ROMANZEN

Einem Sprichwort zufolge – vielleicht aus einem alten Weihnachtsknallbonbon? – soll man sich »niemals in einen Tennisspieler verlieben«. Aber warum nicht?

Einige Minuten nach **Michaella Krajiceks** Sieg im Auftaktspiel eines Turniers in den Niederlanden, bei dem sie sich auch kennengelernt hatten, erschien ihr deutscher Freund **Martin Emmrich** auf dem Platz. Auch wenn sie sich freute, ihn zu sehen, verstand sie erst gar nicht, war er dort wollte. »10, 15 Sekunden lang war ich ganz irritiert und fand die Situation irgendwie seltsam. Aber dann fiel mir auf, dass er Tränen in den Augen hatte und plötzlich – ›Oh, wow!‹ – wurde mir klar, was er vorhatte. Ich beobachtete ihn so konzentriert, dass ich ihm gar nicht richtig zuhören konnte.« Aber am Schluss sagte sie im richtigen Moment ja.

Roger Federer und **Mirka Vavrinec**, seine spätere Frau, küssten sich zum ersten Mal bei der Olympiade in Sydney, im Jahr 2000, bei der sie beide für die Schweiz antraten. Inzwischen haben sie vier Kinder – zwei Mädchen und zwei Jungen, jeweils Zwillinge – was die Chancen, dass die Federers eines Tages im gemischten Doppel eines Grand-Slam-Turniers gegen die Federers antreten, zunehmend steigen ließ.

Caroline Wozniacki und der Golfer **Rory McIlroy** hatten schon die Hochzeitseinladungen verschickt, als Letzterer nasse Füße bekam und in einem nur wenige Minuten lang dauernden Gespräch die Beziehung beendete. Deutlich konstanter verlief Wozniackis weitere Karriere: Die Dänin, die schon in den Jahren 2010 bis 2012 bis auf eine Woche ununterbrochen die Weltrangliste angeführt hatte, gewann 2018 die Australian Open und wurde erneut Nummer eins.

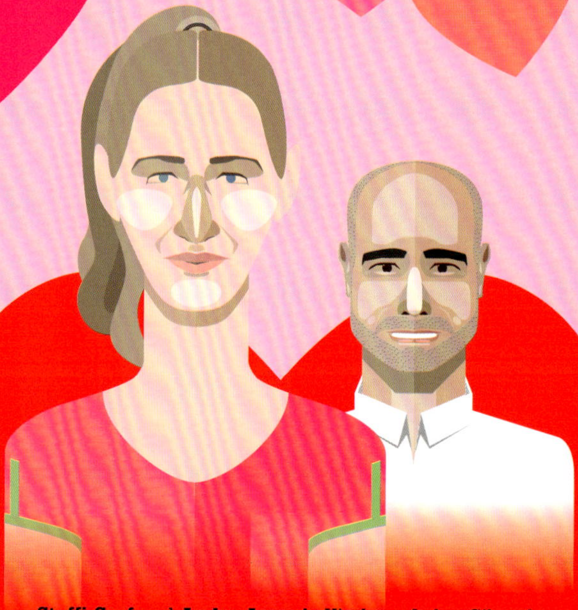

Steffi Graf und **Andre Agassis** Kinder – Jaden Gil und Jaz Elle – müssten aus genetischer Sicht wohl die perfekten Tennisspieler abgeben. Graf und Agassi gehören beide zur handverlesenen Tenniselite, die sich einen Karriere-Grand-Slam-Titel erkämpft haben. Gemeinsam besitzen sie 30 Pokale – 22 davon gehören Steffi Graf.

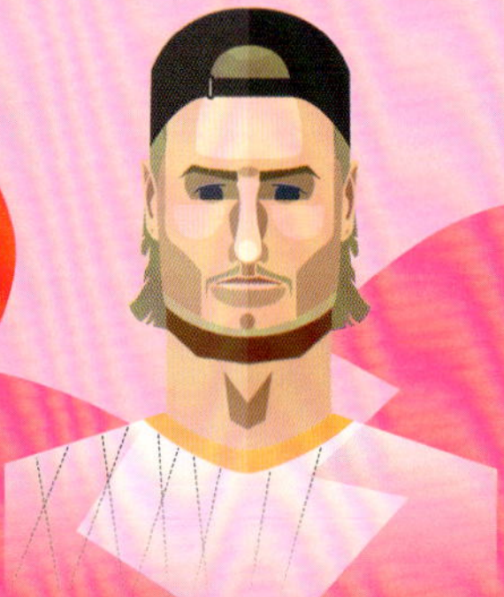

Lleyton Hewitt wurde einmal gefragt, was er zu den Vorbereitungen der Hochzeit mit **Kim Clijsters** beitrage, worauf er antwortete: »Ich kreuze im richtigen Moment einfach auf, Alter.« Sie haben es dann aber auch nie bis zur Kirche geschafft.

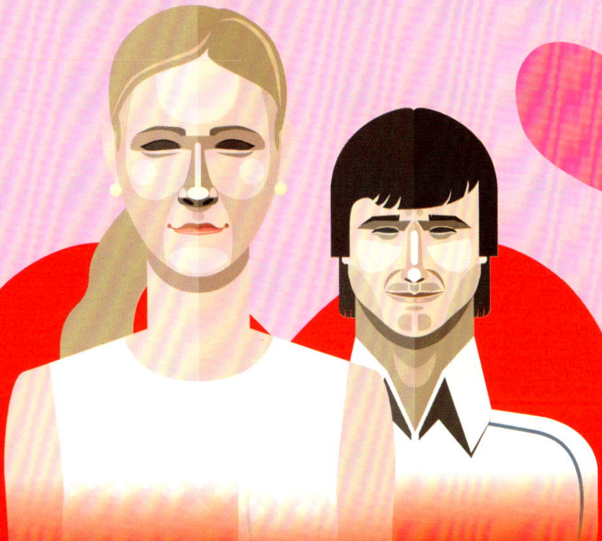

Im Sommer 1974, als sie sich jeweils den Einzeltitel in Wimbledon holten, galten **Jimmy Connors** und **Chris Evert** als das »Love Match«. Evert erinnert sich: »Es war wie im Märchen. Jimmy und ich waren jung und genossen das Leben – ganz ohne Druck, aber mit viel guter Presse. Es war für uns beide eine sehr aufregende Zeit! Wimbledon zu gewinnen – noch dazu an der Seite von jemandem, den man liebt –, das ist fast schon zu gut, um wahr zu sein.«

Eines Sommers verstrickten sich **Serena Williams** und **Maria Sharapova**, die offenbar beide an ihrem Tenniskollegen **Grigor Dimitrov** interessiert waren, öffentlich in einen spektakulären Zickenkrieg. In einem Interview mit dem Magazin »Rolling Stone« sprach Williams von ihm als dem »Kerl mit dem tiefschwarzen Herzen«, worauf Sharapova lancierte, Williams habe eine Affäre mit ihrem verheirateten Coach Patrick Mouratoglou.

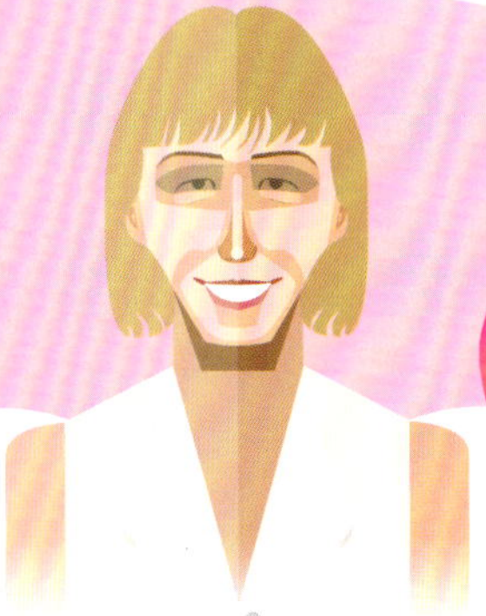

Martina Navratilova war extrem nervös, als sie ihrer Freundin auf der großen Bühne des Arthur-Ashe-Stadions öffentlich einen Antrag machte. »Ich stand völlig neben mir. Es war irgendwie eine von diesen Als-hätte-ich-meinen-Körper-verlassen-Erfahrungen. – Ich hatte schon oft gesehen, wie Leute auf Sportveranstaltungen Heiratsanträge machten, in Filmen und im richtigen Leben – aber diesmal war ich diejenige! Es war, als würde ich mir selbst dabei zusehen …« Glücklicherweise sagte Julia Lemigova ja.

Im Jahr 2015 spielte **Serena Williams** in Rom ein Sandplatz-Turnier. Sie saß gerade im Hotel mit ihrer Entourage zum Brunch zusammen, als **Alexis Ohanian**, der Gründer der Online-Plattform Reddit und spätere Vater ihres Kindes, sich am Tisch gleich neben ihnen niederließ. Williams und ihre Gruppe fanden das indiskret und wollten ihn loswerden, also behaupteten sie, sie hätten unter seinem Tisch eine Ratte gesehen. Ohanian war ungerührt: »Ich komme aus Brooklyn, Leute – ich habe andauernd mit Ratten zu tun.« Amüsiert über seine Schlagfertigkeit, lud Williams ihn ein, sich zu ihnen zu setzen. Ein Jahr später machte Ohanian ihr an genau demselben Ort einen Heiratsantrag.

Der »Serena-Slam« – vier gewonnene Grand-Slam-Turniere zwischen 2002 und 2003 – wäre vermutlich so nie passiert, wenn Serena Williams' Herz nicht von einem früheren Freund »in der Mitte entzweigerissen« worden wäre. »Er hatte mir das Gefühl gegeben, total abstoßend zu sein. Ich beschloss, Tennis zu meiner Rettung zu machen. Er sollte bedauern, wie er mich behandelt hatte. Ich wollte, dass er überall mit mir konfrontiert wurde, er sollte mich nicht mehr loswerden, als ständige Erinnerung daran, was er mal hätte haben können – ich wollte mich über seine Schäbigkeit erheben«, sagte Williams. »Im Grunde genommen musste ich mich aus dem Schmutz, in dem er mich zurückgelassen hatte, wieder herauskämpfen. Und das tat ich dann ja auch.«

SOCIAL MEDIA

Welche Tennisspieler haben in den sozialen Medien die größte Macht und den größten Einfluss? Hookit, ein Marktforschungsunternehmen, hat die Gesamtzahl aller Interaktionen (Likes, Shares und Kommentare) sowie die durchschnittliche Anzahl der Interaktionen per Posting ein Jahr lang, von Juni 2012 bis Juli 2013, beobachtet und analysiert.

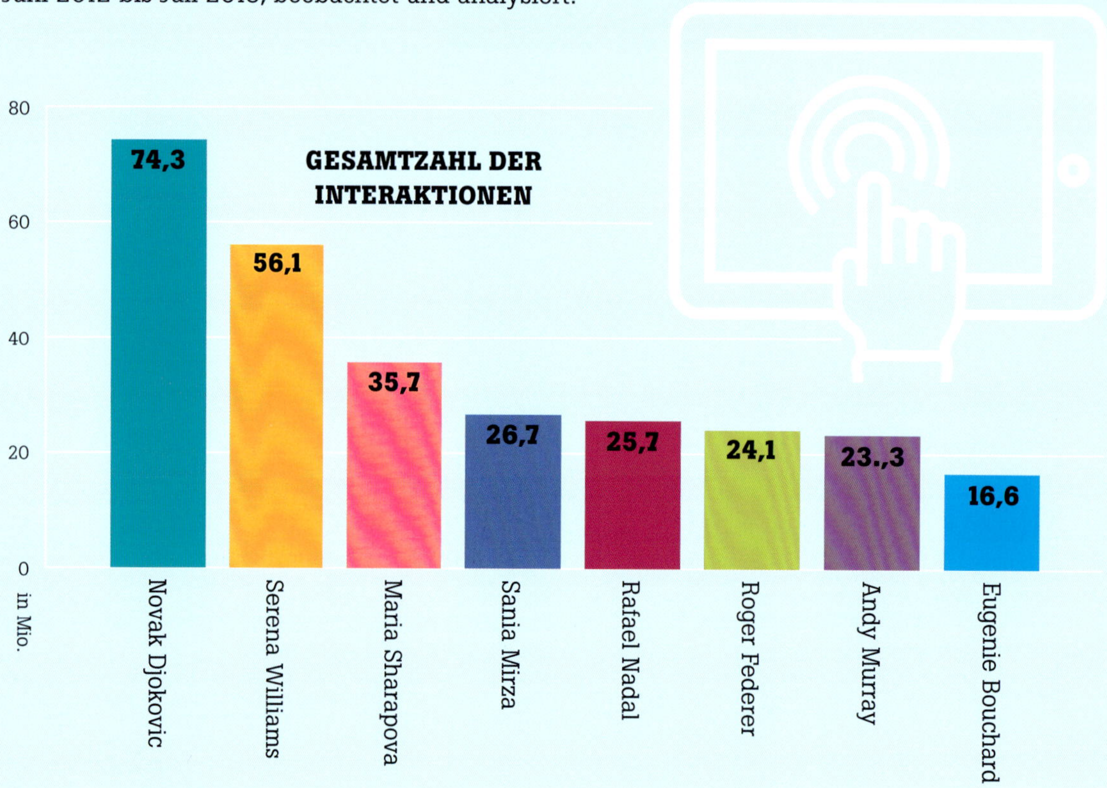

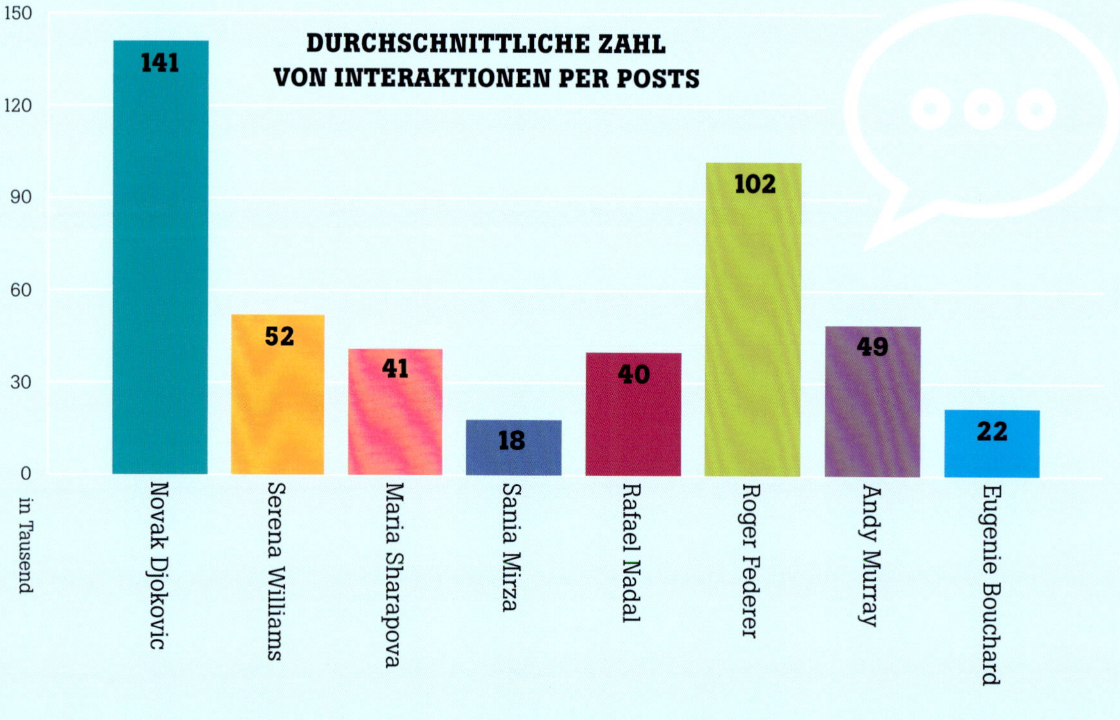

SOCIAL MEDIA FOLLOWERS
(IN PROZENT)

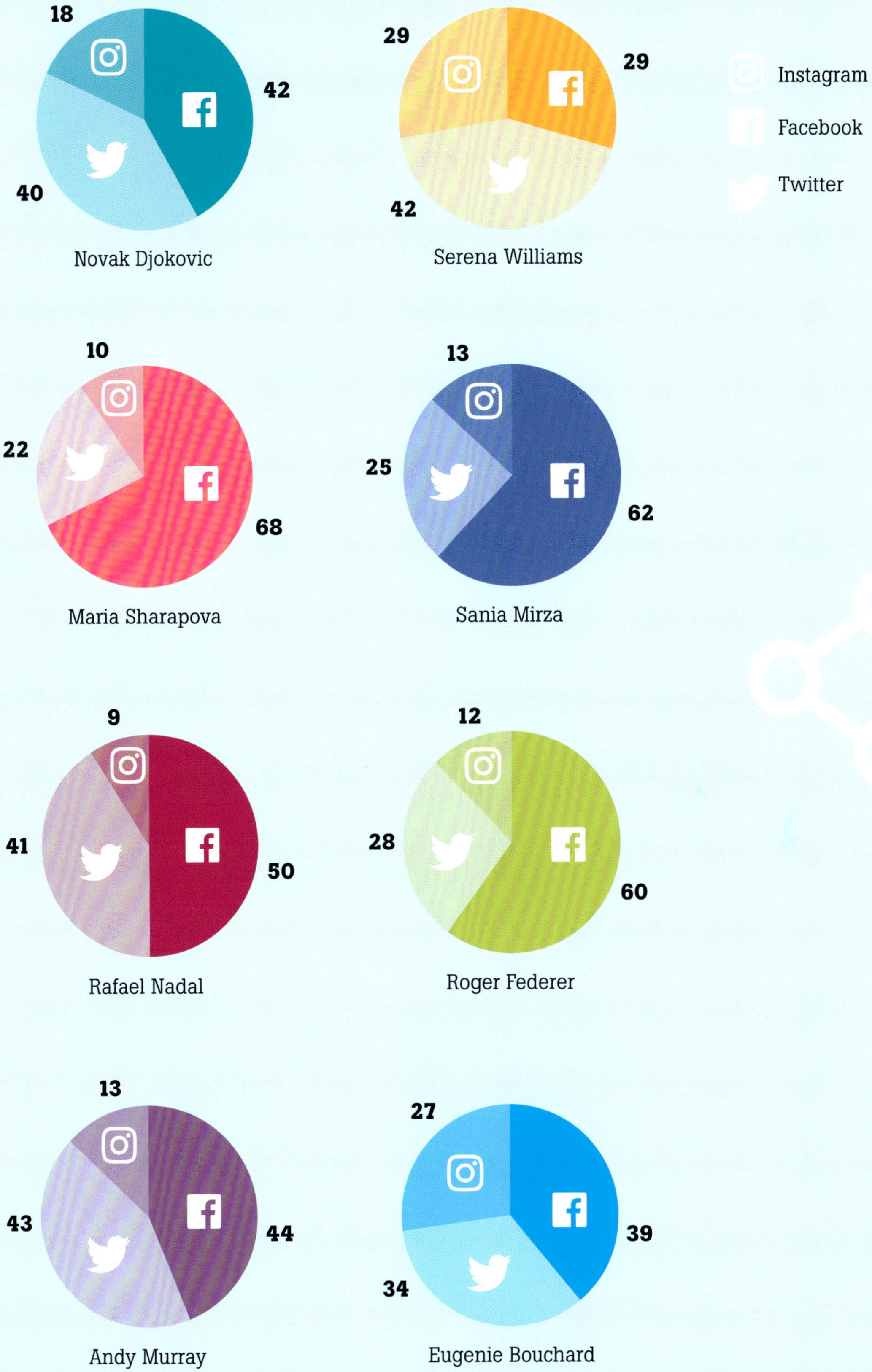

IKONE **MARIA SHARAPOVA**

Ihr Sieg 2004 in Wimbledon – mit nur 17 Jahren! – katapultierte Maria Sharapova in die Stratosphäre – auf dem Tennis-Court, aber auch weit darüber hinaus. Neben dem Leben als Profi-Spielerin baute sie sich unter dem Namen Sugarpova ein eigenes Unternehmen auf, das Süßigkeiten produziert.

DIE DATEN

SPITZNAME
Masha/Shazza

GEBURTSDATUM
19. April 1987

GEBURTSORT
Nyagan, Russland

GRÖSSE
1,88 m

SPIELSTIL
Rechtshändig (Rückhand beidhändig)

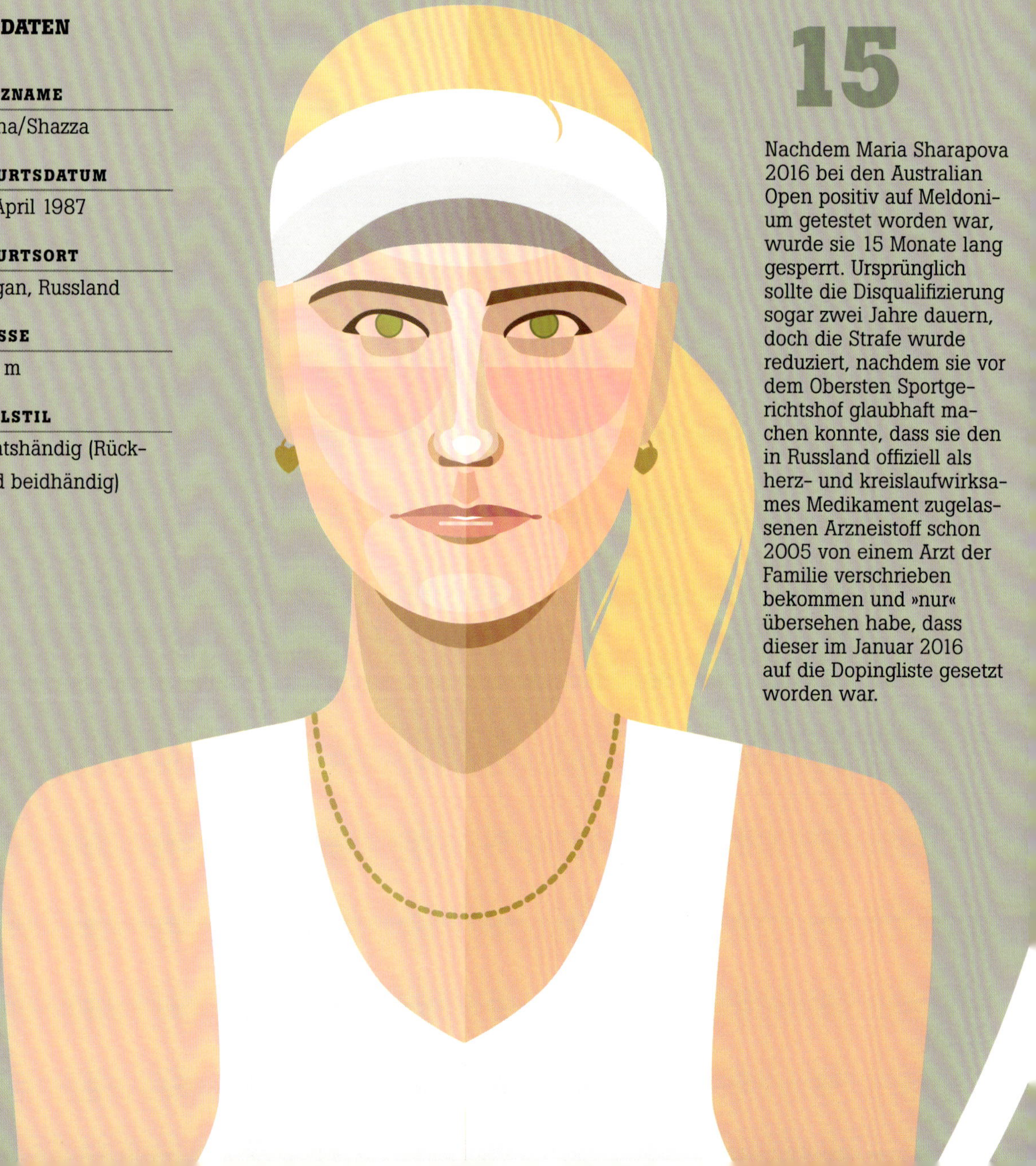

15

Nachdem Maria Sharapova 2016 bei den Australian Open positiv auf Meldonium getestet worden war, wurde sie 15 Monate lang gesperrt. Ursprünglich sollte die Disqualifizierung sogar zwei Jahre dauern, doch die Strafe wurde reduziert, nachdem sie vor dem Obersten Sportgerichtshof glaubhaft machen konnte, dass sie den in Russland offiziell als herz- und kreislaufwirksames Medikament zugelassenen Arzneistoff schon 2005 von einem Arzt der Familie verschrieben bekommen und »nur« übersehen habe, dass dieser im Januar 2016 auf die Dopingliste gesetzt worden war.

REKORDE

10

Über 10 Jahre in Folge wurde Sharapova vom Forbes-Magazin zur bestverdienenden weiblichen Sportlerin der Welt gekürt. Sie selbst sagte einmal, sie habe genug verdient, um auch ihre Urenkel noch satt zu bekommen.

5

Grand-Slam-Titel

Australian Open	French Open	Wimbledon	US Open
1	2	1	1

SHARAPOVA
IN ZAHLEN

130

Sharapova gilt als Überlebende der nuklearen Katastrophe in Tschernobyl. Ihre Mutter war gerade mit ihr schwanger, als die kontaminierte Wolke von der Explosion des nur 130 km weit entfernt gelegenen Kernkraftwerks unheilvoll über Belarus hing. Mitten im Chaos der Tschernobyl-Fallout-Zone flohen Sharapovas Eltern kurzentschlossen aus der Gegend.

700

Sharapovas Vater Yuri besaß nicht mehr als 700 US-Dollar, als er mit seiner neunjährigen Tochter aus Russland in die Vereinigten Staaten kam. Um zu überleben, arbeitete er viele Stunden in harten, schlecht bezahlten Jobs. Er wischte die Böden in einem Lebensmittelgeschäft, war Tellerwäscher in einem Restaurant und schleppte Ziegel auf einer Baustelle.

2

Nachdem sie und ihr Vater in die USA eingereist waren, konnte Sharapova ihre Mutter zwei Jahre lang nicht sehen. Es war nur sehr selten möglich, zu telefonieren, also schrieben sie sich Briefe.

6

Sie war erst die sechste Weltklassespielerin der Open-Ära mit einem Karriere-Grand-Slam.

2013

In diesem Jahr erwog Sharapova ernsthaft, sich in Sugarpova umzubenennen, um ihr Unternehmen noch besser bewerben zu können.

SCHNELLIGKEIT AUF DEM COURT UND REAKTIONSZEITEN

Welche Spieler sind die schnellsten auf dem Platz? Und welche haben die kürzesten Reaktionszeiten bei ihren Returns? Die Zahlen stammen aus Veröffentlichungen der Tennis Australia's Game Insight Group.

GESCHWINDIGKEIT AUF DEM PLATZ

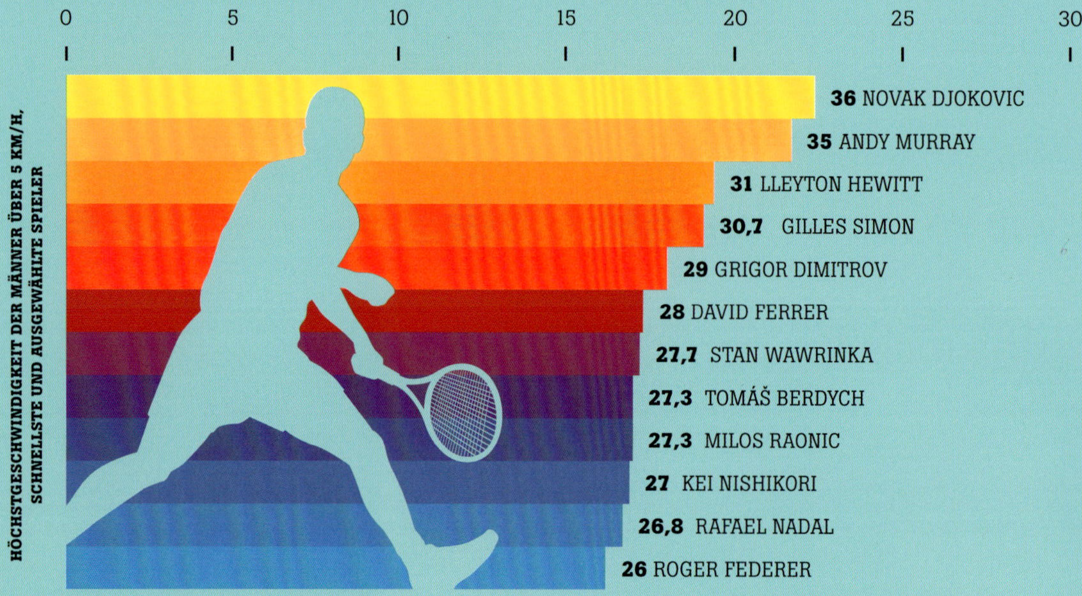

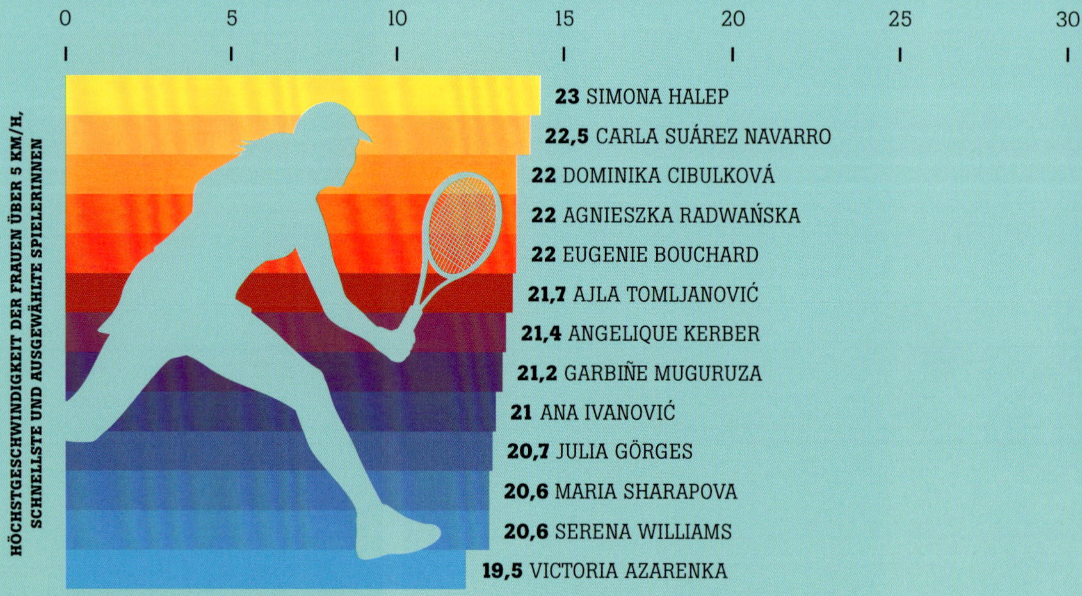

REAKTIONSZEIT – DURCHSCHNITTLICHE SEKUNDENZAHL BIS ZUR PARADE EINES AUFSCHLAGBALLS

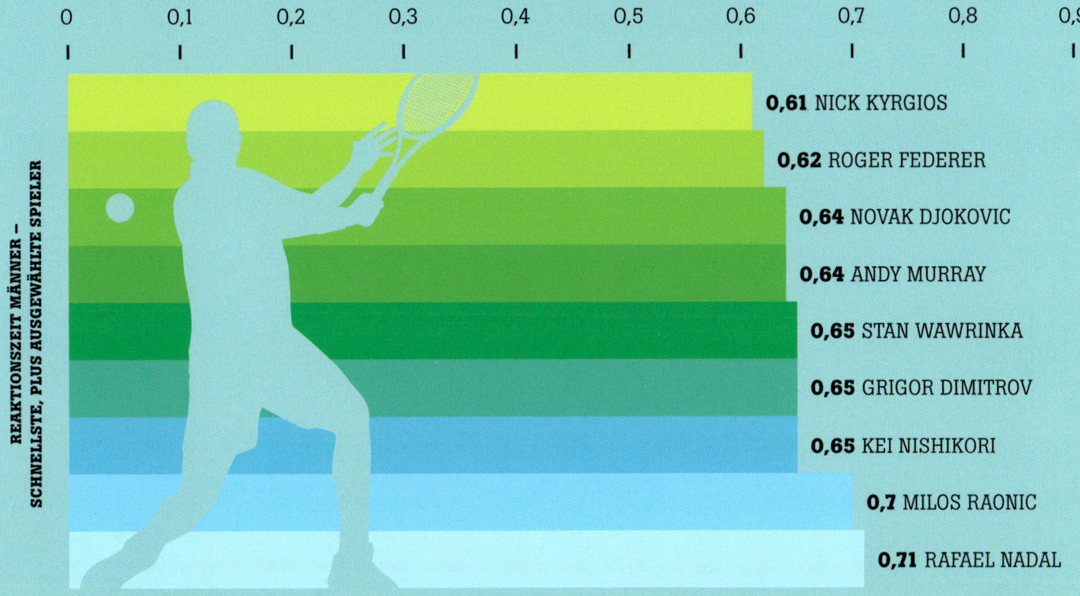

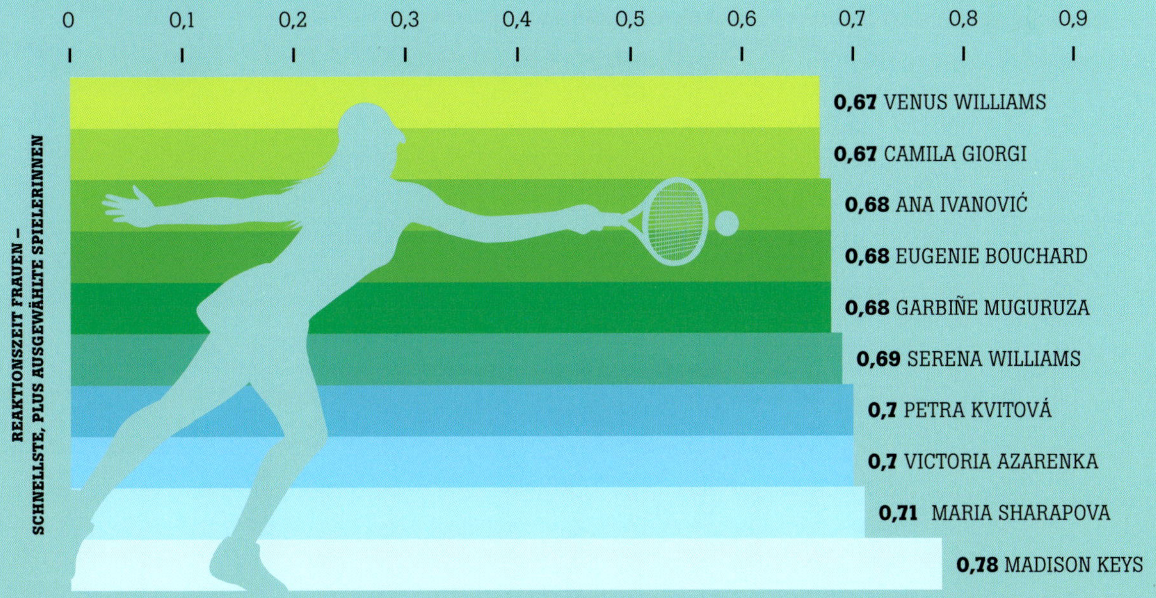

COMEBACKS

Ob nun spektakulär erfolgreich oder absolute Flops – mit den Comebacks im Tennis sind meistens faszinierende Geschichten verbunden.

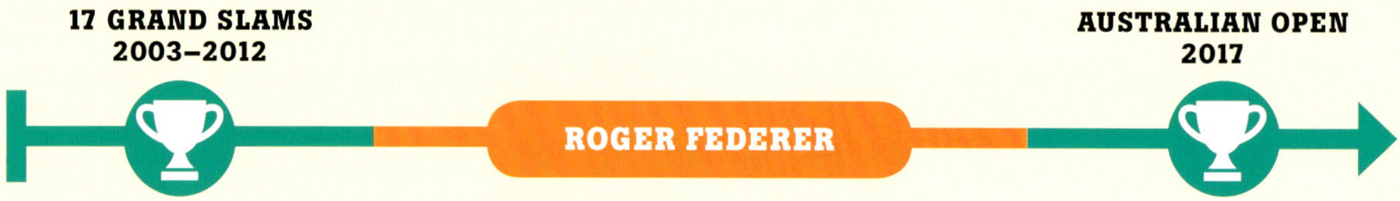

Federers Triumph bei den Australian Open 2017 war wohl das überraschendste Comeback der Sportgeschichte – und das erfreulichste für alle Tennisfans. Der Schweizer hatte seit sechs Monaten kein einziges Turnier gespielt, um sich von einer Knieverletzung zu erholen, die er sich 2016 in Melbourne zuzog, als er für seine Kinder ein Bad einließ. Sein Sieg war eine unglaubliche Leistung: Nicht nur spielte er im Finale gegen seinen Erzrivalen Rafael Nadal; er schaffte es sogar, sich aus einem Tief im letzten Satz wieder hochzurappeln, um sich nach fünf Jahren erneut einen Grand-Slam-Titel zu holen, den 18.

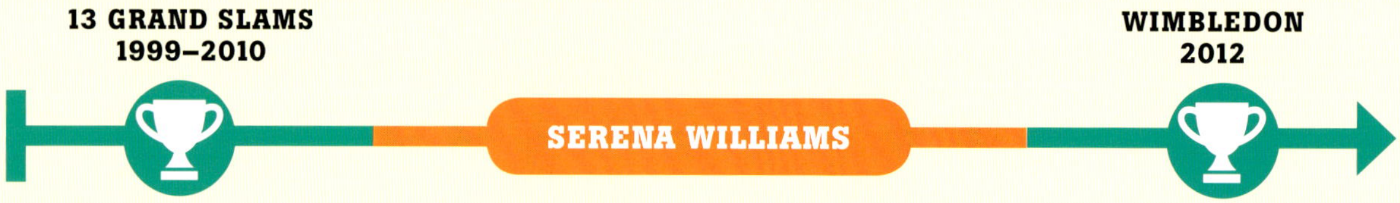

Wimbledon zu gewinnen, ist für jeden Tennisprofi eine ganz besondere Erfahrung – doch für Williams hatte ihr Triumph 2012 eine noch viel größere Tragweite. Es war ihr erster Grand Slam, nachdem sie 2011 infolge einer Lungenembolie »buchstäblich schon im Sterben gelegen hatte«. »Es war unbeschreiblich. Im Krankenhaus schwebte ich zwischen Leben und Tod und hätte es fast nicht geschafft. Und jetzt bin ich hier – und ich bin so glücklich und dankbar dafür.«

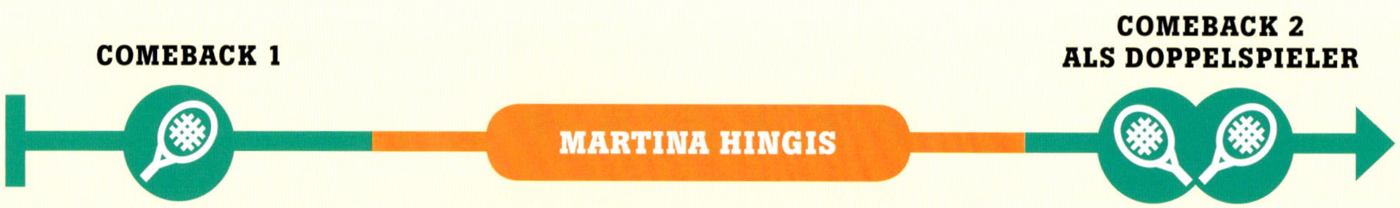

Ihr erstes Comeback scheiterte daran, dass sie 2007 in Wimbledon positiv auf Kokain getestet wurde. Und trotzdem: Nachdem sie ihre Disqualifizierung abgebüßt hatte, kämpfte die Schweizerin für ein zweites Comeback, dieses Mal als Spielerin im Doppel: Mit 37 stand die »Swiss Miss« 2017 noch einmal an der Spitze der Doppel-Weltrangliste.

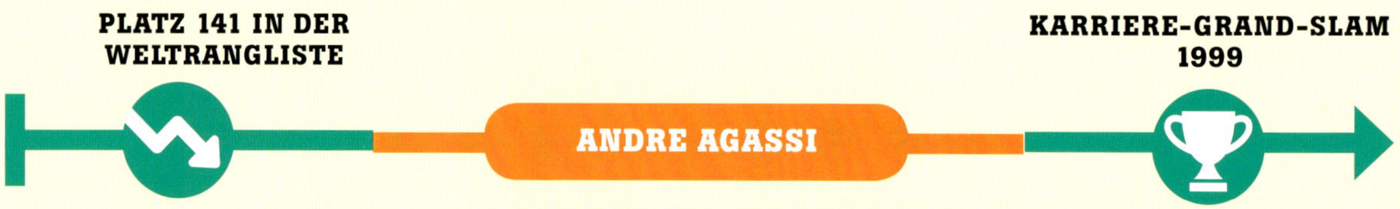

1997 war Agassis schlimmstes Tennisjahr. Er fiel auf der Weltrangliste auf Platz 141 zurück und wurde positiv auf Crystal Meth getestet. Zu seinem Glück akzeptierte die ATP seine Erklärung, er habe die Droge unwissentlich zu sich genommen, als er an den »geimpften Sodas« seines Assistenten genippt habe. Nur zwei Jahre später konnte er mit seinem Sieg bei den French Open 1999 seinen Karriere-Grand-Slam komplettieren.

11 GRAND SLAMS (1974–1981)

BJÖRN BORG

MONTE CARLO 1991

»Es war verrückt«, sagt Björn Borg heute über sein Comeback 1991 im Monte Carlo Country Club, zehn Jahre nach seinem Höhenflug im Herrentennis. Und um seine Rückkehr noch individueller zu gestalten, entschied sich Borg für Holzschläger, obwohl die Tenniswelt längst zu Graphitrahmen bekehrt war, und wählte als Konditionstrainer einen Waliser in den Endsiebzigern, der sich selbst als Martial-Arts- und Shiatsu-Experte bezeichnete. Borg verlor das Spiel in Monte Carlo, wie auch alle anderen acht Spiele des Jahres 1992 und die drei, zu denen er 1993 noch einmal antrat. Nach diesen zwölf Niederlagen zog er sich endgültig aus dem Profi-Tennis zurück.

8 GRAND SLAMS 1990–1993

MONICA SELES

AUSTRALIAN OPEN 1996

Ihr Turniersieg bei den Australian Open im Jahr 1996 war für Seles von allergrößter Bedeutung – blieb aber der einzige Erfolg ihrer Rückkehr auf den Court, nachdem sie 1993 von einem psychisch kranken Mann aus dem Publikum niedergestochen worden war. Danach ging es in ihrer von vielen Verletzungen geprägten Karriere noch einige Jahre lang auf und ab. 2007 war von einem erneuten Comeback die Rede, doch 2008 zog sie sich endgültig aus dem Profitennis zurück.

US OPEN 2005

KIM CLIJSTERS

3 GRAND SLAMS

Dass sie Mutter geworden war, setzte bei Clijsters in der zweiten Phase ihrer Tenniskarriere ungeahnte Kräfte frei. Vor der Geburt ihres Kindes hatte sie »nur« einen der großen Pokale (die US Open) gewonnen. Doch als sie nach der Babypause wieder antrat, räumte sie noch einmal drei Grand-Slam-Titel ab – zwei bei den US Open in Flushing Meadows und einen bei den Australian Open in Melbourne.

1992 OLYMPISCHES GOLD

JENNIFER CAPRIATI

3 GRAND SLAMS

Capriatis bemerkenswerter Werdegang im Tennis – schwankend zwischen zwei Extremen – lässt sich fotografisch sehr gut illustrieren: Zum einen mit dem »Verbrecherfoto« der Polizei in Florida, nachdem sie für den Besitz von Marihuana und Ladendiebstahl verhaftet worden war, und mit den sehr viel erfreulicheren Motiven von der Pokalverleihung bei den Australian Open 2001, ihrem allerersten Grand-Slam-Titel. Im selben Jahr folgten die French Open, und das dritte große Turnier gewann sie 2002 bei den Australian Open, mit vier Matchbällen gegen Martina Hingis.

18 EINZEL-GRAND-SLAM-TITEL

MARTINA NAVRATILOVA

US OPEN GEMISCHTES DOPPEL 2006

Auf ihrer zweiten Karriere-Tour war Martina Navratilova als Spielerin im Doppel sehr erfolgreich. So gewann sie im Jahr 2006 zusammen mit Bob Bryan unter anderem die US Open im gemischten Doppel, und zwar nur einen Monat vor ihrem 50. Geburtstag. Es war der letzte – der 59. – Grand-Slam-Titel ihrer langen, überaus erfolgreichen Karriere.

ABERGLAUBE UND RITUALE

Tennisspieler gehören zu den abergläubischsten Menschen überhaupt. An Tennisbällen schnuppern, kalte Duschen und viele andere seltsame Rituale sollen mit Glück durch das Spiel bringen.

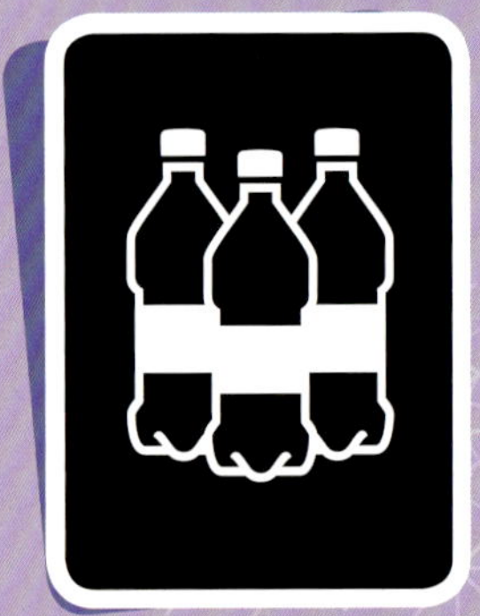

Rafael Nadal
Der Spanier kann angeblich nicht spielen, wenn die Etiketten seiner Wasserflaschen nicht auf die Seite des Courts zeigen, auf der er steht. Neben vielen anderen Ritualen duscht Nadal vor jedem Match 45 Minuten lang kalt und hält immer einen Schläger in der Hand, wenn er das Stadion betritt. Beim Münzwurf kommt er grundsätzlich als letzter ans Netz, wo sein Gegner und der Schiedsrichter immer auf ihn warten müssen.

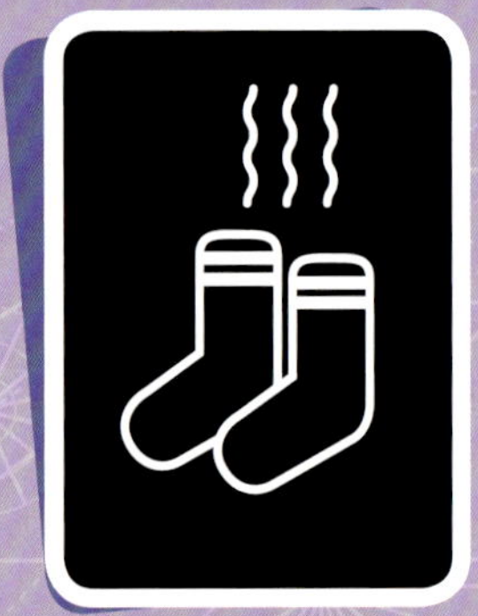

Serena Williams
Die jüngere der beiden Williams-Schwestern gestand einmal, dass sie zu einem Turnier immer dieselben ungewaschenen Socken trägt, sogar bei den vierzehntägigen Grand Slams. Außerdem benutze sie grundsätzlich die gleiche Dusche, müsse ihre Badelatschen mit auf den Court nehmen und ihre Schuhe immer in genau der gleichen Weise zubinden.

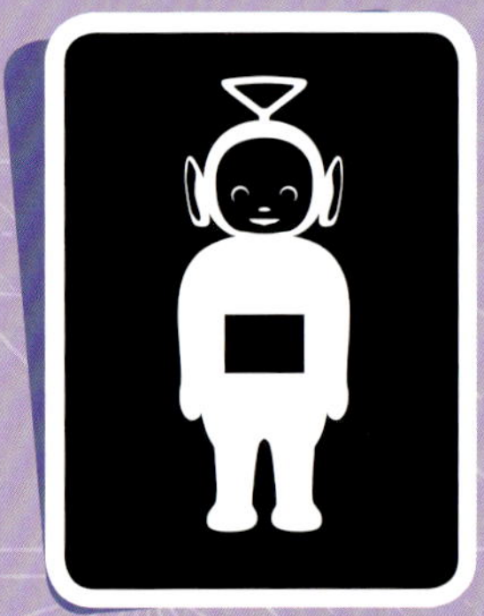

Goran Ivanišević
Die Rituale des Kroaten vor seinem Wimbledon-Sieg 2001 waren ziemlich zeitintensiv und umfangreich: Über die Dauer des gesamten Turniers sah er sich jeden Morgen im Fernsehen die »Teletubbies« an, eine Kindersendung. Dann aß er immer im selben Restaurant an immer demselben Tisch immer das Gleiche zu Mittag (Fischsuppe als Vorspeise, Lamm und Kartoffeln als Hauptgericht sowie Eis mit Schokoladensoße zum Nachtisch). Auch zum Frühstück aß er stets das Gleiche, benutzte immer dieselbe Dusche und parkte auch immer am selben Platz.

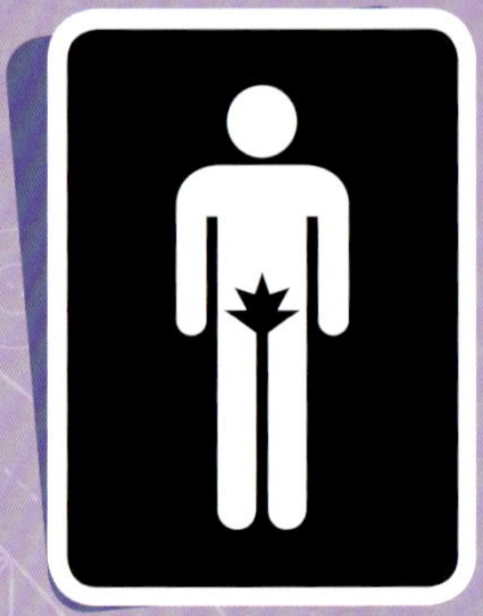

Andre Agassi
»Las Vegan« spielte seine Matches seit den French Open 1999 grundsätzlich ohne Unterwäsche. Agassi entdeckte damals zu seinem Horror Minuten, bevor er auf dem Platz stehen musste, dass er seine Unterwäsche vergessen hatte. Sein Coach Brad Gilbert bot ihm an, ihm seine zu leihen, was Agassi ablehnte. Die Qualität seines Spiels an jenem Tag und dann auch für den Rest des Turniers war aber so hoch – immerhin gewann er seinen letzten noch fehlenden Titel zum Karriere-Grand-Slam –, dass Agassi auf dem Court nie wieder eine Unterhose trug.

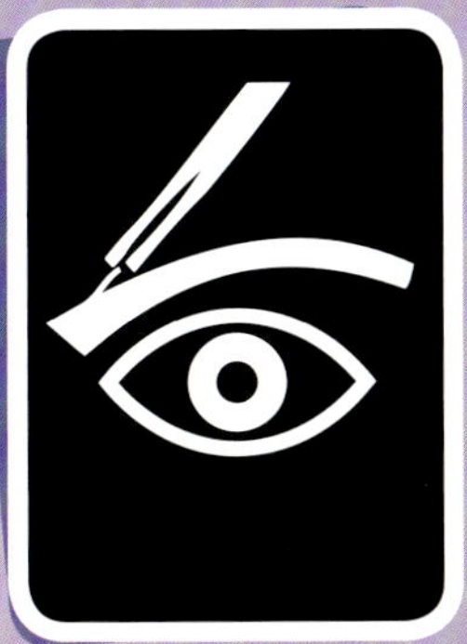

Ivan Lendl
Wenn Ivan Lendl nervös wurde, zupfte er immer an seinen Augenbrauen.

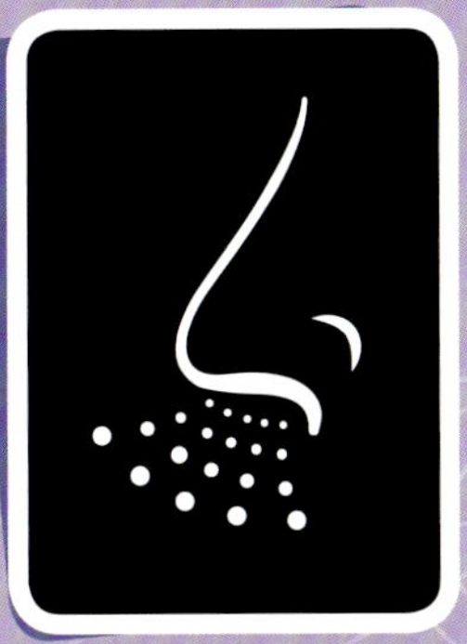

Dominika Cibulková
Die frühere Australian-Open-Finalistin schnuppert vor dem Aufschlag immer an ihren Tennisbällen.

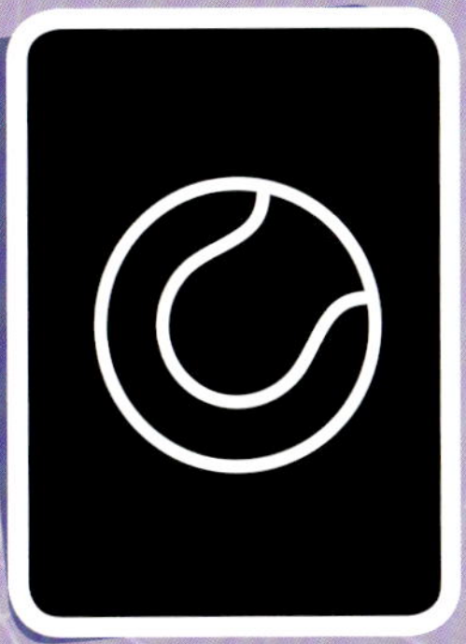

Andy Murray
Wenn Murray ein As schlägt, will er häufig genau denselben Ball auch für den nächsten Aufschlag noch einmal benutzen.

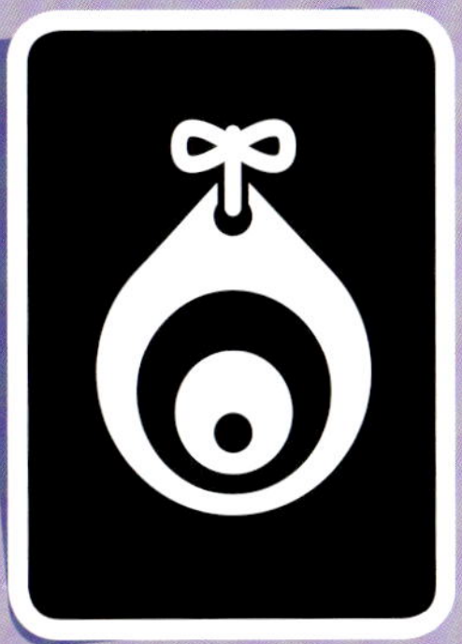

Marat Safin
Der Russe trägt auf dem Court stets einen Kettenanhänger »gegen den bösen Blick«.

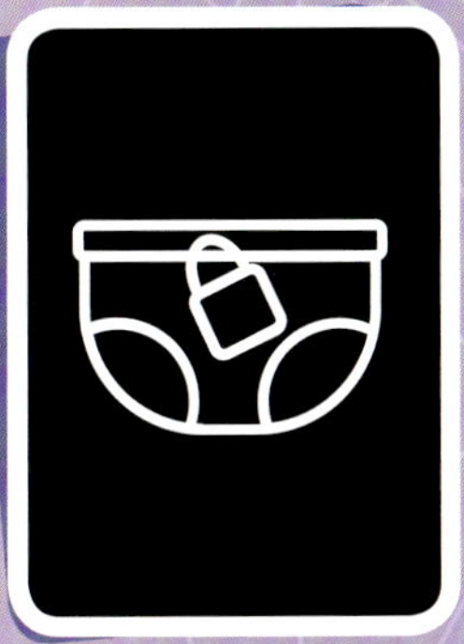

Björn Borg
Die Abstinenz des Schweden während des Turniers in Wimbledon – 14 Tage lang rasierte er sich nicht und hatte keinen Sex – zahlte sich aus: Er gewann den Titel fünfmal in Folge. Zu Borgs Ritualen gehörte auch, dass er immer im selben (bescheidenen) Hotel wohnte, stets denselben Weg zum Club nahm, immer dasselbe enge Hemd mit Nadelstreifen trug und in der Pause zum Seitenwechsel immer auf demselben Stuhl saß.

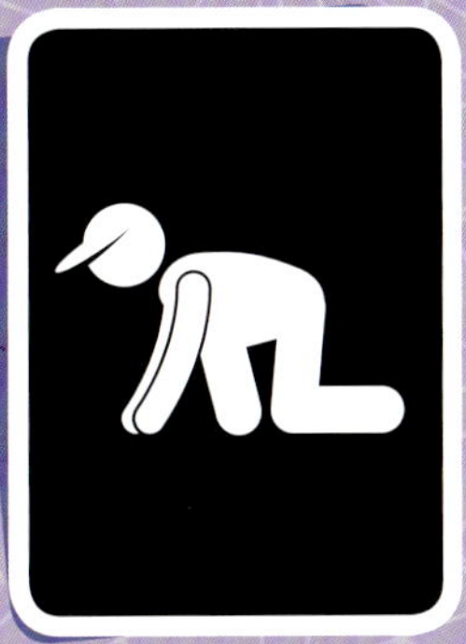

Andre Agassi
Dass er nur ohne Unterwäsche gewinnen könne, war nicht der einzige Aberglaube Agassis. Er wartete auch grundsätzlich vor dem Aufschlag ab, bis alle Ballkinder auf ihren Positionen waren.

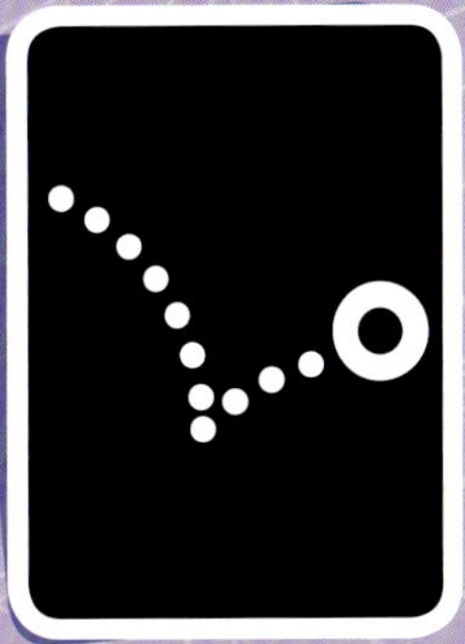

Novak Djokovic
Der Serbe benutzt nur ungern zweimal dieselbe Dusche. Früher war er außerdem bekannt dafür, dass er den Ball vor dem Aufschlag mehrere (häufig bis zu 40) Male vom Boden hochspringen lassen musste. Dieses Verhaltensmuster hat er aber inzwischen weitgehend aufgegeben.

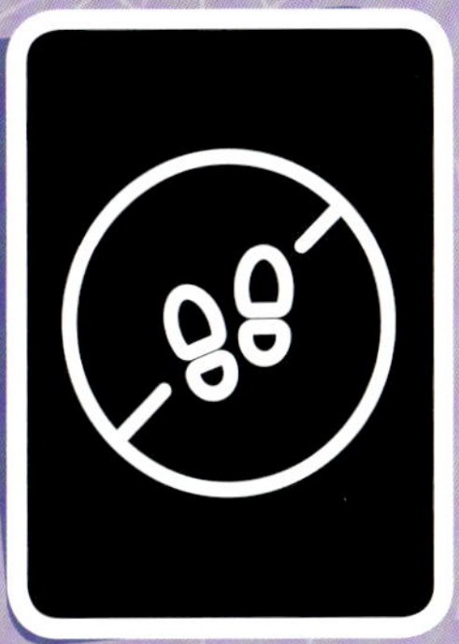

Maria Sharapova und **John McEnroe**
Diese beiden Tennis-Asse gehören zu jenen Spielern, die zwischen den Ballwechseln »sicherheitshalber« lieber nicht auf die Linien treten.

MÜTTER UND VÄTER

Welche Tennis-Asse der Open-Ära gewannen ein Grand-Slam-Turnier, nachdem sie Eltern geworden waren?

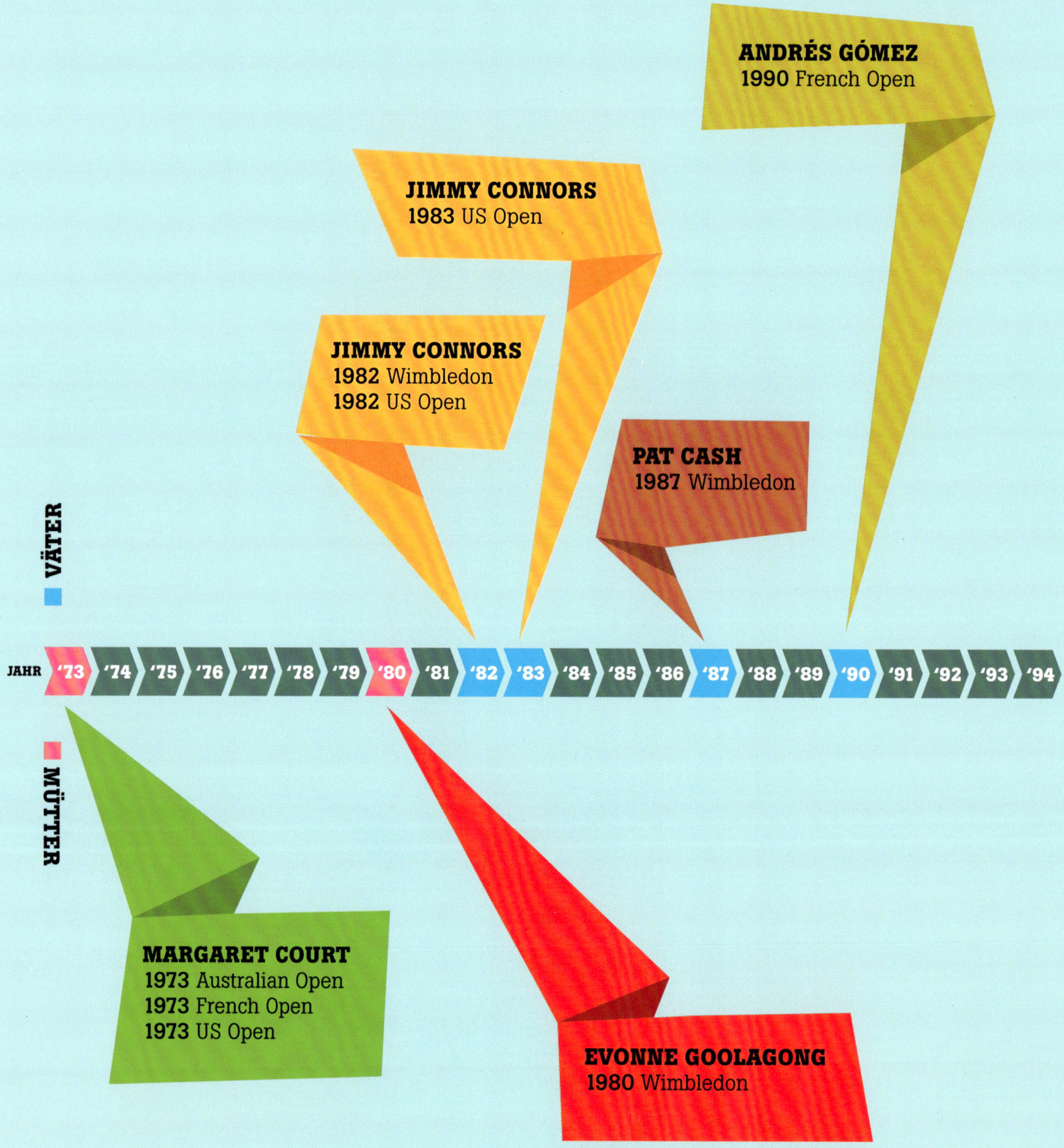

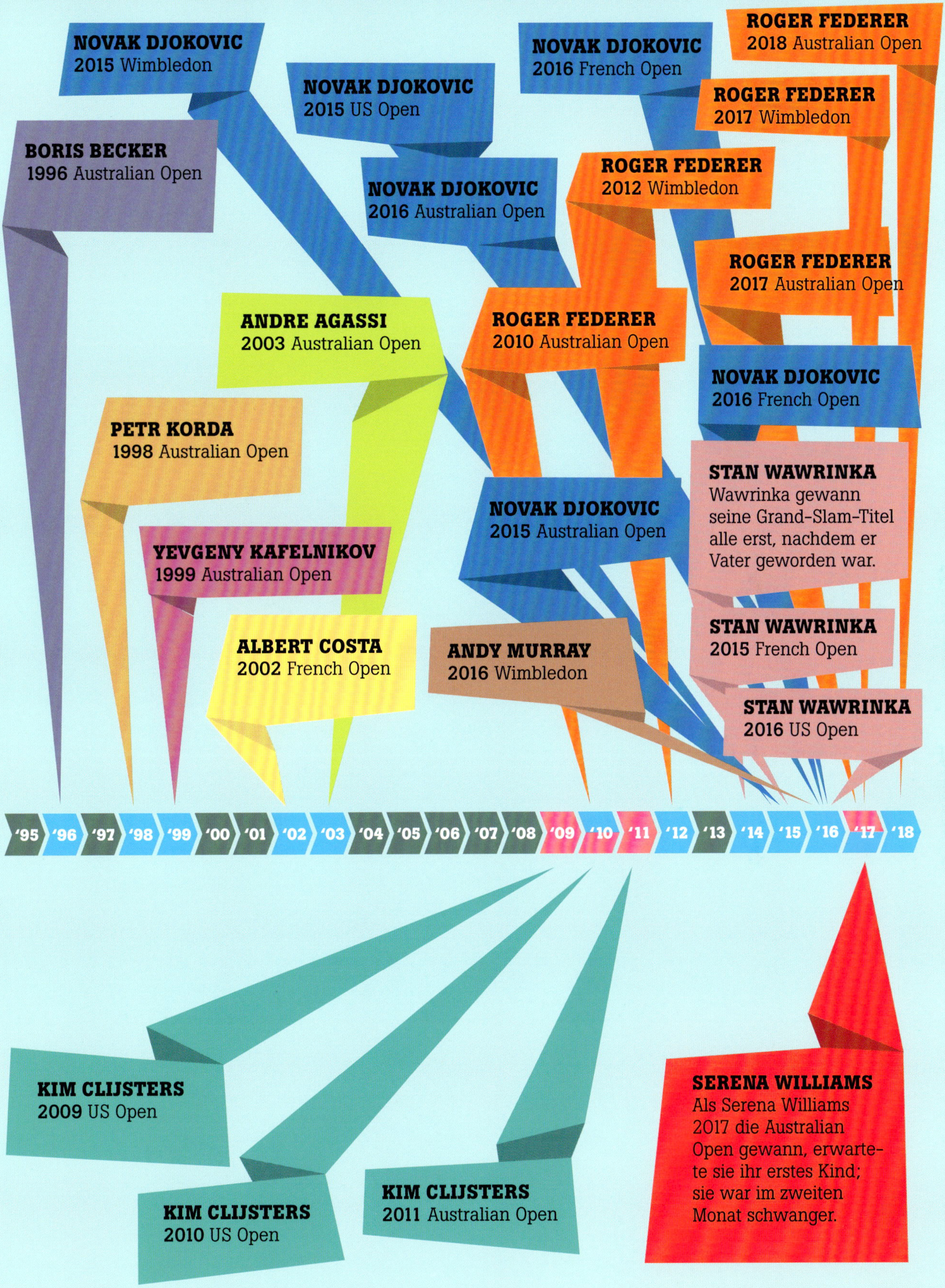
NOVAK DJOKOVIC
2015 Wimbledon
NOVAK DJOKOVIC
2015 US Open
NOVAK DJOKOVIC
2016 French Open
ROGER FEDERER
2018 Australian Open
ROGER FEDERER
2017 Wimbledon
BORIS BECKER
1996 Australian Open
NOVAK DJOKOVIC
2016 Australian Open
ROGER FEDERER
2012 Wimbledon
ROGER FEDERER
2017 Australian Open
ANDRE AGASSI
2003 Australian Open
ROGER FEDERER
2010 Australian Open
NOVAK DJOKOVIC
2016 French Open
PETR KORDA
1998 Australian Open
STAN WAWRINKA
Wawrinka gewann seine Grand-Slam-Titel alle erst, nachdem er Vater geworden war.
NOVAK DJOKOVIC
2015 Australian Open
YEVGENY KAFELNIKOV
1999 Australian Open
STAN WAWRINKA
2015 French Open
ALBERT COSTA
2002 French Open
ANDY MURRAY
2016 Wimbledon
STAN WAWRINKA
2016 US Open
'95 '96 '97 '98 '99 '00 '01 '02 '03 '04 '05 '06 '07 '08 '09 '10 '11 '12 '13 '14 '15 '16 '17 '18
KIM CLIJSTERS
2009 US Open
SERENA WILLIAMS
Als Serena Williams 2017 die Australian Open gewann, erwartete sie ihr erstes Kind; sie war im zweiten Monat schwanger.
KIM CLIJSTERS
2011 Australian Open
KIM CLIJSTERS
2010 US Open

IKONE BORIS BECKER

Von seinem frühen Sieg in Wimbledon 1985 bis zu seiner Rolle als Trainer und Coach für Novak Djokovic (2013–2016) ist Boris Becker bis heute eine der wichtigsten und einflussreichsten Persönlichkeiten im Sport und in der Tenniswelt.

DIE DATEN

SPITZNAME

Bum Bum

GEBURTSDATUM

22. November 1967

GEBURTSORT

Leimen, Deutschland

GRÖSSE

1,90 m

SPIELSTIL

Rechtshänder (einhändige Rückhand)

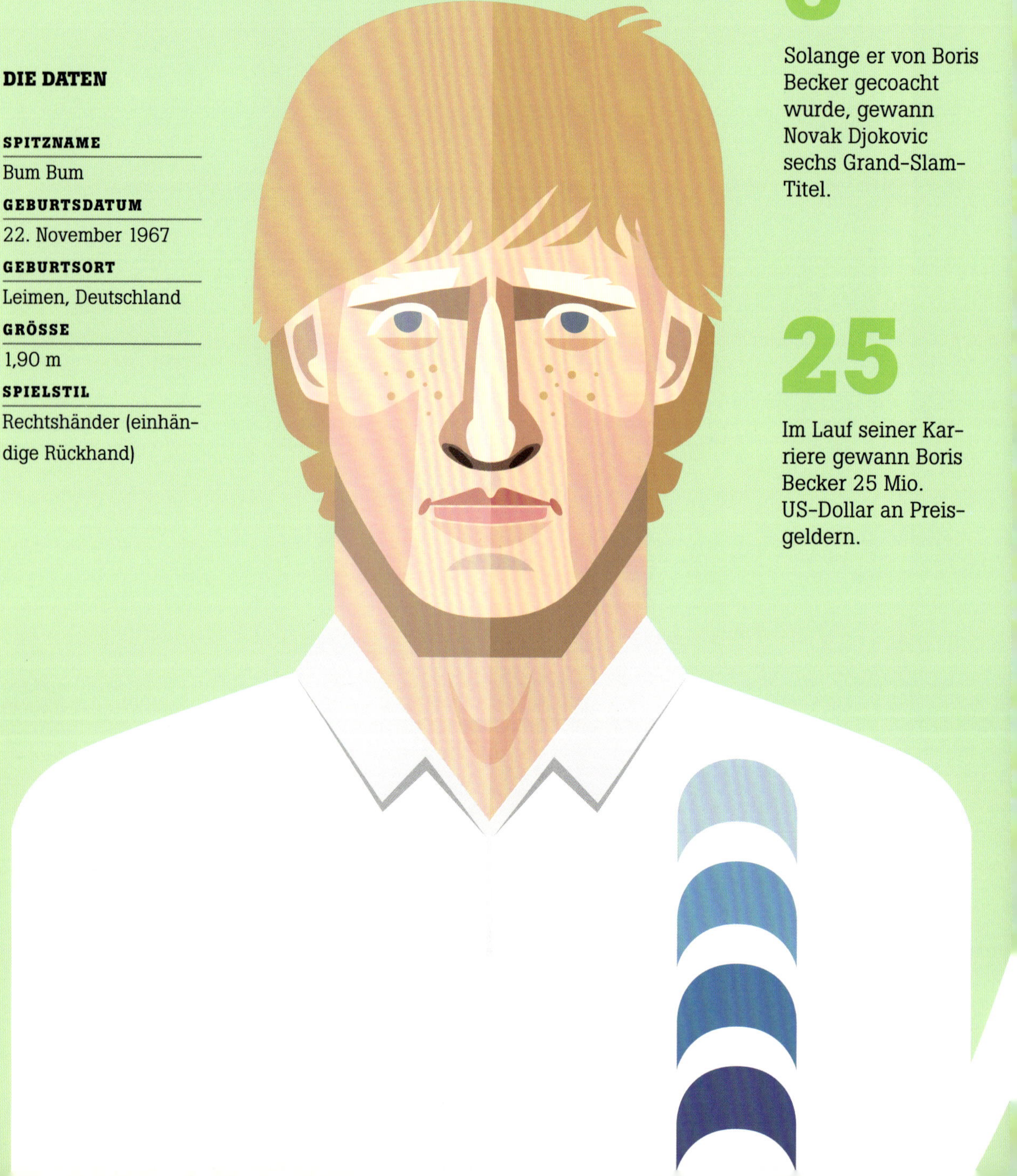

6

Solange er von Boris Becker gecoacht wurde, gewann Novak Djokovic sechs Grand-Slam-Titel.

25

Im Lauf seiner Karriere gewann Boris Becker 25 Mio. US-Dollar an Preisgeldern.

REKORDE

17

Bis heute macht Beckers Finalsieg im Herren-Einzel 1985 in Wimbledon ihn mit gerademal 17 Jahren zum jüngsten Sieger der Geschichte. Preis des frühen Ruhms war ein Leben im ständigen Rampenlicht: »Es war, als würde auf einmal jedes Mal, wenn ich nur auf die Toilette ging, die ganze Welt zugucken«, sagte Becker in einem Interview.

1

Boris Becker war der erste Deutsche, der Platz eins auf der Weltrangliste gewann. Er blieb zwölf Wochen an der Spitze und gehört zu den zehn besten Tennisspielern der Tennisgeschichte.

6

Grand-Slam-Titel

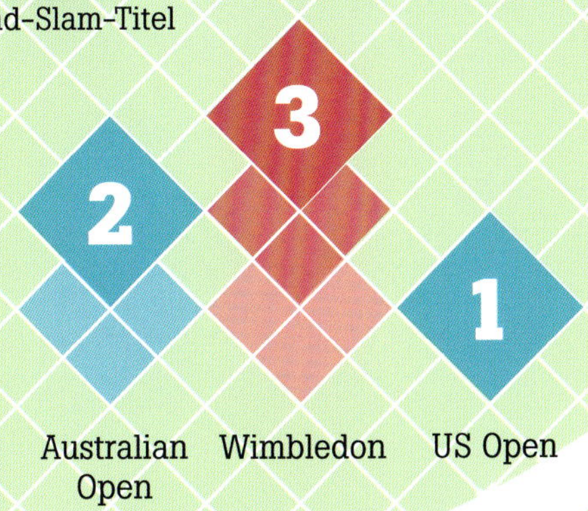

BECKER
IN ZAHLEN

1

Auf dem Höhepunkt seines Ruhms kaufte sich Becker in einem Ausstattungsgeschäft in München eine schwarzgelockte Langhaarperücke, die er auch tatsächlich trug, um nicht erkannt zu werden. Unglücklicherweise verriet ihn aber trotz der Verkleidung häufig sein charakteristischer Gang.

249

Seine Aufschläge, die er mit 17 Jahren schlug, sollen Geschwindigkeiten von bis zu 249 km/h erreicht haben. Jedenfalls behauptete Becker das selbst. Diese Behauptung wurde aber nie wirklich nachgeprüft.

3

Dreimal erreichte Boris Becker das Halbfinale der French Open. Doch es blieb das einzige Grand-Slam-Turnier, das er nie gewinnen konnte.

0

Becker gewann kein einziges Mal auf dem Sandplatz. Er selbst sagte einmal über diesen Belag: »Sand war schwierig für mich. Irgendwie passte er nicht zu meiner Persönlichkeit.«

18

Sein Sieg in Wimbledon mit 17 Jahren war kein Zufallstreffer – im folgenden Jahr, mit 18, ging er erneut ins Finale und gewann ein zweites Mal. Beim dritten Wimbledonsieg war er dann 22 Jahre alt.

WER SCHLUG DEN SCHNELLSTEN AUFSCHLAG ALLER ZEITEN?

Die Aufschläge einiger Spieler erreichen die Geschwindigkeit eines leistungsstarken Sportwagens. Wie lange wird es noch dauern, bis ein männlicher Spieler die 270-km/h-Marke knackt?

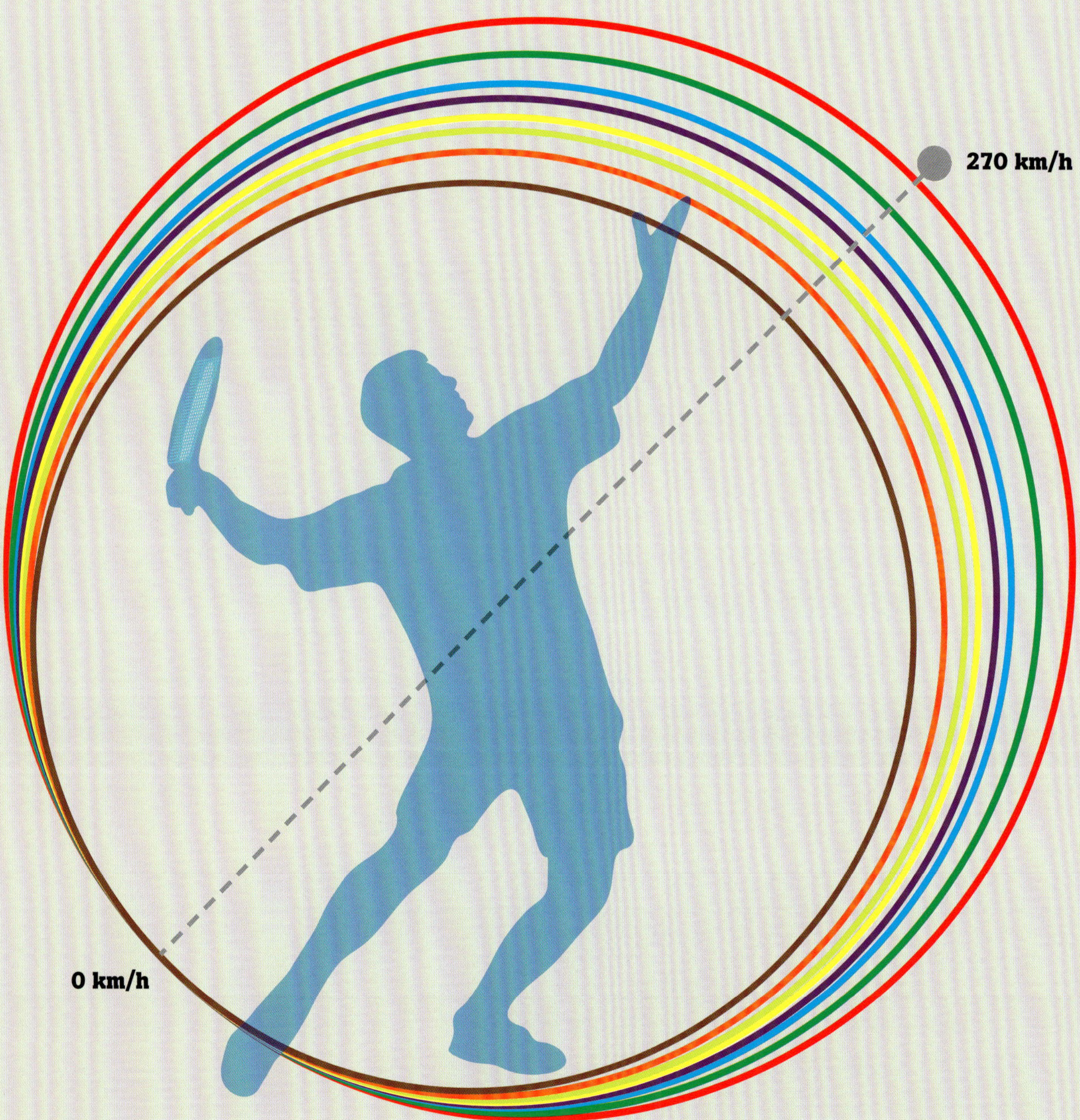

Führung der Männer in km/h:

- 263 **Sam Groth** (Australien)
- 257 **Albano Olivetti** (Frankreich)
- 253 **John Isner** (Vereinigte Staaten)
- 251 **Ivo Karlović** (Kroatien), **Jerzy Janowicz** (Polen)
- 250 **Milos Raonic** (Kanada)
- 249 **Andy Roddick** (Vereinigte Staaten)
- 246 **Roscoe Tanner** (Vereinigte Staaten)
- 245 **Joachim Johansson** (Schweden), **Feliciano López** (Spanien)

Führung der Frauen in km/h:

- 211 **Sabine Lisicki** (Deutschland)
- 208 **Venus Williams** (Vereinigte Staaten), **Serena Williams** (Vereinigte Staaten)
- 203 **Julia Göges** (Deutschland), **Caroline Garcia** (Frankreich), **Brenda Schultz-McCarthy** (Niederlande)
- 202 **Nadiya Kichenok** (Ukraine)
- 201 **Anna-Lena Groenefeld** (Deutschland), **Lucie Hradecká** (Tschech. Republik), **Ana Ivanovic** (Serbien), **Denisa Allertová** (Tschech. Republik)
- 199 **Kristina Mladenovic** (Frankreich)

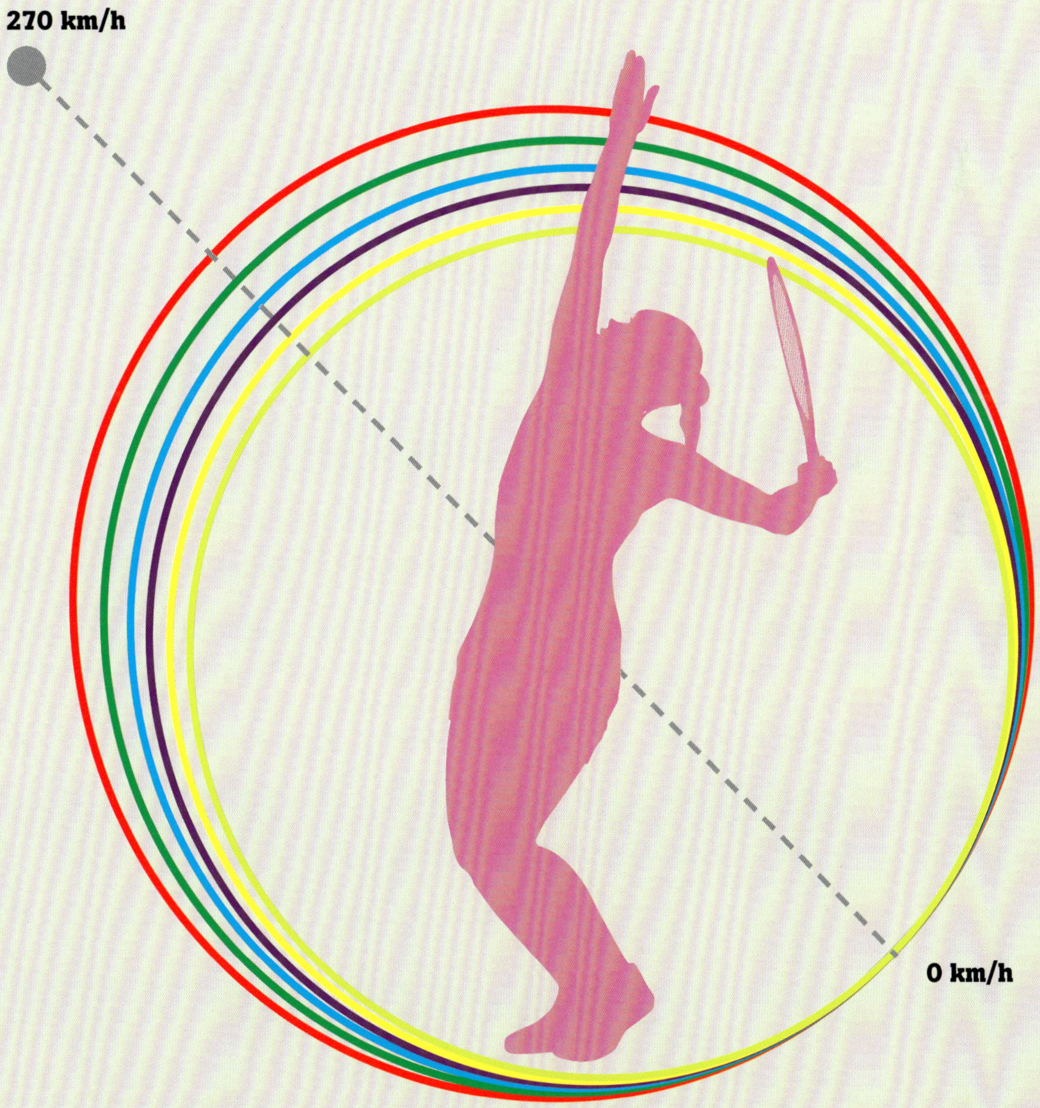

DIE US OPEN IN ZAHLEN

Jedes der vier Grand-Slam-Turniere hat ein bisschen was vom typischen Charme der Stadt angenommen, in der sie ausgetragen werden. So ist auch bei den US Open überall der Spirit von New York City spürbar – mit all dem Krach, der Energie und den Emotionen.

7,5

Jedes Jahr werden bei den US Open 7,5 Tonnen Krabben, Shrimps und Hummer verkauft.

225 000

Jedes Jahr werden während des Turniers rund 225 000 Burger und Hotdogs verzehrt (kein Wunder, dass dies das einzige Turnier ist, bei dem es auf den Außen-Courts nach angebratenem Fleisch riecht).

50

Die US Open sind das höchstdotierte Grand-Slam-Turnier. 2017 stieg die Summe der insgesamt ausgeschütteten Preisgelder erstmals auf über 50 Mio. US-Dollar.

57

Siebenundfünzig Prozent der Zuschauer bei den US Open sind Frauen.

3,7

Die Siegerinnen und Sieger der Einzelkonkurrenzen erhielten 2017 bei den US Open jeweils einen Scheck über rund 3,7 Mio. US-Dollar.

Ungefähre Summe der Einnahmen nur aus dem Ticketverkauf in US-Dollar: 100 Mio. US-Dollar

10000

2017

Im Jahr 2017 erreichten zum ersten Mal seit 36 Jahren – seit 1981 – wieder vier US-amerikanische Spielerinnen das Halbfinale im Einzel.

3

Die US Open sind das einzige der vier Grand-Slam-Turniere, die schon auf drei verschiedenen Böden ausgetragen wurden. Von 1881 bis 1974 waren sie ein Grasplatz-Event, dann spielte man drei Jahre lang auf Sandböden, bevor man sich schließlich 1978 entschied, auf Hartböden zu setzen – und bei dieser Entscheidung blieb.

20

Ganze 20 Minuten wurde im Jahr 1979 ein Zweitrundenspiel zwischen dem damals 20 Jahre alten John McEnroe und dem 33-jährigen Ilie Nastase unterbrochen, weil Zuschauer Bierdosen und anderen Abfall auf den Court warfen. Man befürchtete einen Aufstand, darum stellte sich die Polizei auf dem Spielfeld auf. Die Zuschauer protestierten dagegen, dass Nastase disqualifiziert und McEnroe zum Sieger erklärt worden war, nachdem der Rumäne zuvor alles versucht hatte, um seinen jungen Gegner einzuschüchtern. Nastase fluchte, zweifelte Entscheidungen an, verlangsamte das Spiel und beleidigte McEnroe. Schließlich wurde die Disqualifikation aufgehoben, der Schiedsrichter ausgetauscht und Nastase zurück auf den Platz geholt. Am Ende gewann McEnroe das Match und eine Woche später auch das Turnier – sein erster Grand-Slam-Titel.

160 000

Das jährliche Haushaltseinkommen der US-Open-Zuschauer in Flushing Meadows beträgt durchschnittlich 160 000 US-Dollar.

0000

VOM GLÜCK DER ZAHLEN **TENNISWETTEN**

Tennis hat sich zu einem wichtigen Sport für Gambler entwickelt, was auch zu Misstrauen geführt und Skandale heraufbeschworen hat. Von Bestechungsgeldern zu Spielverboten – die Einsätze sind hoch.

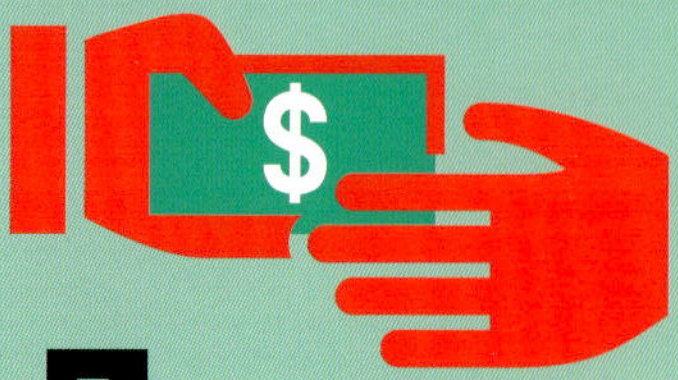

7

Im Jahr 2007 spielten der Russe Nikolay Davydenko und der Argentinier Martín Vassallo Argüello im polnischen Sopot gegeneinander. Die Wetteinsätze waren ungewöhnlich hoch – rund 7 Mio. US-Dollar –, und Davydenko musste im dritten Set verletzungsbedingt aufgeben. Betfair, ein Online-Wettbüro, wurde misstrauisch und witterte einen Wettbetrug. Alle Wetten wurden für ungültig erklärt. Später ermittelte die ATP die genauen Umstände des Spiels, konnte aber keinen Beweis dafür finden, dass Davydenko in einen Wettbetrug oder in einen Fall von Korruption verwickelt war.

5

Gigantische Summen sind auf dem Markt für Tenniswetten »im Spiel«: schätzungsweise 5 Mrd. US-Dollar.

2

Tennis ist aus Sicht der Wettindustrie in Großbritannien der zweitwichtigste Sport, übertroffen nur noch vom Fußball.

2011

Im Jahr 2011 wurde der Österreicher Daniel Köllerer aufgrund von Spielmanipulationen in drei Fällen lebenslang vom Court verbannt. Im Jahr darauf wurde die Sperre durch den Internationalen Sportgerichtshof bestätigt, nur die Geldstrafe wurde Köllerer erlassen.

100 000

Für die Manipulation eines Spiels auf der Tour der Frauen oder der Herren zum Zwecke des Wettbetrugs werden schätzungsweise durchschnittlich 100 000 US-Dollar Bestechungsgeld gezahlt.

200 000

Novak Djokovic wurden einmal 200 000 US-Dollar dafür angeboten, dass er ein Match bei einem russischen Turnier »verliert«. Das Angebot erreichte ihn auf verschlungenem Wege, aber er dachte nicht einmal darüber nach, sich darauf einzulassen.

292

Im Jahr 2016 wurden 292 von insgesamt 114 126 professionellen Matches wegen des Verdachts unlauterer Wettpraktiken an die Tennis Integrity Unit gemeldet – eine enorme Steigerung im Vergleich zu 246 Partien in der Saison des Vorjahres.

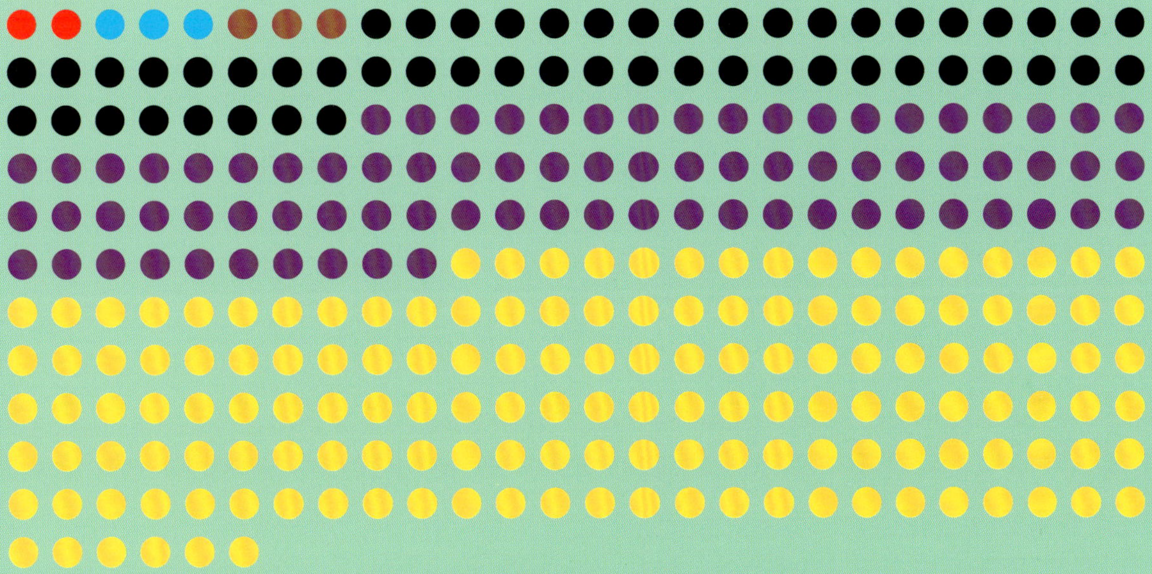

- **2** ATP (Tour der Herren)
- **3** Grand Slams
- **3** WTA (Tour der Damen)
- **52** ITF Women's Futures (niedrigstes Level des professionellen Damentennis)
- **80** ATP Challenger (ein Level unter der Haupttour der Männer)
- **152** ITF Men's Futures (niedrigstes Level des professionellen Herrentennis)

DISQUALIFIZIERUNGEN

Tennis ist nicht immer ein zivilisierter Sport – einige Spieler benahmen sich schon so schlecht auf dem Court, dass sie Punktstrafen bekamen oder sogar vom Spiel suspendiert wurden.

LEBENSLANGER AUSSCHLUSS

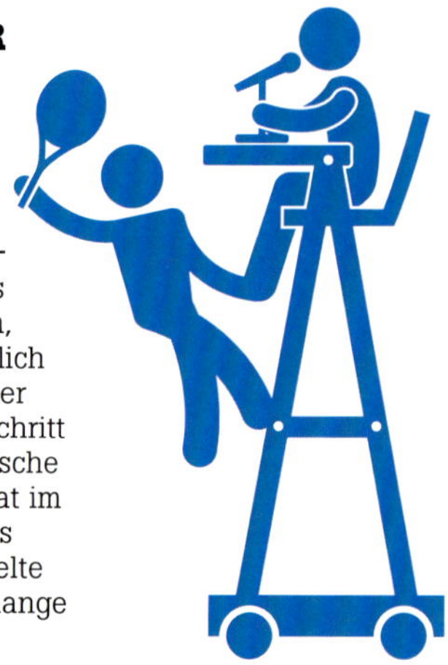

Den Hochstuhl des Schiedsrichters hinaufzuklettern und sich das Mikrofon zu schnappen, um seinen Streit öffentlich auszutragen, wird immer ein sehr provokanter Schritt bleiben. Der amerikanische Spieler **Earl Cochrell** tat im Jahr 1951 in Forest Hills genau das – und handelte sich damit eine lebenslange Sperre ein.

SPIELVERWEISE

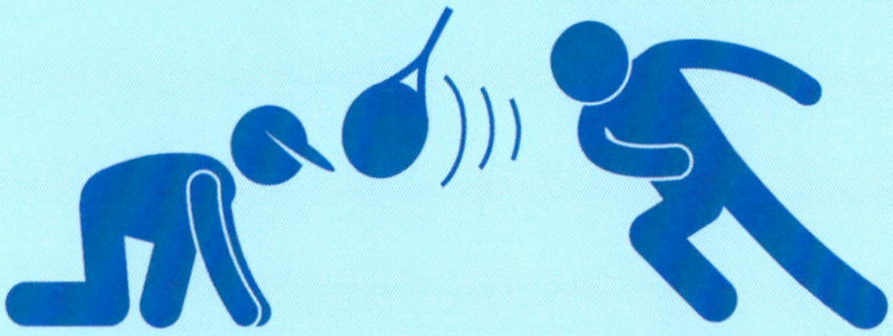

Stefan Koubek erhielt im Jahr 2000 bei den French Open einen Spielverweis, nachdem er seinen Schläger über den Court geschleudert hatte und damit eines der Ballkinder traf.

Im Jahr 1995 war **Tim Henman** der erste Spieler der Open-Ära, der in Wimbledon den Platz verlassen musste. Er hatte in einem Doppel vor Wut einen Ball weggeschlagen und damit versehentlich ein Ballmädchen getroffen. Am nächsten Tag entschuldigte er sich bei ihr dafür mit einem Blumenstrauß und einem Kuss.

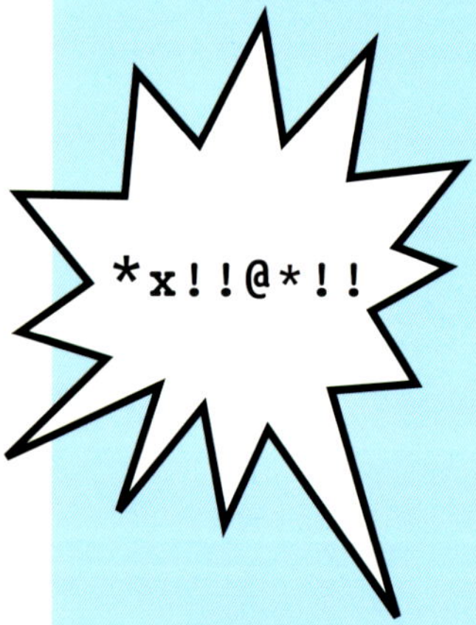

Ein französischer Schiedsrichter musste aufgrund einer Fraktur an der Augenhöhle operiert werden, nachdem er versehentlich von einem Tennisball getroffen worden war, den der ungestüme kanadische Teenager **Denis Shapovalov** während eines Davis-Cup-Turniers 2017 in Ottawa gegen Großbritannien voller Wut verschlagen hatte. Shapovalov wurde in der fünften Runde freigestellt, und das britische Team siegte mit 3:2.

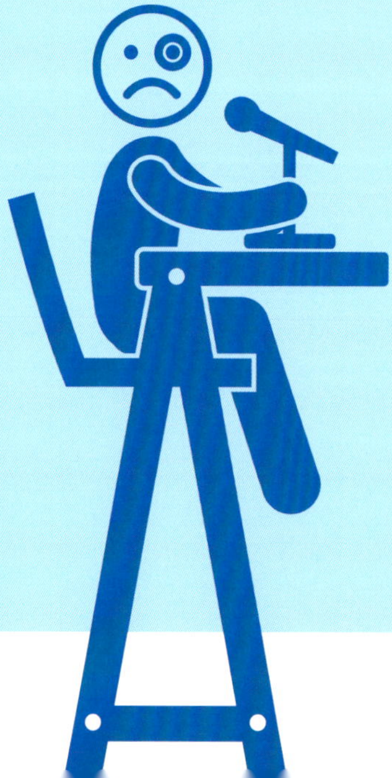

John McEnroe wurde in seiner Karriere nur ein einziges Mal des Platzes verwiesen: 1990 bei den Australian Open in einem Match mit vier Runden. Nachdem der New Yorker vorher schon einmal einen Schiedsrichter beleidigt und einen Schläger zertrümmert hatte, beschimpfte er einen der Linienrichter wüst – daraufhin wurde er disqualifiziert.

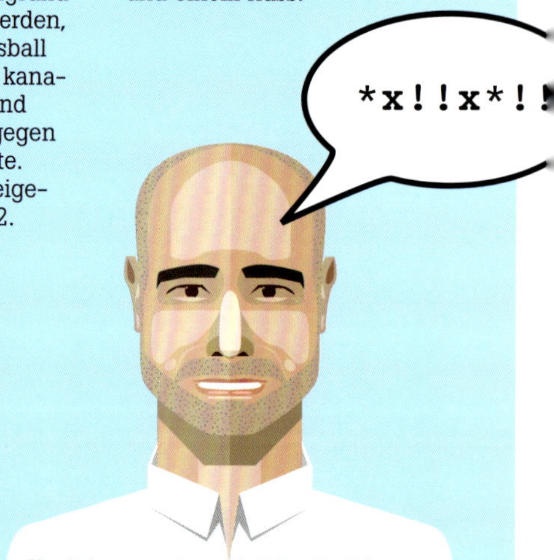

Nachdem er einen Ball in die Ränge geschlagen und sich einem Schiedsrichter gegenüber »verbal respektlos« geäußert hatte, wurde **Andre Agassi** 1996 von einem Turnier in Indianapolis ausgeschlossen. Doch Agassis Wut war nichts gegen die der Menge, die tobte und Handtücher, Papier sowie Wasserflaschen auf den Court warf.

PUNKTSTRAFEN

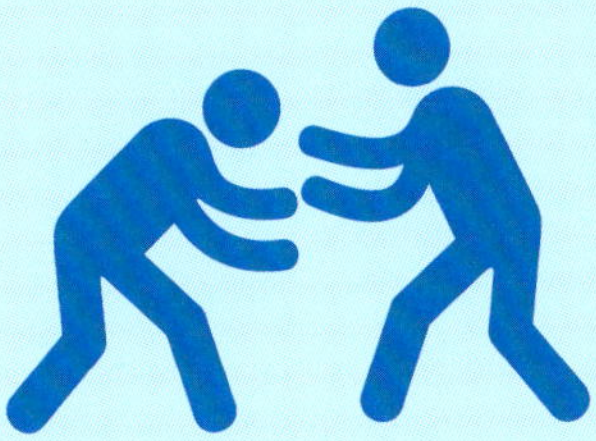

Schaukämpfe sollten eigentlich als eher freundliche, unbeschwerte Matches ausgetragen werden, doch diese Botschaft war bei **John McEnroe** und **Jimmy Connors** wohl noch nicht angekommen, als sie sich 1982 zu einem solchen Anlass auf dem Court gegenüberstanden. Selbst massive Punktstrafen halfen nicht, sie zu disziplinieren. Es fehlte nicht viel, und sie wären sich auf dem Tennisplatz um ein Haar sogar an die Gurgel gegangen.

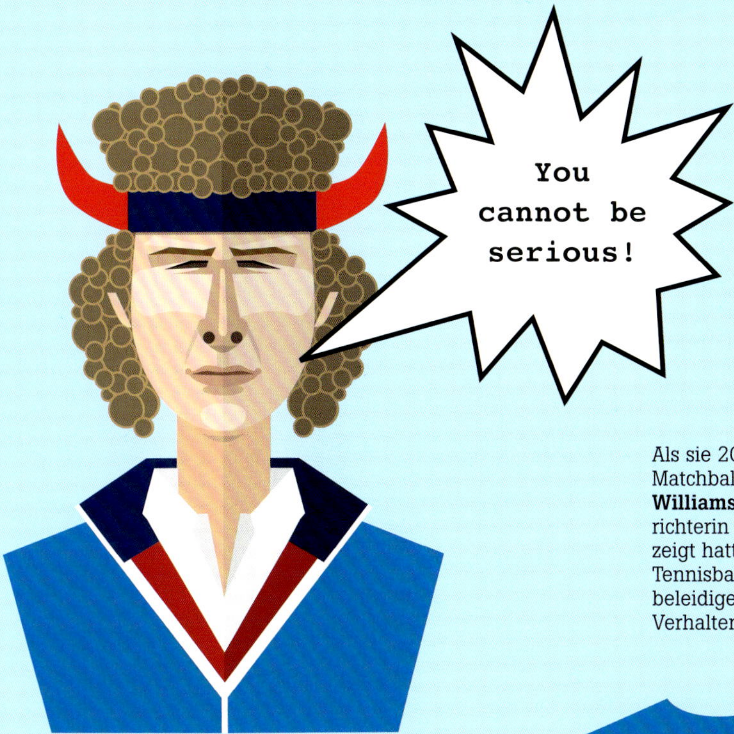

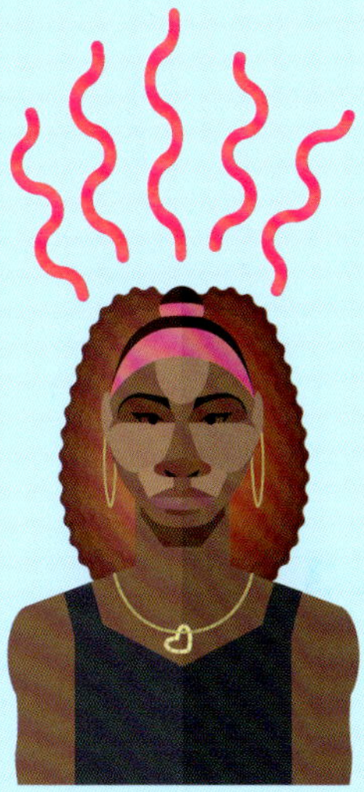

Als sie 2009 im Halbfinale der US Open einen Matchball an Kim Clijsters verlor, ließ **Serena Williams** ihre Wut darüber an einer Linienrichterin aus, die einen ihrer Fußfehler angezeigt hatte, und bedrohte sie mit einem Tennisball. Mit Williams Punktstrafe für ihre beleidigende Sprache und ihr bedrohliches Verhalten war das Spiel sofort vorbei.

»An diesem Nachmittag war ich von allen guten Geistern verlassen« – so erinnerte sich John McEnroe an sein Auftaktspiel in Wimbledon 1981. McEnroes Wut auf den Schiedsrichter Ted James führte zu einem der berühmtesten Zitate der Tennisgeschichte: »You cannot be serious!«

Als nächstes nannte er den Schiedsrichter auch noch »den größten Müllhaufen (›pits‹) auf der ganzen Welt«. James, der akustisch wohl ›points‹ verstanden hatte, sagte zu ihm: »Und einen von meinen Punkten ziehe ich Ihnen jetzt ab – für Ihr schlechtes Benehmen auf dem Court.« Später bekam McEnroe dann noch einen weiteren Strafpunkt für das Anpöbeln des Spielleiters.

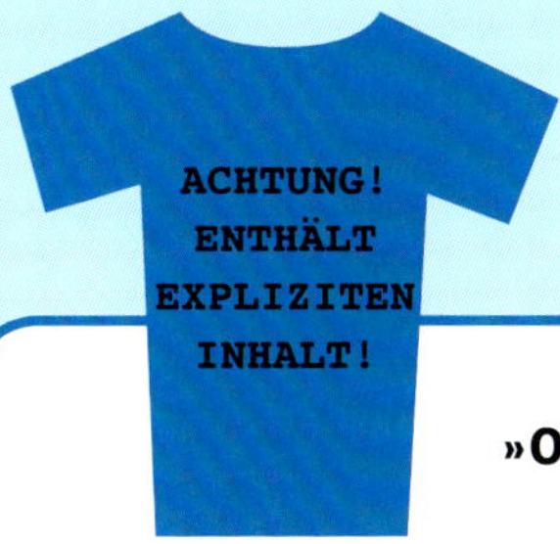

»OFF COURT«

Auch außerhalb des Platzes kann man Verfehlungen beobachten. Lippenleser verrieten, dass Andy Murrays spätere Frau Kim Sears sich 2015 im Halbfinale ihres Mannes gegen Tomas Berdych bei den Australian Open ziemlich rüde über Berdych äußerte. Zum Finale erschien sie dann in einem T-Shirt mit der Aufschrift: »Achtung! Enthält expliziten Inhalt!«

WERBEPAUSE(N)

Für die meisten Tennisstars ist es finanziell sehr lukrativ, Werbeverträge für bestimmte Marken und Produkte abzuschließen. Hier finden Sie einige der markantesten Kampagnen aller Zeiten.

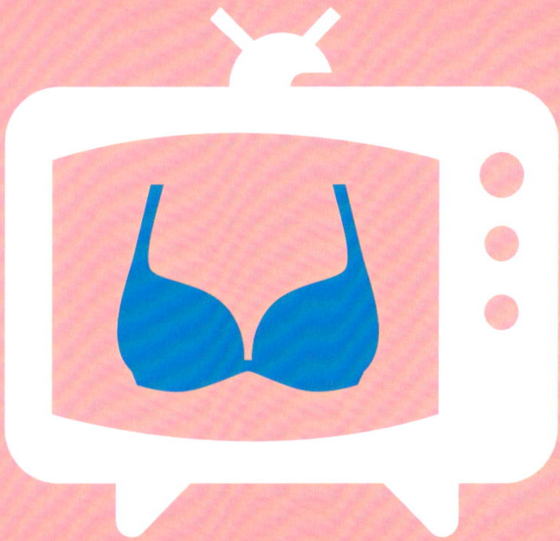

»Nur der Ball soll hüpfen …«, deklarierte **Anna Kournikova** von Tausenden Plakatwänden herab für die Werbekampagne eines BH-Herstellers. Angeblich soll es im Zusammenhang mit dieser Kampagne vermehrt zu Auffahrunfällen in der Londoner Innenstadt gekommen sein …

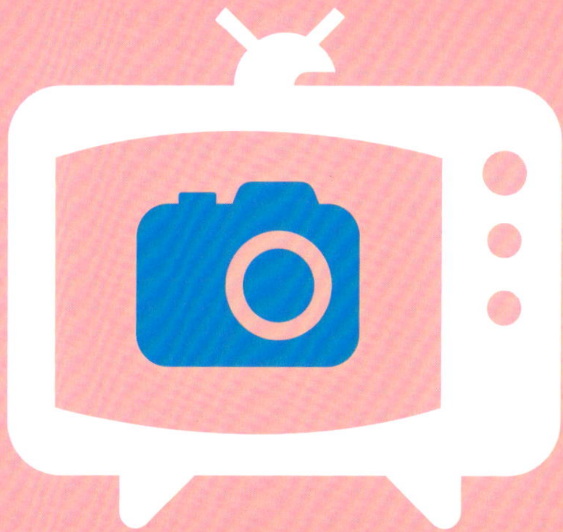

»Image ist alles«, bekundete **Andre Agassi** in einem Canon-Werbespot, der ihn noch lange verfolgen sollte: »Über Nacht wurde der Slogan zu einem Synonym für mich erklärt. Sportreporter behaupteten, er sei der Inbegriff meiner Persönlichkeit, essentiell für mein gesamtes Dasein. Sie nannten ihn meine Lebensphilosophie, meine Religion, und waren der Meinung, er werde sicher auch auf meinem Grabstein stehen«, berichtet Agassi in seiner Autobiografie (»Open«).

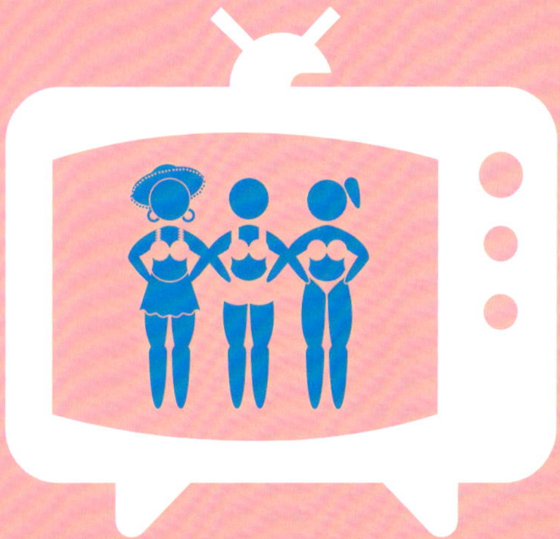

Eugenie Bouchard, **Caroline Wozniacki** und **Serena Williams** ließen sich alle für die Bademodenausgabe der »Sports Illustrated« fotografieren.

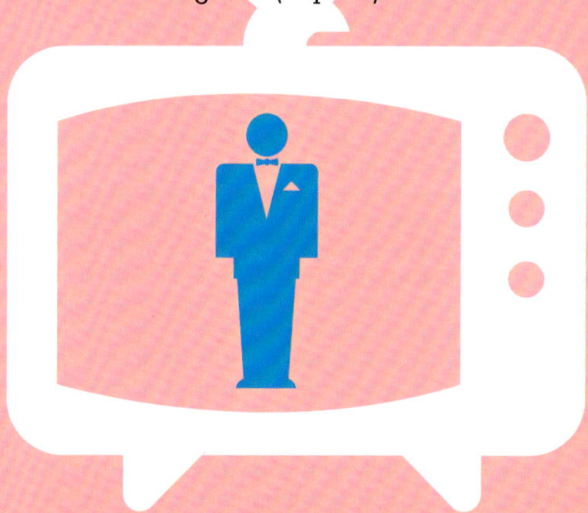

In einem Fernsehspot lief **Rafael Nadal** im Smoking über einen Parkplatz und zog sich dabei nach und nach aus – bis zuletzt seine Unterwäsche sichtbar wurde: von Armani.

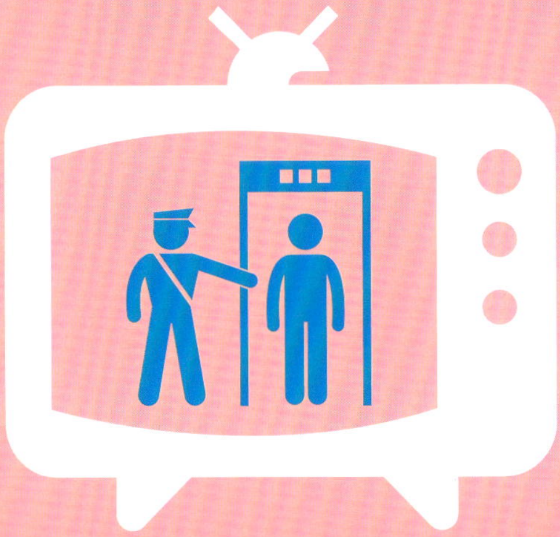

Eine Gruppe weiblicher Flughafen-Sicherheitskräfte droht **Roger Federer** in einem Fernsehspot für Lindt-Schokolade einen »Strip-Search« an.

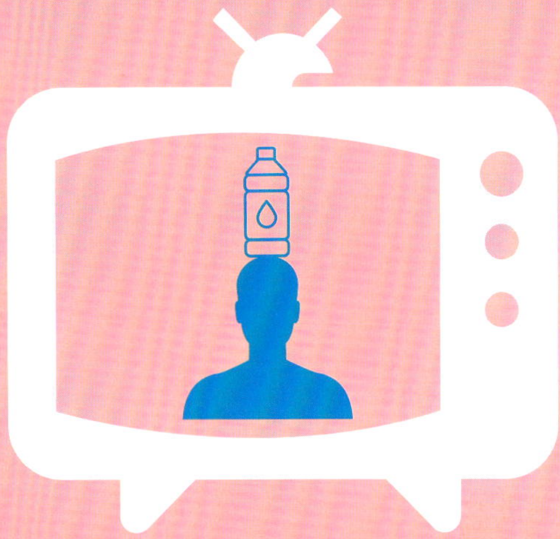

Echt oder Trick? Ein Werbespot für Gillette, in dem **Roger Federer** auf einem Filmset abhängt und in den Pausen irgendwelchen Quatsch macht, löste eine ernste Diskussion darüber aus, ob das Filmmaterial wirklich echt sei: Konnte Federer wirklich mit einem Aufschlag die Flasche auf dem Kopf seines Assistenten treffen?

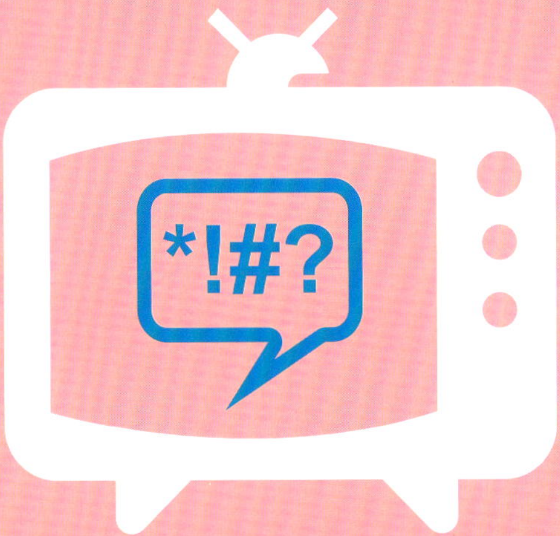

»Nike ist McEnroes liebstes ›Four-Letter-Word‹« war der Slogan, der mit **John McEnroes** zweifelhaftem Image spielte, der wütendste Mann der Tenniswelt zu sein.

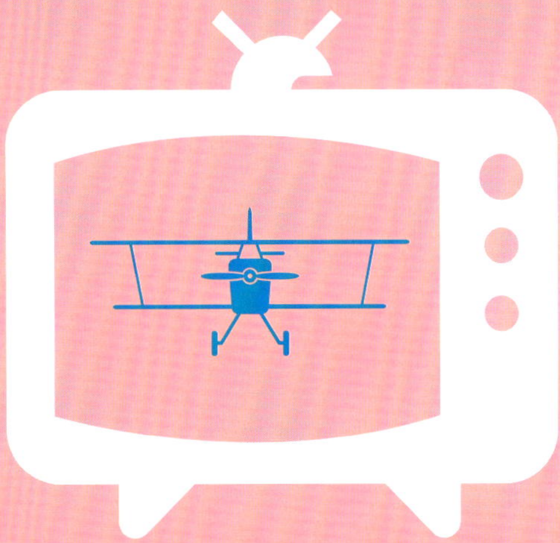

Novak Djokovic spielte in einem Werbespot einmal von den Tragflächen einer Doppeldecker-Maschine herunter Tennis – oder zumindest ließ sein Schläger-Sponsor (Head) es gekonnt so aussehen.

DIE GRÖSSTEN MATCHES

Manche Tennispartien sind so spannend und nervenaufreibend, dass man kaum noch hinschauen kann. Man sitzt auf dem Sofa und hält buchstäblich den Atem an …

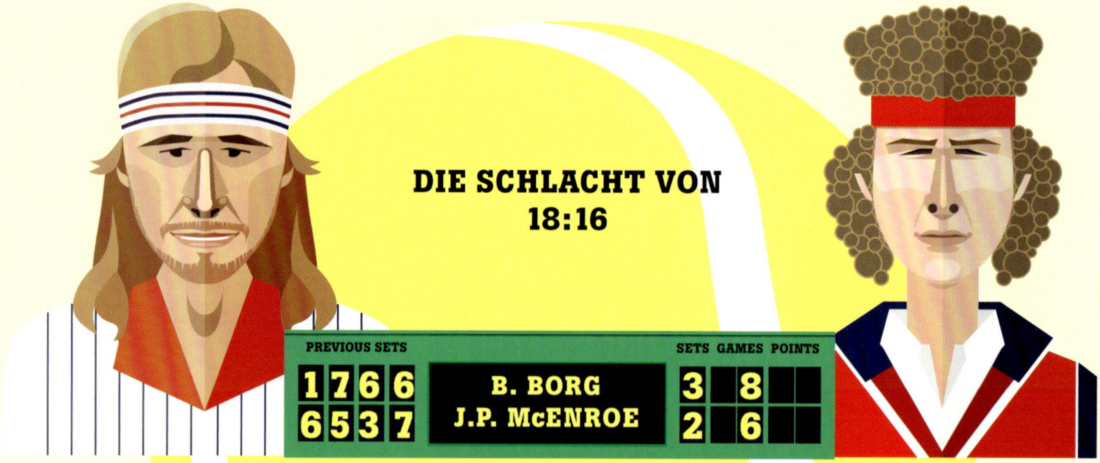

DIE SCHLACHT VON 18:16

Einen echten Tennis-Fan erkennt man daran, dass er sich das **Wimbledonfinale der Männer des Jahres 1980** mindestens ein halbes Dutzend Mal angesehen hat. Bis heute, auch wenn man das Ergebnis schon kennt, fühlt man immer noch die Anspannung, als John McEnroe fünf Matchpoints von Björn Borg abwehrte, ehe er selbst mit 18:16 den Tie-Break schaffte. Für einen Moment schien es, als hätte McEnroe hier noch einmal eine große Chance bekommen, doch Borg ließ sich nicht aus der Ruhe bringen und gewann schließlich den letzten Satz und damit seinen fünften Wimbledon-Titel in Folge.

PREVIOUS SETS					SETS	GAMES	POINTS
5	6	6	6	N. DJOKOVIC	3	7	
7	4	2	7	R. NADAL	2	5	

WIRKLICH EPISCH

»Episch« ist ein Wort, das im Tennis viel zu inflationär benutzt wird. Schließlich ist nicht jedes lange Match schon ein »episches«, aber es gibt durchaus einige herausragende Spiele, auf die diese Bezeichnung im Grunde wirklich zutrifft. Eines davon ist Novak Djokovics Finalsieg gegen Rafael Nadal bei den **Australian Open 2012**. Es dauerte fast sechs Stunden und hat sich das »e-Wort« redlich verdient.

PREVIOUS SETS					SETS	GAMES	POINTS
5	7	7	3	R. FEDERER	3	16	
7	6	6	6	A. RODDICK	2	14	

WEHE DIE WEHEN KOMMEN …

Je länger der fünfte Satz im **Wimbledonfinale 2009** dauerte, umso größer war Roger Federers Sorge, dass bei seiner hochschwangeren Frau Mirka die Wehen einsetzen könnten. Am Ende konnte Federer Andy Roddick aber doch noch abwehren und das fünfte Set mit 16:14 für sich entscheiden. Damit wurde er der erfolgreichste Mann der Tennisgeschichte – der Sieg bescherte ihm seinen 15. Grand-Slam-Titel. Die Zwillinge kamen in diesem Sommer dann doch etwas später auf die Welt.

PREVIOUS SETS		SETS	GAMES	POINTS
6 7 7 7	P. SAMPRAS	3		
7 6 6 6	A. AGASSI	1		

HIGH-NOON-SETS

Der Adrenalinpegel stieg in New York City, als Pete Sampras Andre Agassi im Viertelfinale der **US Open 2001** bezwang – denn er gewann alle vier Sets im Tie-Break.

PREVIOUS SETS		SETS	GAMES	POINTS
4 7 9	V. WILLIAMS	2		
6 6 7	L. DAVENPORT	1		

BLOSS DIE NERVEN BEHALTEN

Um einen Matchpunkt in einem **Wimbledonfinale** zu parieren, braucht man schon gute Nerven. Venus Williams bewies genau das, als sie **2005** im Spiel gegen Lindsay Davenport, das fast drei Stunden dauerte, ihre Gegnerin mit 9:7 im dritten Satz besiegte.

PREVIOUS SETS		SETS	GAMES	POINTS
6 6	V. WILLIAMS	2		
2 4	S. WILLIAMS	0		

SISTER ACT

2001 wurde bei den **US Open** wieder einmal Geschichte geschrieben. 117 Jahre, nachdem Maud Watson sich 1884 in Wimbledon den Titel gegen ihre Schwester Lilian erspielte, war dies das erste Grand-Slam-Finale, das zwischen Schwestern ausgetragen wurde. Venus Williams schlug ihre Schwester Serena glatt in zwei Sätzen und holte sich damit ihren vierten Titel in einem Grand-Slam-Turnier.

PREVIOUS SETS		SETS	GAMES	POINTS
4 7 6	J. CAPRIATI	2		
6 6 2	M. HINGIS	1		

KURZ VORM ÜBERKOCHEN

2002, bei strahlendem Sonnenschein und einer Gluthitze über Melbourne – Klimabedingungen, unter denen der Siegeswille vieler Spieler einfach so dahingeschmolzen wäre – kämpfte sich Jennifer Capriati im Finale der **Australian Open** durch das zäheste Match ihrer Karriere. Weit abgeschlagen bei einem Punktestand von 0:4 bewies sie trotz aller Widerstände innere Stärke, schlug Hingis mit vier Matchpunkten zurück und schaffte doch noch den Finalsieg.

NACHT-SICHT

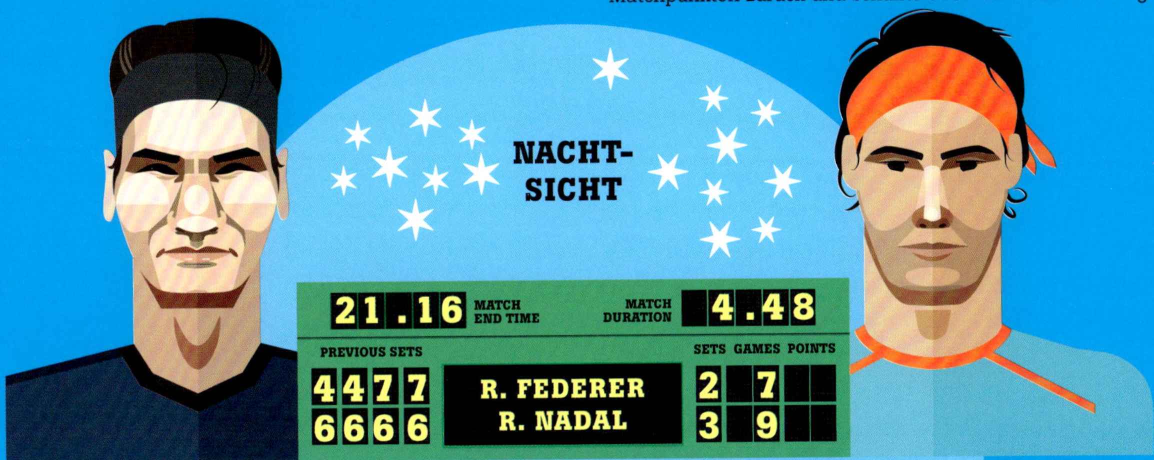

Es war der Abend des Einzelfinales der Männer **2008** in **Wimbledon**, als das Publikum schmerzlich feststellen musste, dass auch Roger Federer, der in den letzten fünf Jahren durchgehend das Turnier gewann, eine Schwäche hatte: Er konnte nachts nicht gut sehen. Dieses Match, aus dem Rafael Nadal als Grand-Slam-Sieger hervorging, halten viele für das größte Tennis-Match aller Zeiten. Für die Fernsehzuschauer war es dank umsichtiger Bildregie ein Tennisgenuss erster Güte. Die Spieler selbst aber konnten im Zwielicht oft kaum noch den Ball erkennen. Federers jahrelange Dominanz fand daher an diesem Abend um 21.16 Uhr ein jähes Ende – und Nadal sicherte sich den ersten Titel in diesem Turnier.

RIVALEN NACH ZAHLEN

Es waren vor allem die Auseinandersetzungen unter den ganz Großen der Weltrangliste, die den internationalen Tenniszirkus mit den Jahren immer interessanter machten. Aber welcher Profi hatte davon die meisten auf dem Court? Und welche vermeintliche Konkurrenz zweier Tennisstars der Moderne ist letztlich so ungleichgewichtig, dass sie diese Bezeichnung vielleicht gar nicht verdient?

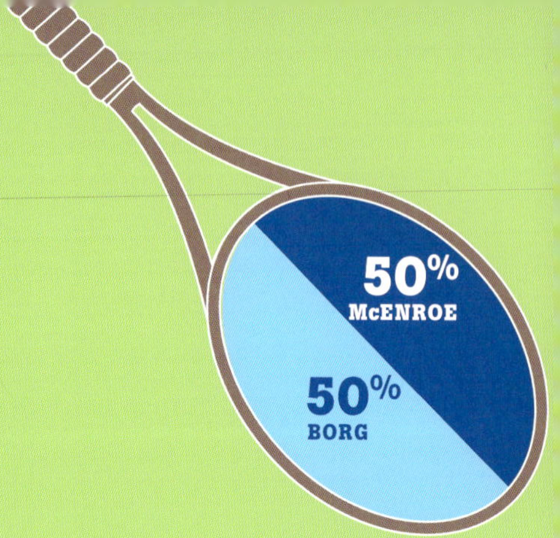

Björn Borg
gegen
John McEnroe
14 Matches gespielt

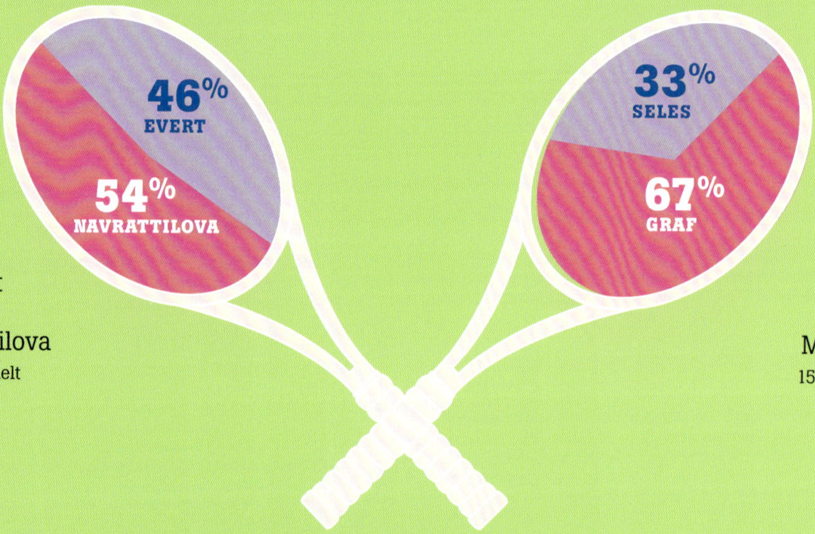

Chris Evert
gegen
Martina Navratilova
80 Matches gespielt

Steffi Graf
gegen
Monica Seles
15 Matches gespielt

Rafael Nadal
gegen
Roger Federer

Novak Djokovic
gegen
Rafael Nadal

Roger Federer
gegen
Novak Djokovic

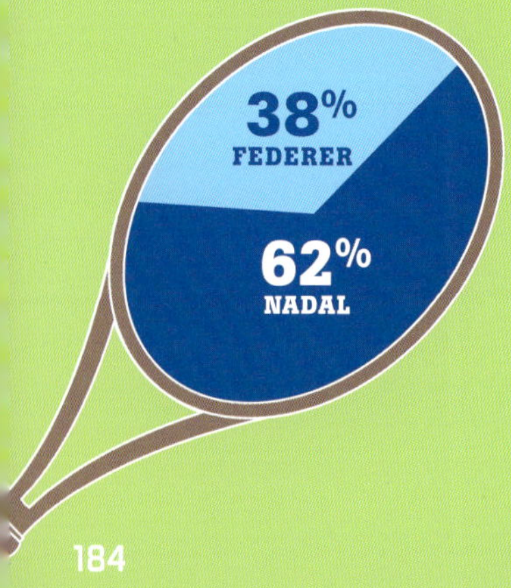

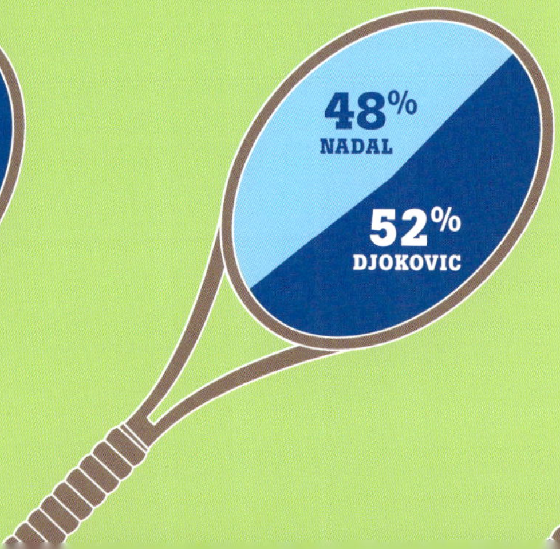

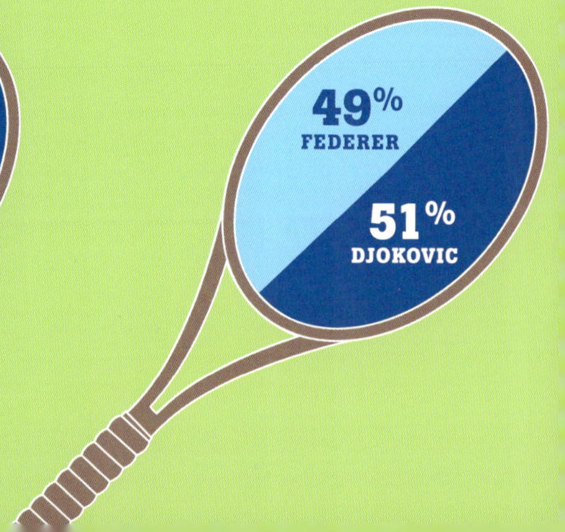

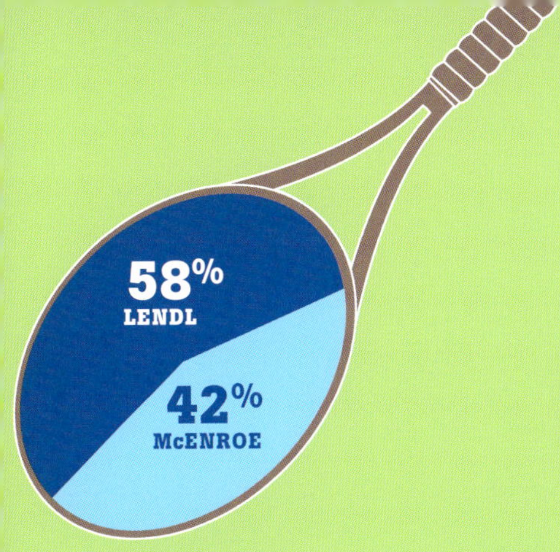

Ivan Lendl
gegen
John McEnroe
36 Matches gespielt

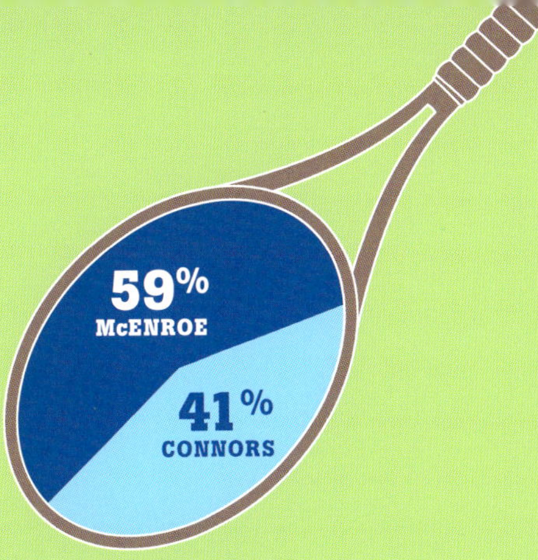

John McEnroe
gegen
Jimmy Connors
34 Matches gespielt

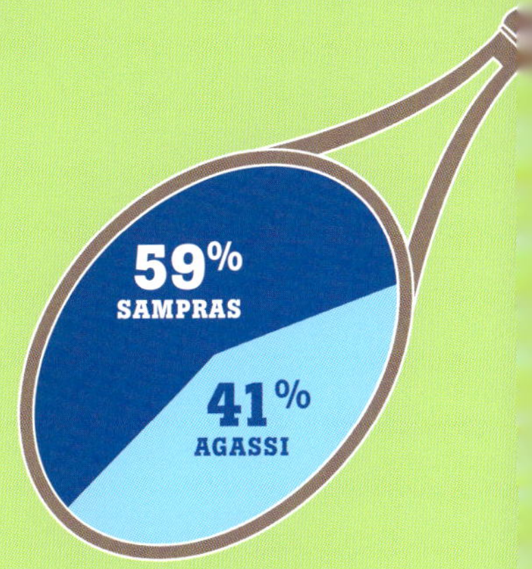

Pete Sampras
gegen
Andre Agassi
34 Matches gespielt

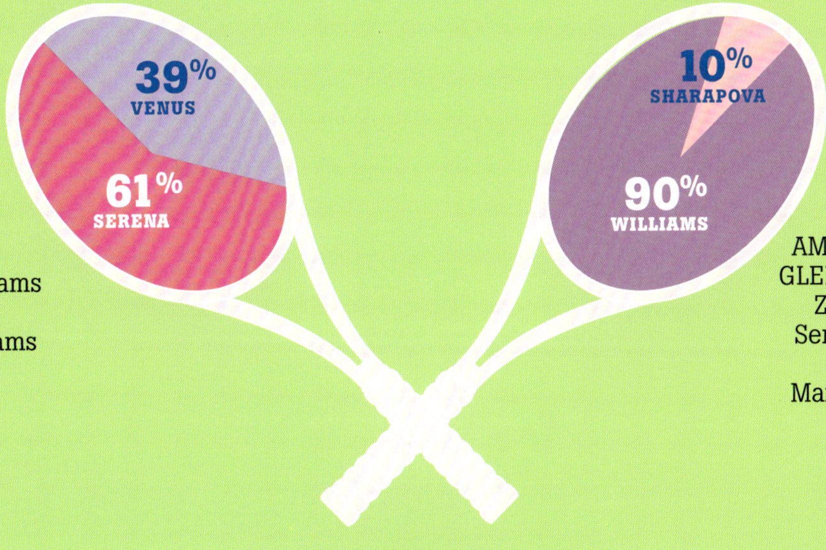

Serena Williams
gegen
Venus Williams

AM WENIGSTEN
GLEICHWERTIGER
ZWEIKAMPF
Serena Williams
gegen
Maria Sharapova

Andy Murray
gegen
Roger Federer

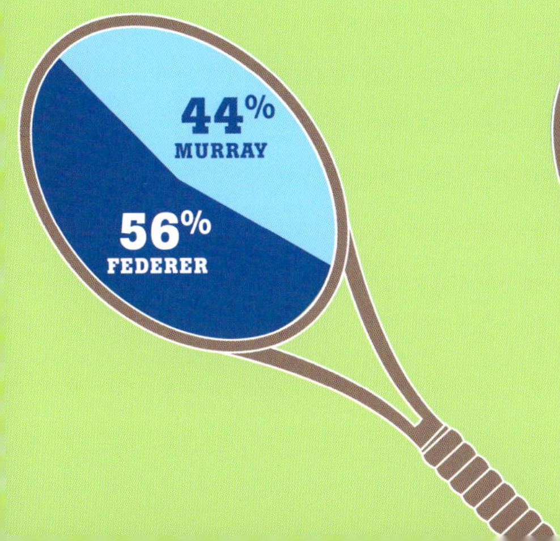

Andy Murray
gegen
Rafael Nadal

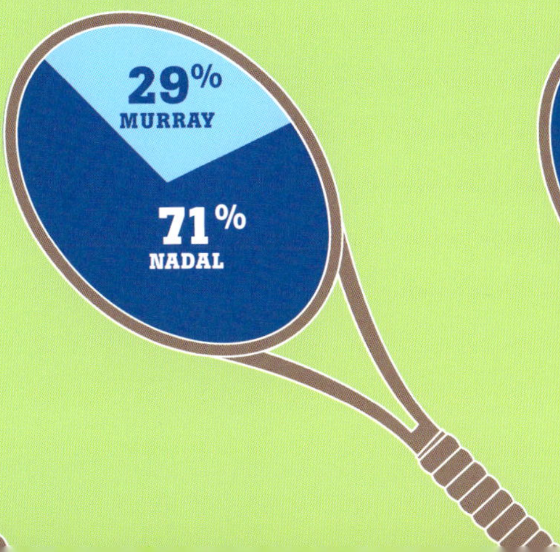

Andy Murray
gegen
Novak Djokovic

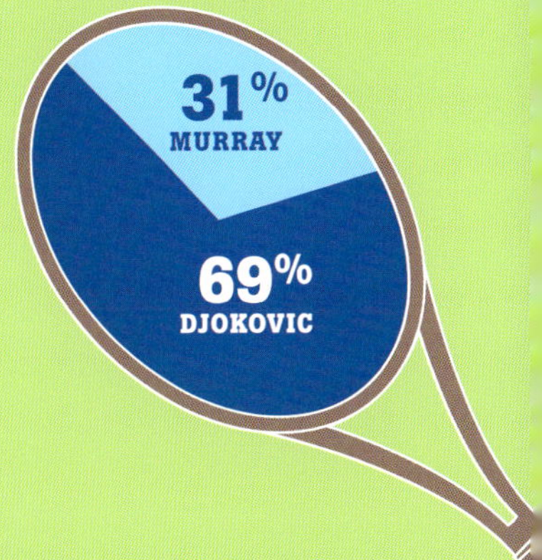

IKONE KEI NISHIKORI

Kei Nishikori ist nicht nur einer der phänomenalsten Tennisspieler aller Zeiten, der auf dem Weg ins US-Open-Finale 2014 Milos Raonic, Stan Wawrinka und Novak Djokovic schlug, Als »Nissin Kei Nishikori« ist er auch ein Werbephänomen …

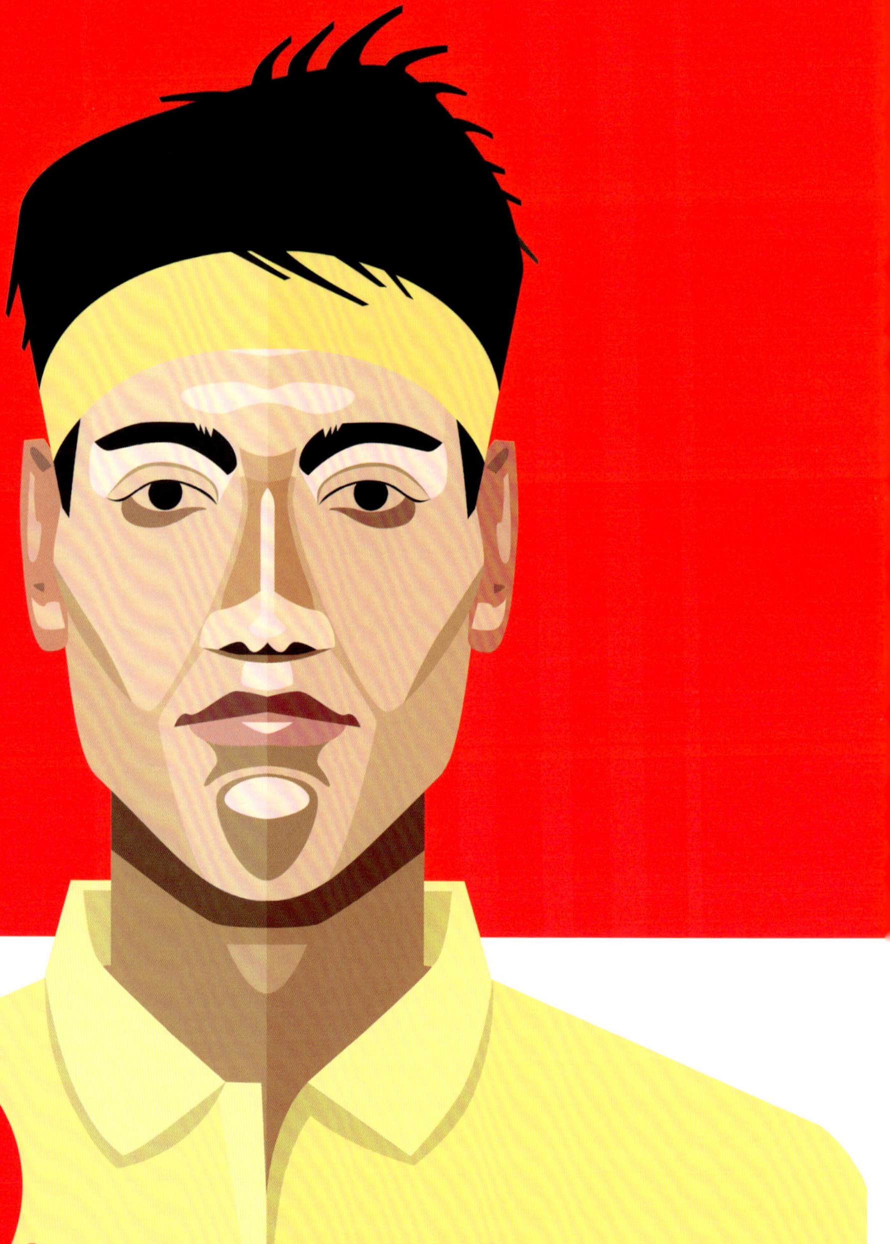

DIE DATEN

SPITZNAME
Special Kei

GEBURTSDATUM
29. Dezember 1989

GEBURTSORT
Matsue, Japan

GRÖSSE
178 cm

SPIELSTIL
Rechtshänder (beidhändige Rückhand)

1

‘NISSIN KEI NISHIKORI’

Kei Nishikori ist der erste Tennisspieler, der – nachdem er einen Werbevertrag mit der Nudelmarke Nissin abgeschlossen hatte – auf die Idee kam, sich nach seinem Sponsor zu benennen. Die Medien sollen ihn daher ganz offiziell mit »Nissin Kei Nishikori« ansprechen.

NISHIKORI IN ZAHLEN

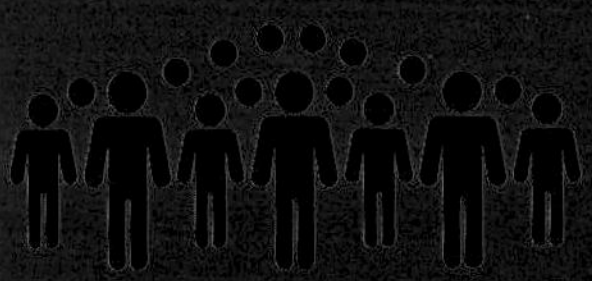

9000

2016 sahen ihm in Tokio beim Training für ein Turnier 9000 Leute zu. Er kann also sogar ohne Match ein ganzes Stadion füllen.

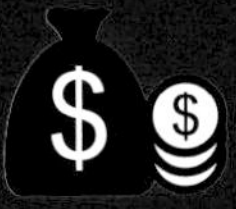

10

Von seinem Bekleidungssponsor bekommt er jährlich 10 Mio. US-Dollar.

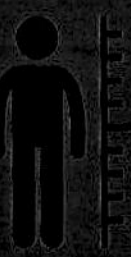

178

Mit 178 cm Körpergröße gehört er eher zu den kleineren Tennis-Assen.

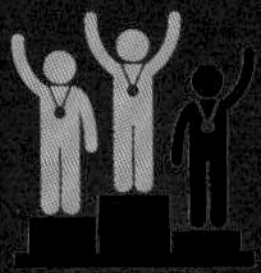

96

Mit seiner Bronzemedaille bei den Olympischen Spielen 2016 in Rio beendete Nishikori das 96-jährige Hoffen und Warten des Landes auf einen solchen Erfolg in diesem Sport.

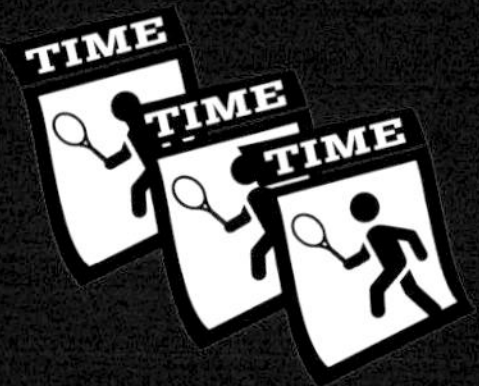

2015

Im Jahr 2015 erschien er erstmals auf dem Cover des »Time Magazine«.

15

Dem Forbes-Magazin zufolge hatte Nishikori im Jahr 2016 insgesamt 15 Financiers in seinem Sponsoren-Portfolio. Mit einem Jahreseinkommen von geschätzten 33,5 Mio. US-Dollar belegte er Rang 82 in der Liste der 100 prominentesten Celebrities. Etwa 30 Mio. US-Dollar davon stammen aus Einnahmen abseits des Courts, der Rest sind Preisgelder.

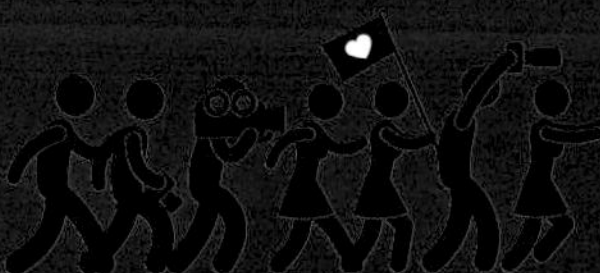

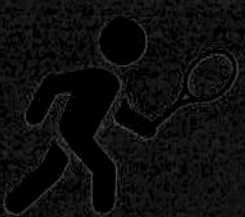

1

Er war der erste japanische Tennisspieler unter den Top-Ten.

1

Er war der erste Asiate im Einzelfinale eines Grand-Slam-Turniers – 2014 bei den US Open als Nachrücker für den Kroaten Marin Čilić.

DIE ÄRGSTEN PECHSTRÄHNEN

Wenn Erfolg auf Erfolg folgt – folgt dann auch Niederlage auf Niederlage? Hier sind einige der längsten und bis heute unvergessenen Pechsträhnen, ergänzt um einige der peinlichsten Niederlagen.

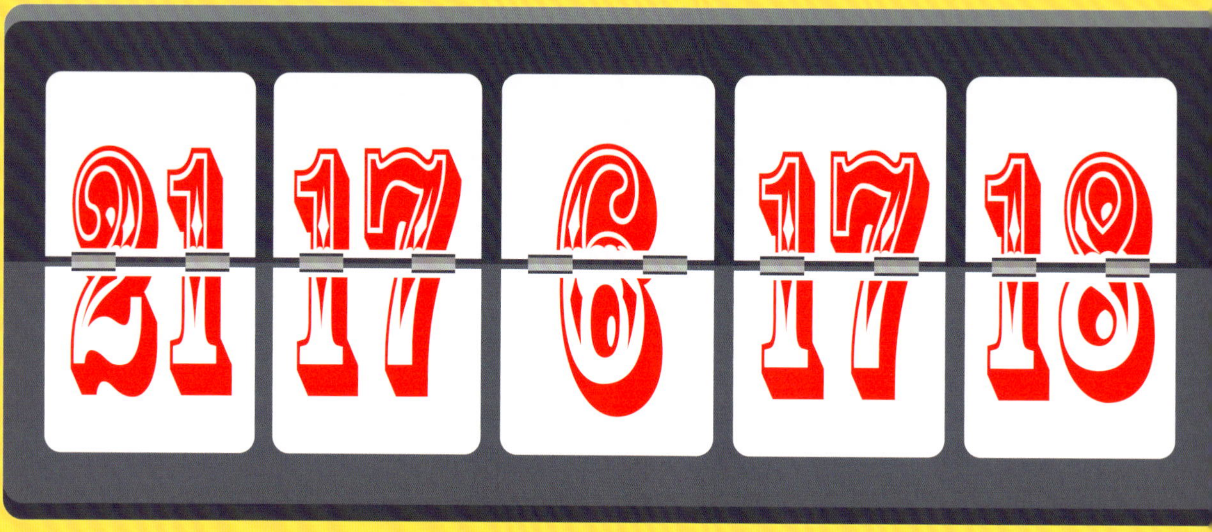

Vince Spadea
Der »Charlie Brown des Tennis« schaffte es, 21 Spiele in Folge zu verlieren – damit stellte er einen traurigen Rekord unter den männlichen Spielern der Open-Ära auf. Die Pechsträhne des Amerikaners endete im Jahr 2000, als er beim Wimbledon-Auftakt Greg Rusedski schlug. Eine britische Zeitung titelte daraufhin: »Rusedski vom größten Loser der Welt besiegt.«

Arantxa Rus
Als die Niederländerin nach vielen anderen missglückten Matches 2013 auch die Auftaktrunde von Wimbledon verlor, verlängerte sich damit ihre Pechsträhne auf 17 Spiele in Folge – ein trauriger Rekord im Damentennis. Die einzige andere Spielerin, die schon Vergleichbares einstecken musste, war in den 1980er-Jahren die US-Amerikanerin Sandy Collins gewesen – mit 17 Niederlagen in Folge (auf WTA-Level).

Yevgeny Kafelnikov
Nur für kurze Zeit war der Russe, dem fragwürdige Beziehungen zur Wettmafia nachgesagt wurden, die Nummer eins der Weltrangliste. Auch diesen Rang belegte Kafelnikov 1999 nur unter sehr dubiosen Umständen: Nachdem er zuvor gerade auf sechs verschiedenen Turnieren jedes Auftaktspiel verloren hatte.

Vitas Gerulaitis
»Niemand schlägt Vitas Gerulaitis 17-mal in Folge«, sagte Gerulaitis, als er endlich seine unglückliche Serie mit 16 Niederlagen gegen Jimmy Connors beenden konnte – im 17. Match brach er endlich den Bann.

Maria Sharapova
Mit der erneuten Niederlage der Russin gegen Serena Williams 2016 bei den Australian Open lag die Folge ihrer Schlappen gegen die Amerikanerin bei 18 Matches.

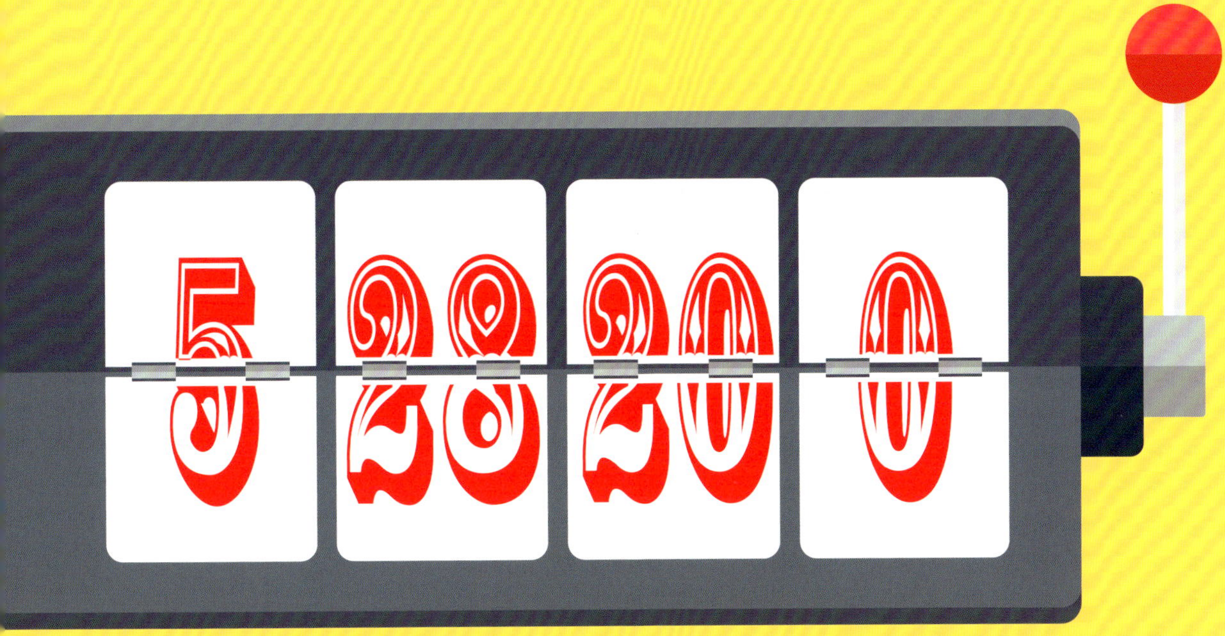

Thierry Champion
Fünf Spieler in der Geschichte des Profi-Tennis mussten bisher die Demütigung einer 6:0, 6:0, 6:0-Niederlage hinnehmen, bei Grand-Slam-Turnieren auch als »Triple Bagel« bekannt. Der Letzte, der dazu gezwungen war, diesen dreifachen Bagel zu schlucken, war Thierry Champion in seinem Spiel gegen Sergi Bruguera in der zweiten Runde der French Open 1993.

Bernard Tomic
Nur 28 Minuten dauerte das kürzeste Match der ATP-Geschichte 2014 in Miami, bei dem sich Bernard Tomic gegen Jarkko Nieminen geschlagen geben musste.

Marion Boundy
Mit nur 20 Minuten das kürzeste jemals abgeschlossene Match in der Geschichte des Profi-Tennis war der Sieg Marion Boundys über Susan Tutt in Wimbledon 1969.

Natasha Zvereva
Eine große, dicke Null steht für die Anzahl der Sätze, die Natasha Zvereva 1998 im Finale der French Open 1988 gegen Steffi Graf gewann. Das Spiel dauerte dann auch nur 32 Minuten.

GIBT ES EIN LEBEN NACH DEM TENNIS?

Was machen Spitzenspieler eigentlich, wenn sie sich vom Tennis zurückziehen? Nun, einige widmen sich der Religion, andere dem Verbrechen oder der Politik – wieder andere gehen in die Wirtschaft oder zum Geheimdienst.

ANDREA JAEGER

Die frühere Weltranglistenzweite fühlte sich nach ihrer Tenniskarriere berufen, in ein Kloster einzutreten, und wurde zur »Schwester Andrea«. »Ziemlich radikal«, wie ihre Freundin, das frühere Supermodel Cindy Crawford, es ausdrückte. Jaeger sagte: »Mein Leben ist sehr diszipliniert. Ich stehe um 4.00 Uhr morgens auf, bete und lese in der Bibel. Gegen 5.00 oder 6.00 Uhr beginne ich mit meiner Arbeit. Wie oft ich meinen Habit trage, hängt davon ab, was ich gerade zu tun habe. Außerdem bleibe ich mit meiner Kutte in Bussen und Fahrstühlen immer hängen. Als ich das erste Mal meine Tracht trug, hinterließ ein Vogel mir etwas darauf. Ich hatte irgendwie das Gefühl, dass Gott mir damit sagen wollte: ›Ist schon okay, wenn du dich ein bisschen schmutzig machst – immerhin bist du ja diejenige, die sich auf dem Tennisplatz immer den Bällen hinterhergeschmissen hat.‹«

ALICE MARBLE

Wie viele frühere Wimbledon- und US-Champions wurden schon in den Rücken geschossen und totgeglaubt zurückgelassen, während sie als Kriegsspionin arbeiteten? Marbles Tenniskarriere war schon aufregend gewesen – aber mit der Dramatik ihrer Zeit danach war das nicht ansatzweise vergleichbar. Nach dem Tod ihres Mannes und ihrem eigenen Selbstmordversuch ließ Marble sich vom US-Geheimdienst rekrutieren, um einen ehemaligen Geliebten auszuspionieren: einen Schweizer Banker, der den Nationalsozialisten dabei half, Kriegsbeute zu verstecken. Unglücklicherweise kam dabei ein russischer Doppelagent ins Spiel, der auf Marble schoss. Wundersamerweise überlebte sie aber auch das und war nach dem Ende des Kriegs an den Nürnberger Prozessen beteiligt.

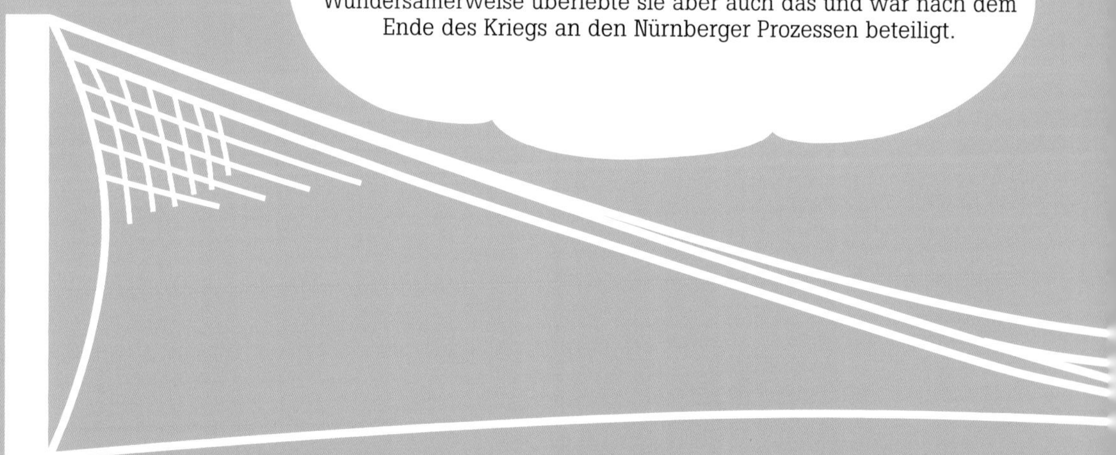

ROSCOE TANNER

Der Kauf einer 10-Meter-Jacht mit einem nicht gedeckten Scheck, die er dann als Sicherheit für einen Kredit verbürgte, brachte dem Ex-Profi Haftbefehle in Deutschland und Amerika ein. Nachdem er sich aus dem Tennis zurückgezogen hatte, wurde er immer wieder festgenommen – wegen Scheckbetrugs, nicht geleisteter Unterhaltszahlungen, Nichterscheinens bei Gericht und vieler anderer Vergehen.

MARAT SAFIN

Er sei der »bestaussehende Kerl in der Duma«, meinte Safin – und fügte rasch hinzu: »Aber nur, weil alle anderen schon über sechzig sind«. 2011 war der ehemalige Weltranglistenerste für die Partei »Einiges Russland«, die Partei Wladimir Putins, ins Unterhaus der russischen Föderationsversammlung gewählt worden.

ION TIRIAC

Der ehemalige French-Open-Viertelfinal-Spieler Tiriac ist der erste der aus dem Tennis ausgeschiedenen Spieler, die auf der Forbes-Liste der reichsten der Reichen geführt wurden. Der Rumäne – u.a. Mentor, Coach und Manager von Boris Becker, Ilie Nastase, Guillermo Vilas, Marat Safin und Goran Ivanišević – besaß eine Bank und eine eigene Airline.

ARTHUR ASHE

In seiner aktiven Zeit war Arthur Ashe einer der nachdenklichsten Champions. Danach betätigte er sich als Autor und Bürgerrechtler. Er schrieb »A Hard Road to Glory«, eine Geschichte afroamerikanischer Athleten in den USA, und wurde während einer Anti-Apartheid-Kundgebung vor der südafrikanischen Botschaft verhaftet.

GABRIELA SABATINI

Man schätzt, dass die US-Open-Gewinnerin nach ihrer Tenniskarriere mit ihrer Parfüm-Linie ein zweistelliges Millionenvermögen verdient hat.

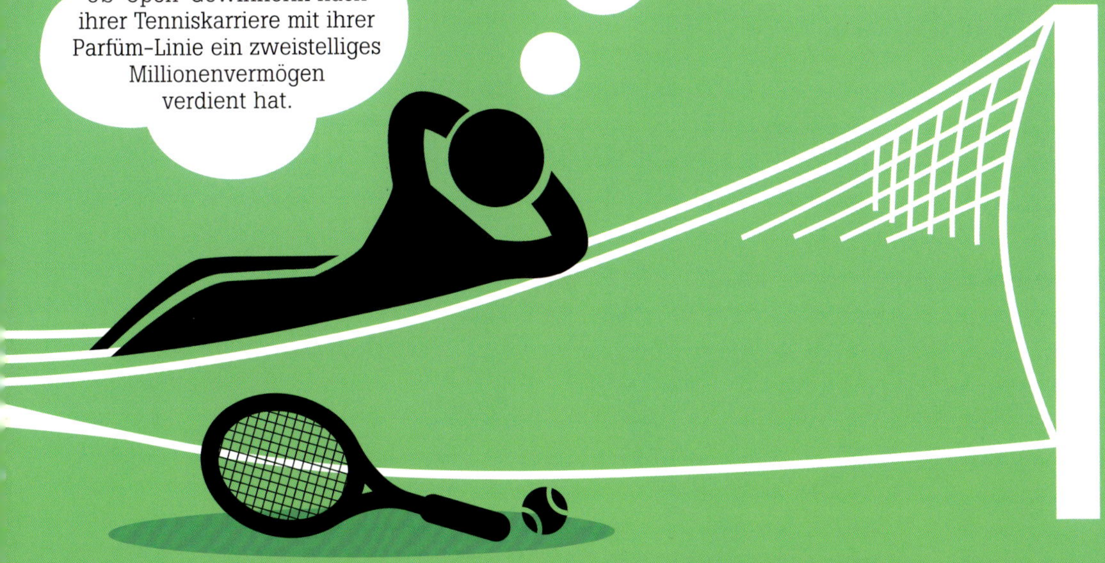

Für Amy, Molly und Rosie

DANKSAGUNG

Vielen Dank an meine Verlegerinnen Lucy Warburton, Emma Harverson und Ru Merritt bei Quar-to für ihren Enthusiasmus und ihren entschlossenen »roten Faden« für dieses Buchprojekt. Die Designer Nick Clark und Paul Oakley haben sich bei der Illustration meiner Ideen selbst übertroffen – fantastisch! Auch meinem Lektor John Andrews und der Korrektorin Anna Southgate sowie natürlich James Buddell bin ich dankbar dafür, dass sie ihre Adleraugen auf meine Texte geworfen haben. Herzlichen Dank auch an meinen Agenten David Luxton.

BILDNACHWEIS

Shutterstock (VAZZEN) 9, (Alhovik) 16, 17, 90 (MiodragF) 16, 17, 72, 73, 81, (knahthra) 22, (browndogstudios) 26, 187 (nnnae) 26, (VoodooDot) 26, (z-Art) 26, (Ansty) 27 , (Leremy) 27, 32, 33, 54, 55, 70, 178, (Ysami) 27, (Emir Simsek) 39, (DR Travel Photo and Video) 58, 59, 131, (Bojanovic) 72, 73, 94, (nemlaza) 72, 73, 90, 91 (Snap2Art) 73, (antpkr) 89, (Bokica) 95, (cupoftea) 120, (Real Illusion) 120, 121, (AKV) 121, (sunlight77) 121, (Lole) 122, (kontur-vid) 142, (Jethita) 182, 183.
Porträtillustrationen © Paul Oakley
Die verschiedenen Symbole und Icons stammen überwiegend aus dem Fundus von The Noun Project (thenounproject.com). Bei allen anderen Abbildungen liegt das Copyright bei © Shutterstock.com oder den Illustratoren Nick Clark, Jane McKenna und Paul Oakley.

DATENQUELLEN

Es wurden alle Anstrengungen unternommen, um die Richtigkeit der Daten sicherzustellen. Sofern nichts anderes angegeben, sind diese auf dem Stand vom Ende Dezember 2017.
Offizielle IBM Daten 29, 90–91; Offizielle Daten von der ATP World Tour 94–95, 172–173; offizielle Daten von WTA 172–173

First published in Great Britain
2018 by Aurum Press Ltd, London N1

Design: www.fogdog.co.uk
Porträts: Paul Oakley
Infografiken: Nick Clark,
Jane McKenna, Paul Oakley

Bibliografische Information der Deutschen Nationalbibliothek
Die Deutsche Nationalbibliothek verzeichnet diese Publikation in der Deutschen Nationalbibliografie; detaillierte bibliografische Daten sind im Internet unter http://dnb.dnb.de abrufbar.

Übersetzung aus dem Englischen: Marianne Harms-Nicolai

Satz und Redaktion der deutschen Ausgabe:
Verlags- und Redaktionsbüro München, www.vrb-muenchen.de

ISBN 978-3-7679-1229-8
Printed in China
www.copress.de

FSC www.fsc.org MIX Papier aus verantwortungsvollen Quellen FSC® C008047